贵州师范大学全国重点马克思主义学院建设经费资助出版

新形势下区域合作理论
与东亚区域合作实现路径探讨

REGIONAL COOPERATION THEORY
AND REALIZATION PATH OF
EAST ASIA REGIONAL COOPERATION
UNDER NEW SITUATION

魏永艳 著

社会科学文献出版社
SOCIAL SCIENCES ACADEMIC PRESS (CHINA)

序言 PREFACE

当今世界区域主义新趋势的内容正在发生根本性的变化。新的区域主义是一种真正的世界性现象,它正在世界上更多的地区发生,超越以往任何时段。旧的区域主义在目标和内容方面一般是具体的,往往简单而狭隘地集中于自由贸易安排和安全联盟,而新区域主义的数量、范围和多样性在过去十年中显著增长。新的区域主义是一个全面、多层次和多维度的进程,这意味着一个特定区域在重要的方面,如文化、安全、经济政策和政治制度方面,从相对的异质性转变为日益的同质化。这些方面的趋同可能是一个自然的过程,也可能是政治引导的过程,更有可能是两者的混合体。因此,新形势下依循理论逻辑梳理区域合作理论谱系,辨明其发展趋势,以及基于历史逻辑解析相关经典实例,是立足实践逻辑探讨当前和今后东亚区域合作实现路径的必要前提——而这恰是本书的研究旨向和逻辑脉络。

新形势下依循理论逻辑梳理区域合作理论谱系并辨明其发展趋势,是本书理论研究的逻辑起点。在区域合作的理论梳理方面,本书主要选取新区域主义、区域一体化、英国学派的国际社会理论与安全领域的区域合作理论。选取代表性的理论进行研究是为了深度挖掘区域合作理论的深刻内涵、逻辑架构及相关理论的实践价值。随着全球化成为一股强大且不可逆转的发展潮流,捍卫区域秩序的区域合作和对市场进行政治控制的企图将大大影响全球化。因此,在很大程度上成功组织起来的地区和完全没有组织起来的地区之间就会有差距。全球各地的区域合作的增多也是为了应对区域化发展不平衡所带来的潜在威胁。区域合作将由经济的跨区域合作转向安全领域的合作，在世界局势日趋复杂的情况下，区域治理与全球治理、地区秩序与世界秩序将相互影响、互相制约，经济收益与区域安全、区域秩序将更紧密地联系在一起，共同塑造区域合作发展的新趋势。

基于历史逻辑解析区域合作相关经典实例，是本书理论研究的现实基础。从总体来看，当前有关区域合作的经典实例主要有东盟、欧盟和"一带一路"区域合作。对它们进行对比研究，分析区域合作的成功经验与现实不足，研判区域合作的触发机制，对于探讨东亚区域合作实现路径具有相当重要的参考意义。从东盟、欧盟和"一带一路"区域合作实践中可知，随着区域合作不断加强，核心区域的贸易、金融和投资流动都会有所增加。事实上没有证据表明这些一体化进程是具有竞争性的，这表明新的区域主义可能在某种程度上支持而不是阻碍多边主义的发展。过去的区域主义以成员国为中心，以排外为特征，但现在的区域主义是外向的，而不是内向的，这反映了当今世界政治经济的相互依附性有所提升。

立足实践逻辑探讨当前和今后东亚区域合作实现路径，是本书理论研究的落脚点。新形势下对区域合作的实践逻辑的探讨主要集中于对中国周边的东亚区域合作与安全共同体实现路径的探讨。在全球区域合作中，东南亚国家的区域合作更多地表现为一种"开放的区域主义"，东盟共同体的建成在次区域一体化建设方面引起了广泛的讨论，在区域主义全球盛行的大潮下，东亚区域的一体化建设十分紧迫。东亚峰会、东盟地区论坛和东盟10+3机制等东亚区域层面的合作机制也日渐成熟，美国对东亚区域建设的影响力正在减弱，这为东亚总体安全秩序的建构提供了重要的机遇。东亚地区对中国未来发展具有重要战略意义，东亚地区国家的经济增长、权力变迁、安全秩序的重构和东亚地缘政治的安全困境将东亚区域一体化推向重要关口。中国作为东亚区域内的重要大国，应通过积极、务实、灵活的区域合作方式，继续丰富"人类命运共同体"价值理念，弘扬共商共建共享的全球治理理念，逐步推进符合东亚各国多样化利益诉求的多元型安全共同体的建构。东亚现存的安全困境是阻碍东亚区域安全合作的壁垒，也是建构东亚安全体系的现实依据，在分析东亚安全困境兼具"体系引导型安全困境"和"国家引导型安全困境"两种类型困境的特性的基础上，以安全共同体理论视角来审视东亚区域安全问题的实质，在区域安全的宏观秩序建构方面，提出东亚安全共同体的建设构想，以此来破解东亚安全困境。

　　立足以上理论逻辑，本书在全篇的设计上，以第一编的理论梳理和第二编的实例分析为基础，借鉴东盟区域合作的开放性原则与"一带一路"区域合作的互利共赢模式等成功经验，并根据欧盟当前的内外困境这一教训，分析新形势下区域合作理念及发展趋势，为加强逆全球化时代区域合作提供有益借鉴。基于以上研究，本书第三编结合我国的实际提出了东亚多元型安全共同体的概念和现实的建构路径。在这一部分，本书提出三大核心主张：其一，所谓东亚多元型安全共同体，究其内涵应更多地注重东亚区域的客观实际，在东亚多元型安全共同体建构的路径选择上，以中国+东盟为核心驱动力，遵循中国+东盟+X的扩展模式，形成两翼合围和南北联结的战略布局；其二，在可以推进的领域进行实现共同安全利益的务实合作，积极建构东亚地缘安全战略的优势空间；其三，以灵活的方式推进东亚安全共同体核心国家的建构，加速推进东亚多元型安全共同体的建设。

目录 CONTENTS

第一编 理论研究：区域合作理论与发展趋势

第一章 区域合作的内涵与重要意义 3
第一节 新形势下区域合作的发展 3
（一）新形势下区域合作与可持续发展 4
（二）区域合作的影响要素 8
第二节 区域合作的模式 12
（一）欧盟区域合作分析 13
（二）中国的区域发展与区域政策 15
（三）中欧区域政策对话 18
第三节 新形势下推进区域合作的重要意义 22
（一）新冠肺炎疫情给全球带来的威胁促使全球卫生领域合作应对 22
（二）全球难民危机需要区域合作来寻求解决 26
（三）全球生态危机需要区域合作来全面应对 30

第二章 有关区域合作理论的评述 38
第一节 新区域主义理论 38
（一）新区域主义的概念 38
（二）新区域主义的评述 40
第二节 区域一体化理论 45

（一）区域一体化理论的主要争论 …………………………… 46
　　（二）区域一体化的法律释义 …………………………………… 49
第三节　英国学派的国际社会理论 …………………………………… 52
　　（一）国际体系与国际社会的争论 …………………………… 52
　　（二）国际社会的现实形式 …………………………………… 56
第四节　有关安全的区域合作理论 …………………………………… 57
　　（一）关于安全的不同认知 …………………………………… 57
　　（二）建构主义与安全共同体 ………………………………… 61
　　（三）人类命运共同体理论 …………………………………… 65

第三章　新形势下区域合作的发展趋势 ………………………………… 69
第一节　新形势下的全球化发展趋势 ………………………………… 69
　　（一）全球化的原因分析 ……………………………………… 69
　　（二）全球化带来的影响 ……………………………………… 73
第二节　区域合作与全球治理 ………………………………………… 75
　　（一）区域治理与全球治理 …………………………………… 75
　　（二）新兴区域一体化的发展 ………………………………… 81
　　（三）区域经济外交与安全 …………………………………… 86
第三节　区域主义与世界秩序 ………………………………………… 89
　　（一）区域主义可能影响未来世界秩序的方式 ……………… 91
　　（二）欧洲主导下的区域秩序 ………………………………… 94
　　（三）美国主导下的区域秩序 ………………………………… 95

第二编　历史逻辑：相关实例分析

第四章　硕果累累的实例：东盟 ………………………………………… 101
第一节　东盟的发展历程与成就 ……………………………………… 101
　　（一）东盟建立的初衷 ………………………………………… 101
　　（二）东盟的曲折发展 ………………………………………… 104
　　（三）东盟取得的成就 ………………………………………… 109
第二节　中国—东盟区域合作的新进展 ……………………………… 113

（一）中国—东盟的经济合作 ………………………………… 113
　　　（二）中国—东盟的安全合作 ………………………………… 118
　　　（三）中国—东盟的人文交流 ………………………………… 123
　第三节　东盟区域合作面临的主要挑战与机遇 …………………… 126
　　　（一）东盟区域合作面临的域外挑战 ………………………… 126
　　　（二）东盟区域合作面临的域内挑战 ………………………… 129
　　　（三）东盟区域合作面临的发展机遇 ………………………… 132

第五章　危机四伏的实例：欧盟 ……………………………………… 140
　第一节　欧盟区域合作的发展历程与成就 ………………………… 140
　　　（一）欧盟区域合作的发展历程 ……………………………… 140
　　　（二）欧盟区域合作的成就 …………………………………… 144
　第二节　新时期欧盟面临的发展困局 ……………………………… 152
　　　（一）难民危机亟待解决 ……………………………………… 152
　　　（二）英国脱欧的影响 ………………………………………… 155
　第三节　欧盟未来发展的主要挑战 ………………………………… 161
　　　（一）欧盟的一体化和不断扩大之间的挑战 ………………… 161
　　　（二）欧盟社会内部的不平等带来的挑战 …………………… 163
　　　（三）完成欧洲经济与货币联盟所面临的挑战 ……………… 165
　　　（四）移民与融合政策方面的挑战 …………………………… 169
　　　（五）欧盟的凝聚力受到挑战 ………………………………… 171

第六章　蓬勃发展的实例："一带一路"区域合作 ………………… 176
　第一节　"一带一路"区域合作的主要成就 ……………………… 176
　　　（一）"一带一路"倡议提出的背景 ………………………… 177
　　　（二）"一带一路"倡议在东亚的主要成绩 ………………… 181
　　　（三）"一带一路"主要沿线国家经济发展的突出成绩 …… 188
　第二节　"一带一路"区域合作的潜力开发 ……………………… 194
　　　（一）"一带一路"倡议中经济走廊的潜力开发 …………… 195
　　　（二）"一带一路"倡议对接欧盟计划的发展潜力 ………… 201
　第三节　"一带一路"区域合作面临的主要挑战 ………………… 204

（一）"一带一路"沿线国家的安全挑战 …………………… 205
（二）"一带一路"沿线国家政策沟通方面面临的挑战 …… 208
（三）"一带一路"倡议区域文化认同面临的挑战 ………… 210

第三编 实践逻辑：东亚区域合作与安全共同体实现路径探讨

第七章 东亚区域合作的环境审视 …………………………… 217
第一节 东亚区域合作的新态势 …………………………… 217
（一）东亚区域合作的新发展 …………………………… 217
（二）中国在东亚发展的新方向 ………………………… 221
第二节 东亚安全秩序的中国考量 ………………………… 228
（一）东亚安全秩序的历史反思 ………………………… 229
（二）东亚安全困境问题的研究 ………………………… 230
（三）相关区域安全共同体建设的研究 ………………… 237
第三节 中国东亚安全战略新思维 ………………………… 243
（一）从零和博弈到共同安全 …………………………… 244
（二）从军事安全到综合安全 …………………………… 246
（三）从武力对抗到合作安全 …………………………… 247
（四）从短期安全到可持续安全 ………………………… 248

第八章 东亚安全共同体中国构想的目标 …………………… 250
第一节 形态目标：东亚多元型安全共同体 ……………… 250
（一）东亚多元型安全共同体的概念 …………………… 251
（二）东亚多元型安全共同体的特征 …………………… 257
（三）东亚多元型安全共同体对传统安全共同体的超越 …… 259
第二节 理念目标：东亚安全共同体建构原则设想 ……… 260
（一）开放包容的认同原则 ……………………………… 261
（二）互利共赢的合作原则 ……………………………… 262
（三）合作安全的共享原则 ……………………………… 263
第三节 结构目标：东亚安全共同体机制设想 …………… 264
（一）东亚安全共同体机制的包容性 …………………… 265

（二）东亚安全共同体机制的多样性 …………………………… 266
　　（三）东亚安全共同体机制的互惠性 …………………………… 268
第四节　功能目标：东亚安全共同体功能设想 ……………………… 271
　　（一）东亚经济安全的保障功能 ………………………………… 271
　　（二）东亚非传统安全的保障功能 ……………………………… 274
　　（三）东亚政治安全的保障功能 ………………………………… 277

第九章　东亚安全共同体中国构想的路径选择 …………………… 281
　第一节　中国+东盟安全核心机制的建构 ………………………… 281
　　（一）经济合作促动政治安全合作 ……………………………… 282
　　（二）以东盟为核心构建东亚安全架构 ………………………… 285
　　（三）以中国为动力推动"小马拉大车" ………………………… 288
　第二节　中国+东盟+X安全扩展模式的推进 ……………………… 292
　　（一）东亚安全合作机制的启动：中国+东盟+蒙俄 …………… 292
　　（二）东亚安全合作机制的建设：中国+东盟+蒙俄+朝韩 …… 297
　　（三）东亚安全合作机制的形成：中国+东盟+蒙俄+朝韩+日 … 299
　第三节　中美在东亚安全共同体建构中的合作 …………………… 303
　　（一）非传统安全上的合作机制 ………………………………… 303
　　（二）传统安全上的协调机制 …………………………………… 306
　　（三）东亚整体安全架构的治理机制 …………………………… 308

参考文献 ………………………………………………………………… 311

第一编 理论研究：区域合作理论与发展趋势

第一章
区域合作的内涵与重要意义

第一节 新形势下区域合作的发展

经济全球化使世界的联系更加紧密,对生产安排、国际贸易和外国投资、经济增长、劳动力市场等领域都产生了深远影响。越来越多的跨境互动和国家开放程度的提高也给微观和宏观的经济贸易和全球化带来重要影响。作为全球化的结果,国家边界的概念正在减弱,对国家内部与外部经济活动给出明确定义变得越来越难。欧洲委员会将全球化概括为:由于自由化,世界上所有国家的经济一体化越来越紧密,国际货物和服务贸易的数量和种类也随之增加,运输成本下降,国际资本渗透的强度越来越大,全球劳动力呈现巨大增长,以及技术特别是通信技术在世界范围内的加速传播将全世界更加紧密地联系在一起。

因此,全球化是一种广泛的、多方面的现象,影响着企业、政府、政治、文化和社会,并被认为具有广泛的影响。全球化导致:世界变得更加富裕;更广泛地进入更大、更多样化的市场,更高的生活水平(特别是在新兴经济体内);广泛采用新技术;价格更低,消费者有更多选择;提供更多的信息。其他人可能会反驳说,全球化导致:收入不平等的扩大;为了获得竞争优势,降低工资以及健康、安全和其他标准的压力增大;权力从国家政府转移到跨国企业;资本流动波动、金融传染和资产价格泡沫加大国际金融危机风险;文化多样性的丧失或者负面的环境影响。虽然对全球化影响的评价存在两种对立的观点,但全球化带来的巨大经济利益使全球化已经成为不可阻挡的发展趋势。

基于李嘉图的国际贸易比较优势理论，各国应倾向于出口那些它们能够比竞争对手提供的更好的商品和服务，从而扩大经济产出，使经济更具竞争力，从而创造新的就业机会和降低价格。然而，直到20世纪80~90年代，人们才开始关注全球化，因为一系列重大变革为重大变化提供了动力。在此期间，全球化成为自由贸易的同义词，其基础是取消关税和非关税壁垒，放松各种市场管制，特别是放松金融管制。大约在同一时期，出现了一系列地缘政治变化，如德国的统一或中国的开放，所有这些都进一步刺激了全球化的发展。此外，新信息技术的迅速采用大大降低了通信费用，并成倍地增加了信息的交换。所有这些变化都影响了跨国企业的行为方式，许多跨国企业提高了国际贸易、投资和资本流动的水平。因此，一些制造业活动从工业化经济体转移到东欧转型经济体和新兴经济体，如巴西、俄罗斯、印度或中国，其他国家也紧随其后。全球化在经济利益与信息技术的双重推动下成为全球发展的趋势。

（一）新形势下区域合作与可持续发展

随着全球区域经济和贸易的迅速发展，人们越来越关注可持续发展问题，可持续发展领域也从经济、社会和环境延展到技术、人力资源和生态等领域。人及社会的全面协调发展越来越成为发展进程中备受关注的核心话题。联合国《2030年可持续发展议程》也体现了对可持续发展议题的关注，区域合作与可持续发展的关系越来越密切了。

1. 区域合作有利于可持续发展目标的实现

从全球区域合作的发展趋势来看，区域合作已经成为推动全球共同发展的重要形式。不仅在经济领域，在其他领域的区域合作化程度也在不断提高。2015年通过的联合国《2030年可持续发展议程》敦促各国实现到2030年消除各种贫困、保护地球和确保所有人繁荣的普遍愿望。在实现可持续发展目标的过程中，各国在确保经济持续增长的同时，还需要应对全球气候变化、环境恶化、技术开发和人力资源不足等挑战。考虑到全球一体化和地区互联互通的程度，一个国家的行动可能会影响到其他国家，特别是周边国家的发展道路。邻国任何形式的社会经济破坏或环境失误都可能严重阻碍一个国家的经济发展、社会稳定和减排目标实现。因此，各国应该从战略上统筹区域或次区域综合合作，在应对挑战的同时实现互利共赢。《2030年可持续发展议程》强调可持续发展目标的集团性、不可分割性和普遍性，并承诺不让任何一个人掉队。此外，在当前形势下，各国面临的发展挑战和发展前景是密切相关的，因此，发展中国家面临的发展挑战和发展前景将是巨大的挑战。如果最不发达国家不能实现其目标，发达国家就无法维持良好的发展前景，反之亦然。因此，值得一提的是，包容性仍将是可持续发展目标实现的核心，它承认各国不仅需要在国内，而且需要在国家之间进行协调努力。虽然许多可持续发展目标可以通过伙伴关系和区域合作来实现，但目标明确提到要加强实施手段和重振全球可持续发展伙伴关系。联合国认识到，通过伙伴关系，在包容所有相关利益攸关方的同时，可以更好地实现可持续发展目标的集团性、不可分割性和普遍性。

然而，实现可持续发展目标将需要国家发展政策的重大改革和结构性改革。对于最不发达国家和发展中国家来说，这种需求更加迫切，因为它们必须在更大的范围内制定相关政策。首先，各国应重点修改财政政策和监管政策，整合各自国家发展战略中的环境和绿色增长政策，制定高科技金融市场法规，实施新的投资战略，以支持可持续发展目标的实现。可以理解的是，整个转型和改革进程将需要大量的财政和非财政资源来支持进步技术的采用，并促进更广泛的内部和外部合作。因此，区域合作在可持续发展目标实现中发挥的作用是毋庸置疑的。关键的问题是，如何以最佳方式通过或重新制定区域合作战略，使之更好地服务于《2030年可持续发展议程》。

任何区域合作都将扩大市场并为各国投入资源，从而确保更好地分配资源和提高资源利用的效率。各成员国在处理有形和无形资源、商品和服务时，可以利用各自的比较优势，实现互惠互利。然而，区域合作框架往往缺乏全面的经济分析，没有评估任何国家的社会经济和环境活动对其他国家的人民和生态系统的影响，这就需要根据一些综合指数来量化各国区域一体化的程度，这些指数是由一套代表跨界经济活动和各经济体之间相互联系的指数构成的。例如，2017年，亚洲开发银行根据贸易投资、区域价值链、货币金融、人员流动、基础设施互联互通、制度和社会的融合等六大区域合作和一体化因素，制定了亚太区域合作和一体化指数（ARCII）。该指数有多方面的目标：衡量亚太地区每个经济体的区域（和次区域）一体化程度，确定不同次区域和各自区域一体化动力的优势和挑战，并根据具体目标监测进展情况。在 ARCII 中，各国的得分和排名基于其跨境活动，但其内部资源和能力利用问题并没有在指数中直接涉及。除此之外，各国之间的相互作用和影响，对于设计一个合适的合作框架也至关重要。

为了最大限度地利用区域合作框架以实现国家利益，应该对可持续发展问题进行更全面的经济分析。分析涉及双边或次区域一级的合作领域，并对各国之间可能扩大的合作的优势和程度进行适当的评估，确定一个国家的社会经济和环境活动对该地区其他国家的人民和生态系统可能产生的影响。在国家的基础上发展合作，应阐明双边合作的可能渠道或领域以及可持续发展因素的各自优势或程度，指出如何最好地促进区域内的合作，以实现可持续发展目标。

2. 可持续发展合作的主要渠道

可持续发展目标的实现需要区域合作，以区域合作的方式来实现全面应对与解决发展问题。

可持续发展有三大支柱：经济、社会和环境。在跨界合作方面，经济因素是最优先考虑的，其次是社会因素，而环境问题往往是最不优先考虑的。各国不太愿意在环境问题上进行合作的主要原因之一是，在冗长的调解过程中，人们会遇到越来越多的挑战。因此，在从实际出发选择可持续发展合作领域时，经济因素比其他两个因素更受重视。合作在经济上是由跨境贸易及其需求（即国内消费）和供应（即工业化）、外国直接投资（FDI）和技术转让以及劳动力流动驱动的。一些经济和社会因素是重叠和相互联系的。例如，贸易和外国直接投资将促进公平和人均收入增加，从而提升社会的生活水平。

经济渠道。经济利益可能通过四个更广泛的渠道影响其他国家：贸易、技术、劳动力市场和区域互联框架。贸易政策被认为会对家庭、企业和整体经济的福利产生直接或间接的影响。贸易既会影响一个经济体的需求，也会影响供给面。对于需求方来说，以进口形式存在的贸易为经济体创造了需求。国内最终消费是反映经济需求面的指标。贸易更直接的影响是通过价格渠道产生的。家庭福利受到家庭成员所消费的商品和服务的相对价格的影响，而贸易在其中扮演着重要的角色。从宏观角度来看，贸易可以在经济中产生收入，这些收入可以被用来在家庭和企业之间重新分配。贸易自由化可以促进面向出口和以进口代替的服务的增加，以及工业所创造的就业机会的增加与发展能力的提升。

技术扩散渠道对家庭和企业的影响更为间接。外国直接投资通过创新、信息技术和生产力的扩散引起技术变革。而劳动力市场可能会受到需求和供给两方面的影响。一个国家的劳动生产率越高，就意味着一个国家拥有越多的高技能劳动力；因此，它可能是其他国家劳动力市场的一个很好的供给渠道。一个国家拥有越高的劳动生产率，这将越能使其缩小与该地区其他国家的资源或技能差距。从需求方面来看，如果一个国家的工业化程度更高，它通常会创造更多的就业机会。因此，一个国家的工业化程度越高，越会吸引邻国更多的劳动力迁移。由于各部门的贸易政策各不相同，不同国家的贸易水平也不同，其影响也会不同。与邻国的贸易可能对国家经济产生更大的影响，因为成本和关税预计会更低。区域内贸易强度可以揭示一个国家通过贸易与特定区域内其他国家相互联系的程度。

社会渠道。可持续发展目标的社会活力主要通过各种具体目标得到强调，如保健、教育、性别平等、体面工作、社会保护以及平等和社会包容。这指的是人人在不受歧视的环境中成长、学习、工作和生活，同时实现其对社会和人类福祉的愿景。在这方面，联合国开发计划署提出的人类发展指数（HDI）可以很好地说明各国在根据可持续发展目标开发人力资源方面的表现。

环境渠道。由于生物多样性、气候适应、清洁水、农业、可再生能源、自然资源等各个环境部门的标准数据不足，可将所有环境部门的可持续性作为一个整体来考虑。各国可以通过能源、农业、环境产品贸易和自然资源管理这四个关键部门，扩大双边或区域合作，以支持环境发展。所有这些部门的重要关切是各国在不同部门中的排放管理能力，排放管理的能力越强，一个国家与其他国家的合作程度就越高。

(二) 区域合作的影响要素

区域合作的不断深化需要双边或多边合作中一些共同优势要素的推动，为了更深入地阐述区域合作中相关影响因素的作用，以实际数据的方式展示更具说服力。我们这里引用了相对可持续发展影响指数（IRSI）这一概念，IRSI 是一种国家间的衡量方法，通过这种方法，在两国之间按比例计算不同因素的相对重要性。相对可持续发展影响指数包括与可持续发展议程有关的双边合作渠道的各种因素的影响。相对可持续发展影响指数反映的是一个国家对另一个国家在经济、社会和环境指标方面能够提供的可持续的支持能力以及对这个国家的合作愿望。

在加强分析各国可持续发展的双边合作的各种渠道的基础上，确定了构建 IRSI 的 8 个要素，即国内最终消费比率、贸易开放度比率、FDI 流入比率、劳动生产率比率、工业化比率、区域内贸易强度比率、人类发展指数（HDI）比率、排放强度比率。一个国家的外国直接投资流入越多，其技术适应、创新和生产力水平就越高。国家外国直接投资流入之间的相对差距决定了一国在通过技术扩散渠道进行合作方面对另一国的影响程度。一个劳动生产率较高的国家可以缩小与区域内其他国家的资源或技能差距，因此可以认为，通过这一劳动力供应渠道，其施加的影响力更大。一个国家的工业化程度越高，就越会吸引更多的劳动力从邻国迁移过来。两国之间工业化程度的差距越大，两国之间劳动力迁移的可能性就越大。区域一体化因素是通过区域内贸易渠道影响合作程度的另一个关键因素。一个国家的区域内贸易强度越高，它与区域合作集团的一体化程度就越高，因此，该国家对区域内其他国家的影响也会越大。人类发展指数得分较高的国家能够通过向人类发展指数得分较低的国家分享其经验、提供培训和能力建设设施来扩大合作。环境合作通过几个部门进行，环境合作的最终目标是减少各国的排放。排放强度比率越高，说明该国家的排放管理越低效。因此，这个排放强度因素将对各国合作的程度产生不利影响。

对于区域合作的影响因素分析，我们选取的区域是南亚地区，原因一是分析需要一个区域作为案例才能阐述清晰；二是南亚国家的区域合作正处于上升阶段，南亚地区还不是成熟的区域一体化地区，分析的数据能够说明新时期区域合作的具体问题。为了追踪可持续发展影响因素如何随时间变化，分析分为两个阶段：2011~2014年和2015~2018年。数据从世界银行的《世界发展指标》中提取；外国直接投资流入和各国贸易数据由联合国贸发会议收集；南亚区域金融数据库主要用于提取区域内贸易数据；劳动生产率数据由国际劳工组织提供。

2015年至2018年，印度每年平均国内最终消费1.7万亿美元，占南亚地区消费的79.5%，而印度占南亚人口的75%。紧随其后的是巴基斯坦和孟加拉国，每年平均国内最终消费分别为2121亿美元和121.5亿美元。马尔代夫和不丹是人口较少的两个国家，2015年至2018年，这两个国家的每年平均国内最终消费分别为21亿美元和26亿美元。马尔代夫被认为是贸易最开放的国家，贸易占GDP的比例为141.5%。在马尔代夫之后的是不丹和尼泊尔，贸易开放度比率分别为79.8和52.1。三大经济体——巴基斯坦、孟加拉国和印度的贸易开放度比率较低，分别为26.7、38.4和41.5。[①] 同时，印度吸引的FDI最多，2015年至2018年每年平均流入415亿美元；其次是孟加拉国和巴基斯坦，分别为26亿美元和24亿美元。马尔代夫、斯里兰卡和不丹在南亚地区拥有较高的劳动生产率（以美元计算）。马尔代夫的劳动者每年平均产出18371美元（2010年常量），而斯里兰卡和不丹的劳动者每年分别平均产出10159美元和6060美元。尼泊尔、阿富汗和孟加拉国的劳动生产率较低，平均年产出分别为1267美元、1701美元和2702美元。

到2020年，印度仍是南亚地区工业化程度最高的国家，其工业产值为7439亿美元，高于2015~2018年的平均水平。孟加拉国排在印度之后，平均工业产值为525亿美元。另外，马尔代夫和不丹仍然是本区域工业化程度较低的经济体。区域一体化程度是用区域内贸易强度（即一个国家在南亚的贸易除以其全球贸易）来衡量的。不丹仍然是与南亚融合程度最高的国家，因

---

① Kazi Arif Uz Zaman & Zannatul Fardoush,"*Index on Relative Sustainability Impact—A Suggestive Tool for Strengthening Regional Cooperation：Case of South Asia,*" *Research in Globalization* 3 (2021), https://www.sciencedirect.com/science/article/pii/S2590051X21000307（Source：SAARCFINANCE, UNDP, UNCTAD, ILO, World Development Indicators），作者根据数值计算。

为该国 86% 的贸易是在南亚地区进行的。尼泊尔在区域一体化得分中排在不丹之后，其 64% 的贸易是在南亚地区进行的。值得注意的是，大多数国家，尤其是大型经济体在区域一体化方面得分很低。例如，印度、巴基斯坦和孟加拉国的得分分别为 0.03、0.07 和 0.10，这表明南亚地区的区域内贸易有很多未开发的增长潜力。在人类发展指数方面，斯里兰卡以 0.78 位居榜首，马尔代夫以 0.71 紧随其后，印度为 0.64。印度的排放强度仍然是最高的，巴基斯坦排在印度之后，马尔代夫和斯里兰卡的排放强度较低。

这些结果将提供一个重要的见解，以探讨哪个国家或哪些国家在与一个国家合作实现可持续发展增长方面可能产生更大的影响。例如，在阿富汗可持续发展上，印度对其影响最大，IRSI 得分为 68.7；其次是来自孟加拉国的影响（IRSI 得分为 67.4）。相反，不丹和马尔代夫的影响较小，IRSI 得分分别为 39.3 和 47.9。同样，在印度可持续发展上，马尔代夫和斯里兰卡的影响较大，IRSI 得分分别为 39.8 和 37.6，而巴基斯坦和阿富汗的影响较小，IRSI 得分分别为 30.5 和 31.3。印度的 IRSI 传播得分最高，为 459.9，其次是斯里兰卡，为 408.4，孟加拉国为 394.5。另外，不丹从其他南亚国家获得收益的可能性最高。在这方面，紧随不丹的是阿富汗和马尔代夫。印度的影响力为 1.91，这意味着印度可以为南亚国家增加全球的影响力，而不是只在南亚有影响力。斯里兰卡、孟加拉国和巴基斯坦的影响力大于 1，而其他国家的影响力小于 1。[1]

印度、巴基斯坦和孟加拉国通过国内最终消费渠道施加的影响力高于其他国家；马尔代夫、不丹和尼泊尔仍然在贸易开放方面名列前茅；印度、孟加拉国和巴基斯坦在 FDI 流入方面得分较高。马尔代夫、斯里兰卡和不丹的工人人均产出得分较高。印度、孟加拉国、巴基斯坦和斯里兰卡都在工业化方面得到了较高的分数。不丹、尼泊尔和阿富汗在区域一体化方面得分较高。在这些国家中，人类发展指数方面得分的偏差最小。斯里

---

[1] Kazi Arif Uz Zaman & Zannatul Fardoush, "*Index on Relative Sustainability Impact—A Suggestive Tool for Strengthening Regional Cooperation: Case of South Asia,*" *Research in Globalization* 3 (2021), https://www.sciencedirect.com/science/article/pii/S2590051X21000307（Source：SAARCFINANCE, UNDP, UNCTAD, ILO, World Development Indicators），作者根据数值计算。

兰卡、马尔代夫和印度在这一标准上得分略高于其他国家。马尔代夫、斯里兰卡和尼泊尔在排放管理方面仍处于前列。印度的年度综合平均得分最高，为65.7，其次是斯里兰卡和孟加拉国，分别为58.3和56.4。相反，不丹、阿富汗和马尔代夫在这方面的综合得分较低。[①]

为了了解和追踪每个标准上国家的可持续发展影响因素如何随时间变化，我们将2015~2018年的得分与2011~2014年的得分进行了比较。这将很好地说明各国的动向对其在每个合作领域的能力产生的影响。这些国家的总体排名在2011年、2014年和2015年、2018年保持不变。但是，在不同标准上，各国的影响力有一定的变化，我们计算了这两个时期的影响力变化情况。当然，从区域合作的角度来看，一个国家的影响程度越高或影响值越高，说明在区域合作框架下，对其他国家在可持续发展方面的影响力也越强。例如，比较这两个时期，阿富汗在三个标准上提高了其影响力：FDI流入比率、区域一体化程度（即区域内贸易强度比率）和排放强度比率。孟加拉国在国内最终消费、FDI流入、劳动生产率、工业化和人类发展指数方面的影响力得到了提高。不丹在国内最终消费、劳动生产率、区域一体化和排放管理方面的影响力有所提高。印度在国内最终消费、劳动生产率、工业化、区域一体化和人类发展指数方面影响力有所提高。2011~2014年和2015~2018年，马尔代夫在贸易开放、工业化、区域一体化和排放管理方面出现积极变化。尼泊尔在三个方面提高了其影响力：贸易开放、FDI流入和人类发展指数。巴基斯坦在国内最终消费和FDI流入两个领域取得了进展，而斯里兰卡在国内最终消费、贸易开放、劳动生产率和区域一体化方面影响力有所提高。

分析有助于决策者了解各国为实现可持续发展而进行双边合作的可能领域、方向和潜力。此外，在这一国别分析的基础上，扩大合作边缘和设计区域合作框架也有很大的空间。例如，研究结果表明，与其他国家相

[①] Kazi Arif Uz Zaman & Zannatul Fardoush, "*Index on Relative Sustainability Impact—A Suggestive Tool for Strengthening Regional Cooperation：Case of South Asia*," *Research in Globalization* 3 (2021)，https：//www.sciencedirect.com/science/article/pii/S2590051X21000307（Source：SAARCFINANCE, UNDP, UNCTAD, ILO, World Development Indicators），作者根据数值计算。

比，印度、巴基斯坦和孟加拉国对双边贸易需求的影响更为显著。马尔代夫、不丹、尼泊尔通过贸易开放渠道对其他国家施加的影响力更大。印度、孟加拉国和巴基斯坦在技术扩散方面具有更高的影响力。马尔代夫和斯里兰卡的劳动生产率在南亚地区是较高的，这两个国家也在熟练工人的供给方面具有更高的影响力。然而，印度、孟加拉国和巴基斯坦有更大的潜力通过劳动力需求渠道施加影响力。不丹和尼泊尔在南亚区域内的贸易倾向较高，因此通过区域一体化渠道施加影响力的可能性相对于其他国家仍然较高。斯里兰卡、马尔代夫和印度的排名更高，通过人类发展指数方面的渠道产生影响。马尔代夫、斯里兰卡和尼泊尔在排放管理方面的表现更好，因此有更高的能力通过这一渠道支持其他国家。

　　以上分析说明各国如何和在哪些具体领域向其他国家提供支持，反之亦然。基于各自国家的现状及其在特定领域的比较优势来进行区域合作对双边和区域合作框架设计都具有重要的政策意义，这种以具体的经济数值来展示区域合作的程度，以及用推进区域合作对区域经济、社会和生活方面造成的实际改变来说明区域合作价值的方式更具合理性。当然，实施任何双边或区域合作都存在一些实际挑战。各国在发展议程上可以根据各自的发展状况，有不同的优先事项和利益。例如，发达国家把重点放在维持其高生活水平和公平福利上，而最不发达国家则试图继续积极开发资源以实现更快的经济增长。此外，在复杂的地缘政治环境和经济取向下，有若干外部发展行动者、捐助国和多边组织支持各国的发展议程。因此，确保区域合作和外部合作之间的适当平衡仍然是一些国家面临的一大挑战。在公共和私营部门的机构运作和执行过程中，应加强改进管理和责任制、提高透明度。资源分配、责任和权利的最佳分担以及国家内部行为者之间的风险分担机制也应加以有效规划。如果可以利用这些实证结果来确定双边和多边合作的潜在领域，对于在某些可持续发展目标的实现方面落后的国家，区域合作可以在促进经济繁荣和社会稳定方面在亚洲区域发挥其巨大潜力。

第二节　区域合作的模式

　　对于区域合作的模式，我们从宏观和微观层面选取两个区域来进行研究，宏观区域选择欧盟，模式是超国家联盟，该模式比较成熟，也具有代表性；微观层面我们选择中国国内的区域合作，微观是指国内合作层面。区域差异和合作方式都可做详细比对，这样能说明合作要处理的复杂问题。

(一) 欧盟区域合作分析

在区域发展的支持下，消除各国和地区之间的经济和社会差距被认为是欧盟发展活动的首要目标。通过"团结政策"，欧盟旨在减少地区不平等，支持落后国家及地区赶上其他欧盟成员国。凝聚力政策是欧盟政策中最重要也是最具争议的政策之一，欧盟的凝聚力政策代表着一种团结，这种团结是指由较富裕的国家或地区向较不发达的国家或地区提供支持。自1980年以来，欧洲主要法律文件一直强调对凝聚力的支持。凝聚力可以通过欧盟与其成员国在政治和社会合作方面的紧密程度、地区或全体之间的差异水平来表示。

在欧盟凝聚力政策领域，欧盟与成员国共享权力。在欧盟层面，成立于1968年的区域和城市政策总司负责欧洲在最不发达地区的经济和社会发展方面的行动，凝聚力政策由国家和区域机构与欧共体（后为欧盟）合作执行。欧盟与成员国和地区合作，制定伙伴关系协议和多年度发展计划，以概述国家的战略、投资重点和发展需求。发展计划由成员国及区域机构执行，发展计划的优先次序由项目的性质来确定，这些项目由成员国选定的管理当局管理。欧盟承付资金，并监测每个方案，欧盟和成员国在整个方案拟订期间都可以提出报告。

1. 欧盟的地区不平等

尽管欧盟是世界上最富有的地区之一，但它也面临严重的内部不平等问题。就人均国内生产总值（GDP）而言，卢森堡比保加利亚富裕5倍多（2013年数据）。在地区层面，差距更大：最富裕的地区是伦敦市中心，人均GDP为欧盟平均水平的325%，而最贫穷的地区在保加利亚，人均GDP为欧盟平均水平的30%。对于欧洲区域不平等和趋同的演变，我们可以确定几个不同的时期。1950~1975年，当区域GDP差距缩小时，可以观察到收敛趋势。在20世纪70年代至80年代后期，当6个人均GDP低和失业率高的国家加入共同体时，区域差距同20世纪50~60年代相比扩大了。相比之下，20世纪90年代的特点是快速追赶。1995~2004年，人均GDP较低的地区实现了较强的经济增长；人均GDP低于欧盟平均水平75%的地区数量从78个下降到70个，低于欧盟平均水平50%的地区数量从39个下降到32个。2004年，10个国家加入了欧盟。这一历史性的扩大使欧盟人口增长了20%，但GDP只增长了5%。[①] 经济和社会差距显著扩大。总体而言，2004~2007年，欧盟经济持续增长，收入和就业率上升，贫困和社会排斥减少，地区差距缩小。自债务危机冲击欧盟国家以来，情况发生了巨大变化。这场危机对欧盟各地区和城市产生了重大影响，缩小区域差距的积极趋势已经停止。公共债务、失业率、贫困和社会排斥在欧盟大部分地区迅速增长。此次危机暴露了欧洲经济的结构性弱点。对2000年至2011年人均GDP变化和区域差距的分析证实，从长期来看，趋同主要是最不发达地区追赶的结果，而不是较发达地区增长下降的结果。区域差距仍然很大，特别是在西欧、中欧和东欧成员国以及欧盟核心和外围地区之间。

2. 欧盟凝聚力政策的概述

欧盟区域政策的起源可以追溯到1957年的《罗马条约》，该条约提出需要通过减小地区间的差距来加强团结和和谐发展。1958年和1962年，欧洲社会基金（ESF）与欧洲农业指导和保证基金（EAGGF）作为结构基金（SF）成立。20世纪70年代，随着欧洲共同体的扩大和经济形势的发展，欧洲区域政策和欧洲区域发展基金（ERDF）应运而生。欧盟凝聚力政策的原则是由1986年通过的《单一欧洲法案》规定的，1988年，结构基金被整合到一个整体的凝聚力政策中。这项整合改革引入了一些关键的政策原则，如集中注意最贫穷和最落后的区域、拟订多年度计划、确定投资的战略方向以及注重区域和当地伙伴的参与。

《马斯特里赫特条约》于1993年11月正式生效。《马斯特里赫特条约》介绍了凝聚力基金、各区域委员会和辅助性原则。《阿姆斯特丹条约》对《马斯特里赫特条约》进行了修订，确认了欧盟凝聚力政策的重要作

[①] Eva Minarčíková, "EU-China Cooperation on Regional Policy," *Perspectives in Science* 7 (2016), pp.30-38, Available online at www.sciencedirect.com.

用。《里斯本条约》是凝聚力政策进一步发展的一个重要里程碑,正式引入了领土凝聚的概念,将之作为经济和社会凝聚之外的另一个维度。1994~1999年,安全保障联盟的资源增加了一倍,相当于欧盟预算的1/3。2000年至2006年,在扩大的背景下走向简化欧盟凝聚力政策。这是为了反映里斯本战略的增长、工作岗位、革新等目标而制定的优先顺序。政策预算达到2130亿欧元,并为2004~2006年新加入的成员国额外拨款220亿欧元。2007~2013年,欧盟凝聚力政策经历了进一步的简化,有三个优先目标:趋同(人均GDP低于欧盟平均水平75%的最不发达成员国和地区的趋同)、区域竞争力和就业(覆盖所有欧盟国家,目的是增强区域竞争力、吸引力和促进就业)和欧洲合作(支持跨境、跨国和区域间合作)。预算的30%用于环境基础设施建设和应对气候变化的措施,25%用于研究和创新。2007年至2013年,趋同政策以3470亿欧元的规模占据欧盟预算的35.7%,占欧盟GDP的0.38%,成为规模最大的政策。总拨款的81.5%用于趋同目标下的地区。

2014~2020年,欧盟凝聚力政策的重点是:结果(更明确和可衡量的目标,以加强问责)、简化(如为5个基金制定一套规则)、条件(在基金运作之前引入具体的先决条件)、城市层面和社会包容(指为城市综合项目指定的最低数量的ERDF和支持边缘化社区的ESF)。《欧盟凝聚力政策(2014~2020)》设定了11个主题目标,以支持增长,并帮助实现《欧洲2020战略》的智能、可持续和包容性增长的目标。该政策在2014年至2020年追求两个目标:促进增长和就业的投资以及欧洲合作。用于促进增长和就业的财政投资分配给三种类型的地区,分配依据是人均GDP。2014~2020年,欧盟凝聚力政策的主要金融工具即欧盟结构基金的总拨款为3518亿欧元(欧盟2014~2020年框架预算总额为1082亿欧元),欧洲欠发达国家和地区获得了1822亿欧元。[①]

(二) 中国的区域发展与区域政策

在中国,区域政策是通过中央、省、县、乡、村多级治理部门来执行

---

① *EUROPE 2020, A Strategy for Smart, Sustainable and Inclusive Growth*, Communication from the Commission, COM (2010) 2020 final, European Commission, 2010.

的。中国国家发展和改革委员会之下的发展战略和规划司在区域政策制定和区域发展方面起着关键作用，负责起草区域经济发展规划，提出区域经济发展重大政策建议。在区域政策的实施过程中，中国的区域分类也随着经济发展阶段的变化在不断调整。中国一般分为三个地区：东部地区、中部地区和西部地区。自实施西部大开发、振兴东北老工业基地和促进中部地区崛起战略以来，中国确定了沿海地区、东北地区、中部地区和西部地区四大类区域划分。

1. 中国的地区发展不平衡

总的来说，中国区域和省一级的发展不平衡。1980年至1990年，由于辽宁等传统工业省份经济增长缓慢，而南方沿海省份经济增长迅速，以GDP衡量的省际差距缩小。1990~2004年，随着改革开放的不断深化，东部省份实现了高速的经济增长（东部地区年均增长率最高，为11.59%，中部地区次之，为9.71%，西部地区为9.33%），沿海和东部省份之间的差距随之扩大。GDP增长率的地区差距扩大，2000~2004年差距扩大放缓。2004~2010年，中西部省份实施国家协调战略，进一步推行西部大开发。2008年的国际金融危机主要影响了出口导向型经济。2009年，东部、中部、西部和东北地区经济增速分别为10.7%、11.6%、13.4%和12.6%，其中西部地区增速最高。总的来说，相对区域经济增长差距缩小，表明区域发展战略在控制不断扩大的区域差距方面取得了显著成效。2005~2009年，东西部地区人均GDP差距由14.885元增加到22.129元。2005~2008年，上海市和贵州省人均GDP的绝对差距从46.422元增加到64.300元。2013年东部地区人均GDP是西部地区的1.5倍以上。在省级层面上，差距甚至更大。天津市的人均GDP是贵州省的4倍多。[①] 如何控制日益扩大的区域发展绝对差距，仍是现代化进程中一个艰巨而长期的重大课题。

2. 中国区域政策的概述

中国的人口多和地理面积大导致区域政策受到复杂的相互关联的社会

---

① Z. Lu & X. Deng, "Regional Policy and Regional Development: A Case Study of China's Western Development Strategy," *Annales Universitatis Apulensis Series Oeconomica* 1 (2013), pp. 250-264; M. Dunford & W. Liu, *The Geographical Transformation of China*, London & New York: Routledge, 2015, pp. 71-89.

经济、政治、民族、领土和历史因素的影响。了解中国区域政策的历史背景和演变，是分析中国区域政策实施现状和发展潜力的关键。不同时期不同的区域发展战略导致了不同的区域政策实施方向和效果。中国区域发展战略可以分为三个阶段。从1949年到1978年的第一个阶段被称为平衡发展阶段（或计划经济阶段），主要目标是达到绝对的平衡发展。发展战略以内陆地区为重点。在1966年至1970年的第三个五年计划时期，71%的国家投资被分配到内陆省份（四川、湖北、甘肃、陕西、河南和贵州）。从1972年到1978年，中国在沿海省份增加了与资本主义世界的经济往来。1979～1991年的第二个阶段被称为非均衡发展阶段（改革开放后的阶段），主要目标是特殊优势地区的优先发展。在这一时期，中国实施了对外开放政策（吸引外商直接投资，促进目标地区的对外贸易），下放了农业生产和财政体系，放松了对价格的管制。在这一时期，邓小平倡导"一部分人先富起来"，这意味着政府鼓励东部地区优先发展，先富带动后富，从而共同实现整个国家的繁荣。根据这一阶梯理论，政府实施了以东部地区为重点的沿海发展战略等政策。这样，区域政策就可以自由地倡导比较优势、区域专业化、区域分工和出口导向型经济增长。1992年至今的第三个阶段被称为协调发展阶段（社会主义市场经济体制初步建立后的阶段），其目的是促进欠发达地区的发展，减小地区差距。第九个五年计划（1996～2000）将两极分化视为对中国繁荣、稳定和团结的严重威胁，并将减少地区不平等作为首要政策。"九五"计划强调缩小区域发展差距（例如，国家承诺增加对中西部地区的投资，并敦促加工和劳动密集型产业从沿海省份向内陆省份转移）。在接下来的五年规划中，还强调了缩小区域发展差距的必要性。在"十一五"规划（2006～2010）中，有三章是关于区域发展的，重点是优化利用中西部省份和东北前工业中心地区的潜力。根据自然环境的承载能力和当前人口集中情况及经济发展的规模，规划确定了经济发展有限的区域，即优先开发区域、限制开发区域和禁止开发区域。

中国区域政策的主要目标是将区域发展差距控制在可接受的合理范围内，实现基本公共服务均等化，充分发挥区域比较优势，有效提升综合竞争力，协调区域经济、社会和资源环境。"十二五"规划（2011～2015）

的重要目标是可持续增长、产业升级（价值链升级）、扩大国内消费、缩小差距（西部大开发）、科学发展、环境保护和提高能源效率。此外，中国在 2015 年提出三大战略，即"一带一路"、长江经济带和京津冀协同发展。财政、税收政策也在支持区域发展，主要工具有：转移支付（退税、结算补贴或解决方案等补贴）、税收优惠和财政援助。政府直接投资政策是一项重要的财税政策，主要包括利用财政专项资金和中央与地方政府预算外投资支持区域发展。专项资金主要用于支持老年人、儿童、边疆地区和贫困地区经济社会发展，包括国家扶贫资金、财政扶贫资金等扶贫基金和少数民族发展基金。中国政府预算外投资主要用于市场不能有效配置资源、需要政府支持的经济社会领域，如公益性和公共基础设施投资项目、生态环境保护和改善项目、促进欠发达地区经济社会发展的项目、促进技术进步和高技术产业化的项目，融资形式包括政府直接投资、投资补贴和财政贴息。政策性银行是中国支持区域发展的又一重要金融工具。目前，中国有三家政策性银行，即国家开发银行、中国农业发展银行和中国进出口银行。中国政策性银行在信贷配置上比商业银行更注重区域协调发展，也为欠发达地区的政府项目提供了更多的融资。

（三）中欧区域政策对话

虽然欧盟和中国在面积、人口、经济、社会、政治和文化发展方面存在差异，但面临相似的挑战，即显著不平衡的区域发展。在此基础上，中欧区域政策合作已经启动，双方在开展互学互鉴方面具有巨大潜力，可以促进区域发展。在过去的 30 年里，中国是世界上经济增长最快、持续高增长时间最长的国家之一。然而，经济增长并没有阻止地区之间以及省内地区之间不断扩大的发展不平衡。中国政府已经意识到区域发展战略的重要意义。欧盟在国家和区域一级也存在巨大的经济发展差距，特别是自 2004 年和 2007 年新成员国加入欧盟以来。因此，区域政策在减小差距和促进协调方面起着重要作用。欧盟在制定和实施区域政策方面有着丰富的经验，可以与中国分享，中国的经验对欧盟的区域政策实施也具有借鉴意义。这一事实为 2006 年开始的双边合作和活动开辟了空间。自 20 世纪 90 年代中期以来，中国人对欧洲的社会和经济发展模式越来越感兴趣。在 2004 年

12月举行第七次中欧领导人会晤之后，2005年5月15日，双方在北京确定了中欧区域政策对话机制。一年后，2006年5月15日，中欧高级别对话和研讨会开始轮流在中国和欧盟成员国举行，欧盟委员会和中国国家发改委签署了区域政策合作谅解备忘录，以交流和分享有关凝聚力政策的信息和最佳实践经验。

1. 中欧高级别对话与研讨

2006年5月15日至16日，首次中欧区域政策高级别对话暨研讨会在北京举行。2006年10月，双方就进一步合作达成区域政策合作路线图。2007年10月，第二次中欧高级别对话暨研讨会在布鲁塞尔举行。虽然其主要目的是交流区域政策领域的经验，但除了专家对话外，也发表了一些政治声明，双方再次确认了合作的强烈意愿。2008年7月21日至25日，欧盟专家访问重庆、广州、东莞、珠海等地，与当地开发区和高新区管理层就城乡发展一体化、东西部城市发展差异、中国对口援助机制、民营企业发展等进行了充分的沟通。

2008年11月，第三次中欧高级别对话暨研讨会以城乡协调发展为主题，中国研究人员赴欧洲，即比利时和英国，就区域政策的制定和实施进行研讨。2008年至2010年，双方开展了中欧区域政策联合研究，有22名专家参加。该研究旨在向中国专家传授欧洲在政策制定和区域发展实践方面的经验。2009年10月，第四次中欧高级别对话暨研讨会在布鲁塞尔举行，主题为区域创新、产业集群和区域合作。第五次中欧高级别对话暨研讨会于2010年10月在上海举行，主题为区域管理、区域创新和城市可持续发展。2010年，欧盟委员会推出中欧区域政策系列培训。该系列培训为中国区域专家制定区域发展政策提供了参考。此外，该系列培训的目的是加强欧洲和中国区域之间的联系，以便进一步发展双边合作。培训包括为期两周的信息会议，在至少三个欧盟成员国内进行，内容包括讲座和实地考察选定重点领域的最佳实践。2011年10月在布鲁塞尔举行的第六次中欧高级别对话暨研讨会，重点讨论了区域差异问题、中欧区域政策的多层次治理与协调（例如，会议还强调了中国的块状区域模式与欧盟的趋同目标之间的相似性）。

2012年12月，第七次中欧高级别对话暨研讨会在广州举行，重点讨论了城市发展和城乡平衡问题（如改善所有城市居民的生活条件，实施地方基础设施建设，促进中型城市发展，避免人口过多地从农村地区向城市迁移，特别是有技术和能力的人等）。第八次中欧高级别研讨会于2013年10月在布鲁塞尔举行（第八次中欧高级别对话于2013年11月在北京举行）。来自中国和欧洲的80位与会者出席了会议，他们聚焦于区域间合作和区域创新体系。区域创新体系在经济和创新政策制定和实施方面具有重要作用。在这一领域，双方已经组织了几个项目，以促进区域创新战略制定和实施及区域集群发展。双方实施的培训和研究项目涉及了绝大多数欧盟国家和中国所有省份，这些活动对中国制定和实施第十一个和第十二个五年计划产生了重要影响。

2014年11月，第九次中欧高级别研讨会在成都举行，这次会议的重点是区域创新和城市可持续发展。会议讨论了成都工业发展和环境保护的协调问题，未来欧盟国家与成都的合作将集中在高科技产业和环境保护领域。在中欧正式建交40周年之际，第十次中欧高级别研讨会于2015年6月在布鲁塞尔举行。研讨会的主题是世界城市合作促进区域创新和发展。为全面深化中欧区域政策合作，双方签署了《联合声明》。

2. 中欧区域政策合作成果丰硕

中欧双方都强调地区平衡发展问题十分重要。10年来，中国制定了一系列重大区域规划和政策体系，推动区域和城乡协调、融合、共同发展。这一时期欧盟在区域政策方面的成功经验为中国提供了很好的借鉴。另外，欧盟在凝聚力政策实施方面也取得了一定的成就。它在缩小区域差距方面取得了经验，并促进了一体化。自2006年欧盟与中国签署谅解备忘录以来，已成功举办过十多次区域政策高级别对话和研讨会。中欧智欧项目启动以来，来自31个省、市、自治区的220多名中国政府官员和学者到17个欧盟成员国的超过45个地区交流、考察和实践；约100名欧盟成员国政府官员、学者和企业代表来华交流。相关资料和培训课程涉及范围广泛的区域发展问题，包括区域政策立法、统计信息系统、创新和集群领土凝聚力、城乡联系以及可持续的城市发展。中国的区域发展政策的实施为西部和中部地区的发展做出了贡献。双方认识到地方政府为合作做出的重要贡献。中国广州开发区与奥地利建立首个中欧区域政策合作试验区。中国天津、成都、武汉与意大利拉齐奥地区、波兰下西里西亚等欧洲地区的合作也取得了明显进展。双方在试点领域交流密切，政府和企业签署了多层次合作谅解备忘录，促进了经贸、科技等领域的区域合作。教育和文化在发展双边和多边合作关系中发挥了重要作用。2015年，欧洲的里昂、伯明翰、都柏林、巴塞罗那、阿姆斯特丹以及中国广东省汕头市被列入试点示范项目名单。由于中欧合作，贫困人口有所减少，自2012年以来，欧盟对11个贫困地区实施了专项支持。

3. 中欧区域政策合作展望

中欧在许多方面可以为双方区域发展政策的制定和实施提供借鉴。未来中国区域发展的主要挑战包括促进城镇化快速发展和城乡协调发展。欧盟实现了城乡均衡发展，特别是建立了有效的协调机制。这些对中国来说是有价值的参考，因为中国的关键问题是确保公共服务的获得，特别是社会保障和教育。还需要制定地方一级的城乡合作方案。为了避免城市之间的负面竞争，功能区的发展是至关重要的。

为区域政策创造稳定的金融基础。中国应逐步建立一种形式协调的区域发展基金概念下的管理分配机制。还应加强协商，增加地方政府的参与，吸引社会资本参与项目建设，建立中欧联合基金，以开发区域附加值链等共同项目，形成资金使用、项目管理和监督工作的政策实施机制。

深化区域合作。要推动基础设施建设、环境保护、产业或创新园区建设等领域的跨境和跨城市合作。中国促进区域合作的潜力是巨大的，特别是在长江流域或北京、天津和渤海之间。中国应该努力加强引导和协调，打破行政壁垒和利益垄断，推动建立协调机制、利益分配机制，加强规划指导和顶层设计，助力空间一体化发展。

完善区域政策执行、分析和监测机制。与欧盟相比，中国在这方面比较弱，应加强区域经济评价体系、政策规划和工作的检查、评价、监督和落实。此外，中国应加强区域经济分析，建立有效的数据支持定量分析的机制；扩大与欧盟的区域合作，加强地方层面的交流，建立长期伙伴关系。欧洲和中国地区应开展对口项目，以加深在经济发展问题上的经验交流。

此外，除了中欧合作的多种可能性外，欧洲概念在中国区域政策中的可借鉴性也存在一定的局限。欧盟的规模太小，无法对中国这样一个大国发挥很大作用。此外，欧盟的财政援助分散在几个倡议之中，对成员国的社会和经济凝聚力产生的影响较小。欧洲的规划和项目管理规则与中国的普遍做法有很大的不同。双方政治和法律制度是截然相反的，这使得经验分享过程相当复杂。与欧洲的区域划分相比，中国政治、经济和行政制度的差异对区域划分的影响更大。

尽管欧盟和中国的区域发展很难相比，在某些方面存在很多限制，但欧盟和中国也注意到一些相似的挑战，区域发展和区域政策对话已成为最成功的一个中欧全面政策对话的合作领域。中国是第一个同欧盟举行区域政策对话的非欧盟国家。2006年以来，双方的地区和城市合作取得显著进展，这为进一步开展区域经济合作提供了良好的平台。中方表示，国家发改委在制定区域政策时，向欧盟学习；欧方也表示，中国经济的快速发展和灵活性值得欧方借鉴。双方同意在资金充足的情况下，从长远角度加强中欧区域政策合作，共同制定一份长期发展路线图，并加强与相关机构和公共机构的联系，以加强沟通与合作。这包括持续加强区域政策方面的合作与交流；深化联合研究；加强区域合作，扩大试点和务实合作范围；鼓励创新合作平台建设；加强能力建设和人员交流。

第三节 新形势下推进区域合作的重要意义

新时代区域合作的意义不仅在于使政治、经济、军事和社会等方面的发展有更便利的条件，更广阔的空间，更高的成就，还在于人类生活在地球上有很多事情需要共同合作，合力面对，尤其是在全球性危机爆发的背景下。人类社会发展到今天确实取得了有历史记载以来的傲人成绩，但不得不承认，我们仍然面临许多我们没有办法解决的难题，这些难题需要人类共同的智慧来集体应对。

（一）新冠肺炎疫情给全球带来的威胁促使全球卫生领域合作应对

新冠肺炎疫情大流行对人们造成破坏性影响，对面临收入损失、食品供应不确定以及健康和教育计划中断的穷人和弱势群体造成的影响尤为严重。最脆弱的群体，包括移民、残疾人、妇女、老年人和其他边缘化群体，缺乏他们需要的应对机制和基本服务。自新冠肺炎疫情大流行开始以来，世界银行已部署超过1570亿美元来应对大流行对健康、经济和社会的影响，这是其历史上部署最快和规模最大的危机应对措施。这笔资金正在帮助100多个国家加强对大流行的防控，保护穷人和就业。世行还帮助60多个低收入和中等收入国家（其中一半以上位于非洲）购买新冠疫苗，并为此提供200亿美元的融资。

新冠肺炎疫情大流行加剧了全球收入不平等，穷国的人均收入减少幅度大于富国。富裕国家的人均死亡人数高于贫穷国家；尽管如此，这些国家还是有更好的卫生系统、更高的收入、更有能力的政府和更好的防控措施。死亡人数越多的国家，其收入下降的幅度也越大，高收入国家的人均收入下降得更多。利用国际货币基金组织2019年10月和2020年10月的预测结果对全球不平等情况进行比较，比较结果表明，这些发现是疫情导致的结果。新冠肺炎疫情大流行对受教育程度较低和收入较低的人的生命和生计的威胁大于对受教育程度较高和收入较高的人，其中受教育程度较高和收入较高的人中的许多人可以安全地待在家里继续工作。美国和其他许多国家的大规模政府支持计划抵消了国内收入不平等的加剧带来的影响。人们普遍认为，新冠肺炎疫情大流行将加剧国家之间的收入不平等，在国家内部和国家之间，不平等现象都在加剧。联合国开发计划署写道，这种病毒无情地暴露了国家内部和国家之间富人和穷人之间的差距。新冠肺炎疫情暴露并加剧了国家之间的不平等：最不发达经济体的卫生状况较差，卫生系统应对大流行的准备不足，人们的生活条件差，这使他们更容易感染病毒，他们根本没有发达经济体应对经济后果所需的资源。[1]

全球不平等情况可以用每个国家的人口来衡量，国与国之间的收入不平等加剧了，在很大程度上是因为印度的表现比经合组织（OECD）的富裕国家差得多。虽然中国在疫情发生以来减少了不平等，但中国已不再是

---

[1] Angus Deaton, COVID-19 and Global Income Inequality, School of Public and International Affairs, Princeton University National Bureau of Economic Research Leonard D. Schaeffer Center, University of Southern California, February 10, 2021.

全球贫困国家，因此，中国的积极成果并没有抵消印度收入下降带来的不平等加剧的影响。几十年来，中国的快速增长减少了国家间的人口不平等，因为它使超过十亿人从世界收入分配的底层上升。但中国不再是一个全球贫困国家，因此当它的增长速度超过其他国家时，它在减少全球不平等上发挥的作用相对较小。2020年，较贫穷国家的人均COVID-19死亡人数低于较富裕国家，原因尚不完全清楚，可能包括测量误差。此外，各国2019年至2020年的人均国民收入损失与人均COVID-19死亡人数密切相关。这两个事实加在一起意味着，在2019年，人均收入较高的国家，人均收入平均下降得更多；97个较贫穷国家2019年人均收入平均下降5%，而96个较富裕国家的人均收入平均下降了10%。① 2020年，中国的死亡人数很少，经济实现了积极增长。在新冠肺炎疫情发生之前，中国经济的快速增长使全球收入分配底层的人口增加了10亿多人，并长期以来为减少以人口为标准的全球收入不平等现象做出了贡献。但随着中国收入的增加，这种影响正在逐渐减弱。目前，在世界78亿人口中，人均收入低于中国的国家的总人口为44亿人，而只有20亿人的人均收入高于中国人。

世界银行指出，疫情加剧了世界各地的贫困状况，特别是据估计，将有8800万至1.15亿人陷入贫困。即使所有国家的人均收入的下降幅度相同，较贫穷国家的贫困人口也会大幅增加，因为这些国家接近全球贫困线的人口要多得多。与富裕国家相比，疫情对贫穷国家造成的贫困影响更大，而对死亡率的影响较小。大流行还没有结束，还会有更多的人死亡，贫穷国家的死亡人数可能会更多。事实上，鉴于大流行始于贸易路线，在影响到农村地区之前先影响到城市地区，目前的疫情传播模式可能会继续改变。贫穷国家也有可能严重低估了死亡人数，其中一些国家没有定期的人口动态统计系统，即使在正常时期也没有全面报告死亡人数。根据截至2020年底的数据没有办法统计出疫苗对抗击疫情的影响，且疫苗在各国的分配数据也不完善。富裕国家在2021年及以后将以更快的速度复苏，这完全有可能，这将扩大全球不平等。对全球健康和全球收入的研究普遍发

---

① Angus Deaton, COVID-19 and Global Income Inequality, School of Public and International Affairs, Princeton University National Bureau of Economic Research Leonard D. Schaeffer Center, University of Southern California, February 10, 2021.

现，收入越高的国家的人民的健康状况越好，其有更好的公共和私人卫生系统，这两种系统都需要花钱，而政府在公共和私人卫生系统投入更多的钱，则会更有效地保护人民的健康。在健康就是财富的前提下，在指数上表现较好的国家比表现较差的国家经历了更多的死亡。即使是杰出和谨慎的专家也无法预测国际上的大流行死亡模式，至少到 2020 年底，也不清楚是否有一个国家能够对发生的情况做好充分准备。贫穷国家也是气候比较温暖的国家，很多活动都发生在室外，拥有电梯和公共交通的人口密集的大城市数量相对较少。非洲长期以来在传染病方面的经验有可能在这次疫情中起到很好的作用。经济越发达的国家，中介程度越高，服务比重越高，这两者都使感染更容易。

收入较高国家的死亡人数也相对较多。特朗普政府应对新冠肺炎疫情的方式在很多方面备受指责，与其他几个富裕国家相比较，美国每百万人死亡人数的情况与瑞典差不多，比匈牙利、西班牙、波兰、葡萄牙、意大利、英国和法国要好。美国长期以来容易感染传染病，如 1900 年，在安全有效的疫苗问世一个多世纪后，尽管美国已经是世界上最富有的国家，但在预防天花方面，美国比其他富裕国家做得更差。国际货币基金组织（IMF）预测了 2019 年至 2020 年的经济增长率与每百万人死亡人数之间的关系：在死亡人数较少的中国，经济呈现正增长；在死亡人数众多的美国，预计经济将出现负增长。新冠肺炎疫情导致的死亡会带来经济破坏，这种关系也应该比死亡和收入之间的关系更紧密，这种关系在大流行之前并不明显。

2020 年，富裕国家和贫穷国家的经济增长都出现放缓。尽管中国的收入相对较高，但死亡人数却很少，而印度的收入却下降了 10.2%。① 印度的每百万人死亡人数高于其他收入水平的国家。中国的表现几乎比其他所有国家都好，而印度的表现较差。中国的人口死亡率很低，这使中国更接近世界上更富裕的国家，并减少了全球不平等。印度有 14 亿人口，死亡人数更多，收入大幅下降，加剧了全球不平等。新冠肺炎疫情大流行使大多

---

① 《印度经济至少衰退 10%，从优等生沦落为垫底，更糟心的还在后面》，腾讯网，2020 年 12 月 29 日，https://view.inews.qq.com/k/20201229A0J8A000? web_ channel=wap&openApp=false。

数国家的情况更糟，而且几乎可以肯定，全球贫困有所增加。2019年状况较好的国家的人均收入损失通常更大，它们的死亡人数更多，这部分原因是其遭遇与大流行相关的其他危害。中国积极的经验是一种重要贡献，如果没有中国，不平等的上升幅度会更大。在疫情发生后，相对富裕的中国比富裕国家做得好得多，更比比中国穷的国家做得更好。

在这样的危机中，许多国家和地方政府在行政和财政能力有限的情况下面临巨大的需求。世界银行为应对这场危机提供快速和大规模支持，在如此规模的危机中，任何单一的干预措施都不够，各国需要使用所有可用的平台和工具，通过提供现金和实物转移以及城市和农村环境中的水和卫生设施等基本服务来补充传统的安全网系统，为弱势社区和群体提供支持，包括妇女、流离失所者、残疾人和老年人。

（二）全球难民危机需要区域合作来寻求解决

欧洲是受难民危机和新冠肺炎疫情大流行影响特别严重的地区。自2015年以来，已有188多万名难民通过地中海抵达欧洲，仅2020年就有超过2.5万名难民，据报告，土耳其目前有390万名难民和寻求庇护者。最近爆发的俄乌冲突，将使国际难民的数量持续攀升。此外，截至2020年11月4日，欧洲已进入所谓的第二波疫情，新冠肺炎确诊病例超过1180万例，死亡人数超过29.4万人。西班牙、意大利和土耳其是这两次危机中受影响较严重的国家。难民与新冠病毒一起进入欧洲，给欧洲国家带来的压力和困难增加。

由于面临不稳定的工作、生活、经济和健康状况，世界各地的难民、寻求庇护者和移民被认定为新冠肺炎疫情大流行期间的弱势群体。一些全球协作机构呼吁采取行动应对难民、寻求庇护者和移民中的新冠肺炎疫情，包括为急需援助的群体提供普遍和公平的医疗卫生救助。例如，希腊关于其在难民营中管理疫情的经验的报告显示，及早采取保持身体距离和隔离的措施已使其控制住了疫情，并呼吁解决难民营拥挤问题，将难民护理纳入医疗保健系统。

纵观历史，传染病的暴发一直与脆弱和边缘人群及社区有关。传染性疾病的暴发会造成恐惧，而恐惧是无端指责、歧视和污名化出现的一个关键因素。因此，新冠肺炎疫情的出现和迅速蔓延暴露了社会政治裂痕，不幸的是，种族主义和歧视性的新冠肺炎疫情应对措施有所增加，这对边缘群体，特别是难民造成了不成比例的影响。指责和歧视行为是在历史、社会和政治背景下产生的，因为难民和寻求庇护者一直并继续因传播病毒而受到错误的指责、歧视和污名化。例如，意大利前副总理马泰奥·萨尔维尼（Matteo Salvini）错误地将意大利新冠肺炎疫情与非洲难民联系在一起。他将新冠肺炎疫情政治化，并攻击意大利政府"不守国境"，提出了歧视对策。萨尔维尼不负责任地指出，疫情与载有276名非洲移民的非政府组织救援船停靠有关。与此同时，这些获救的非洲移民被隔离两周，以检查是否携带病毒。据科学报告称，到目前为止，意大利的病例与非洲移民没有任何联系。这些例子表明，各国领导人需继续加大合作力度，如在边境问题上，应将公共卫生信息限制措施与反移民言论相结合。

最近的研究表明，成年难民和其他流离失所者具有很大的精神负担，包括创伤后应激障碍（PTSD）、抑郁、痛苦和长期悲伤，这些心理障碍的产生与难民周围的创伤环境高度相关，与难民被侵犯人权、缺乏人类需求和与他人隔离有关。此外，与本土出生的儿童相比，难民儿童具有更高的精神病和焦虑症患病率。许多难民受到严重创伤，出现各种症状，并不是所有人都寻求帮助。此外，当难民寻求心理健康关注时，大多数人要么出现严重症状，要么出现高度严重症状，这进一步提升了及时识别和治疗的复杂性。

新冠肺炎疫情大流行不仅恶化了这些成年人和儿童原有的心理健康状况，还进一步造成了新的脆弱性。综合来看，这些人痛苦的主要来源包括：社会心理压力状况的恶化，如对被驱逐的恐惧；生计的损失或减少；性别、宗教或种族歧视；性暴力和性别暴力；限制措施和超载的居住资源或无家可归；心理健康问题造成的污名化。因此，联合国难民署公布的指导方针旨在引导公众提高对难民、寻求庇护者和移民心理健康支持活动的认识；力求解决这些新出现的精神和心理社会因素，并确保这些弱势群体得到适当的护理。考虑到目前的疫情状况，以及难民、寻求庇护者和移民的特殊需求，最重要的是及时缓解其这些社会心理压力，并将保护弱势群体的心理健康状况视为优先事项。

目前，没有关于难民、寻求庇护者中新冠肺炎病例数和死亡总数的结论性数据。联合国难民署2020年4月至2021年2月的数据显示，流离失所人口中报告的新冠肺炎病例逐渐增多。根据国际移民组织（IOM）的数据，受个人、社会、基础设施和健康因素影响，全世界有2.72亿人比其他人更容易感染SARS-CoV-2。[①] 移民受到疫情的影响格外严重，但往往被排除在疫情应对机制之外。欧洲疾病预防和控制中心（ECDC）最近的一份报告就疫情对移民人口的影响进行了分类。社会影响包括：歧视和诬蔑移民为疾病传播者，实行更长时间的封锁来严重限制他们的工作活动；边境关闭使那些本来愿意与家人团聚的人望而却步；以及庇护程序进行缓慢。没有政府接纳流离失所者，其居于过度拥挤的营地和拘留中心，这增加了他们暴露于SARS-CoV-2的风险，其更缺乏可获取的关于大流行的信息。临床影响包括：无证件移民缺乏获得保健服务的机会，害怕被驱逐出境；产生心理健康问题；疫苗接种方案纳入方面的不确定性；以及人口对疫苗接种越来越犹豫。在难民营，如孟加拉国的考克斯巴扎和罗兴亚难民营，以及欧洲的难民营，居民面临更高的感染新冠病毒的危险。

有多个例子表明，亚太地区的移民在社会、流行病学和健康方面受到了不同程度的影响。例如，新冠肺炎疫情在新加坡、泰国、马来西亚和马尔代夫的移民社区集中暴发，这主要与移民的生活和工作条件有关。有报告称，移民获得检测和治疗的机会有限。疫情还引发了印度、尼泊尔、伊朗、阿富汗等国的大规模移民。由于斯里兰卡边境关闭，移民也无法返回家园。因为不断变化的流行病学背景和SARS-CoV-2变异毒株的出现，泰国的移民也遭到歧视。污名化和歧视也是造成该地区和世界其他地区的移民受到格外严重影响的巨大因素。中东和北非地区的许多国家甚至在新冠肺炎疫情之前只有有限的保健设施，区域内的难民受到了严重影响。早在新冠肺炎疫情之前，移民和流离失所者就因政策、语言和负担能力而在获得卫生服务方面存在多重障碍，而疫情加剧了这些障碍。此外，受危机影响的人口，如经常居住在人口稠密地区的国内流离失所者和难民，由于卫生用品有限，处境更加艰难。由于国家内部的行动限制，人道主义援助也

---

① 国际移民组织：《2020世界移民报告》，2020年9月，第3~15页，www.iom.int/wmr。

受到了沉重打击。联合国难民署驻印度、乌干达和印度尼西亚的代表都描述了各自地区的类似情况。特别令人关切的是这些人群中的高危群体：孕妇、哺乳期妇女、儿童、老年人、残疾人以及患有潜在传染性和非传染性疾病的人。有报告称，针对妇女的性暴力和基于性别的暴力的比例也有所上升，而获得服务的机会减少或离开虐待环境的能力下降又加剧了这一情况。世卫组织在2021年6月发布了一份报告，分析存在将难民和移民纳入医疗保健系统的直接或间接措施的国家的政策趋势。根据该报告，一些国家没有排除无证件移民获得紧急医疗服务的可能性。① 但是，并非所有国家的所有措施都是平等的，报告也没有阐明国家是否对这些政策的执行进行质量控制。很明显，包容程度及将难民和移民纳入流行病应对计划的方式在很大程度上取决于国家决策进程、能力和方法。促进制定实施循证移民卫生政策和规划，实现真正包容所有人的全民健康覆盖至关重要。

世卫组织、国际移民组织和联合国难民署监测难民和无证件移民获得新冠疫苗的情况。在全球范围内的疫苗推广存在若干障碍，难民和联合国难民署关注的人也不能幸免。还存在其他障碍，首先是国际社会较少向低收入和中等收入国家转让用于生产新冠疫苗的技术，其次是高收入国家不愿通过全球获取疫苗计划分享其疫苗。还有行政障碍，比如一些国家要求人们使用国民身份证号码在互联网上注册后才能接种疫苗。这需要人们使用计算机或具备计算机知识，因此对于更边缘化的人来说，这可能是一个障碍。许多欧洲国家已主动将无证件移民纳入其新冠疫苗接种计划。例如，葡萄牙、法国、英国、比利时、荷兰、挪威和芬兰提供合理的准入门槛，而德国只提供有限的准入门槛。在西班牙和意大利，有些地区的疫苗供应良好且有限，而波兰、捷克、斯洛伐克、匈牙利、保加利亚和希腊则没有向无证件移民提供疫苗。亚太地区大多数国家都考虑将有证件的移民纳入疫苗接种计划。然而，一些国家仍然对无证件移民提供疫苗和获得疫苗的问题表示严重关切。至于中东和北非地区，尽管许多国家已将移民纳入其计划，但仍存在准入障碍，因为大多数国家要求移民使用有效身份证进行在线登记。

---

① 《世卫组织报告：许多难民和移民健康状况不良》，联合国新闻，2022年7月20日，https://news.un.org/zh/story/2022/07/1106292。

在人类遭遇 21 世纪初重大危机的时刻，各种危险交织并存，人类只有通过自身的努力才能积聚力量来共同面对困难，攻克难关。在现代科学技术和医疗技术不断跃进的当前，国家合作甚至是区域合作才能汇聚最优质的资源和最优秀的技术人才，携手共同直面挑战，为人类向真正的公平正义的崇高社会迈进而努力。

（三）全球生态危机需要区域合作来全面应对

人们普遍认为，气候变化是由人为干扰地球气候系统引起的，将对环境产生巨大的影响，例如，它将影响降水、温度、天气模式、海平面、酸度和生物多样性。特别令人关切的是，预计气候变化将对严重贫困地区产生更严重的影响。社会正义和公平被认为是社会变革的主要动力。从《京都议定书》通过的经验来看，出于国际政治的原因，达成有效的国际气候协议非常复杂。《京都议定书》是一项自上而下的协议，设定了全球减排目标。随后，各国就如何在它们之间分配减排任务进行了谈判。与这种方式不同的是，《巴黎协定》成员国遵循的是自下而上的谈判方式，各国自愿承诺实现目标，但没有预先确定全球减排目标，在实现其国家自主贡献方面开展自愿合作，以使国家减排行动有更大的动力，并促进可持续发展和环境改善。

1. 空气污染

由于全球变暖和气候变化引起的相关反应，植物受到许多人为污染物以及不同的环境和工业污染物浓度逐渐增加的影响，而污染的增长将进一步威胁全球粮食生产和安全，可能会破坏地球上不同地区的稳定，导致动荡、饥饿甚至战争。从 2021 年到 2030 年，预计全球人均二氧化碳排放从每年 4.1 吨减少到 3.5 吨。撒哈拉以南非洲、巴西、印度、中南美洲和太平洋亚洲地区是 5 个在此期间人均排放量低于全球平均水平的地区。到 2030 年，与各区域单方面采取行动相比，区域间合作的全球成本降低 60%。《巴黎协定》第 6 条敦促各国在实现其国家自主贡献方面寻求自愿合作，以实现更高的目标。显然，在减少排放方面允许各国保持灵活性可以大大降低经济成本。如果各国采取合作行动，就能节约成本，获得更高的经济和环境收益。①

减少二氧化碳排放是一项全球公益事业，不同区域在此方面存在不同的经济成本。在评估合作与非合作二氧化碳市场在实现国家自主贡献方面的分配效应，并考虑合作市场中不同的二氧化碳排放许可证分配规则之后，我们看到，在 2030 年，全球可以从二氧化碳市场的全球合作中获得高达 1060 亿美元的收益。一个合作的、人均排放量相等的二氧化碳市场，会导致大量的货币从高人均排放地区转移到低人均排放地区。通过国家间的合作可以获得潜在的收益，尽管一个由意愿联盟组成的分散的政权在政治上更有可能是可行的，但一个分散的政权比一个普遍的政权在环境合作中付出的代价更大。在各国确定了首批自主发展目标的背景下，评估机构进行了建模研究，评估了区域碳价格和实现环保目标对国内生产总值的影响，通过模拟有合作和没有合作的情景，量化合作行动的收益，估计合作对全球 GDP 的贡献比国家单方面行动高出 0.3 个百分点②。

航运与各种环境影响有关，航运产生的污染物被排放到空气和海洋中，其中大部分污染似乎不受监管，预计从 2020 年到 2050 年，航运造成的全球排放量将增长两倍以上。为减少二氧化碳、氮氧化物（NOx）、硫氧化物（SOx）和微粒物质（PM）的排放，全球、国家、区域和港口级立法实施了。许多政策是非强制性的，或者在港口是基于奖励的，管制措施主要局限于排放控制区。没有明确政策鼓励或强迫向零碳燃料过渡。由于港口可以限制污染，如要求使用海岸电力，它们可以显著影响该部门的清洁发展。各国需要进一步立法，以平衡在污染物和减缓气候变化方面各国所做出的努力。

2018 年建立的世界港口气候行动计划（World Ports Climate Action Program）是一项针对港口的全球倡议。该计划是非强制性的，并覆盖了正在研究电力基础设施的港口。美国、挪威、瑞典、英国、中国和新加坡都出台了国家政策。大多数国家采取的以监管或市场调节为基础的办法都是

---

① Sneha D. Thube, Ruth Delzeit, Christian H.C.A. Henning, "Economic Gains from Global Cooperation in Fulfilling Climate Pledges," *Energy Policy* 160 (2022), pp.2-11.

② Sneha D. Thube, Ruth Delzeit, Christian H.C.A. Henning, "Economic Gains from Global Cooperation in Fulfilling Climate Pledges," *Energy Policy* 160 (2022), pp.2-11.

为了提高污染成本,或为污染较轻的船舶提供奖励措施。最近的一项监管政策是中国的硫排放控制区的实施,即在控制区将硫含量限制在 0.1%。2019 年英国提出的《清洁海洋计划》包含了提供资金和奖励的措施。国际海事组织 2020 年新的燃油含硫量限制实施方案,收紧了 2005 年《防污公约》附则Ⅵ的含硫量限制规定,从每质量的 3.5% 提高到 0.5%,对限制硫氧化物的排放做出了重大贡献,也证明了监管政策的可行性。基于市场的政策大多在港口层面实施,并以鼓励绿色船舶的形式实施。这突出了港口级立法在支持更广泛的国家或区域政策方面发挥的作用。

2. 海洋环境污染

沿海和海洋生态系统为人类福祉和其他种类的脊椎动物提供不同的无价服务和价值。水生生态系统与陆地生态系统相互联系,因此一个系统中的变化会对另一个系统产生影响。几十年来,包括人类活动在内的不同因素对沿海和海洋生态系统造成了压力,这些压力包括污染和对环境的物理破坏。由于不可持续的开发和建设活动,垃圾堆积是人类对沿海和海洋生态系统造成的严重威胁之一。与其他类别的碎片,如玻璃、布、纸、食物垃圾、金属、橡胶、医疗和个人卫生相关物品、香烟和木材相比,由于塑料的特性,塑料垃圾在海洋盆地中是持久存在的。由于垃圾处理不当,超过 26 万吨的塑料碎片漂浮在世界海洋表面。目前,塑料污染已经成为一个严重的问题,几乎所有的海洋盆地,无论是在发达地区还是在不发达地区,都存在塑料污染。

塑料垃圾通过各种来源直接或间接地积累在水生生态系统中。超过 75% 的海洋塑料垃圾来自陆地。[1] 海岸带是一个高度生活化、城市化和工业化的地区。大多数地方社区聚集在沿海地区。沿海居民使用的气爆残片和化妆品可以直接排放。在某些情况下,这些塑料容器被释放到废水处理系统或排水系统。泰国东海岸的海滩上出现的 60% 的塑料碎片由旅游和娱乐相关活动产生。海滩上的塑料碎片以微塑料碎片和次级塑料的形式

---

[1] A. L. Andrady, "Microplastics in the Marine Environment," *Marine Pollution Bulletin* 62 (2011), pp. 1596-1605, https://www.sciencedirect.com/science/article/pii/S0025326X11003055.

进入海洋。① 在巴西东北部的城市海滩上，塑料颗粒和碎片被认定为污染物。这些碎片源自堆积在海滩上的较大尺寸的塑料碎片的分解，而塑料颗粒主要由附近港口设施的作业活动产生。② 海洋中的塑料累积速率也会因陆地的极端气候条件（如风暴、飓风和洪水）而提升。从加州收集到的水中的微塑料碎片密度要高出普遍风暴条件下的6倍。在南加州海岸，风暴期间的平均碎片密度大约是正常情况下的18倍。海滩上的塑料碎片通过沿海的水流进入海洋。有时，在海岸作业中，尼龙单丝渔网被弃置在海岸地区，漂浮在海面上。漂浮的尼龙碎片在洋流的作用下漂浮到海洋的不同位置。商业渔业、航行活动、废物处置和贝类/鱼类养殖等近海活动是导致塑料碎片堆积到海洋和沿海地区的关键原因。根据大量文献记录，近海捕鱼和与水产养殖有关的作业已被确定为导致海洋盆地和沿海生态系统塑料污染的一个重要原因。破损的渔网和丢失或丢弃的渔网在渔民的作业过程中进入近海。

海上航行活动也是海洋近岸地区塑料堆积的原因。船只有意或无意地向海洋倾倒塑料垃圾，到1990年初，塑料垃圾的累积速度大约为每年650万吨。泰国东海岸与航运有关的塑料碎片少，因为该地区不靠近国际海上运输路线。在陆地或海洋运输过程中，被丢弃的塑料垃圾会导致塑料直接或间接流入海洋。特别是塑料包装材料的不当使用，导致塑料垃圾进入水生环境并堆积。合成聚合物也被记录在赤道大西洋的圣彼得和圣保罗群岛附近的亚表层浮游生物样本中，平均塑料密度有所增加。塑料材料可以通过洋流进行长距离运输。来自陆地的垃圾中有相当一部分积聚在海洋中，65%的垃圾由不可降解的大塑料组成。③ 塑料可以作为一次和二次塑料进入海洋生态系统。较大的塑料碎片有时会直接转化为大塑料或大塑料碎

---

① M. Bergmann, V. Wirzberger, T. Krumpen, C. Lorenz, S. Primpke, M.B. Tekman, G. Gerdts, "High Quantities of Microplastic in Arctic Deep-sea Sediments from the HAUSGARTEN Observatory," *Environmental Science and Technology* 51 (2017), pp. 11000-11010, https://pubs.acs.org/doi/10.1021/acs.est.7b03331.

② G.G.N. Thushari & J.D.M. Senevirathna, "Plastic Pollution in the Marine Environment," *Heliyon* 6 (2020), pp. 2-13.

③ G.G.N. Thushari & J.D.M. Senevirathna, "Plastic Pollution in the Marine Environment," *Heliyon* 6 (2020), pp. 2-13.

片，并在环境中转化为微塑料。上述重量较轻的较大塑料中，有一部分漂浮在海面上，而剩余的高密度塑料则沉入海洋的底栖环境中。大塑料很容易通过不同的过程降解成微尺寸塑料，降解可分为三种：光降解、机械降解和水解。

塑料污染在商业渔业、旅游、航运和人类健康等方面造成不同的社会经济影响，各国为清除污染物拨出额外预算，而这对各自国家的国民经济产生负面影响。海洋盆地和沿海地区塑料污染物的超载直接影响商业渔业、水产养殖业和旅游业。在苏格兰，清除杂物，包括塑料垃圾，如渔具和PVC管，造成打捞时间的损失和额外的清洁费用产生。根据联合国环境规划署，"幽灵渔具"的存在造成龙虾渔业部门每年损失2.5亿美元。

目前已经确定了几种解决塑料污染问题的策略。制度层面的参与是处理当前问题的关键策略。全球、区域和国家一级的机构在控制和防止塑料碎片在沿海和海洋生态系统中的积聚方面发挥的作用至关重要。全球范围内的活动，如关于海洋和海洋法的联合国大会就是这种全球倡议的例子，对解决这一问题是有帮助的。《联合国海洋法公约》为控制塑料污染提供了国际法律框架。其第207条和第211条涉及海洋污染，包括塑料垃圾的堆积，特别强调减少、控制和预防塑料垃圾的产生。联合国大会也发表了使海洋环境更清洁的重要宣言。宣言提出在公共和私营部门之间建立伙伴关系，提高对塑料污染对生态、社会和经济的影响的认识，并明确表示也要解决塑料碎片污染引起的问题。

在全球、区域和国家层面减少和管理沿海和海洋生态系统中的塑料污染的必要性已得到广泛承认。在不同的国家和地区，各种国际组织和非营利性社会团体怀着让海洋免受塑料污染的愿望，积极合作。区域一级的机制已经建议对河口污染进行评估，把重点放在南美等地区的一些国家的咸水生态系统的塑料污染上。在国家一级，一些政府已宣布立法以控制塑料污染，禁止使用塑料产品，并利用新技术加强废塑料的再利用和回收。在充分考虑南美等地区的国家各自生态系统的生物和生态环境后，建议其实施环境治理和污染控制。各国应鼓励回收可重复使用的塑料碎片，实行制造商问责制，通过公私伙伴关系开展环保计划工作和能力建设活动，重点关注清洁环境，对这一新兴环境问题的性质和严重性进行科学研究，并提出创新方法，将之作为减少和控制水生生态系统塑料污染的解决方案。

3. 化学污染对人类构成最大的环境威胁

人为的化学污染对人类构成最大的环境威胁，但全球对这一问题的认识不足。我们对化学品在更广泛的环境中扩散、混合和重组所造成的威胁的规模和风险的理解存在严重不足。虽然存在一些污染控制措施，但往往没有以避免对现在和未来几十年的人类健康造成慢性和急性影响所需的速度采取这些措施。全球迫切需要提高对使用、扩散和处置化学品所造成的风险的认识并对之进行科学审查。合成化学品对日常生活的好处是不可否认的，但它们故意或无意地被排放到更广泛的环境中是经济发展导致的直接后果。自工业革命以来，化学污染物一直在排放，但在过去的半个世纪中，它们的排放和扩散速度显著加快。二氧化碳的排放及其对气候、大气和海洋的长期影响是一个显著的例子，但许多其他物质也以工业和农业排放的形式被排放出来。数万亿吨化学活性物质被采矿业、矿物加工业和农业排放到环境中。除了人为传播地球化学物质外，人类还合成了超过14万种化学物质，其中大多数以前并不存在。事实上，最近对全球化学品库存的分析估计，这一数字可能超过35万，比此前报告的数字高出许多倍。新的合成化学品正在不断开发，最近，仅美国就平均每年生产1500种新物质。其中许多物质在小剂量时是有毒的，有时会与其他污染物结合在一起，或成为排放到生物圈和地圈后的分解产物。

据估计，化学物质的排放规模高达每年2200亿吨，其中温室气体排放仅占20%。此外，化学物质的排放在很大程度上是累积的。人类无处不在应用化学，化学物质已经在高层大气、最高的山脉、最深的海洋、极地地区、最偏远的无人居住地区、土壤、水、空气和人类食物链中被检测到。海洋和湖泊中有700多个已知的死亡区，化肥、农药和沉积物的污染是与这些栖息地崩溃最密切相关的因素之一。工业化学物质，包括已知的致癌物及其残留物，已在所有人群的血液和组织中被检测到，包括未出生者、婴儿身上和母乳中。它们存在于水生生物、植物和野生动物以及食物中。

所有化学物质的综合和累积效应,一起发挥作用,可能危害人类生命。①

为了保护人类,化学污染成为不得不面对的全球挑战之一。每年共有900多万人过早死亡,其中1/6的死亡是由空气、水、食物、家庭、工作场所或消费品受到污染所引起的。从这个角度来看,每年与化学污染有关的死亡人数大大超过第二次世界大战期间的死亡人数,其如今已成为可预防的最大死亡形式。此外,它还会对野生动物造成灾难性影响,尤其是昆虫和依赖于它们的动物、生态系统及其服务,如人类赖以生存的植物授粉活动和清洁水。这突出了化学污染在全球生态破坏中发挥的作用。近几十年来,越来越多的证据表明,人类生活环境受到化学污染,导致人类的认知、生殖和发育障碍以及过早死亡。②

全球范围内的化学污染物从很多方面影响着人类的幸福,尤其是人类的长期生存前景。接触低水平污染物对人类生殖能力、认知能力和胎儿健康以及粮食安全造成影响。2017年,全球合成化学品产量约23亿吨,是2000年的两倍。大多数化学品是石油化合物(占全球化学品销售额的25.7%)、特殊化学品(占销售额的26.2%)和聚合物(占销售额的19.2%)。预计到2030年,除药品外的化学品的使用将增长70%。2019年,全球化学品销售额估计为4.3630万亿美元,产量为23亿吨以上。③

危险化学污染物及其混合物的排放、扩散和暴露往往是零星的,不受时间或空间的限制,这是人类长期接触它们的主要原因。有令人信服的证据表明,它们以可通过空气传播的颗粒、气体和气溶胶以及可通过水传播的悬浮物的形式在全球范围内扩散。化学污染也通过媒介进行传播,媒介包括受污染的野生动物和人类、废弃材料以及纳米和微尺度合成颗粒(如微塑料)。

为了在应对化学污染方面做出改变,需要在全球范围内采取协调一致的行动。管制全球有毒化学品的排放和流动是必须通过国际联合行动才能

---

① Ravi Naidu, "Chemical Pollution: A Growing Peril and Potential Catastrophic Risk to Humanity," *Environment International* 156 (2021), pp. 21-35.
② Ravi Naidu, "Chemical Pollution: A Growing Peril and Potential Catastrophic Risk to Humanity," *Environment International* 156 (2021), pp. 21-35.
③ 联合国环境规划署:《2021年度报告》(中文版),双智云平台,2022年4月10日,https://www.ceeyun.cn/news/1518378433602457600。

实现的，如《维也纳保护臭氧层公约》和《控制危险废物越境转移及其处置巴塞尔公约》。2001年通过了《关于持久性有机污染物的斯德哥尔摩公约》，2013年通过了《关于汞的水俣公约》。自2004年生效以来，《关于持久性有机污染物的斯德哥尔摩公约》仅审查和禁止了35万种合成化学物质中的26万种，另有9万种正在审查中。在利用国际、区域和国家倡议和文书来防止或清除化学污染方面有成功的案例，如关于控制臭氧消耗物质（如氟氯化碳、四氯化碳）的《蒙特利尔议定书》修正案。我们建议尽快建立类似于目前为应对气候变化所采取的全球协商一致进程。这将是一项由科学界和政府支持的多国倡议，通过确定、量化、限制、建议清理方法和设计新方法来遏制日益增长的化学污染的外溢对人类健康和环境造成的负面影响。与气候变化和清洁能源一样，关键在于改变数十亿人的行为，从而使他们能够改变政府、企业和同胞的行为，实现一个良性的生活循环。

第二章
有关区域合作理论的评述

第一节 新区域主义理论

在过去的几十年里，新区域主义已经成为许多社会科学专业领域的一个突出问题，如欧洲研究、比较政治、国际经济学、国际关系（IR）和国际政治经济学（IPE）领域。这些不同的学术专业的研究方法差异很大，这意味着区域主义对不同的人意味着不同的东西。对于如何研究它，人们也缺乏共识，换句话说，我们也面临一个认识论的问题。巨大的分歧存在于所谓的新旧区域主义之间。第一代区域主义研究聚焦于欧洲的区域一体化，以及随后从旧的区域主义到新区域主义的巨大飞跃，这实际上是全球化背景下的区域主义研究。

（一）新区域主义的概念

"新区域主义"指的是，区域内政府、非营利组织与微观市场主体组成治理主体，共同寻求对包括安全问题在内的区域公共问题更好更合理的应对和解决之道。这一理论范式既适用于微观的国内经济社会问题研究，也适用于国际社会中的区域问题研究。如果寻根溯源，"新区域主义"这一概念最初是由美国政治学家、《亚洲与太平洋地区新区域主义》的作者诺曼·D. 帕尔默（Norman D. Palmer）最先提出的。当然，时至今日，不同学派甚或同一学派的不同学者对"新区域主义"这一概念的理解也不尽相同。德国著名学者海德·海姆（Helge Hveem）将新区域主义视为合作、互动、对话、治理等一系列新观念的制度性载体。① 而英国新区域主义研究者安德鲁·赫里尔（Andrew Hurrell）则是从经济、政治、社会、组织和区域凝聚力等5种变量出发对新区域主义的内涵加以解释。② 日内瓦大学国际经济学教授理查德·鲍德温（Richard Baldwin）认为，21世纪国际经贸合作关系的关键特征表现为贸易、投资与服务一体化，而这些恰恰是旨在建构经贸规则的新区域主义所关注的焦点问题。③

区域的概念在不同学科中不同：在地理领域，区域通常被视为次国家实体；在国际关系中，区域往往被视为国际体系的超国家子系统。区域是被视为国际体系的子系统，还是被视为具有自身活力的新兴区域，这是很重要的。这样划分的区域的概念也可以用不同的方式来定义：作为国家联合体，或作为成员国拥有政治和经济合作关系并具有某种程度共同身份的超国家形态。世界区域的最低定义通常是具有地理关系和一定程度的相互依存关系的有限数量的国家。从更全面的角度来看，一个区域是由具有一些共同的民族、语言、文化、社会和历史纽带的国家组成的。研究人员承认没有自然区域，一个区域的定义根据所研究的问题不同而有所不同。此外，人们普遍认为，重要的是政治行为者如何看待和解释一个区域的概念和区域性概念，所有区域都是社会建设的，因此在政治上有争议。

一个区域通常被简单地与一个特定的区域组织混淆在一起。该组织试图通过促进国家和其他行为者之间的合作来塑造它所定义的区域，这是可能的，因为在一个政治共同体中存在着真正的利益共享体验，该区域是真实存在的，而不仅仅是形式上的。区域一体化是一个跨地方的过程，若以市场因素来定义，已经产生了很长一段时间的概念也可以变得更复杂。约瑟夫·奈认为，一体化的概念将太多互不相干的现象组合在一起，这是无

---

① Helge Hveem, "The Regional Project in Global Governance," in Söderbaum & Shaw, eds., *Theories of New Regionalism*, New York: Palgrave Macmillan, 2003, p. 83.

② Andrew Hurrell, "Regionalism in Theoretical Perspective," in Louise Fawcett & Andrew Hurrell, eds., *Regionalsim in World Politics: Regional Organization and International Order*, Oxford: Oxford University Press, 1995, p. 39.

③ 参见 Björn Hettne, "Neo-Mercantilism: The Pursuit of Regionness," *Cooperation & Conflict* 28 (1993), pp. 211-32; Björn Hettne & Fredrik Söderbaum, "Theorising the Rise of Regionness," *New Political Economy* 5 (2000), pp. 457-474。

益的，因此应该将其分解为经济一体化（形成跨国公司）、社会一体化（形成跨国社会）和政治一体化（形成跨国政治体系），这样，区域合作就不那么复杂，通常是指各国共同努力解决具体问题。[1] 阿克塞林断言，区域合作只能从单个成员国的国家利益的角度来理解。区域谈判将照顾所有伙伴的利益。但相反，区域一体化通常被认为意味着主权方面的某些改变。[2] 根据哈斯的观点，区域一体化的研究将重点集中于解释国家如何以及为什么不再拥有完全主权。[3]

区域主义和区域化是两个较新的概念，区域主义指的是一种趋势和政治承诺，以区域的形式组织世界；更狭义地说，这个概念指的是一个特定的区域项目。在某些定义中，这种政治承诺背后的行为者是国家；在其他定义中，行为者并不局限于国家。根据安东尼·佩恩和安德鲁·甘布尔的观点，区域主义是政府主导的项目，旨在重构一个特定区域的经济和政治路线，实现区域整体的建设或重构。[4] 这听起来是一种更全面的观点，但其他作者发现很难将区域主义的行为者局限于国家。安德鲁·赫里尔认为区域主义的概念包含 5 种类型，即区域化（非正式一体化）、身份认同、州际合作、国家主导的一体化和凝聚性，特别是在新自由主义的话语中，地方主义被视为保护主义。[5]

（二）新区域主义的评述

新区域主义是在多极世界秩序和全球化背景下形成的。它构成了全球

---

[1] Joseph S. Nye, *Peace in Parts: Integration and Conflict in Regional Organization*, Boston: Little, Brown and Company, 1971; Joseph S. Nye, "Neorealism and Neoliberalism," *World Politics* 40 (1988), pp. 235-251.

[2] W. Andrew Axline, ed., "Cross-regional Comparisons and The Theory of Regional Cooperation: Lessons from Latin America, the Caribbean, South East Asia and the South Pacific," in W. Andrew Axline, ed., *The Political Economy of Regional Cooperation: Comparative Case Studies*, London: Pinter Publishers, 1994, p. 217.

[3] Ernst B. Haas, "The Study of Regional Integration: Reflections on the Joy and Anguish of Pretheorizing," *International Organization* 24 (1970), p. 610.

[4] Anthony Payne & Andrew Gamble, "Introduction: The Political Economy of Regionalism and World Order," in Andrew Gamble & Anthony Payne, eds., *Regionalism and World Order*, London: Macmillan, 1996, p. 2.

[5] Andrew Hurrell, "The Regional Dimension in International Relations Theory," in Mary Farrell et al., *Global Politics of Regionalism*, London: Pluto Press, 2005, pp. 38-53.

结构转型的一部分。在全球结构转型中，各种非国家行为者在全球系统的几个层次上运作。因此，必须同时考虑内生因素（区域性水平）和外生因素（全球化的挑战）。全球主义和区域主义成为理解世界的相互竞争的方式，许多分析工作被开展，试图弄清这两个过程是如何相关的。由于全球化的影响在世界不同地区的程度不同，区域化的实际过程在新兴地区之间也不同，从而形成了许多区域主义类型。全球化与区域化进程在不同的区域化条件下相互作用，形成了多种区域化路径。这也意味着许多不同的对区域主义的理解相冲突，造成了极大的混乱。

新自由主义者将新区域主义视为一种贸易促进政策，该政策建立在区域安排而非多边框架之上。相比之下，对于国际政治经济学研究者而言，区域主义是一个全面的多维项目，涉及经济、安全、环境问题和许多其他问题。对新自由主义者来说，区域主义只是对增加世界贸易总量和增进全球福利做出的次佳贡献，在最坏的情况下，其是对多边秩序的威胁。而国际政治经济学研究者则认为，从安全到环境领域，区域主义可以帮助解决许多在国家层面上没有得到有效解决、没有市场解决方案的问题。

新区域主义是开放的区域主义，它强调一体化项目应以市场为导向和面向外部，应避免高度保护主义，并应成为世界政治经济正在进行的全球化进程的一部分，凯布尔和亨德森把开放的区域主义定义为与关贸总协定相一致并相互补充的谈判框架。对于佩恩和甘布尔来说，所有区域主义项目的一个最显著的共同特征就是其对开放的区域主义的承诺。[①]

新旧区域主义研究的中心问题是贸易。区域主义或多或少被视为贸易集团的同义词。事实上，如上所述，有些人担心这些贸易集团是向保护主义的倒退；另一些人将其视为运作不善的多边主义的良好替代品；其他人则将其视为迈向全球自由贸易的一步。然而，区域主义的复杂性也导致了其他问题。首先是发展问题，这个问题虽然常常与贸易有关，但却与之截然不同，一般都从区域发展主义的角度加以讨论。安全也作为一个区域问题出现，从而产生了所谓的区域安全主义。

---

① 参见 Anthony Payne & Andrew Gamble, "Introduction: The Political Economy of Regionalism and World Order," in Andrew Gamble & Anthony Payne, eds., *Regionalism and World Order*, London: Macmillan, 1996, pp. 2-50。

区域主义发展成为一种对抗不平等世界秩序的全球动员形式，但在这一过程中失去了一些力量。当今的许多区域主义形式，往往是在世贸组织和全球化进程的主导下发展起来的。正如米斯特里指出的那样，新的区域主义正在被接受，因为旧的多边主义不再奏效。区域主义可被视为在更平等的基础上重建多边主义的先决条件。[1] 在区域主义的话语中，贸易问题得到高度重视。货币区域主义可能有许多目标，其中最重要的可能是金融稳定，这意味着没有过度流动性。由于金融危机有可能在各国蔓延，各国需要集体应对，在这种背景下的主要问题是在何种程度上，国际投资者从一个特定的新兴市场退出，将把一个国家的公害变成一个区域的公害，最终变成全球的公害。如同世界贸易体系一样，金融体系是不对称的。金融稳定是一个全球性问题，但全球金融工具显示出对弱势国家的偏见，这就促使行为者建立地区性机构，以防范过度波动的问题产生。

欧洲的货币区域主义本身并不是一个完全成功的例子，但它表明了制度支持、政治承诺和经济政策的共同方法的重要性。2002年5月，东盟与中日韩三国在清迈举行了一次会议，讨论如何通过区域合作应对金融危机。这次会议可能是货币区域主义的一个突破，但现在要判断结果还为时过早。从危机的动态来看，很明显，东盟（一个成熟的区域组织）太小了，而亚太经合组织（跨区域组织）太大了，包含了太多相互矛盾的利益。一个适当的机制——10+3的出现强调了一个事实，即区域问题的性质直接影响到区域主义的组织发展。

我们注意到，第一代区域一体化最初关注的是经济，但最终关注的是和平与安全。在最近的理论中，安全担忧被视为迫使各国进行合作的重要因素，这是因为存在冲突区域化的风险。局部冲突向外扩散或溢出到邻国，并以外交干涉、军事干预的形式在该区域产生内向影响。区域安全主义现在已成为一种流派。当前主流的区域主义理论仍然以国家中心观点为主。在区域化过程中，国家和政府间组织往往是关键的行为者和分析对象。国家，以及国家建立和国家毁灭的力量，都是理解当今区域主义政治

---

[1] Percy S. Mistry, "New Regionalism and Economic Development," in Söderbaum & Shaw, eds., *Theories of New Regionalism*, New York: Palgrave Macmillan, 2003, pp. 117-139.

经济学的核心。然而，有必要首先理解我们所说的国家利益是如何形成的。国家利益和地区利益都不是理所当然存在的。国家利益往往仅仅是特定群体的利益，甚至是某些政治领导人的个人利益，而不是更全面意义上的公共利益或国家安全与发展。在全球化的背景下，国家正在被拆分，结果是国家以外的行为者正在获得力量。由此可见，分析的重点不仅应放在国家行为者和正式的国家间框架上，还应放在非国家行为者和有时被广泛称为非国家区域主义的东西上。一个突出的非国家中心的观点是埃特尔·索林根的联盟方法，区域秩序在这种方法中被认为是由国内联盟塑造的，该区域是由相关联盟的大战略所界定的。

合作规划可以被视为新区域主义的重要理论根源之一。合作规划关注规划对现有结构的变革性影响。正如我们所看到的，宏观区域不会创造新的机构，而是依靠现有的机构来解决内部行为者复杂的共同问题。对于合作规划及其多层面性，必须从对其治理系统、体制安排和多重现实的整体认识角度来看待，必须认识到地方机构的变革性力量，必须从内生角度来看待各区域，这样可以在解决宏观区域发展等日益复杂的问题时获得更多的启示。合作规划明确涉及促进各种行为者采取集体行动的倡议，并认识到网络作为机构合作的交叉点和刺激点的重要性。从这个角度来看，宏观区域可以被看作网络化的空间。宏观区域的主要目标是各国对共同处理的问题做出协调一致的反应，而不是单独处理，而跨国责任是区域合作和凝聚力方面的一项重要创新。在官方的说法中，宏观区域战略是同一地理区域内的国家和有关第三国的一个综合合作框架，它应对共同的挑战，并受益于经济、社会和区域凝聚力方面的合作的加强。宏观区域战略中的新区域主义的概念也与所谓的差异一体化或其他概念，如多速度一体化、同心圆有重要区别。根据这一概念，欧洲一体化不应被看作一个统一或单一的进程，而应看作一个由具有共同基础的相互关联的个别因素（如不同级别的区域组织）组成的复杂进程。新区域主义强调区域作为社会结构的开放性，其具有本地化的治理系统和社会经济资产，并应对具体问题，这些问题可以通过分散的整体方法来解决。这一观点通过赋予地方行为者权力，促进他们之间的互联互通，为区域议程带来新的利益，并促进创造新的能力和创新举措，从而促进区域发展。

尽管迄今为止已有大量的文献，但当区域主义出现不同的层次或规模、构成各种形式时，彼此之间依然存在复杂的联系。宏观区域或世界区域是超国家的。次区域或多或少是大的宏观区域中不同的部分，通常代表着更紧密的超国家合作。如果我们所说的区域是指具有某些行为者能力的工具区域，我们也可以区分大陆内和大陆间跨区域主义。大陆内部的区域组织，如非洲联盟（AU）和美洲国家组织（OAS），通常是纸面组织，没有多少行动能力，因此也缺乏任何重要的大陆间关系。在大陆内区域之外是更具实质性意义的区域组织，这就是大陆间跨区域主义，具有更多的行为能力，它们的相互联系因此对世界秩序的构建具有一定的意义。

近年来国内很多学者也已经逐渐意识到新区域主义在推动区域合作与区域安全机制建设上的重要意义，并将理论研究的焦点集中于这一理论范式。例如，王少普提出，在亚洲金融危机后，日本的东亚认同感明显增强，日本的区域主义由一般的经济合作朝推动东亚一体化的方向转变。[①] 郭延军与王春梅认为，与原有区域主义主张的欧洲中心论和权力中心论相比，新区域主义更具有开放性、包容性、经济倾向性、多元性和自主性等鲜明特征。[②] 刘祺则认为，虽然新区域主义倡导的跨界治理和跨域治理思想最初指向的是中观和微观层面的公共治理，但是，其含义和适用性涵盖宏观、中观和微观层面，其理论基础深厚，研究视域广泛。[③] 新区域主义对大国战略和贸易等方面的影响也十分明显，对中国而言，"新区域主义"浪潮正在从制度层面重塑中国发展的外部环境。[④] 在自贸新战略指引下，中国已经与东盟、日、韩、澳等重要经济体签订了自贸协定，未来与美国、欧盟等主要发达经济体的谈判亟待破局。[⑤] 对俄罗斯而言，其横跨欧亚大陆的地缘特征决定了其区域合作战略的多维性。一方面，融入欧洲一

[①] 王少普：《日本的新区域主义及中国的外交选择》，《社会科学》2005年第6期。
[②] 郭延军、王春梅：《新区域主义视角下的东亚安全共同体建设》，《世界经济与政治论坛》2006年第6期。
[③] 刘祺：《理解跨界治理：概念缘起、内容解析及理论谱系》，《科学社会主义》2017年第4期。
[④] 孙毓蔓：《新区域主义理论研究及其启示》，中南大学硕士学位论文，2013；余楠：《新区域主义视角下的〈跨太平洋伙伴关系协定〉——国际贸易规则与秩序的动态演变及中国之应对》，《法商研究》2016年第1期；〔美〕迈尔斯·卡勒、王正毅：《从比较的角度看亚太的区域主义》，《世界经济与政治》1997年第6期，第15~19页；等等。
[⑤] 梁国勇：《新区域主义浪潮与中国战略选择》，《经济参考报》2015年10月16日，第1版。

体化与整合后苏联时期遗留的冲突与矛盾始终是俄罗斯欧洲维度的区域合作战略演变的重要内容。另一方面，俄罗斯在欧洲面临的一体化困境及亚太经济的迅速增长促使其在亚太维度拓展合作空间。① 美国作为区域主义的倡导者在这一历史时期经过不断摸索，发展出了自贸协定的美国模式，它体现了美国本身的主题和贸易协商规则。② 可以说，正是新区域主义的这些特质为区域合作的体系建设的理论探讨与实践探索拓殖了新思路、新框架和新空间。

第二节　区域一体化理论

林德伯格（Lindberg）提出了区域一体化的经典和公认的定义之一，他将政治一体化定义为：①国家放弃独立执行外交和关键国内政策的意愿和能力，转而谋求联合决策或将决策权给新的中央机关；②在几个不同的国家环境中，政治行为者被说服将他们的期望和政治活动转移到一个新的中心的过程。③ 哈斯对区域一体化的定义与此类似，即在几个不同的国家环境中，政治行为者被说服改变他们的忠诚。④ 因此，一体化意味着发展良好的合作，这种合作导致了一种将许多不同的组成单位、成员国结合在一起的新政体的产生。显然，区域主义概念化的过程中，没有一种定义将其描述为一体化本身。将整合理解为一个过程，合作就是这个过程的初始阶段。区域主义是国家和其他行为者在区域邻近基础上的制度化合作的发展方向。

许多国家有共同的问题，这些问题只能在密切合作的框架内解决。这些问题包括应对环境问题和自然威胁、重建被削弱的社会系统、重建跨境

---

① 富景筠：《新区域主义视角下俄罗斯区域合作战略演变的多维互动分析》，《欧洲研究》2013年第4期。

② 殷敏：《新区域主义时代下美式自由贸易协定的战略选择——兼论对中国的启示》，《苏州大学学报》（哲学社会科学版）2013年第3期。

③ 参见 Anastassia Obydenkova, "Comparative Regionalism: Eurasian Cooperation and European integration. The Case for Neofunctionalism?" *Journal of Eurasian Studies* 2 (2011), pp. 87 - 102.

④ Ernst B. Haas, "The Study of Regional Integration: Reflections on the Joy and Anguish of Pretheorizing," *International Organization* 24 (1970), pp. 610-615.

通信联系、贸易、打击毒品和人口贩运、应对来自邻近国家的恐怖分子入侵、改善水和能源分配系统等。有些国家是内陆国家，严重依赖其与邻近国家和世界其他地区的联系。水、能源和其他资源不对称地分布在这些国家，通常由一个国家向另一个国家供应。因此，一体化的问题对一般的社会支助机构具有重要的意义。例如，中亚国家通过整合，不仅可以克服地理隔离问题，还可以与彼此以及与邻国建立更紧密的经济、自然资源、社会和体制联系。联合国开发计划署的专家们计算，就合作的收益和不合作的损失而言，最大经济收益来自贸易成本的减少，最大的损失来自内战。对一些国家来说，移民汇款带来的好处可能非常大，但同时，其面临的一些风险的经济成本也很高。贸易和过境限制的硬性边界、复杂和混乱的签证要求、教育文凭不被承认、人员联系的消失、专业人员网络问题、流动和联网的障碍，这些都是区域发展任何形式的一体化所面临的挑战。在所有问题上，区域合作可以帮助限制成本和增加效益。区域合作带来的好处将源于创造更好的区域投资环境、开发区域能源资源、更好地管理区域环境资产和风险，同时在教育和知识共享方面的区域合作的好处是显而易见的。

第二次世界大战以来，全球政治出现了一种新的现象：民族国家在区域即大陆范围内进行合作。虽然全球化进程和经济一体化努力之间的相互作用并不局限于欧洲，但世界其他地区的区域联盟主要是合作而不是一体化。国家间以区域为基础的制度化合作现象被定义为新区域主义。

（一）区域一体化理论的主要争论

区域一体化理论的主要争论是新功能主义和政府间主义以及自由政府间主义之间的争论。选择新功能主义有两个主要原因。第一，它反映了欧洲一体化的开端。第二，新功能主义旨在解释欧洲以外的类似进程，并为世界范围内的区域一体化提供解释。它创造了一套标准，有助于解释这些进程在欧洲以外的成功和失败。

1. 新功能主义

新功能主义的中心人物是恩斯特·哈斯，他挑战了功能主义关于政治可分离性的假设。新功能主义者认为，提高相互依赖水平将启动一个最终导致政治一体化的进程。事实上，哈斯挑战了让·莫内的共同体方法理论，认为即使这种方法导致的结果是产生一个联邦，建立联邦的方式也不是按照宪法的设计的。基本机制是溢出效应，这一关键概念的定义是，在一个经济部门内开启和深化一体化进程将对该部门内外的进一步经济一体化造成压力。斯坦利·霍夫曼断言，一体化不能从低级政治（经济）蔓延到高级政治（安全），领域融合只有在符合国家利益的情况下才会发生。[1] 根据政府间主义者对欧洲一体化的研究，欧共体/欧盟可以被理解为一个联邦。

新功能主义和政府间主义都建立在功能主义的基础上。功能主义的主要思想是，人类问题的影响范围与政治权威之间的不匹配，导致产生了司法改革的压力。换句话说，超国家主义带来的福利将推动改革。超国家主义带来的明显的福利是，在各个社会保障机构之间有效地提供货物和服务。但是，正如最近的历史所表明的那样，仅仅建立甚至维持已经存在的跨国职能是不够的。

新功能主义确定了几个背景条件和政治过程，如在干预功能和权力结构以获得经济利益的情况发生时，司法改革就必须启动和推进。这一进程是自我加强的：在一个领域取得的进展将引起在其他领域进行一体化的压力。因此，新功能主义的主要思想是，区域一体化是一个过程，逐步整合部门特定区域，从综合功能（或区域）溢出到新的区域。简单地概述，主要方面有：（a）功能外溢；（b）政治溢出；（c）超国家组织的重要性。功能外溢意味着某些功能领域内的集成将推动参与者在其他领域进一步集成。例如，在欧洲一体化方面，各国开始了煤炭部门的合作，从而推动了在其他部门（能源）的合作。同样，政治溢出意味着某些地区的一体化将导致对新的政治领域的进一步支持，强化新的中心，并可能提供公众支持，最终形成一个新的社区。新功能主义的另一个要素是对超国家组织重要性的重视。哈斯在他的新功能主义著作中也提到了地理溢出。

哈斯区分了区域一体化的三个背景条件：社会结构、经济和工业发展

---

[1] 参见 Anastassia Obydenkova, "Comparative Regionalism: Eurasian Cooperation and European Integration. The Case for Neofunctionalism?" *Journal of Eurasian Studies* 2 (2011), pp. 87 – 102。

与意识形态模式。欧洲国家在这些参数上几乎是同质的,具有非多元化社会结构的国家不适合参与一体化进程。后来,在对拉美一体化的研究中,菲利普·施密特(Philippe Schmitter)增加了更多的条件,如加入经济联盟的单位的规模和权力、交易率与精英的互补性。之后,哈斯和施密特提出了两个加入条件(政府的宗旨和入会的权力)和三个过程条件(政府的决策风格、交易率和适应性)。欧盟在大多数条件上得分很高,拉丁美洲自由贸易协会(LAFTA)在这些条件上的得分高低不一。区域一体化条件这一标准也可以应用于社会保障体系,以解释当前一体化进程的结果并预测其发展。[1]

2. 政府间主义以及自由政府间主义

政府间主义从民族国家的角度研究区域一体化现象。它以现实主义为基础,认为国家是国际关系的主要参与者。各国被认为是只关注本国利益的行为者。这些行为者的首要任务是生存和积累权力。政府间主义的第一次浪潮始于20世纪60年代,斯坦利·霍夫曼是其主要代表之一。根据他的观点,欧洲一体化可能在经济领域相对成功,但在政治领域却不是。

政府间主义为理解欧亚地区主义提供了一些有趣的理论背景:国家政治的重要性只有在国家作为只追求自身利益和生存的理性行为者时才能被重视起来。与政府间主义相似,自由政府间主义认为,政府作为理性行为者,追求国内目标和利益。国家根据自己的喜好和权力进行谈判。最强大的国家拥有最大的决定权,所缔结的条约对它们最有利。这种方法意味着一个地区存在领导者。莫拉夫西克(Moravcsik)在《欧洲的选择》中提出,他的研究可以用来分析世界不同地区的区域合作/一体化。根据自由政府间主义,整合是一个集体选择的过程,通过这个过程,相互冲突的利益得到调和。因此,区域一体化被解释为政府间讨价还价的过程。根据莫拉夫西克的观点,非对称的相互依赖具有更强的解释力。莫拉夫西克的另一个重要观察是,区域内贸易与GDP的相关性应该是在潜在或实际的成员国中相对较高的。新功能主义和政府间主义都强调了区域内贸易或交易比

---

[1] Ernst B. Haas & Phillippe Schmitter, "Economics and Differential Patterns of Integration: Projections about Unity in Latin America," *International Organization* 18 (1964), pp. 259-299.

率的重要性。莫拉夫西克认为区域贸易依存度与一体化需求有关。举例来说，欧洲在这一方面远高于世界其他地区（他将其与北美和东亚进行了比较）。莫拉夫西克观察到，出口模式和竞争力的差异解释了国家对自由化方向和速度的不同偏好。新功能主义的理论认为国家利益不均衡对一体化进程的消极作用是阻碍一体化进程的障碍。新功能主义和政府间主义都试图将欧洲在一体化方面的经验概念化，并将理论应用到世界其他地方的一体化进程中。事实上，在所有区域主义的尝试中，欧盟是最重要的。它为与其他不成功的整合尝试进行比较分析提供了一些背景。这种比较有助于了解区域一体化的障碍和一体化可能成功的条件。

强有力的国家领导人的思想在后期的新功能主义和自由政府间主义中都有所发展。然而，新功能主义强调了国家之间以及国家领导人之间不对称的负面作用。相比之下，（自由）政府间主义将领导人的存在视为一体化的杠杆，领导人愿意承担一体化不成比例的成本。区域一体化的理论对领导者的角色有不同的理解。一些学者强调，在寻求更紧密联系的国家集团中，一位无可争议的领导人的存在是非常重要的。然而，无论是在自由政府间主义还是在后期的新功能主义中，强大的经济中心的出现，都可以对区域合作的发展起到积极的作用。在一定程度上，它可以帮助克服分歧，并可以成为进一步密切合作的某种引擎。实践证明，区域一体化的重要先决条件是民主政府和市场经济，或就过渡国家而言，是相对高度的民主化和经济自由化。民主政府具有代表性，因此更合法，专制政权、超总统制、缺乏市场经济和经济自由化严重制约了区域一体化的发展。同时，国家是区域一体化进程中的行为者，作为其人民的代表，效率更高。一定程度的民主化是区域一体化的重要特征，特别是在处于政权过渡时期的国家之间。

（二）区域一体化的法律释义

在法律领域，我们可以看到各国法律体系的整合和协调过程。欧洲一体化最有趣的方面是欧盟的法律。基于自愿原则的国家联盟不仅是一个政治联盟，也是经济联盟。公平地说，经济通过商业实体的整合，波及公共生活的其他领域。国际层面一体化进程的本质表明，从历史上看，一体化的演变是作为基本步骤的一部分发生的,每一个步骤都体现了经济成熟度的提升,如自由贸易区—关税联盟—共同市场—经济联盟。在每个阶段中,两种愿望并存,一种是国家不丧失主权认同的愿望,另一种是国家利用超国家机制达到自身目的的愿望。走向一体化的所有步骤的最终目标是协调国内法律制度,以确保生产要素即商品和服务、劳动力、投资和金融的自由流动。而只有国家将其大部分权力移交给经济一体化系统的各机构,才能实现这一目标。归根结底,协调与统一强化了超国家管理的方法,推进一体化的机构因此更容易控制一体化的整个过程。在区域一体化的过程中,我们可以观察到一些揭示一体化本质的过程。首先,国家之间通过条约发展两种或两种以上的第三方关系。在那之后,直接经济关系的扩张随之而来,无论是在国家之间,还是在跨国或区域性公司之间。超国家法是由各国国际法与国内法的相互作用形成的法律上层结构,不同的作者将其定义为跨国法或超国家法。

我们需要注意的是,作为一体化形成的代理人的国家的法律的一体化过程向我们展示了趋同过程,引入了共同的技术和法律标准。超国家统一的法律与国际法有质的区别。司法的超国家统一的基础是被授权的超国家组织的活动,这些活动产生的行为来自一体化的权威机构,如欧盟的指令、决定和建议,其必须被理解为超国家的标准化行为。可以通过使用一种可以在国际制度框架内发挥作用的特殊法律制度来实现区域一体化。

一体化进程通过国家立法的协调机制获得体制形式,协调机制可以采取多种措施。所有这些措施都与推动成员国协调一致的立法和其他规范性法律行为的遵守有关。例如,1999年2月26日在莫斯科签署的《关税联盟和共同经济空间协定》规定了其条款和表述应具有以下含义:在单一的经济空间里,基于市场原则和适用协调一致的法律规则的同一类型的经济调节机制发挥作用;单一的基础设施和协调一致的财政、货币、外汇、金融、贸易和海关政策,其实施是为了确保货物、服务、资本和劳动力能够自由流动。法律的统一应界定为不同法律体系之间的和谐互动,以及已经达到一定和谐程度的国家法律体系之间的互动。

区域一体化系统的成员资格为成员提供了不同的利益。作为一体化制度基础的组织是由具有超国家权力(和从属秩序能力)的不同机构组成的。这是设立国际性法院的主要目的，国际性法院具有形成、解释和使用法律的法律人格。通过运用整合法则，区域一体化组织或机构保证了统一法领域的运作。例如，在拉丁美洲，国际性法院是在一体化协会的框架之下设立的。这些法院的裁决在其权限范围内提供了统一的法律形式、解释和适用条件。法院的裁决通过在一体化联盟内部形成法律空间而形成统一特征。成功的一体化不能仅靠成员国的政治意愿来实现。一体化作为一种法律现象，在没有适当的经济发展水平的情况下是不切实际的，特别是对其参与者而言。

区域一体化的内部体系是法律一体化的一个特殊层次，包括从属于共同法律体系、通信和法律原则的现有体系内的统一过程。无论如何，我们可以肯定地说，欧亚经济共同体成员国借鉴了欧盟的一体化原则，选择了一体化的道路。基于欧亚经济共同体模式的区域一体化，主要表现在超国家法律体系能够有效保护各成员国经济利益的领域。例如，在保护知识产权的问题上，欧洲共同体迫切希望早日建立单一的知识产权市场，其在白皮书《完善内部市场》中也提到了这一问题。有两种主要的法律形式的活动导致了区域一体化，并由此产生了一个单一的欧洲知识产权市场。第一种形式是欧洲共同体法院（后为欧洲法院）的有效工作。法院已经做出了若干判决，供今后就在保护知识产权方面的一系列基本问题做出决定。法院在这一领域的活动导致了第二种法律形式的活动即影响知识产权法律保护的欧洲共同体机构的统一和协调进程。这项活动已推动通过了一些文件，这些文件导致了立法方面的进一步改进。事实上，统一和协调是克服知识产权法律规制模糊性的方法。最完美的例子就是所谓的"绿皮书"，它于1980年至1990年间通过，帮助欧洲共同体各机构在知识产权领域制定了一些指示和条例。而《欧亚专利公约》的通过使欧亚经济共同体知识产权一体化迈出了重要一步，是建立共同专利空间的基础，也是在本区域建立共同知识产权市场的主要条件。《欧亚专利公约》以《欧洲专利公约》的原则为基础，为我们展示了欧洲思想在欧亚大地上移植的典范。和欧共体一样，欧亚经济共同体也建立了超国家机构。然而，一些作者批评了建立超国家机构的想法。例如，一些专家强调，虽然除了财政和国家服务制度外，《北美自由贸易协定》特别注意知识产权管理，但美国已经放弃了超国家的试验，建立了一个以关贸总协定为规则的北美自由贸易区。作为亚太地区的国家，美国效仿了传统国际组织的做法，北美自由贸易区的运作基于国家间合作的成员国主权平等的原则。

为解决区域一体化领域中出现的司法问题而采取的措施说明了对区域一体化问题的应对方法，并导致建立一种具体的法律制度来管理特定区域内的资本流通。根据这一发现，可以得出这样的结论：区域一体化进程通过法律的协调和统一影响到超国家组织的不同机构的建立，特别是在区域共同体的经济领域。通过对经济领域的调控而逐渐发展起来的区域社区的权利对公共生活的其他方面产生影响。经济效应消除了一体化的政治成本，因此，一体化有效性的标准是区域共同体成员权利的协调和统一程度。

第三节　英国学派的国际社会理论

英国学派是一个颇具特色的西方国际关系流派，在冷战时期形成，以英国为中心，长期在美国国际关系理论主流之外独立发展，并于冷战后日益受到国际社会的重视，对国际政治和国际关系研究的影响不断扩大。为学派发展做出实质性贡献的核心成员或者经典作家有爱德华·卡尔、查尔斯·曼宁、赫伯特·巴特菲尔德、马丁·怀特、赫德利·布尔、亚当·沃森、约翰·文森特等人，当代著名学者有巴瑞·布赞和理查德·利特尔等人。

（一）国际体系与国际社会的争论

布尔对国际关系理论的贡献是相当大的。布尔将国际体系定义为：当两个或两个以上的国家之间有足够的联系，并对彼此的决定有足够的影响，从而使它们能作为一个整体的一部分行事时，就形成了国际体系。①从这个意义上说，中亚各国构成了一个国际体系，因为它们之间有足够的联系，它们对彼此的决定有足够的影响，从而使它们能作为一个整体的一

---

① Hedley Bull, "States Systems and International Societies," *Review of International Studies* 13 (1987), pp. 147-155.

部分行事。根据布尔的理论,当国际社会意识到某些共同利益和共同的价值观时,就形成一个共同的社会,其想象自己是受一组公共的规则和共同工作的机构制约的。因此,对这一理论框架的整合转化为各国承认和遵守共同互动规则的能力,在此基础上,在它们共同建立的机构的运作方面,各国分担共同责任。在对一些区域国家是否构成国际社会做出判断之前,国际体系与国际社会概念之间的一些差异问题应该得到重视和解决。系统/社会区分构成了一个经验和实践公式,布尔逐渐演化出这个公式,以区分特定国家群之间的同质关系和异质关系,其余的政治实体在国际体系中占主导地位。从这个意义上说,存在一个局限,在有限地理边界内的国际社会与扩展到社会边界以外的国际体系是不同的。这意味着,如果有一个区域性国际社会形成,就应该能够将它同延伸到其边界以外的国际体系区分开来。

随着布尔所做的区分受到越来越多的关注,他受到了批评。布尔的主要论述是区分学者们考虑的系统和社会的差别问题,这一问题的产生不是因为他们认为两个概念没有区别,而主要是由于难以区分两个概念。例如,有些学者认为,很难确定布尔在国际社会的定义中提出的国际社会的显著特征(利益、价值观、文化、规则以及成员国共同的机构)在一个国际体系中同时存在或不存在。布尔自己也承认这一点:"在一个显然也是国际社会的国际体系和一个显然不是国际社会的国际体系之间,存在着一些共同利益感尚不明确和不成熟的情况:在这些地方,人们所感知到的共同规则是模糊的和不规范的,人们怀疑它们是否值得被称为规则,或者在这些地方,共同机构是隐含的或尚处于萌芽阶段。如果我们问现代国际社会它是什么时候开始的或者它的地理边界是什么,我们马上就涉及追溯边界的困难问题。"[1]

杰夫·贝里奇(Geoffrey Berridge)和艾伦·詹姆斯(Alan James)研究了国际社会的定义要素,令人信服地表明,这些要素中的一些也可以在国际体系中找到,或者与布尔所论述的不同,它们不一定存在于国

---

[1] Hedley Bull, "Order versus Justice in International Society," *Political Studies* 19 (1971), pp. 47–59.

际社会中。① 例如，詹姆斯拒绝接受布尔的共同利益概念，因为：首先，所有国家的利益远不是共同的；其次，即使在国际体系中也不存在共同利益。詹姆斯还指出，共同规则在国际体系中是必不可少的，否则互动就不会频繁增加。有证据表明，布尔自己也意识到了这个问题，在他的一个作品中，布尔暗示有一些规则"可具有简单操作程序的地位，这是先于国际法、国际道德和国际机构的。这些规则的存在是我所说的国际体系，以及国际社会"。就连为布尔区分理论辩护的亚当·沃森（Adam Watson）也认为："任何由布尔定义的国际体系，都不会在没有一些监管规则的情况下运行。"詹姆斯也不相信布尔定义的国际体系所代表的文化背景是国际社会公认的基本实践，其认为文化实践不一定指的是国家的文化传播要强加于其他领域，或者是这种文化的影响是通过强加方式实现的。② 但是，很多学者并不认同詹姆斯的结论。例如，弗雷德·哈利戴（Fred Halliday）认为："国家间的关系可能构成一个社会，这并不是因为所涉及的共同价值观，而是因为它是一个由一些国家在另一些国家的胁迫下建立起来的群体，并由更强大的成员通过各种意识形态和军事机制来维持。因此，社会化不是灌输和传播共同的价值观，而是强加一套价值观。"③

英国学派内部的系统/社会辩论导致了一种共识的形成，即国际体系代表了国际社会的一种弱形式。例如，英国学派学者试图通过指出国家间相互作用程度低的国际体系（一种弱形式的国际社会）和国家间相互作用达到显著程度的国际体系（一种强形式的国际社会）之间的区别来证明系统/社会区分的有效性。英国学派学者使用"薄"/"厚"和"多元"/"团结"来表达国际社会的弱和强形式之间的区别。此外，在《国际社会的扩张》中，布尔和沃森将国际社会重新定义为"一组国家，不仅形成一个系统，在这个意义上行为也是一个必要的因素，但国家之间也要有对话，有同意共同建

---

① G. Berridge, "The Political Theory and Institutional History of States Systems," *British Journal of International Studies* 6 (1980), pp. 82–92; A. James, "International Society," *British Journal of International Studies* 4 (1978), pp. 91–106.
② 参见 A. Watson, *The Evolution of International Society*, London: Routledge, 1992。
③ F. Halliday, "International Society as Homogeneity: Marx, Burke, and Fukuyama," *Millennium: Journal of International Studies* 21 (1992), pp. 435–454.

立规则和制度的行为,并承认它们在维护这些安排方面具有共同利益"[1]。国际社会的两种定义乍一看是相似的,但它们并不相似,在实际上它们对应的是国际社会的两种不同的历史形态。巴瑞·布赞使用术语——礼俗社会(gemeinschaft)和法理社会(gessellschaft)来描述这两种历史形态。布赞运用新现实主义的假设,试图论证国际社会是如何作为无政府主义逻辑导致的结果而出现的,从而为当代具有多元文化的国际社会的诞生和发展提供另一种解释。这种双轨制的理解将国际社会视为一种共同文化关系,而法理社会的概念认为国际社会是契约的意思,指的是有共同利益的国家通过对话和同意建立共同的规则和组织来发展它们的关系,并承认在维持这些安排上具有共同利益。换句话说,布赞认为,正如布尔所言,国际社会可以从一个国际体系中演化而来,在这个体系中,共享文化的存在不是必要条件。[2] 尽管有缺点,但英国学派的学者们还是采用了布尔的系统/社会区分方式,因为其可能更便于区分国际体系和国际社会,或因为国际社会一词更可取,这个概念更适合描述国家之间的联系。

纳尔丁(Terry Nardin)认为,将一些在共同利益方面偶然相关的权力转变为社会本身的是它们在实践上的参与和对它们的隐性承认,这构成国际社会的国际法程序和其他规则。[3] 根据巴特尔森的观点,国际社会与国际体系的区别在于,前者存在于行为者的意识中,可以从它们的实践中解读出来,而对于后者,在严格的经验主义术语下的解释"只要有一定的解释力,我们就能把它说得好像它确实存在一样"[4]。最后,对于霍夫曼来说,一个国际体系之所以存在,是因为它为理论家所知,而一个国际社会之所以为理论家所知,是因为它体现在代理人的实践中。

---

[1] H. Bull & A. Watson, eds., *The Expansion of International Society*, Oxford: Clarendon Press, 1984, pp. 11-17.

[2] B. Buzan, C. Jones, and R. Little, *The Logic of Anarchy: Neorealism to Structural Realism*, New York: Columbia University Press, 1993, pp. 133-154.

[3] T. Nardin, *Law, Morality and the Relations of States*, Princeton: Princeton University Press, 1983, pp. 23-31.

[4] J. Bartelson, "Short Circuits: Society and Tradition in International Relations Theory," *Review of International Studies* 22 (1996), pp. 339-360.

(二) 国际社会的现实形式

英国学派研究的经典主题之一是历史上欧洲国际社会的扩张及其向当代全球国际社会的逐步转型。无政府主义的逻辑在距离较短的地方比在距离较长的地方更有效，而且彼此相邻的国家可能被迫通过对话和一致同意建立共同的规则和组织来处理它们之间的关系，区域/次全球的国际社会可能因此而产生。由于国际体系一词意味着国际社会的弱形式，可以说当代国际体系包括一些区域性国际社会。此外，布赞认为国际社会发展的不平衡意味着当代部分地区的全球化。布赞还提出，区域性国际组织（如欧盟、上海合作组织）可能反映了区域性国际社会的存在。[①]

上海合作组织（上合组织）反映了中亚地区国际社会的存在，在沃森的光谱中占据了接近独立的位置。例如，有人认为，该组织的结构和机制是建立在成员国相互承认主权平等的原则基础上的，而"上海精神"则反映了成员国平等的价值观和规范。中亚地区国际社会的运作是建立在主权、外交、贸易、均势和大国管理的基础上的。此外，上合组织以及其他地区国际组织网络所体现的中亚国家之间高度密集的互动，也是中亚地区国际社会有别于其边界以外的国际体系的重要特征。大多数国家在交往中保持一定程度的礼貌，相互尊重。它们创建了众多组织来处理贸易、文化、经济、能源、安全和外交政策问题，这证明中亚主权国家之间的建设性对话不仅是可能的，而且其是有共同利益的。权力平衡和贸易制度在内部国家关系中尤其突出，在这种关系中，一些相互竞争的能源项目可能会在该地区造成重大破坏或对抗。例如，俄罗斯强烈反对建设巴库—第比利斯—杰伊汉石油管道（BTC），该管道将里海的原油输送到地中海的土耳其港口，再从那里输送到欧洲市场。反对的理由是，这是第一条绕过俄罗斯领土的管道，给俄罗斯带来了收入损失。然而，支持这条管道的阿塞拜疆与反对这条管道的俄罗斯之间的沟通渠道依然畅通。可以说，阿塞拜疆等国家的外交所依据的价值观更接近沃森光谱中的独立位置。中亚是英国学

[①] B. Buzan, "From International System to International Society: Structural Realism and Regime Theory Meet the English School," *International Organization* 47 (1993), pp. 327-352.

派国际关系理论意义上的一个区域性国际社会。在沃森的范围内,在一个更广泛的背景下是一个更广泛的全球社会,包括良好整合和运作的组织。[①]

第四节 有关安全的区域合作理论

国际关系和安全辩论的特点是存在不同的、相互竞争但又相互补充的理论范式,即政治现实主义(重商主义、新现实主义),自由主义(新自由主义、制度自由主义、理想主义),建构主义(认知论)和关键安全理论。所有这些理论在很大程度上反映了在当代社会的大众中可以找到的价值观、态度、意见和信仰。

(一)关于安全的不同认知

现实主义主张基于安全困境和不信任,国家之间为了获得更高的全球地位而不断竞争,在严重的情况下往往会导致武装冲突。战争是社会固有的,可以由不同的价值观、竞争、相互矛盾的利益以及人们与生俱来的控制他人的需要和欲望所引起。由于力量平衡、对死亡和物质损失的恐惧以及国际法等,战争的爆发受到限制。然而,持久和平仍然不太可能。国家间的合作是可行的,但任何趋同都是暂时的,仅基于各国自身利益。除了战略军事联盟,没有大国或霸权国家的支持,永久一体化是不可能的。国家之间没有共同解决问题的动机,它们的关系往往以冲突而不是合作为标志,因此,现实主义提出竞争的安全概念。

相比之下,自由主义强调国家在国际社会中角色的变化和国家之间相互依赖的加深。除了国家外,国际社会还由活跃在不同领域的其他行为者组成,这些行为者可以是具有次国家、超国家和跨国性质的行为体。所有行为者都倾向并强烈鼓励在解决共同问题的进程中进行合作,共同问题包括与整个国际社会的利益相关的和平与安全问题。一个国家的对外政策仍然很重要,然而,很难将其与国内外更广泛的政治进程区分开来。因此,

---

① S. Aris, *Eurasian Regionalism: The Shanghai Cooperation Organization*, New York: Palgrave Macmillan, 2011, pp.16-28.

各国所采取的任何外交政策措施不仅来自对单一机构（即国家）的理性计算，而且来自一个复杂的政治和组织过程。自由主义理论家主要相信制度和民族国家之间的其他联系的积极作用，认为其可以缓和它们的关系和权力政治冲突。国际体系中无数的行为者提出了许多关于其行为和相互作用的问题，而问题的解决就需要对其关系进行调整，并建立一个基于共同规则的行为体系。因此，承认和执行国际法对于建立一个由民族国家和其他行为者组成的国际社会至关重要。特别重要的是，应尊重现有的一套共同规则，以及创建新的规则。自由主义理论家只在缺乏更高权威的意义上谈论无政府状态，这种权威将使国家在讨论和承认协议的过程中公平行事。国际机构帮助国家超越自私行为，促进合作。然而，当合作与国家利益相违背时，机构不能强制各国合作。国家继续保持其在国际体系中的关键作用，但其权力正受到全球化进程、跨国网络和非政府组织的出现以及信息通信技术的发展的侵蚀。与现实主义不同，自由主义认为全球安全是一个正和游戏，这意味着一个国家的安全增加了，其他国家的安全也会增加。世界上最好的保证安全的方式，首先是民主价值观的传播，其次是经济活动的全球化（国家间经济相互依赖程度的提高减少了其参与敌对行动的动机，因为任何冲突都更有可能导致净损失）。自由主义创造了一种合作的安全概念。

　　建构主义国际关系观点的倡导者认为，世界是在个人与社会的互动中被社会建构和形成的。在世界政治的动态中，中心地位是被观念因素占据的，如规范、身份和观念。建构主义研究国家如何回应外部关系，以及国际合作如何推动发展新的信息、思想、国际规范或适当行为的联合概念。在国际关系问题上，它非常重视非国家行为者，认为其往往是新思想和准则的持有者，从而对国际体系产生相当大的影响。因此，权力的概念不仅是物质的，而且涉及知识、思想、文化、意识形态和语言。因此，这一概念肯定了国际社会中新代理的相关性，如来自基于知识的协会、互联网运动或科学界领域的代理。建构主义认为，安全是一种社会建构，在不同的语境中可以有不同的含义。安全话语存在于社会精英中，他们针对关键的社会价值观进行竞争和协商，评估这些价值观所面临的威胁，定义危害这些价值观的代理人以及保护这些价值观的手段。建构主义将安全的思想从军事领域扩展到政治、经济、社会、环境和人口等领域。它促进了区域安全综合体的形成,在这个综合体中,安全进程和动态(必然的发展阶段和实时变化情况)相互交织,无法被单独处理。

就建构主义理论而言,虽然建构主义思想家关注国际政治的社会方面,但他们接受了许多新现实主义的假设。例如,亚历山大·温特(Alexander Wendt)认为,建构主义理论中包含现实主义者的假设,即接受无政府的国际体系或国家作为理性参与者行事的观点。但最重要的是,建构主义者认识到国家的首要目标是生存。而现实主义者的观点是,国家安全是终极关切。此外,建构主义明确指出,社会结构是由相同的期望或理解定义的。例如,在安全困境中,社会结构和规范将决定国家是开战还是和平解决问题。然而,在不排除成本和收益的情况下,仍然有一些相同的因素影响一个人、一个社会群体或国家的决定。但是,新现实主义及其假设再次提醒我们,国家作为理性的参与者行事,在做出决定之前,其会首先考虑其选择的潜在成本或收益。

帕西(Paasi)展示了一种制度化的区域是如何通过言语行为、历史叙事和话语来强调区域精英生产和再生产区域的权力的。为了将这种区域认同作为区域建构的主要元素,帕西提出了制度化的概念,即区域在制度化的过程中获得了边界、象征和制度。帕西的区域建构框架采用了这样一种认识:从某种意义上说,区域是精英阶层在运用其行政权力通过言语行为建构现实的叙事过程中产生的结果。[1] 帕西使用期望结构的概念来解释一个地区的出现及其地区特性。他断言,这些结构可以体现一个地区真实的、想象的甚至是神话般的特征。帕西将这些结构的形成与一种集体的空间作用结合在一起,这种作用基于对特定地区历史和文化特征的认识或信仰。他提到期望结构最重要的集体特质之一是语言;言语行为用于想象区域;在区域建构中,讲者和听者在"我们"和"他们"之间实现了一定的基本划分和积极的社会行为。从帕西的认识中可以看出,区域的框架,也就是说,个体和他们居住的地方之间的关系,是以他们使用的语言为中介

---

[1] 参见 Ulugbek Azizov, "Regional Integration in Central Asia: From Knowing-that to Knowing-how," *Journal of Eurasian Studies* 8 (2017), pp. 123-135。

形成的。在这种或那种语言中，存在着将人们与这个或那个地区联系在一起的情感表达，也就是说，地区身份是通过个人使用的语言产生的。区域认同已经成为一个主要的流行词，这一概念至少暗示了一个地区的某种凝聚力或社会整合。在这方面，赫尔塞（Hülsse）的研究《想象欧盟：超国家身份的隐喻构建》强调了话语隐喻在欧洲地区身份形成中的重要性。根据赫尔塞的研究，欧盟在话语中是通过隐喻来想象的，这些隐喻是精英们在政治辞令中使用的。在这方面，语言，特别是隐喻，为行为者提供了解释，通过这种解释，区域知识和区域身份得以产生和复制。[1] 凯尔贝勒（Kaelberer）的研究也是如此，他使用欧元的符号来解释欧盟集体身份的形成。在这里，欧元是一个有意义的象征/符号，欧洲人通过它想象他们在欧洲的"我们"。[2] 根据帕西的观点，欧洲精英使用的隐喻和已建立的表征符号——欧元，形成了合法性方面的期望结构。除了规范性因素外，合法化还具有认知因素。正如我们从知识的角度理解的那样，欧盟的区域身份已经通过精英们日常使用的语言/隐喻以及欧元等共同的符号而合法化了。欧洲人通过隐喻和欧元来想象他们属于欧洲地区的感觉。[3]

诺伊曼（Neumann）在其研究中指出了精英（即区域建构者）在区域话语物化过程中的作用。他认为区域的存在先于区域的建构者和政治参与者的存在，他们为一个地区设想了某种空间和时间上的身份，并将这种想象的身份认知传播给其他人。诺伊曼认为地域建构是历史性的；精英们引用历史事件来证明关于区域建构的言论是正确的。在这一点上，区域被认为是由政治产生的话语，因此，区域是根据言语行为来定义的，它们被谈论和书写出来。通过研究丹麦、挪威和瑞典的共同历史和文化遗产，诺伊曼认为，只要这些国家的政治家/区域建构者认为这些遗产是不可避免的，

---

[1] R. Hülsse, "Imagine the EU: The Metaphorical Construction of A Supra-Nationalist Identity," *Journal of International Relations and Development* 9 (2006), pp. 396-421.

[2] M. Kaelberer, "The Euro and European Identity: Symbols, Power and the Politics of European Monetary Union," *Review of International Studies* 30 (2004), pp. 161-178.

[3] A. Paasi, "The Institutionalization of Regions: A Theoretical Framework for Understanding the Emergence of Regions and the Constitution of Regional Identity," *Fennia* 64 (1986), pp. 105-146.

就像他们把自己定义为斯堪的纳维亚地区一样,这种遗产似乎就成了必然。[①] 布赞的工作也有助于了解区域建构问题,他划分了友好/敌意的类别,这些类别在话语中被使用,以促进产生一种区域集体的感觉。布赞认为,在一个特定的地理区域内,对国家间的友好/敌对关系的论述过程导致了安全综合体的建构。因此,区域建构是一种关系现象,是根据话语中的恐惧来定义的,也就是说,表征性恐惧导致区域身份认同的产生。一个区域安全综合体在一个特定的话语中具有一定的意义,即使人们无法真正看到地面上的入侵部队、发射火箭、轰炸恐怖分子等。[②] 和布赞一样,帕西认为,区域是通过历史驱动的精英话语而制度化的,这些精英塑造了基于"我们"的共同期望结构,并对此感到恐惧。以自我和恐惧他人为基础的表征性话语被精英们生产和复制,以塑造大众的期望结构,形成区域集体感。在解释关于区域的社会现实时,人们试图将现实中的实践逻辑融入区域建构者产生的话语/想象中,从而产生区域意义。

(二) 建构主义与安全共同体

建构主义者认为可以通过建立安全共同体来提供安全,在这个安全共同体中,各国相互信任,不诉诸武力来解决争端。因此,建构主义将安全视为一种社会建构。"安全共同体"(Security Community)这一概念,最初是由理查德·范·瓦凯恩(Richard Van Wagenen)在20世纪中叶提出的,瓦凯恩对安全共同体的定义为"安全共同体是一个已经实现一体化的集团,各国之间已经形成了在集团内的一种共同体身份,集团存在着正式或者非正式的制度性规范,成员国之间对集团内持久性的和平发展存在着合乎理性的确定性"[③]。后来经

[①] B. I. Neumann, "A Region-Building Approach to Northern Europe," *Review of International Studies* 20 (1994), pp. 53–74.
[②] B. Buzan, *People, States and Fear: An Agenda for International Security Studies in the Post-Cold War Era*, Birmingham: Harvester Wheatsheaf, 1991, pp. 102–131.
[③] Richard Van Wagenen, *Research in the International Organization Field: Some Notes on a Possible Focus*, Princeton University, Center for Research on World Political Institutions, Publication No. 1, Princeton, 1952, pp. 10–11.

过卡尔·多伊奇（Karl Deutsch）[1]和伊曼纽尔·阿德勒（Emanual Adler）等学者[2]对其内涵的进一步挖掘、凝练、细化和升华，该概念逐渐演化成为国际关系理论中有关安全问题理论研究的规范路径和理论范式。该理论认为，在安全共同体逻辑框架内，只有国际关系行为主体具有积极寻求建立彼此之间安全关系的正向意愿，并将彼此安全关系视为自身安全前提，且确立这一前提，国际社会的安全才被看作各自的责任，国际关系行为主体在此基础上才可能在彼此认知和行为互动上建立政治互信，并自愿放弃使用武力或以武力相威胁，从而形成一种有利于国际社会和平共处、合作发展的共同预期。区域可以是原因、手段和解决方式。事实上，在讨论区域危机管理问题时，必须把区域安全主义和区域发展主义联系起来，这两个方面是互补和相互支持的。这隐含在安全共同体的概念中，卡尔·多伊奇对这个概念的著名定义是：建立足够强大和足够广泛的制度和措施，以在很长一段时间内保证安全共同体的人民对和平变革的可靠期望。[3]

安全共同体作为建构主义的概念具有社会性，随着安全共同体的区域性实践发展，安全共同体的概念也不断完善。卡尔·多伊奇在1957年出版的《政治共同体与北大西洋地区》中对安全共同体做出了明确的界定和深入的分析，这是一本研究欧洲一体化的著作，系统地提出了安全共同体理论。多伊奇将安全共同体定义为"通过共同价值观和跨国联系而联系在一起的国家集团，它们拒绝暴力冲突的解决，认为这是不可想象的"。多伊奇将"安全共同体"分为"合并"（amalgamated）和"多元"（pluralistic）两种类型。"合并型安全共同体"是指两个或更多的独立单位正式合并成一个较大的独立单位，合并后以某种共同政府的形式存在。合并后的共同

---

[1] Karl W. Deutsch, *Political Community and the North Atlantic Area*, Princeton: Princeton University Press, 1957; Karl Deutsch, *The Analysis of International Relations*, 3rd edition, Englewood Cliffs, NJ: Prentice Hall, 1988.

[2] Emanuel Adler and Patricia Greve, "When Security Community Meets Balance of Power: Overlapping Regional Mechanisms of Security Governance," *Review of International Studies* 35 (2009); Emanuel Adler and Vincent Pouliot, "International Practices," *International Theory* 3 (2011).

[3] Karl W. Deutsch, *Political Community and the North Atlantic Area*, Princeton: Princeton University Press, 1957; Karl Deutsch, *The Analysis of International Relations*, 3rd edition, Englewood Cliffs, NJ: Prentice Hall, 1988.

政府可以是单一的,也可以是联邦的。"多元型安全共同体"是指各成员仍保持法律上独立的共同体建构方式,美国和加拿大之间即属此种类型。[①] 安全共同体的概念属于社会建构主义范畴,强调理念、认知、互动和认同比较多,一直因忽略了现实主义强调的权力和过于理想化而受到现实主义者的批评。因此,根据安全共同体的定义特点,"安全共同体"被称为"和平或非战共同体"。

伊曼纽尔·阿德勒等学者对多伊奇的安全共同体的概念内涵进行进一步挖掘、凝练、细化和升华。阿德勒等人研究的重点是"多元型安全共同体",并将其定义为:"由其人民对和平变革保持可靠预期的主权国家构成的跨国区域。"而根据共同体内部的亲密程度,"多元型安全共同体"又被分为"松散的"(loosely)和"紧密的"(tightly)两种类型。在"松散的多元型安全共同体"内,成员保持基本的认同结构,相互信任度较高,保持非战争的观念和自我克制的习惯。"紧密的多元型安全共同体"的要求更高,其是拥有超国家形式的集体安全体。阿米塔·阿查亚试图用"安全共同体"的概念来解释国家集团如何维持和平,其对安全共同体的定义为"两个或两个以上国家有意识地决定使用和平而不是暴力的手段解决争端"[②]。

阿德勒和巴涅特对安全共同体的界定已经超越了相邻地域的束缚,即"安全共同体是一种跨国安全共同体,是一种认知上的区域,而不限定于地理上的区域"[③]。这等于冲破了巴瑞·布赞对区域安全联合体地理区域的局限[④]。阿德勒和巴涅特将区域解读为认知上的区域,一国可以根据其自身的利益需求与外交关系的倾向性建构多个安全共同体。[⑤]

---

① Karl W. Deutsch, *Political Community and the North Atlantic Area*, Princeton: Princeton University Press, 1957; Karl Deutsch, *The Analysis of International Relations*, 3rd edition, Englewood Cliffs, NJ: Prentice Hall, 1988.
② Amitav Acharya, *Constructing A Security Community in Southeast Asia: ASEAN and the Problem of Regional Order*, 1 edition, Abingdon, Oxon: Routledge, 2000, pp. 7-29.
③ 〔以〕伊曼纽尔·阿德勒、〔美〕迈克尔·巴涅特主编《安全共同体》,孙红译,世界知识出版社,2015,"序"第10页。
④ Barry Buzan, *People, States and Fear: An Agenda for International Security Studies in The Post-Cold War Era*, Birmingham: Harvester Wheatsheaf, 1991, p. 188.
⑤ Emanuel Adler and Michael Barnett, *A Framework for the Study of Security Communities*, Cambridge: Cambridge University Press, 1998, pp. 53-71.

以安全共同体理论为逻辑认知的起点，多伊奇将安全共同体视为区域一体化进程中的必然产物，他还认为，一方面一体化有益于安全共同体达成共识，另一方面安全共同体对话合作机制的常态化与制度化建设反过来也有益于一体化的深入和完善。就安全共同体理论而言，巴瑞·布赞则明确指出以往安全共同体理论对成员同质和地缘相近的依赖性等以往安全共同体理论中的不足和局限，原创性地提出了具有利益冲突性质的国家之间也可建构"安全共同体"的观点。应该说，巴瑞·布赞不仅拓殖了安全共同体理论的研究领域，而且提升了该理论的解释力和现实针对性。另外，秉持建构主义理论观点的伊曼纽尔·阿德勒等人，则比较审慎地提出，作为具有跨国性质的组织的安全共同体的建构，一定是基于该地区人民对和平发展的积极向往与可靠预期的。

阿德勒与巴涅特基于以上认知，为安全共同体的建立和完善设想了初始、上升和成熟三个阶段。阿德勒与巴涅特提出的安全共同体建构阶段论最大的理论价值在于跨越了该理论静态研究的旧有樊篱，将安全共同体的建构视为始终处于动态发展的社会建构过程——这打破了新自由主义和新现实主义认为安全困境无解的认识误区，同时，这也为安全共同体理论研究和实践探索展现了广阔可为的思维和行动空间。参照阿德勒与巴涅特提出的有关安全共同体建构的阶段学说，对于东亚而言，区域安全共同体建构已经具有雏形，并正由初始阶段转入上升阶段。这就是说，随着东亚国家经贸交流与政治互动的增加，多数东亚国家已经逐渐认识到营造和维护区域共同安全的必要性与重要性，以这一共同意愿和认知为基础，东亚国家开启了建构安全共同体的进程。国外研究成果的代表人物主要有卡尔·多伊奇、巴瑞·布赞、阿米塔·阿查亚、迈克尔·巴涅特、伊曼纽尔·阿德勒等[1]。

---

[1] Barry Buzan, *People, States and Fear: An Agenda for International Security Studies in The Post-Cold War Era*, Birmingham: Harvester Wheatsheaf, 1991; Amitav Acharya, *Constructing A Security Community in Southeast Asia: ASEAN and the Problem of Regional Order*, 1 edition, Abingdon, Oxon: Routledge, 2000; Jiří Brandýs, "Defining An Individual Security Community: The EU and ASEAN in Contrast," *Central European Journal of International and Security Studies* 3 (2012); Andrej Tusicisny, "Security Communities and Their Values: Taking Masses Seriously," *International Political Science Review* 28 (2007); Emanuel Adler, Barry Buzan, Ole Waever, *Regions and Powers: the Structure of International Security*, Cambridge: Cambridge University Press, 2003.

近年来国内关于安全共同体理论的研究成果[①]同样具有代表性，王学玉提出只有地区一体化这种循序渐进的方式，才能为安全共同体奠定坚实的、不可逆转的政治、经济、社会和制度基础。[②] 郑先武则从建构主义角度出发对安全共同体理论进行解释并指出其局限性：第一，安全共同体理论不能完全解决当前的重要安全问题；第二，认同因素的决定作用令人怀疑；第三，忽略了国内因素对区域安全的影响。[③] 同时郑先武在卡尔·多伊奇的理论和伊曼纽尔·阿德勒等人倡导的建构主义思想的基础上，对安全共同体的学理内涵、主要类型、基本特征、构成条件、演进过程与稳定方式等进行了系统解析，力图客观地展现西方国际关系理论体系中安全共同体理论的一个比较全面的情况。[④] 另外，蒋昌建和潘忠岐以凝练人类命运共同体理论的方式，对西方国际关系理论进行了有意义的并带有批判色彩的分析论证。[⑤]

（三）人类命运共同体理论

随着新时代中国外交理念和发展战略的变化，中国政府于2011年9月6日公开发表了《中国的和平发展》白皮书，阐释了中国和平发展道路的基本内涵、总体目标和世界意义。在此基础上，尤其是自党的十八大以来，中国国家领导人又逐渐提出了全新的执政理念、外交理论和发展战略。

"人类命运共同体"成为新时代中国外交的新理念。作为一种全新的

[①] 王江丽：《非传统安全语境下的"安全共同体"》，《世界经济与政治》2009年第3期，第54~61页；郑先武：《"安全共同体"理论和东盟的实践》，《世界经济与政治》2004年第5期；史若海：《非传统安全合作视角下东盟安全共同体的建设的可行性分析》，上海师范大学硕士学位论文，2010；董琳：《非传统安全合作与东盟安全共同体建设》，湘潭大学硕士学位论文，2012；周义元：《非西方安全共同体的建构——以上合组织和东盟为例》，上海外国语大学硕士学位论文，2017；等等。

[②] 王学玉：《通过地区一体化实现安全共同体：一个分析的框架》，《欧洲研究》2003年第5期，第11~24页。

[③] 郑先武：《"安全共同体"理论探微》，《现代国际关系》2004年第2期，第55~61页。

[④] 郑先武：《"安全共同体"理论探微》，《现代国际关系》2004年第2期，第55~61页；郑先武：《东盟"安全共同体"：从理论到实践》，《东南亚研究》2004年第1期，第26~32页。

[⑤] 蒋昌建、潘忠岐：《人类命运共同体理论对西方国际关系理论的扬弃》，《浙江学刊》2017年第4期。

合作共赢的外交理念，在党的十八大报告中，"人类命运共同体"理念被明确提出来，并被中国国家主席习近平在3年后的第七十届联合国大会上以一般性辩论主题发言的形式向全世界阐发。在这次大会上，习近平主席以"携手构建合作共赢新伙伴 同心打造人类命运共同体"为题，全面阐释了"人类命运共同体"的理念内涵。"人类命运共同体"[①] 理念不仅是中国政府率先提出并反复强调的外交新理念，也是中国政府关于整个人类社会的新理念。"人类命运共同体"理念的宗旨是，既追求和维护本国国家利益，也兼顾和尊重其他国家的合理诉求与利益关切，即在寻求本国经济社会发展的同时，促进其他各国的共同发展。

"人类命运共同体"是中国外交的新理念，其含义是指国家间构建风雨同舟和休戚与共的关系，这一关系不仅涉及经济层面，而且涵盖社会、人文和安全等层面。"人类命运共同体"是一个超越政治制度、意识形态、文化和文明的概念，既包括物质层面的，也包括精神层面的。用共同体的类型来分析，人类命运共同体包括经济共同体、安全共同体和社会文化共同体等[②]。李克强总理提出构建亚洲"三个共同体"的重要论断，即构建

---

① 参见《人民日报》关于"人类命运共同体"的系列阐述：《国强不图霸 合作促共赢（钟声1）》，《人民日报》2015年5月19日，第3版；《中国新时代是世界的机遇（钟声2）》，《人民日报》2017年10月31日，第3版；《世界期盼持久和平的阳光（钟声3）》，《人民日报》2017年11月1日，第4版；《普遍安全理当是可及的希望（钟声4）》，《人民日报》2017年11月3日，第3版；《为实现共同繁荣携手前行（钟声5）》，《人民日报》2017年11月6日，第3版；《以开放包容推动人类文明进步（钟声6）》，《人民日报》2017年11月7日，第3版；《让清洁美丽世界为文明添彩（钟声7）》，《人民日报》2017年11月21日，第3版；《独立自主 崇尚和平（钟声8）》，《人民日报》2017年11月23日，第3版；《走出一条国与国交往新路（钟声9）》，《人民日报》2017年11月24日，第3版；《坚定不移走开放发展之路（钟声10）》，《人民日报》2017年11月28日，第2版；《开辟共商共建共享的全球治理之道（钟声11）》，《人民日报》2017年12月5日，第3版。阮宗泽：《人类命运共同体：中国的"世界梦"》，《国际问题研究》2016年第1期，第32~46页；王帆、凌胜利：《人类命运共同体——全球治理的中国方案》，湖南人民出版社，2017；黄凤志、孙雪松：《人类命运共同体思想对传统地缘政治思维的超越》，《社会主义研究》2019年第1期，第126~132页；滕文生：《人民日报人民要论：构建人类命运共同体是世界发展的历史必然》，人民网，2019年1月11日，http://opinion.people.com.cn/n1/2019/0111/c1003-30515910.html；《构建人类命运共同体的价值内涵》，新华网，2019年2月11日，http://www.xinhuanet.com/politics/2019-02/11/c_1124097424.htm；等等。

② 王俊生：《中国周边命运共同体构建：概念、内涵、路径》，《国际关系研究》2016年第6期，第50页。

亚洲利益共同体、亚洲命运共同体和亚洲责任共同体。

"人类命运共同体"写入《中国共产党章程》（以下简称《党章》）体现了中国参与国际事务的新思维。在党的第十九大报告正文中，习近平以"坚持和平发展道路 推动构建人类命运共同体"为题，专门并系统地阐述了"人类命运共同体"理念的最新时代内涵与世界意义。会后，这一理念和思想还被正式写入了最新修订的《党章》。正如在最新版《党章》总纲中明确指出的那样，中国政府主张在国际事务中"坚持正确义利观，维护我国的独立和主权，反对霸权主义和强权政治，维护世界和平，促进人类进步，推动构建人类命运共同体，推动建设持久和平、普遍安全、共同繁荣、开放包容、清洁美丽的世界"。构建人类命运共同体的理念根基在于倡导以平等、合作、共赢为核心的人类命运共同体意识，在此理念的指引下，国际关系行为主体才会在追求本国经济社会发展利益的同时兼顾他国的合理关切与利益诉求，在谋求和促进各国共同发展的同时，助推建构合作共赢的新型国际关系，共同增进人类共同福祉与利益。

"人类命运共同体"理念与"一带一路"倡议相结合，形成中国融入世界的新路径。以平等共赢、合作发展为旨向的"人类命运共同体"理念，是中国国家领导人和政府为积极应对国际社会现存的诸多结构性问题、难题甚或困境提供的中国智慧和方案，而实践这一理念的具体思路和保障就是中国政府所倡导的"一带一路"倡议。"一带一路"倡议不仅是在中国逐渐强盛的时代背景下中国探索出的构建全方位对外开放格局和互利共赢的国际合作模式，也是对传统地缘战略和霸权思维的全面超越。"一带一路"倡议植根于中国包容普惠、共享共建、合作发展的和平发展理念，统筹国际国内两个大局，勾画出中国依托亚洲积极融入世界和造福世界的最新发展蓝图，具有涵盖经济政治双重效应的正向外部性。

以构建"人类命运共同体"尤其是"周边命运共同体"为基本逻辑起点，中国正力图超越西方传统地缘政治的窠臼与魔咒，开创中外互利共赢、合作发展的新格局。随着"一带一路"倡议的顺利实施和持续推进，其不仅使共建"一带一路"国家和地区十分受益，还可能会使整个国际社会迎来体系与秩序革旧鼎新的大变革。正如中国发布的《推动共建丝绸之路经济带和21世纪海上丝绸之路的愿景与行动》中所提到的那样，"一带一路"倡议的顺利推进有益于涵盖经济、政治与文化多维度的利益共同体、命运共同体与责任共同体的建设。"三个共同体"与"一带一路"倡议倡导的"五通"构成合理对应关联,其关键所在是中国与国际社会一道共同打造一个互利共赢、和平发展的区域合作机制架构。从这个角度而言,"一带一路"倡议恰是一条通向"人类命运共同体"建设尤其是"周边命运共同体"建设的康庄大路。

第三章
新形势下区域合作的发展趋势

第一节 新形势下的全球化发展趋势

(一) 全球化的原因分析

威廉·H. 莫特（William H. Mott）曾说，全球化已成为我们时代最重要的经济、政治和文化现象。[①] 事实是，由于全球化的复杂性，需要对其进行系统的研究，否则很容易陷入分析混乱。对全球化的分析可分为两个主要的分支：强调全球化的单一决定性原因的分析和强调现象的多重因果性质的分析。沿着单因果线，麦克格鲁提出应注意三位作者，即伊曼努尔·沃勒斯坦、詹姆斯·N. 罗西瑙和罗伯特·吉尔平。沃勒斯坦在其著作《历史资本主义》中，将世界体系作为一门社会科学引入，强调了资本主义或全球化进程中的经济的重要性。[②] 在《全球相互依赖研究》一书中，罗西瑙将全球化与技术进步，尤其是跨国公司的扩张联系在一起。[③] 吉尔平的《国际关系的政治经济学》则强调了政治军事方面国际一体化的理

---

① William H. Mott, "Linkages between Economic Growth and International Conflict: Historical Perspectives," *International Studies* 34 (1997), pp. 59-83.
② 〔美〕伊曼努尔·沃勒斯坦：《历史资本主义》，路爱国、丁浩金译，社会科学文献出版社，1999，第87~103页。
③ James N. Rosenau, *The Study of Global Interdependence*, London: Continuum International Publishing Group, 1981.

论，侧重于国际体系中的霸权国家的兴衰。① 在第二个分支中，即强调现象的多重因果性质的分析中，麦克格鲁列举了两位作者，即安东尼·吉登斯和罗纳德·罗伯逊。吉登斯在《现代性的后果》一书中指出，全球化至少涉及4个因素：资本主义经济体系、国家间体系、军事复合体和工业化进程。② 罗伯逊在他的文章中强调，社会理论最重要的任务就是从国际政策和经济的角度以多元的方式考虑全球化的历史，从而超越模型。在同一分支中，约瑟夫·奈的论点也是很重要的。奈在他的《美国力量的悖论》一书中指出，也许自罗马帝国时代以来，没有哪个大国像今天的美国这样瞧不起其他国家。全球化是这样一个特殊事件，无论一个国家有多少力量，如果它的地位不是由来自其他国家的共识决定的，其都将无法前进。③

最令人信服的观点是全球化具有多重因果关系，它认识到影响全球化的各种因素。需要指出的是，全球化并不像当前的新马克思主义和新自由主义所认为的那样，主要涉及经济层面。相反，其存在趋同因素，即强化同一问题的趋势。全球化倾向于扩大在它占据中心舞台之前就存在的不平等。换句话说，全球化不是平等主义基础的一部分，而是不平等和不对称的长期历史。为了纠正这一趋势，必须在全球化的多元决定因素的不同领域采取行动。

麦克格鲁和吉登斯的观点与全球化包括一系列对所有人平等的机会的观点相反，他们指出全球化是一个不会产生共享利益的过程。它以各种矛盾的趋势运行，反映在以下几个方面：普遍主义与特殊主义、一体化与碎片化、同质化与分化、并置与融合、集中与分散、平等与不平等。

全球化并没有为了维护所有人的利益而以协调和公平的方式对经济进行重组。实际上，这是一种进一步将第三世界与第一世界区分开来的现象。例如，对于第一世界来说，知识是创造财富和培养新劳动力的一个重要的竞争因素。虽然一些第三世界国家已经落后，但是很可能它们不会对

---

① Robert Gilpin, *The Political Economy of International Relations*, Princeton: Princeton University Press, 2016, pp. 65-78.
② 〔英〕安东尼·吉登斯:《现代性的后果》，田禾译，译林出版社，2000，第56~72页。
③ Joseph Nye, *The Paradox of American Power*, Oxford: Oxford University Press, 2002, pp. 102-124.

知识的创新产生反应。到目前为止，我们没能够建立一个超国家的机构来平衡和调整这种差距。从我们的观点来看，全球化进程中日益加剧的不平等将是世界最大的安全威胁。全球化表明，如果没有有效的治理，它往往会加剧现有的不公正现象。如果我们不能改变目前这一趋势，它将导致我们走向越来越危险的不稳定和暴力。亚当·斯密、奥古斯特·孔德和赫伯特·斯宾塞等一些社会和经济作家预见到了这个问题，并提出了一个解决方案：如果我们想要遵循现代性的计划，逃离野蛮，最好是走经济发展的道路，而不是走军事发展的道路。

在不忽视多重因果关系的情况下，笔者想谈谈政治方面的问题。在这一领域，政治全球化指的是国内政策与外交政策之间的相互作用日益增强，这正在成为一个全球政治问题。国际政治注重国家间关系的观点已被一种全球政策所取代，这种政策涉及各种各样的利益攸关方，如政党、跨国公司、民间组织和媒体，同时推动培养一种全球舆论。正如路易吉·波纳纳特（Luigi Bonanate）所指出的那样，全球政治正在得到加强，以至于国内政策和外交政策之间的刚性障碍正在消失；现实似乎已经超越了理论，因为它已经发生了如此剧烈的变化，我们可能会面临一场真正和适当的科学革命。[①] 正常的科学无法处理异常现象，也就是说，无法用已知和共享的原则来解释发生的事件或情况，这一事实使革命成为必要。但在讨论这样一个争论性的主题之前，我们必须问一下，现在轮到谁来尝试革命这种策略了。我们面临的问题是政治学家还是国际主义者的问题？从这里可以明确地推断出，一方面，我们可以说两个学科之间的界限已经不复存在了；另一方面，把问题全球化主要是指把它们变成国际问题。

现实比理论发展得更快。因此，全球化对国际主义者和政治学家来说都是一种挑战。国际主义者威廉·H. 莫特指出：政治全球主义欣赏全球价值，减少对狭隘观点和地方利益的承诺，并寻求减轻人类进步和新知识方面的社会压力。[②] 这种多维的扩张不仅涉及政治思想进入外交政治的地

---

① Luigi Bonanate, "Terrorism and International Political Analysis," *Studies in Conflict & Terrorism* 3 (2008), pp.1-67.
② William H. Mott, "Linkages between Economic Growth and International Conflict: Historical Perspectives," *International Studies* 34 (1997), pp.59-83.

理扩张，也涉及政治活动从狭隘视角向更广阔视角的扩张。因此，政治全球化超越了旧的政治形式，引起了人们对民族国家状况的关注。但所谓的国家机构的解散绝不是普遍现象。我们正在目睹的是一种国家重新组合和分解的综合现象。重新组合指的是在某些情况下，一些国家集中在像欧盟这样的超国家政治机构中。分解指的是在某些情况下，一些国家像南斯拉夫那样被肢解或分解。然而，没有人能说重组和分解是恒定的和广泛存在的。大多数民族国家仍然存在。因此，我们仍可以认为国际政治的衡量单位是民族国家。麦克格鲁强调了这一评估，他说民族国家和国家间体系，现在是，而且将继续是现代社会生活的主导现实。沃尔夫拉姆·汉里德（Wolfram Hanreider）认为，民族国家、民族主义和国家利益的观念绝不是次要的或过时的，它们是当代世界政治的核心要素。[1] 乔治·索罗斯写道：政治和社会生活的基本单位仍然是单一民族国家。不同方面的更高的相互依存程度和国家主权的概念并不是对立的。各国利用全球动态可以成为维持政治和国家体制框架的一项资产。经济自由主义鄙视民族国家，认为它妨碍市场法则的运作。多元文化主义鄙视民族国家，称其会压迫少数民族。[2] 本杰明·巴伯对后冷战时期的主张是，新自由主义和多元文化主义的普遍化倾向变得强烈。它们想把全球化的两个方面分别表述为经济领域和文化人类学领域，面对这样的激进主义，世界似乎别无选择，只能向社会现实的其他表现形式开放。第二次世界大战后建立的国际政治和金融机构不足以适应这个新阶段。这些机构未能维持和平（联合国）或消除金融市场的过度行为（世界银行、国际货币基金组织）。这些机构几乎总是在全球形势的意外压力下随机应变，而全球形势需要一个不同的框架。[3] 在谈到新自由主义的理论倡导时，索罗斯尖锐地指出：把利己主义提升为道德原则已经败坏了政治，而政治的失败已经成为给予市场有史以来最有力

---

[1] Wolfram Hanreider, "Dissolving International Politics: Reflections on the Nation State," *American Political Science Review* 72 (1978), pp. 1276-1287.
[2] George Soros, "Europe as A Prototype for A Global Open Society," *Asia Europe Journal* 5 (2007), pp. 155-158.
[3] Benjamin Barber, "What Democracy Looks Like," *Contexts* 11 (2012), pp. 114-116.

的更自由的统治的支持论据。①

我们必须捍卫政治,因为它是全球舞台上众多力量之间的一种调解形式,是解决我们所面临问题的一种协调机制。政治是使新的国际协商一致(国家之间、个别国家与国际组织之间的协商一致)成为可能的唯一工具。在全国范围内,很明显,我们正在结束一个意义深远的时期,我们需要同时开辟一个全新的历史时期。在国际范围内,政治协商一致是必要的,以推动产生正在开始的新时代的共存规则。鉴于建立一个普世帝国的努力已被证明是无效的,那么最好是从普世帝国自己的民族国家的根源出发,制定一项全球治理的民主协议。

(二) 全球化带来的影响

全球化指的是人类的一种能力,这种能力使我们能够超前一步,设想一个更大的项目,以避免衰退的趋势。从奥古斯特·孔德、约翰·斯图亚特·密尔到卡尔·马克思、安东尼·吉登斯等理论家都乐观地表示,人类最终将超越国界,走向全球文化和社会。从这个角度来看,我们可以期待市场、治理和通信的全球化,以此推动国际化发展,超越国界,形成一个国际社会,并提高对区域协会和国际机构在跨国合作方面的好处的认识。如果没有有效的政治和文化导向,全球化更有可能走向一个理想都市,而不是一个国际都市,这将导致更大的不公和剥削。这种变化不会带来更好的影响,而是会带来比我们已经遭受的更糟糕的情况。全球化运动的根源实际上是悲观和不信任,而不是带人顺利进入一个新的、更好更舒适的世界。有一件事是可以肯定的,全球化是来自不同地理区域和社会背景的意识形态、宗教、经济和文化范式之间的相互作用,它们不必彼此一致。这种相互作用可以是建设性的,因为它会给我们的社会带来一些好处。但是,相互作用也可能表现为只能通过暴力对抗来解决的不可调和的立场。两件事已经在进行中:第一,一场成果丰硕的思想和学说的和平集会;第二,一场激进主义的冲突,冲突的双方宣布必须消灭对手,将之作为单一

---

① George Soros, "Europe as A Prototype for A Global Open Society," *Asia Europe Journal* 5 (2007), pp. 155-158.

和排他的真正学说扩散的前奏。对于全球化,我们可以用这个比喻来表示:我们不知道我们正在走向的土地。当我们进入一个从未有人探索过的领域时,我们不知道将会有什么等着我们。

在当今全球化时代,修昔底德的教训比以往任何时候都更具有时代性。如果在战后时期考虑两个不同的政治维度(内部和外部),我们不能否认全球化带来了紧密的、交织的国家和国际政治。第三条道路的社会愿景不像保守派所认为的那样,是一群相互竞争的人的集合,而是一个寻求支持和集中个人努力的大集团左翼支持的项目试图在个人和社会之间建立一种不同的关系。英国前首相布莱尔说:"今天的问题是,我们能否在个人和社会之间建立一种新关系,使个人在某些关键问题上承认,只有在一个集体中共同努力,个人的利益才能得到发展。"[1] 在这一前提下,思想流派试图在实践中实现个人权利和社会责任之间的相互对应。

虽然全球化日益与世界主义联系在一起,但仍有一些思想流派从特定集体归属的角度反对统一。这种反对统一的行为往往被善意的力量所掌握,其将这种行为规范强加于社会的其他领域。这种规范的观点是所有男人和女人都享有平等的尊严。这种平等反过来也需要公平的考虑。这一公平标准几乎总是导致对全球正义的要求产生,在自由主义思想中,尽管在不同的哲学母体中,但与约翰·罗尔斯的遗产相关的思路也强调了全球正义的问题,即上面提到的那些问题——对人的尊重的权利、全球市民社会的形成和不受控制的权力设置限制。

全球化带来了巨大的挑战,比如建立世界公民身份和民主的需要,这不是一个浪漫的想法,而是一种势在必行的需要,以阻止野蛮的权力扩张,并将其置于明确的法律和制度控制之下。与此同时,世界公民和民主的发展方向需要一种势头的领导,这种势头似乎朝着许多方向发展,没有预先计划的道路,而且是经协商一致决定的。有一种普遍的认识是,即使一些权威机构在某些活动领域具有重大的影响力,也没有机构能在全球化中占据主导地位,这意味着它们有能力有效地应用约瑟夫·奈的公式。但

---

[1] 《布莱尔的"第三条道路"》,挂云帆,2021年3月10日,https://www.guayunfan.com/lilun/88247.html。

是没有和谐。全球化的主要挑战是寻求某种形式的超国家治理，需要建立一个世界公民和民主制度，允许公民参与决策过程，并将世界政治置于控制地位。虽然篇幅很长，但安德鲁·林克莱特在这个问题上的观点是恰当的，世界公民的概念是国际非政府组织用来促进人们对全球环境和人类物种产生更强烈的责任感的一个概念。世界主义民主的支持者认为，国家民主对全球市场几乎没有控制能力，影响跨国公司决策的能力有限，而跨国公司的决策会影响货币价值、就业前景等。他们坚持认为，如果民主仍然与国家紧密相连，它可能会不复存在。他们主张将世界贸易组织等国际组织民主化，并确保跨国公司对可能伤害世界各地易受伤害的人的决定负责。[①] 对此，笔者要补充一点，对于将管理世界的机构民主化，这指的不仅是世界贸易组织的民主化，而且是国际货币基金组织、世界银行和联合国的民主化。这些机构是在第二次世界大战后建立的，现在仍然按照当时建立的机制运作；也就是说，战争的胜利者占主导地位。然而，世界的面貌极大地改变了。我们不能继续使用20世纪中叶的方案来解决涉及全人类及其未来的许多方面的事务。

第二节　区域合作与全球治理

（一）区域治理与全球治理

国际社会处理全球治理问题的难度越来越大，现有的多边全球治理框架未能充分应对全球危机和挑战，而且越来越无法让各国遵守现有的有约束力的全球安排或实施新的安排，全球自由贸易进展缓慢。近年来，世界贸易组织（WTO）的成员数量有所增加，但自1995年WTO成立以来，多方协商并没有推动出现新的货物贸易自由化。在改革世界金融体系、消除导致上一次全球金融危机的失衡方面，国际社会几乎没有取得进展。全球气候变化谈判陷入僵局，发展中国家和发达国家在减少碳排放的责任应该如何分配上存在根本分歧。非传统安全威胁，如恐怖主义和大规模杀伤性

---

① 郭树勇：《国际关系研究中的批判理论：渊源、理念及影响》，《世界经济与政治》2005年第7期。

武器的扩散，似乎还没有接近消除。在传统安全威胁方面，如果以国家间战争、武装冲突和传统战斗导致的死亡人数来衡量，自第二次世界大战结束以来，死亡人数明显下降，但近些年似乎要再次上升。后冷战时期的欧洲安全秩序维持了俄罗斯和西方几十年的和平，但由于乌克兰危机，这种秩序正在瓦解，北约和俄罗斯再次开始将对方视为主要的安全威胁，俄乌战争的爆发就是佐证。

随着全球治理开始步履蹒跚，过去在多边（全球）层面解决的问题越来越多地在地区层面得到解决，新兴的地区大国正在发挥带头作用。美国参议员蒂普·奥尼尔曾说过一句名言："所有的政治都是地方性的。"[①] 随着美国和其他西方国家领导世界的意愿和能力下降，而中国、俄罗斯、巴西等地区的实力和能力继续上升，所有的国际政治会变成地区政治吗？在地区大国的领导下，地区层面的治理会为全球治理和供应安全、自由贸易和金融稳定等的全球公共产品提供一个可行的替代框架吗？

主要应关注三个关键问题领域：自由贸易、金融（特别是在危机时期成为最后贷款人的能力）和安全（重点关注非传统安全威胁）。这三个问题领域不仅是全球治理的关键问题，也是区域治理问题，区域领导人投入最大努力将以前在全球层面解决的问题带到区域层面来解决。中国、印度和巴西等地区大国在全球环境问题上一直很活跃，代表了发展中国家的关切，并在联合国气候变化会议等全球论坛上提出了环境问题的创新解决方案，它们在这一领域的领导作用主要集中在多边和全球一级。此外，在区域一级成功处理这三个问题的程度也存在着有趣的差异。地区大国正在并已经在自由贸易方面发挥有效的领导作用，努力建立金融稳定。它们为促进地区安全机制做出了相当大的努力，并在提高地区应对恐怖主义等非传统安全威胁的能力方面取得了一些成功。

首先，作为发展中国家，这些国家更愿意在经济问题上发挥领导作用，并对承担可能削弱其内部经济发展努力的安全责任持谨慎态度。其次，新兴大国处理某些安全问题的方式，如处理恐怖主义和其他非传统安

---

① Andrej Krickovic，"'All Politics Is Regional'：Emerging Powers and the Regionalization of Global Governance，" *Global Governance* 21（2015），pp. 557-577.

全威胁的方式，与西方明显不同。许多新兴国家非常注重经济发展、民族和国家建设以及维护社会和政治稳定等优先事项。最后，在追求地区领导地位的过程中，新兴大国面临许多西方大国在全球层面面临的问题。世界在区域和全球范围内都变得越来越复杂和相互依存，强大的国家越来越难以应对这些复杂性。

全球治理是解决全球问题的正式和非正式机构的综合体，也就是说，国际安全、贸易、全球金融和环境等问题是任何国家都无法通过自身努力解决的。全球治理面临一个根本的悖论：解决全球问题和调动必要资源的政策权威主要是在国家一级，而问题的来源、规模和潜在的解决办法是跨国的或全球性的。各国只有通过它们的努力和彼此的合作来解决这些问题。但是，合作经常受到集体行动问题的阻碍，这些问题包括如何防止各国违背或消极履行协议，以及如何处理相对利益的棘手问题，这些问题使各国难以以连贯和协调的方式应对全球问题。

自冷战结束以来，已建立的全球治理架构一直依赖于美国和其他西方大国的领导，它们利用自己的国际影响力，协调各国在全球治理问题上的合作，并在各国之间没有足够共同点的问题上提出解决方案。然而，今天，美国和其他西方大国的领导地位已经开始瓦解。两个更大的历史进程正在发生变化。第一，发展中大国的崛起，其在国际事务中拥有更大的发言权，这使得西方国家更难在协调解决全球问题的共同方法方面发挥带头作用。第二，随着全球化进程的推进，世界相互依存日益加深、相互联系日益紧密，世界也变得越来越难以管理、越来越混乱。随着信息、污染、移民、武器、思想、图像、新闻、犯罪、麻醉品、疾病等随时随地跨越国家领土边界，国家的权威和相关性正受到前所未有的挑战。这些导致了"黑天鹅"事件的发生，比如全球金融危机和"阿拉伯之春"，这些事件甚至令最强大的国家都感到困惑。

虽然有效的全球治理在全球层面上越来越难以实现，但它可能在地区层面发展，占主导地位的地区国家应该承担更多责任，促进合作并提供公共产品。对全球治理区域化的倡导由来已久。二战结束时，温斯顿·丘吉尔提出，将世界划分为三个区域，在联合国内对应这三大区域分别建立地位平等的三个理事会来管理国际事务。这一方案史称"三脚凳计划"。这三个理事会分别为：欧洲理事会、大洋洲理事会和美洲理事会。[1] 自冷战结束以来，许多学者强调了区域层面的经济、政治和安全发展的日益重要的意义，发展了将区域作为最重要分析层次的国际关系理论。所有类型的区域组织和倡议在解决跨境问题方面发挥越来越重要的作用，帮助填补全球（即多边）层面出现的治理空白。认识到这些发展后，美国和其他西方大国经常呼吁地区大国为本国的政治和经济稳定承担更大的责任。

有充分的理由说明，许多全球治理问题在地区层面而非全球层面更能得到成功解决。所有区域国家都受到区域问题的负面影响，而且往往影响程度相当。各问题领域之间的相互依存也为各国合作解决问题开辟了可能性。可能不关心某一特定问题的国家也会参与合作，以确保在对它们重要的问题上进行区域合作。这使得协调它们的行动和解决与合作有关的集体行动问题更加容易。很久以前，丘吉尔在思考安全问题时指出："我非常重视地区原则。只有那些利益受到争端直接影响的国家才有可能全力以赴地确保争端得到解决。"[2] 就眼前的利益而言，地区大国在地区层面行使领导权可能比承担全球责任更有好处。进攻性现实主义者认为，国际体系的无政府性造成了安全压力，导致地区大国最初试图在本区域建立霸权。在区域经济一体化中发挥领导作用的同时，区域强国也通过为国内企业开辟新市场和新机会来促进其经济发展。对于区域强国，开展全球自由贸易可能不是一个最佳选择，但签订区域自由贸易协定是明智的选择，因为贸易在全球层面仍然受到限制，而且在更多国家之间针对自由贸易协定进行协调的难度要大得多。近年来，贸易自由化主要发生在区域层面，主导区域的国家往往起带头作用。区域一体化还可以作为经济现代化的工具，使发展中国家目前对西方市场的依赖变得多样化（在许多西方经济体面临增长缓慢和经济停滞的时候）。地区大国正在利用区域经济一体化来调整其对外贸易关系，不再生产低附加值的商品（商品和自然资源或廉价的高劳动附加值的制造业商品）。区域市场保护当地企业免受竞争，使它们能够发

---

[1] Mikhail Troitskiy, "The Emerging Great Power Politics and Regionalism: Structuring Effective Regional Conflict Management," *Global Policy* 10 (2019), pp. 14-21.
[2] Mikhail Troitskiy, "The Emerging Great Power Politics and Regionalism: Structuring Effective Regional Conflict Management," *Global Policy* 10 (2019), pp. 14-21.

展更高附加值的生产,并向全球附加值链的上游移动。

解决全球治理问题的区域性方法也可能比在全球层面进行协调的方法更具合法性。在当今世界,社会和国家之间的文化和文明差异如此明显,各国难以就基本价值达成真正的共识,而区域是文化独特性的体现,可以作为文化和价值多样性的容器。到目前为止,全球治理问题的解决方案主要来自西方世界,并从根本上受到西方价值观和偏好的影响。这些解决方案往往与发展中国家的身份和价值观相冲突。将全球治理的责任下放到区域一级,可能会出现解决这些问题的更多样化的办法。根据安德鲁·赫里尔的说法,地区产生和促进全球秩序理念的能力,以及不同地区要求得到更充分、更平等的呈现,很可能在未来争夺全球政治合法性的斗争中发挥核心作用。区域层面更多样化的解决方案可以更好地代表价值观和偏好更广泛的世界。因此,西方以外区域的全球解决方案可以享有更大的合法性。[1]

地区大国还将区域主义视为既有的多边全球治理结构的替代品,现有多边治理结构无法应对日益复杂和高度不可预测的全球环境带来的挑战。例如,荷兰国际集团政治进程的重要性体现在区域层面,其创建一个多中心的治理模式,较好地体现了多样性、异质性和分层的世界。经济增长和政治影响力的新中心越来越有信心,并承担起处理本地区事务的责任。此外,地区大国开始质疑西方解决恐怖主义和全球金融稳定等问题的方法。一些人甚至认为,西方的解决方案不仅无助于问题的解决,反而加重了问题。根据俄罗斯观察家费奥多尔·卢科亚诺夫的说法,西方政策是无效和短视的,未能产生预期的效果。最大的矛盾在于,世界的未来取决于美国和西欧的政治家们,而他们已成为国际政治与经济顺利复苏的主要障碍。地区大国正在认识到,在未来,它们可能不再能够依赖美国和其他西方大国的领导。它们必须协调对全球问题的区域反应,并在区域一级提供公共产品。[2]

随着自由贸易在全球层面开始受到限制,在全球协调失败后,另一种

---

[1] 参见 Alnoor Ebrahim et al., "Governance for Global Integration: Designing Structure and Authority in International Advocacy NGOs," *World Development* 160 (2022).

[2] Lukáš Holas, "Prospects for Russia-NATO Relations: The SWOT Analysis," *Communist and Post-Communist Studies* 51 (2018), pp. 151-160.

选择出现，即在区域层面促进自由贸易。事实上，在过去的几十年里，情况就是这样。世贸组织在成员之间的贸易自由化方面进展缓慢。与此同时，贸易自由化已经在各区域内取得了较大进展，无论是在降低关税方面，还是在采用技术和管制标准方面，都促进了商品和服务的自由流动。地区大国在促进区域自由贸易发展方面发挥着关键作用。它们一直是区域自由贸易协定背后的推动力量，利用自己的政治影响力推动区域协定的通过，并通过向其他地区国家提供进入本国大市场的机会，来吸引它们开放国内市场。

俄罗斯希望通过促进俄罗斯、白俄罗斯和哈萨克斯坦关税同盟的发展来促进地区内部的贸易。这三个国家采取了共同的关税政策，并取消了对货物流动的边境管制。俄罗斯已将这一三国关税同盟转变为一个更全面的欧亚经济联盟（Eurasian Economic Union，EEU），从而开始了协调成员国之间法律和监管框架、建立在某些经济政策领域具有权威性的跨国治理机构的漫长而艰巨的过程。欧亚经济联盟的成员已经扩大，成员除上述三国外还包括亚美尼亚和吉尔吉斯斯坦，俄罗斯利用外交杠杆和经济利益来使这些国家加入一体化进程。

关税同盟取得了一些成功。根据欧洲复兴开发银行（EBRD）的一份报告，关税同盟成员国之间的贸易在2009年至2013年增长了70%以上。[①] 但关税同盟成员国也可能低估了该联盟的长期贸易创造效应，因为建立新的贸易联系和跨境生产网络通常需要数年时间。巴西利用南方共同市场（MERCOSUR）推动拉丁美洲的自由贸易发展。巴西一直对多哈回合等多边贸易谈判的有限进展感到失望。多哈回合谈判因发达国家和发展中国家在非关税壁垒和农业补贴等问题上的分歧而陷入停滞。区域一体化使巴西能够为本国商品开发替代市场，同时增加其在未来多边贸易谈判中的影响力。南方共同市场国家的人口超过2.7亿人，每年的国内生产总值（GDP）超过3万亿美元，是继欧盟（EU）、北美自由贸易区（NAFTA）、中国—东盟自由贸易区（ACFTA）之后的世界第四大贸易集团。南方共同

---

① 参见2014年欧洲复兴开发银行年会和商业论坛的内容，https://www.ebrd.com/EBRD-Annual-Meeting-and-Business-Forum-2014.html。

市场取消了成员国之间的贸易关税，成员国采取共同的对外关税和海关政策。结果是，其内部贸易从1991年的100亿美元增长到2010年的880多亿美元。①

(二) 新兴区域一体化的发展

近年来，非西方新兴区域大国加快了建立区域领导地位和促进区域一体化的步伐。俄罗斯为苏联时期的太空计划重新注入了活力，并发起了关税同盟和集体安全条约组织（CSTO）等新的区域组织。普京总统表示，最终目标是建立能够成为未来多极世界一极的欧亚经济联盟。巴西正在推动发展几个南美一体化项目，包括南方共同市场、南美国家联盟（UNASUR）及其南美国防委员会（CDS）。后两个项目将一体化的议程从主要的贸易和经济领域扩展到安全、政治和社会领域。中国与俄罗斯合作，通过上合组织为中亚地区带来政治稳定，促进经济发展。中国在许多领域也扮演着重要角色，东亚地区组织包括东盟+1（东盟+中国）和东盟+3（东盟+中国、日本和韩国）。中日韩这三个地区大国都利用区域一体化来增强自己的实力，并削弱美国和其他大国在本地区的影响力。俄罗斯决定推进关税同盟和集体安全条约组织的一体化，这部分是为了对北约（NATO）扩张和欧盟（EU）东部伙伴关系计划做出回应。南方共同市场被理解为在小布什政府努力促进美洲自由贸易区（FTAA）的背景下的一种区域发展。

中国也在推动亚洲的自由贸易发展。中国认为这是减少对西方市场依赖的一种方式，这种担忧在2008年金融危机后变得更加紧迫。这些努力的核心是中国—东盟自由贸易区（ACFTA），中国和东盟成员国之间建立了一个自由贸易区。20世纪90年代，中国与东盟的贸易额几乎微不足道，但现在中国是东盟最大的对外贸易伙伴。中国愿意促进自由贸易，迅速向东盟国家开放市场，同时推动这些国家逐步降低对中国商品的关税。

俄罗斯、巴西和中国也在提高本地区应对金融危机的能力方面发挥了

---

① 谭博：《南方共同市场的贸易创造和贸易转移效应》，《价值工程》2016年第25期，第48~51页。

带头作用，并努力增强在地区金融危机旷日持久的情况下发挥的最后贷款人的作用。这些努力受到各成员国对过去处理多边危机方式不满的影响，特别是对20世纪90年代末俄罗斯和亚洲金融危机处理方式的不满。地区大国对国际货币基金组织处理债权国问题的强硬方式以及通常对获得贷款施加的严格条件感到不满。许多亚洲领导人认为，国际货币基金组织在亚洲金融危机期间要求亚洲国家实施的紧缩措施，增加了这些国家经济复苏的难度，并在印尼等国造成了政治和社会不稳定。

这促使中国和其他亚洲领导人努力改善地区金融危机应对机制。中国与日本、韩国和东盟（10+3模式）签订了《清迈倡议》（CMI），这是一项多边货币互换安排，目的是在发生流动性危机时向成员国提供救助资金。许多专家认为，CMI有助于加强地区金融稳定，缓解未来任何危机的冲击。为了应对持续的欧洲债务危机和缓解对全球金融体系稳定性的担忧，成员国在2012年将CMI的外汇储备增加了一倍，达到2400亿美元。中国还率先推动成立亚洲基础设施投资银行（AIIB），为亚太地区的基础设施项目提供资金，将之作为世界银行和亚洲开发银行（ADB）等老牌机构的补充机构。据估计，如果要保持当前的经济增长速度，该地区在未来10年至少需要8万亿美元的基础设施投资。[①]

在俄罗斯的提议下，欧亚经济联盟为应对全球金融危机，设立了100亿美元的危机基金。白俄罗斯已经从欧亚经济联盟危机基金中提取了30多亿美元，该基金帮助白俄罗斯履行其国际债务义务，避免其主权债务违约。通过使用欧亚经济联盟的资金，白俄罗斯也避免了向国际货币基金组织求助，后者无疑会要求白俄罗斯进行改革以换取贷款。2013年，俄罗斯还向乌克兰提供了120亿美元的贷款，以帮助其履行国际义务，作为交换，乌克兰不与欧盟签署联合协议。基辅政府接受了俄罗斯的援助，将其作为IMF贷款的替代方案，因为IMF的贷款肯定会带来痛苦和不受欢迎的紧缩要求。

与上述例子相比，巴西在拉丁美洲建立金融危机应对机制方面取得的

---

① 《亚洲多层次基础设施投资计划共识性》，"2015年世界经济特区（虎林）发展论坛：'一带一路'与区域共同繁荣学术研讨会"会议论文，虎林，2015年8月，第82~83页。

进展要小得多。不过，南美7国2009年提出建立南方银行（Bank of the South），这是一个地区性的货币基金和贷款组织，允许成员国贷款，并将在没有世界银行或IMF参与的情况下为项目和投资提供资金。此举至少在一定程度上反映了南美国家在20世纪80年代和90年代对IMF的负面经历，当时许多国家背负着沉重的债务负担。南方共同市场成员国已经承诺出资200亿美元建立该银行，该银行计划在2015年底前开始为其首批发展项目提供资金，但至今尚未启动。中国、俄罗斯和巴西还与印度和南非于2014年决定成立金砖国家开发银行以便于5国经济交流与发展，其有500亿美元的初始资本和1000亿美元的外汇储备，这是首个由发展中国家自筹资金建立的金融机构。该银行侧重于基础设施开发等领域，这些领域对发展中国家很重要，但目前国际金融机构在这些领域的资金不足。

虽然大多数主流国际关系理论关注全球层面（即国际体系层面）的安全发展，但越来越多的学者认为，安全研究必须从区域层面开始。有些研究把世界划分为不同和持久的区域安全综合体，每一个综合体在同更大的全球系统联系在一起的同时，也有自己的特定安全动态。国际体系中的所有国家在安全问题上都或多或少地相互依存。地理上的接近往往会使相邻的国家之间产生更多的安全互动。冷战期间，超级大国之间的激烈国际竞争掩盖了地区动态的重要性，因为每个超级大国都在地区安全政治中发挥着重要作用，即以地区主导国家为中心，为该地区的安全关系构建秩序。当今的地区大国正在寻求在地区安全方面承担更大的责任，并正在组建能够应对传统和非传统安全威胁的地区机构。这是对美国等西方国家未能妥善解决地区安保问题的回应。但地区大国也意在取代美国和西方主导世界的努力，后者通常被认为是带有附加条件的。因此，地区机构的作用也在于使各国减少对美国的安全依赖，从而削弱美国的影响力。

俄罗斯一直在推动集体安全条约组织成为后苏联时期的首要安全组织。该组织的成员国有亚美尼亚、白俄罗斯、哈萨克斯坦、吉尔吉斯斯坦、俄罗斯和塔吉克斯坦。乌兹别克斯坦对俄罗斯的主导地位持谨慎态度，在加入集体安全条约组织的问题上一直摇摆不定。《集体安全条约》没有法律上的相互援助约束，但它阻止这些国家加入其他联盟，从而阻止它们加入北约，这是俄罗斯在该地区的主要目标。自2006年以来，集体安全条约组织定期举行大规模军事演习，包括 2009 年在哈萨克斯坦举行的 6000 人部队的演习。这些演习模拟对常规外部威胁以及恐怖分子和武装分子入侵的反应。集体安全条约组织国家正在组建一支由 2 万人组成的快速反应部队，其中包括一支较小的部队，将在吉尔吉斯斯坦的一个联合基地进行联合指挥和行动。这种力量专门用来对非传统安全威胁和挑战进行干预，并可用于平息成员国内部动荡。

作为北约东扩的制衡力量，集体安全条约组织对俄罗斯来说扮演着有益的地缘政治角色。随着地区应对安全威胁的能力提高，地区国家将减少对美国和北约的依赖，转而依赖俄罗斯来满足安全需求。此外，在该地区的国家政权眼中，集体安全条约组织可能比北约更有优势，因为它愿意帮助这些政权镇压北约不愿镇压的内部动乱。俄罗斯还与中国合作发展上合组织，上合组织汇集了中国、俄罗斯和中亚国家。

虽然上合组织被认为是制衡北约的力量，但其最重要的成就是解决地区安全问题，特别是非传统安全威胁，即暴力恐怖势力、民族分裂势力、宗教极端势力。这"三股势力"是中国和俄罗斯的重要关切，两国面临活跃的恐怖主义和分裂主义运动的威胁。上合组织的中亚国家也与俄罗斯和中国在这方面积极开展合作，因为"三股势力"对它们的国家政权也是直接的威胁。俄罗斯和中国也在推动集体安全条约组织和上合组织发挥更大的作用。俄罗斯为了应对日益严重的社会动荡，正在努力增强空中力量和维和能力。集体安全条约组织和上合组织给予阿富汗观察员的地位，阿富汗高层领导人定期出席这些组织的会议。毒品走私对俄罗斯构成严重威胁，俄罗斯希望提升上合组织和集体安全条约组织打击毒品走私的能力。

在南美，巴西主导了南美国家联盟（UNASUR）的安保机构——南美国际委员会（CDS）的建立和运营。该机构的核心目标之一是，通过提高军事透明性，在地区国家之间建立信任，消除怀疑。各国最近开始交换国防开支数据，并计划提高地方军事演习的透明度。在加强该地区的军事联系的同时，CDS 也有助于地方军队更有效地应对共同威胁（如贩毒）。巴西对 CDS 的支持表明，巴西在采取措施以削弱美国在该地区影响力的同时，越来越愿意承担地区领导的角色。当美国表示有兴趣与 CDS 合作时，巴西拒绝了美国的任何参与。过去，巴西愿意在区域安全问题上听从美国，并与美国领导的美洲国家组织（OAS）进行合作。随着时间的推移，它对美国的安全领导感到失望，并在美国对古巴和委内瑞拉实施惩罚性政策以及美国在哥伦比亚建立永久性军事基地的努力方面与美国产生了重大分歧。巴西经常认为美国是地区不稳定的根源，并认为自己更适合在地区冲突中扮演调解人的角色。巴西正在利用 UNASUR 及其安全组成部分，即 CDS，来提升该地区各国在没有美国领导的情况下，应对当地安全挑战的能力。在 2008 年玻利维亚宪法危机、2010 年厄瓜多尔警察对政府的叛乱以及 2010 年委内瑞拉—哥伦比亚外交危机中，UNASUR 发挥了关键作用。

在上述每一个案例中，巴西都带头有意避开美国和美洲国家组织（美洲国家组织被该地区许多人视为美国政策实施的工具）。巴西也在提升其军事和维和能力。在 2004 年，巴西向联合国驻海地稳定特派团派出维和人员，并在 2010 年海地地震后发挥了关键的领导作用。通过建立 UNASUR 及其组织机构 CDS，巴西可以在美国无法充当该地区的主要和平调解人的时候，发展其军事能力，以防止其他国家窃取其丰富的亚马孙森林和海上资源。

从根本上说，现代世界过于复杂和相互关联，区域治理无法简单地取代全球治理。全球变暖等关键问题不可能在区域内得到解决。这些问题需要所有主要国家的参与，只有在全球一级才能成功解决。今天，正在崛起的地区大国认识到全球解决方案的必要性，它们的努力并不局限于地区层面。地区大国在建立地区机构方面取得了一些成功，这些机构可以缓和国家间的冲突，并应对恐怖主义和毒品走私等非传统安全威胁。上合组织对恐怖主义和极端主义等非传统安全威胁的定义比西方通常所接受的更为宽泛，更强调针对国家而非公共安全的行动。上合组织曾多次公开反对颜色革命和西方民主主义的推广，认为这是对该地区国家主权事务的干涉。一个复杂和动态的全球治理系统正在形成，它由多个和重叠的层次（全球、跨区域、区域和地方）组成，有相互竞争的多边组织（西方和非西方），它包括广泛的相关行为者（非政府组织、国际组织以及较大和较小的地区国家）。但它也更加包容，因为更广泛的声音和利益将有助于治理。该系统能够提升在整个国际社会中的代表性，从而更合法地解决问题。

(三) 区域经济外交与安全

安全的概念相当复杂。国际关系理论中的现实主义、自由主义等理论是从不同角度看待现实的理论，但建构主义等理论认为，现实不存在外在的客观现实，而是由人的看法决定的，因此，安全的定义的先决条件是对现状的假设和导致这种情况出现的原因。例如，国际体系中无政府状态的前提是国家作为理性的代理人的存在，霍布斯提出：人具有邪恶本性，从而导致国家具有贫穷本性和相互之间猜疑。因此，当谈到安全时，我们需要具体说明所谈论的是什么，因为安全是一个存在于人类活动的所有方面的概念，比如个人安全、社会安全、文化安全、政治安全、国家安全、国际安全。每个方面的目标是不同的集合，具有不同的特征，而如何确定它们的重要性，这取决于一个人如何感知现实。[①] 也就是说，对于一个现实主义者来说，国家安全将被优先考虑，因为这是使国家有能力和足够强大的基础。而对于自由主义者来说，社会保障发挥着维持非国家行为体之间平衡的作用，这些行为体独立运作并在国际舞台上发挥作用。但是，在每一种情况下，不论安全的形式存在着何种差异，都有一个共同的方面，它完全决定了这一概念的意义，那就是对现状变得更坏的恐惧。这种恐惧作为一种生存冲动，与生俱来地存在于个人、社会、政权、国家和国际体系中。

从现实主义的角度来看，维护国家安全是国家的首要任务，这在国际体系中经常被称为自助。这是因为，只有各国力量均衡，才会有持久的和平。如果一个国家的权力上升，或者由于国家之间的高度竞争而有可能上升，国家之间就会相互怀疑，它们采取的政策会继续下去，并使用其他手段。实际上，现实主义理论由一个中心思想和各个分支组成，它们试图支持该理论，以提供尽可能完整和充分的对国际体系的解释和分析。这导致了现实主义不是一种形式而是多种形式的假设，由于存在差异，这使我们能够根据不同的时期和不同的现实主义方法的支持者区分三种现实主义：

---

① Pyrros Papadimitriou, "Economic Diplomacy and Security in Sovereign States," *Procedia Economics and Finance* 9 (2014), pp. 42-65.

修昔底德到20世纪的古典现实主义；1939年到1979年的新古典现实主义，即第一次大争论开始的时候；1979年到现在的新现实主义或结构现实主义。现实主义并没有成为一种过时的理论，而是成功再次崛起，为国际政治提供了一种新方法。新现实主义可以被视为现实主义的当代版本，但其同时保持着现实主义理论的基本核心。考虑到国家或国际体系等所认同的假设的数量，新自由主义的方法与现实主义的方法相差无几。例如，双方都认为国际体系是无政府的，都承认在达成协议时国家之间存在猜疑。此外，杰维斯声称，新现实主义者和新自由主义者之间没有太多的差异，他们是一个硬币的一部分。[1] 然而，有很多学者声称新现实主义者和新自由主义者之间具有明显差异。例如，新现实主义者关注国际安全等高层政治问题，而新自由主义者关注政治经济等低层政治问题。因此，新现实主义是一种合适的理论，它的假设可以在安全问题上得到实施，而不管将要使用的手段是什么，比如政治经济或经济外交。

福山和道尔认为，民主国家之间不会相互斗争，经济增长和繁荣是国家的主要目标。与此相反，米尔斯海默强调国家之间存在怀疑，它们根据其他国家的战略制定战略，加上国家具有的侵略性军事能力，导致了其将权力最大化以维护安全的结果。[2] 因此，国家寻求权力以维护其主权和安全，其主权和安全是通过经济外交控制的，通过军事优势得到保障的。经济外交和安全之间存在关系，经济外交作为一种培养安全意识的手段，用来维持权力，从而确保国家的生存。经济外交与安全问题之间的关系是现实主义者和自由主义者争论的一个主要话题，涉及大国兴衰的原因。在20世纪70~80年代，经济外交与一般的军事外交和安全问题被分开进行研究。在20世纪90年代初展开的关于哪个部门应该在外交政策中被优先考虑——经济还是安全——的争论一直持续到1995年，当时美国官员决定将外交经济政策导向为加强安全战略。此外，当时美国也没有强调国防开支协定和经济政策在军备控制方面的作用。

---

[1] 参见 H. Bull, "Order Versus Justice in International Society," *Political Studies* 19 (1971), pp. 47–59。
[2] 参见 David A. Lake, "Powerful Pacifists: Democratic States and War," *American Political Science Review* 86 (1992), pp. 24–37。

马斯坦多诺（Mastanduno）提到，经济外交和安全涉及国际关系理论和外交，并对其做出贡献，其中一个主要因素是国际体系的结构，如在多极体系中经济相互依存是关键，而在单极体系中，一个霸权国家试图利用一切可能的手段保持其特权地位。然而，由于安全困境，这种做法既不能维护霸权国家的霸权，也不能维护新兴国家的均势。[1] 实际上，多极体系作为一个国际体系是不可能的，而只能作为单极体系的一个子系统，换句话说，单极体系提供潜力，并允许适当的权力集团，如欧盟，为了增加自己的力量而进行合作和发挥作用，或作为制衡霸权的力量，或作为其政策的延伸。

综合考虑，新现实主义之所以被证明是更为准确和完整的理论，不仅是因为它结合了其他理论中的许多假设，还因为它在国际体系中被国家生存的主要目的所确认。罗伯特·吉尔平认为，权力斗争和对经济利益的渴望是密切相关的。外交政策在很大程度上取决于国内政策的稳定性和凝聚力，特别是在那些能为国家带来更多权力的领域。除了军国主义外交外，发展外交政策最重要的领域是经济。虽然经济外交并不能解决很多外交政策问题，但它是针对像美国这样推行马歇尔计划的主要经济大国的——这是一个可以行使外交政策的主要部门，也是进一步增强外交和军事力量的一个强有力的工具。而政府通常将经济措施与外交和军事措施结合使用。在霸权稳定理论下，冷战结束后，美国实施了干涉主义政策，成功地将其经济霸权强加于国际体系内，改变与世界贸易组织和国际货币基金组织等组织有关的经济外交议程。各国可动用许多进行经济外交的机制和工具，如商业和投资协定、禁运、封锁、金融或货币制裁，目的是在跨国或区域一级发挥尽可能大的影响，从而在市场中占据主导地位，并增加它们的权力，最初是在经济层面，后来是在安全部门。

此外，有关部门和主管部门之间有直接的联系，尽管在这个问题上发达国家和发展中国家之间有差别。更具体地说，在发达国家，外交部承担部分角色，这是因为国家的对外经济关系具有特别高的政治重要性。在发

---

[1] Michael Mastanduno, "Partner Politics: Russia, China, and the Challenge of Extending US Hegemony after the Cold War," *Security Studies* 28 (2019), pp. 479-504.

展中国家,由于可以从事经济外交的部门还不健全,外交部在经济外交和政治外交方面都发挥着较大的作用。

现实主义者同时认为国家之间的合作存在许多障碍。尽管国家之间存在合作,但囿于欺骗和利益获取这两个非常重要的因素,合作不能长期保持。各国可能会在一定程度上进行合作,但它们仍持怀疑态度,结果就是对被欺骗的恐惧占据了主导地位。尽管各国参与了军备计划有关的联盟和协议,但它们仍有保留意见,并始终采取行动加强自己的国家安全。合作之所以失败,是因为它不会为国家带来绝对收益,而只会为国家带来相对收益,这使国家对达成协议变得更加怀疑。然而,在许多情况下,为了避免安全困境,国家将经济外交作为改善现状的第一步,或向对方发出警告,警告任何潜在威胁将付出的代价。如果不能实现这一点,那么各国就会倾向于进入第二阶段的行动,也就是将其武装力量投入权力和生存的游戏中。

考虑到经济外交的功能和使用的机制,经济外交是国家实施外交政策的关键工具,而外交政策是由经济外交政策塑造的,这就是为什么经济外交理论在分析它时,现实主义是最合适的。经济外交也可以是两个或多个国家在低政治水平上和解的第一阶段,为双方进一步合作和各自提升实力奠定基础。此外,成本效益分析提供了一个清晰的逻辑,它是解释发展中国家或发达国家的潜力、弱点和意图的最合适和有效的指标之一。因此,它对国家安全的贡献是显而易见的,但前提是武装部队作为现状和国家实力的保障,已经构成了强大的威慑。国家间的经济关系直接依赖于它们所拥有的安全水平,各国利用经济外交来巩固和保护自己的谈判地位和权力,以降低安全风险。

第三节 区域主义与世界秩序

区域化和全球化代表了当代世界秩序转变的相关但又不同的方面,全球主义和区域主义的政治项目可能在不同的时间点产生不同的影响。根据卡尔·波兰尼的经典理论,当代全球化可以被视为第二次伟大的转变、一场双重运动,在市场的扩张和深化之后,随之而来的是政治干预,以维护社会凝聚力,市场的扩张构成了第一运动和第二运动的社会回应。第二运动包含了由市场渗透到新领域的相关错位所引起的反运动。因此,区域主义是第一运动和第二运动的一部分,第一运动带有新自由主义的特征,第二运动则带有更强的干涉主义倾向。因此,在区域化的政治内容以及全球化的政治内容方面,存在着一场跨国斗争。

在较近期的区域主义背景下讨论的一个重要问题是,区域主义是一种世界性的现象,既包括较发达国家,也包括较不发达国家,在某些情况下,将这两类国家合并在同一个区域组织中。因此,可以在世界体系层次中对区域进行排序。可以区分出三种结构上不同的区域类型:核心区域、外围区域和中间区域。这些区域的区别,首先是它们相对的经济活力程度,其次是它们相对的政治稳定性,这种划分适用于现有的国家。这种划分是暂时的。相反,我们可以把区域类型看作由各区域根据其经济地位和政治稳定性及其区域性水平而进入或离开的不同区域。这意味着这些区域可能处于不同的位置,并在不同的场合或世界历史的不同时期被定义。区域化程度可以有目的地被改变。例如,一个区域内的安全合作将导致区域稳定性的提升,使该区域对国际投资和贸易更具吸引力,而发展合作将意味着更有效地利用现有资源。

但是,区域必须同时被理解为内生的,产生于有关的地理区域内。它们不是简单的地理或行政客体,而是构成的主体;它们的边界在变化,它们作为行为者的能力也在变化,这可称为它们的区域成熟程度。区域性从区域凝聚力的角度来定义一个特定区域的地位,区域凝聚力可以被看作一个长期的历史过程,从胁迫到民族的建立再到自愿合作的转变。一般而言,我们可以将区域性分为五个层次:区域空间、跨地区社会系统、国际社会、区域社区和区域制度化政治。区域空间是由或多或少的自然物理屏障所划定的地理区域。在社会方面,该地区是由人类居民组织起来的,最初是相对孤立的社区,但相对孤立的社区越来越多地创造某种跨地区关系。区域作为一种社会系统意味着跨地区关系的不断扩大,在这种关系中,各组成单位相互依赖,同时也依赖于系统的整体稳定性。本区域作为国际社会的特点是具有提高系统可预测性水平的规范和规则。当一个持久的组织框架促进整个地区的社会交流和价值观与行为的融合时,该区域的社区就形成了。区域制度化政治指的是该地区有一个更固定的决策结构和更强的行为能力。这几个层次不能以一种确定性的方式作为必要的顺序来解释。由于区域主义是一项由人类行为者创造的政治计划，它可能会像民族国家计划一样失败。

对新区域主义的研究考虑了新的方面，特别是那些集中于与日益被称为全球化的现象有关的研究，全球化是一种即将产生另一种学术增长产业的现象。区域主义与全球化密切相关，但正如我们看到的，人们对这种关系的性质有不同的看法。区域化是全球化不可分割的一部分，还是对全球化进程的一种政治反应？事实上，两者都可以。超越新区域主义，这意味着要着眼于区域化发生的背景，以及区域与更大背景之间的相互关系，尤其是其他地区。值得注意的是，探索新区域主义的先驱作品甚至在其标题中提到了世界秩序或国际秩序。

（一）区域主义可能影响未来世界秩序的方式

区域主义只服务于单方面的目的，与我们所认为的更审慎的欧洲模式形成了对比，根据这种模式，制度化的区域主义、区域间主义和最终的多区域主义在不同程度上，将逐渐形成一种新的世界秩序。

世界秩序的概念很少得到定义。布尔关注的是国际秩序，即国际体系，他认为世界秩序是一个更普遍、更规范的概念。[1] 罗伯特·考克斯（Robert Cox）是为数不多有意识地对这一概念进行分析的人之一。他认为，这是真正超越历史的（世界上总有某种秩序但不一定是有序的）。[2] 然而，世界秩序与潜在因素、社会力量和政治单位有关，这些因素对理解世界秩序具有更大的分析重要性。此外，这个概念通常在更具政治意义的方面被规范使用，也就是说，它主要描述的不是实际存在的秩序，而是模型，它甚至被用作政治口号。

为了能够比较不同的模式，此处提出一个非规范性的、主要是政治性

---

[1] Hedley Bull, *The Anarchical Society: A Study of Order in World Politics*, London: Macmillan, 1995, p. 21.

[2] 参见 Robert Cox and Timothy J. Sinclair, *Approaches to World Order*, Cambridge : Cambridge University Press, 1996, p. 56。

的世界秩序定义,它由三个维度构成:结构、治理模式和合法化。结构是系统各单元相互联系的方式,即由功率和资源分配决定的不同极性形式;治理模式是指影响决策和政策制定的途径;合法化是使制度为组成单位所接受的基础。在结构维度上,进一步区分了单极、双极和多极。极性可以定义地区之间和大国之间的关系,这些关系并不一定是敌对的。在治理领域,单边、诸边和多边是有区分的。诸边和多边之间的区别尤其重要。诸边的行为者分组是排他性的,而多边意味着包容,只要游戏规则为所有各方所接受就可以。因此,多边主义通常被认为是可取的,出于许多目的,区域主义作为一种由地理邻近性定义的多边主义形式,也同样有用。单边主义破坏集体安排,甚至可能成为国家通往帝国主义之路。单边主义指依靠单方面的决策,这意味着将国家利益置于集体安全之上,只要没有任何一个国家能够将其意志强加于整个国际社会,结构性的无政府状态就会得到保持。在这种情况下,这种政策最终成功的结构性结果将是单极(或帝国主义)。不用说,一个运转良好的多边世界秩序需要一定程度的制度化,以对抗单方面行动、有限的双边解决办法或考虑不周的政治或军事反应,这些反应会加剧敏感的安全局势。而针对合法化问题,笔者从公认的国际法原则中发现,国家利益合法化是通过一个居于主导地位的大国的政治运动来实现的。霸权和统治之间的界限不是很明显,但在一般的对外政治国际辩论中,可以很容易地确定一个方向或一种趋势。

从上述的三个维度出发,可以对不同的模型以及世界秩序随时间变化而产生的变化进行比较分析。国际秩序是一个以国家为中心的概念,而世界秩序则意味着一个更复杂的多维的后主权秩序[1]。此外,国际体系也不可能涵盖全球,如19世纪的欧洲国际体系。世界秩序当然意味着一个包括整个世界和全人类的体系。区域内或国际体系内的有序程度可能有所不同;因此,不同的安全理论对区域安全情结、无政府主义、无政府社会、区域安全共同体等进行了论述。安全议程得到扩大,这使得区域性安全措施更具针对性。

---

[1] Björn Hettne, "Beyond the 'New' Regionalism," *New Political Economy* 10 (2005), pp. 544-561.

理论上，世界秩序有多种选择。第一次世界大战后，欧洲相信通过国际联盟的集体安全力量可以实现秩序稳定。联合国在国际联盟崩溃后，以多边主义和国际法为基础，为人类创造了稳定、公正的世界秩序的新希望。正如我们所看到的，区域一体化的早期理论首先与国际秩序有关。后来，在20世纪70年代，出现了关于国际经济新秩序的讨论，从而在全球层面上提出了秩序和正义的问题。在1991年第一次海湾战争之后，乔治·布什总统提出了一个"世界新秩序"的概念，这个概念以多边主义和国际法为基础，并通过美国霸权加以维护。

自由主义的全球化观点仍然占据着主导地位，它强调了市场力量对创造一个开放社会的同质化影响。自由主义者对政治权威持极简主义观点，对区域主义持怀疑态度。对于那些希望将全球政治化的左翼干涉主义思想家来说，这种自由主义计划是不现实的；这些批评人士倾向于将不受监管的市场体系视为类似于政治上的无政府状态的一种形态，并要求对市场进行政治控制。政治的回归可能出现在各种治理形式中。一种秩序要么由被称为自信多边主义的联合国系统管理，要么由更松散的主导力量协调管理。就合法性而言，前者更可取，但从几次不成功的改革尝试来看，前者难以实现；后者更现实，但也更危险，类似于旧的权力平衡政治。更为自信的多边模式将基于旨在将联合国升级为世界秩序模式的激进改革。在全球化的今天，政治回归的一个更合适的形式是后威斯特伐利亚秩序，权力的位置上升通过国家主权的自愿汇集达到跨国水平（通过联盟实现权力提升）。国家可以由区域秩序取代或补充，也可以由新的世界秩序价值观规范架构支持的、得到加强的全球市民社会取代或补充。因此，全球世界主义强调社区在全球层面的作用，以及全球规范的形成。这一角色最有可能的候选人是欧盟所追求的区域间网络，它将促使多区域治理成为单边主义的主要替代选择。也有向下移动阶梯（指降级）的可能性，这意味着一个去中心化的、新中世纪的世界。目前看来，更有可能形成区域或全球一级的跨国政府形式，这种形式是为了防止世界秩序的衰退和病态的无政府状态。

当然，根本就没有成熟的多边主义。所谓虚假多边主义是指在多边主义的幌子下采取的政治和军事行动，但这些行动实际上是更有限利益的表现：多边主义，它是一个大国集团的问题；区域主义，它是一个地理上团结的集团；单边主义，一个超级大国或地区大国在所有意图和目的上都是单独行动的。全球单边主义显然鼓励区域一级的单边主义。然而，某种区域主义（区域间主义）可能支持多边原则（区域多边主义或多区域主义）。但这是一个长期的问题，其发展将取决于把区域主义作为重组世界秩序的关键因素的政治计划的力度。

（二）欧洲主导下的区域秩序

欧洲，或更确切地说，欧盟会对未来的世界秩序产生什么影响？一种世界秩序当然不会以其纯粹的理想形式出现，而是以各种混合形式出现，在这些组合中，区域主义的影响是不同的。从一个适度保守的角度来看，世界秩序的一种模式可能是由一个重建的联合国系统来管理，其中最好是主要地区，或者更有可能是世界主要大国拥有强大的影响力；另一种模式将是组织更为松散的大国全球协调，并将联合国边缘化。在这两种模式中，相关的力量都将是世界上的地区力量。在前一种情况下，联合国将利用互补的区域安排。在后一种情况下，区域主义将会是受到强压或具有霸权性质的区域主义，而这样的区域将远离安全共同体的理想。因此，在这两种情况下的世界将是一个多极世界，但协调模式将缺乏合法性。

区域主义将为未来的治理模式打上印记。在这样的世界秩序中，权力的中心将不可逆转地转移到跨国层面。国家将被地区化的世界秩序和一个得到加强的全球市民社会所取代或补充，并得到一个规范的世界秩序价值观架构（如多元文化主义和多边主义）的支持。欧盟对区域间主义的强调，从长远来看，可能对以区域化形式重建多边世界秩序很重要，这里称为多区域主义，意思是由有组织的地区形成的水平的、制度化的结构，通过多维的伙伴关系协议相互联系。欧盟的目标是将这些关系正式化，使之成为区域组织之间的关系，而不是国家之间的双边联系；但就目前而言，出于务实的原因，协议的形式五花八门，令人眼花缭乱。欧盟与各地理区域的关系还受到其内部决策中采用的主要方式的影响，其在外交和发展政策等方面造成人为的区分，随着时间的推移，这种模式的发展也受到其他成员之间双边关切转移的影响。即使如此，以欧盟为中心和推动角色的多极体系（指欧盟和多区域模式）确实已经存在。全球区域间复合体的核心包含了三位一体内部的三角关系。东亚由中国和日本这两个大国主导，美国和欧盟也与这两个国家建立了双边关系。三位一体中的跨区域联系由亚太经合组织和亚欧会议（ASEM）以及连接美国和欧洲的各种跨大西洋协议组成。欧盟和东盟之间的伙伴关系是正式区域间关系的一个突出例子，但在这里的相关地区（尽管仍然是非正式的），10+3正变得越来越重要，这不仅是在亚欧会议的背景下产生的结果，而且体现在内部目的上。的确，10+3可能很快就会成为东亚共同体。欧盟与南方共同市场之间，以及欧盟与非洲、加勒比和太平洋地区国家集团之间的关系，进一步扩大了以欧盟为中心的全球网络。因此，欧盟的对外政策有一个明确的模式，即根据欧洲通过尊重对方、对话、基于国际法的多边主义和制度化关系解决冲突的经验来塑造世界秩序。这可以被称为基于软实力的软帝国主义，因为尽管有着良好的外交手段，但在世界其他地区，它常常被认为是一种强加。从一体化（使某些邻国成为欧盟成员国），到稳定（与邻近国家建立特权伙伴关系），再到与其他地区和重要的大国或中等国家达成伙伴关系协议，政策的范围在不断扩大。

（三）美国主导下的区域秩序

区域主义，即欧盟所推崇的制度化的多边世界秩序结构，是美国所不能接受的。此外，这也清楚地表明，多边主义虽然可取，但也有其局限性。这完全符合传统的现实主义安全学说，因此并不新鲜。而美国当前的政策超越了经典的现实主义（基辛格或布热津斯基的风格），加强了新保守主义智库所描述的军事实力和道德政策。这一表述抓住了新保守主义的精髓，即军事力量以及将其用于道德使命的义务，以按照美国价值观改变世界，其中首先是自由。

将这种意识形态结构称为"新保守主义"，很难恰如其分地描述它。其是一种激进的革命主义。新保守主义，或好战的自由意志主义和孤立主义，无论这些典型的美国学说看起来多么不同，都对将国家利益纳入国际合作和集体安全持怀疑态度。在"9·11"事件发生之前，单边主义只是美国内部的一种意识形态潮流。在美国看来，多边主义的问题涉及合法性和有效性之间的现实平衡，而后者始终是优先考虑的问题。单边主义占了上风，这也表明美国的区域主义立场，而区域主义始终服从于国家利益。《北美自由贸易协定》和亚太经合组织支持东南亚地区合作等，都体现了这一点。所有这些都可以用具体的、可理解的国家利益来解释：《北美自由贸易协定》是一项全球主义政策；亚太经合组织是亚太地区霸权控制的工具，其对东南亚区域合作的支持是反恐斗争的一部分。

欧盟还将自己在解决冲突和发展邻国关系方面的经验应用于整个世界。美国当然也是如此。两种不同的权力，强硬的和文明的，彼此面对。在欧洲奏效的做法最终可能会被证明具有更广泛的意义。值得注意的是，美国和欧盟的差异并不表示欧洲与美国不同的民族心态，而是构成了双方所持的对比鲜明的世界秩序原则。因此，我们有理由期待共存，无论这种共存是否令人不安。美国国内现在仍有人呼吁回归多边主义：美国及其主要地区伙伴必须开始为美国主导下的区域秩序做好准备。这种转变将使欧洲和美国走得更近，但它不会消除多区域主义模式和区域大国全球协调模式之间的差异。

世界一体化的当前阶段向我们展示了两个辩证的、相互制约、内在对立的过程：全球化和区域化。全球化是一种普遍现象，反映了各国在解决共同问题上日益增强的相互依附性，也反映了国际法与国内法之间的密切关系。参与者利用善意的可持续区域一体化系统发挥协调作用，这使不同的国家能够在全球一级表现为一个统一的结构，以保护它们的共同利益。

对区域主义的研究是在寻找一个移动的目标，即使这给我们留下了一个复杂的本体论问题。"区域"这个概念本身仍然极其模糊，只有在谈论有关边界的、政治控制的领土，以及在全球化和区域化的背景下，相关研究才有意义。回顾过去，无论出发点是联邦制、功能主义还是新功能主义，其理念都是通过超越旧有的逻辑，找到制度化的永久国际合作形式来实现和平。最近的辩论更多是由国家边界的侵蚀和如何在旧有的逻辑之外找到另一种秩序的紧迫问题引起的。新功能主义是三种具有理论野心的早期方法中的唯一一种在区域主义（或区域一体化这一更受欢迎的概念）出现之前就被摒弃了的。因此，在冷战结束和全球化开始的背景下，应该看到对区域主义的新一波兴趣。换句话说，现在的挑战是，在没有太多理论可供借鉴的情况下，将一个迅速出现的经验现象理论化。

区域主义最初主要被解释为一种贸易安排，但很快人们就清楚地看到，这种新趋势超越了贸易，进入了货币政策、发展战略、安全与环境保护领域，更不用说最重要的合作或提供区域公共产品的领域了。因此，区域合作成为除了政府外的许多行为者的舞台，并且，由于区域合作日益增强的凝聚力（区域性）及其日益增强的行动能力（行为者），区域合作本身正成为一个重要的行为者，具有塑造世界秩序的潜力。因此，区域间主义现象必须得到进一步理论化。我们需要知道这是世界社会的一种普遍趋势，还是只是欧盟世界观的一种投射。

即使没有一个完全区域化的世界（多区域主义），区域化进程也必定会以这样或那样的方式对未来的世界秩序产生影响。当前的全球主义意识形态主张一种特殊形式的全球化，即新自由主义经济全球化。然而，将全球化等同于新自由主义是一种简单化。其他政治内容原则上应该是可能的，事实上，正在出现一场关于全球化政治内容的形态的斗争。区域主义无疑会影响全球化的性质。例如，较强的区域将根据各自区域的政治趋势以不同的方式塑造世界秩序的形式和内容，这些趋势可能改变方向，从而改变构建世界秩序的先决条件。从理论的视角出发，区域主义、区域间主义以及最终的多区域主义的未来，在很大程度上取决于以欧盟和美国为代表的两种截然不同的世界秩序模式之间斗争的结果。由于这些差异，我们可以假设欧盟对世界秩序的看法与美国不同，欧盟的世界秩序模式也会不同。

新冠肺炎疫情大流行造成了近年来最严重的全球经济崩溃，这主要是因为疫情防控措施的措施（例如，隔离、待在家里和社会距离政策）导致经济活动急剧停止。在这方面，国家间的协调是有效防控疫情和促进经济复苏的重要手段。疫情防控措施对各国和各区域造成两类负面经济影响。[①]第一，国内流动限制所产生的直接影响，这严重打击了该国的许多部门的发展，不只包括医院，娱乐业、银行、股票市场和教育行业也不例外。第

---

① Manuel Chicaa, Juan M. Hernández, Francisco C. Santos, "Cooperation Dynamics under Pandemic Risks and Heterogeneous Economic Interdependence," *Chaos, Solitons and Fractals* 155（2022）.

二，由国家间贸易和金融联系引起的间接影响，它使一国的限制措施实施产生的后果在经济上"传染"到与之有联系的国家。间接影响的一个例子是旅游依赖国的旅行限制，这给目的地国家造成严重的经济损失。在国际供应链中还发现了其他由疫情导致的后果。出口导向型国家受到进口国需求不足的影响，同时，中国等一些国家的供应中断也造成了进口国的投入短缺和通胀压力。此外，一些地区的联系模式受到其他地区采取的保持社会距离政策的影响。所有这些现象都源于国家之间的经济相互依赖。此外，疫情防控措施对所有国家和区域的经济影响并不相同。许多依赖旅游业的小岛屿国家，如马尔代夫、斐济和巴哈马，也经历了类似的经济后果。在欧洲，西班牙因新冠肺炎疫情而产生经济损失，GDP下降了约10%，与德国的经济损失相同。[①] 这些证据表明，实施防控措施导致的经济后果具有明显的异质性。在全球疫情的影响下，为适应新的全球变化，还需要探索新的区域合作模式来应对发展方面的挑战。

[①] 《2020年西班牙GDP下降10.8%》，海外网，2021年4月12日，https：//baijiahao.baidu.com/s? id=1696818748191510049&wfr=spider&for=pc。

第二编 历史逻辑：相关实例分析

第四章
硕果累累的实例：东盟

第一节　东盟的发展历程与成就

东盟作为东南亚国家的主要经济联合体，在其成立之初是不被看好的，而今天东盟的发展成就是全球人民有目共睹的。实践是检验真理的唯一标准，实践再一次证明区域合作对东盟各国十分重要，不是任何言语或评论能够影响的，东盟各国通过自身的不断努力和探索获得这一联合体今天的发展与繁荣。

（一）东盟建立的初衷

东盟，全称是"东南亚国家联盟"（Association of Southeast Asian Nations，ASEAN），成立于1967年。1967年8月8日，印度尼西亚、马来西亚、菲律宾、新加坡和泰国五个国家的外交部长在泰国曼谷外交部大楼的主厅里坐下来，签署了一份文件，即《曼谷宣言》。根据这份文件，东盟诞生了。当时的成员只有印度尼西亚、马来西亚、菲律宾、新加坡和泰国五国，随着文莱、越南、老挝、柬埔寨和缅甸的加入，形成了面积达到450万平方公里、人口6.55亿、GDP超3万亿美元的10国经济集团。东盟10国都是中小国家，印度尼西亚是东盟里GDP最高的国家，以2019年的数据为参考，其GDP达到1.12万亿美元，占整个东盟的35%左右，也是东盟里唯一一个GDP超过1万亿美元的国家。同时，印度尼西亚也是东盟中人口最多的国家，有2.67亿的人口，占东盟总人口的41%，在全球各国的人口排名中也是排在第四位的。① 在东盟刚刚成立的时候，东南亚的这些国家的经济体量都是比较小的，如何在东亚复杂的局势和多变的政治环境中生存和发展是东南亚多数国家共同的担忧。东南亚各国以联合的方式应对内外部威胁也是各国政治家智慧的体现，他们成立联盟的初衷可以从以下几个方面来概括。

东盟成立的初衷之一：通过建立国家间的协调机制来解决东盟内部的纷争问题。在当时冲突不断的大背景下，东南亚国家拥有远见卓识的政治家们提出建立东南亚国家共同体。当泰国在印度尼西亚、菲律宾和马来西亚之间就某些争端进行调解时，这4个国家意识到，区域合作的时机已经到来，否则该区域的未来将仍不确定。印度尼西亚的外交部长亚当·马利克（Adam Malik）指出，除非采取果断的集体行动，以防止区域内冲突的爆发，否则东南亚国家仍将容易受到相互操纵的影响。回顾这一历史进程，泰国的塔纳特·霍曼在三个争论者的和解宴会上提出了与亚当·马利克建立一个区域合作组织的想法。马利克毫不犹豫地同意了，但要求留有一定的时间与政府对话，并在对峙结束后恢复与马来西亚的关系。与此同时，泰国外交部起草了该新组织的章程草案。在几个月之内，一切都准备好了，泰国邀请马来西亚、菲律宾、印度尼西亚等国的外长到曼谷参加会议。此外，新加坡还派时任外交部长拉贾拉特南（S. Rajaratnam）到曼谷商谈加入新组织的事宜。1967年8月初，5名外交部长在曼谷东南不到100公里的沿海城镇邦盛（Bang Saen）的一个相对隔绝的海滩度假胜地待了4天。他们在那里以一种非正式的方式就草案进行了谈判，他们后来高兴地把这种谈判方式称为"运动衫外交"。然而，这绝不是一个简单的过程，因为每一个人都提出了与其他任何人都不相似的历史和政治观点。他们经常挤在谈判桌旁，通过友善和幽默的方式解决分歧，这种商议风格最终成为东盟部长级会议的传统。现在，他们的签名整齐地附在《东盟宣言》（ASEAN Declaration）上，该宣言也被称为《曼谷宣言》（Bangkok Declaration）。签署《曼谷宣言》之前的冗长谈判，真正耗费了5位与会部长的诚意、想象力、耐心和理解。

---

① 《东盟第1名！2019年，印尼GDP实际增长5.02%，GDP约1.12万亿美元》，新浪财经，2020年2月10日，https：//baijiahao.baidu.com/s?id=1658157786096711514&wfr=spider&for=pc。

尽管遇到各种困难，但东盟还是成立了，这为区域合作打下了坚实的基础。塔纳特·霍曼认为是一种强烈的紧迫感促使部长们克服了所有困难。在越南战争发生的时候，他说东南亚国家别无选择，只能顺应时代的需要，走向更紧密的合作，甚至一体化。在那一充满不确性的时期，有各种力量集结起来，威胁东南亚各国的生存。亚当·马利克说，部长们都为实现东盟的理念而共同努力，为建立一个新的区域合作联盟而从速行事。

东盟成立的初衷之二：摆脱东南亚国家经济发展面临的困局，提升总体实力。塔纳特·霍曼说：东南亚每一个国家都在追求自己有限的目标，在各国的相互冲突中浪费其微薄的资源，这使它们没有能力实现增长并对发达工业国家产生严重依赖。因此，东盟可以通过更实质性的联合行动，挖掘这一富裕地区尚未开发的潜力。塔纳特·霍曼表示，在东南亚国家阻止外界剥夺其自由和主权的企图的同时，其也要使自己摆脱疾病和饥饿等物质性障碍。这些国家中的每一个都不能单独实现这一目标，但通过与具有相同愿望的国家进行联合和合作，这些目标就比较容易实现。拉贾拉特南是新加坡首任外交部长，他指出，如果东盟要成功，那么它的成员国就必须将国家思维与区域思维结合起来。拉贾拉特南说："我们现在必须从两个层面来思考。第一，我们不仅必须考虑我们的国家利益，而且必须把它们与区域利益对立起来，这是思考我们问题的一种新方式。这是两件不同的事情，有时它们会发生冲突。第二，我们必须接受一个事实，即区域主义意味着要对我们各自国家的这些做法和思想进行痛苦的调整。我们必须做出这些痛苦而艰难的调整。如果我们不这样做，那么区域主义仍然无法实现。"[1]

东盟成立的初衷之三：东南亚国家为实现自主自立政治愿望的尝试性努力。亚当·马利克描述了印尼对东南亚的愿景：东南亚将发展成为一个能够自立的地区，强大到可以抵御来自其他地区的任何负面影响。他强调，考虑到区域内各国的自然资源和人力资源，如果各国能有效合作，将实现区域经济实力的提升。他提到了成员国之间的观点分歧，这些分歧将通过各成员国最大程度的善意和理解、信念和现实主义思维加以克服。马

---

[1]《关于东盟》，东盟主要门户网站，https://asean.org/the-founding-of-asean/。

来西亚的代表强调，该地区各国应认识到，除非它们承担起塑造自己命运的共同责任，并防止外来干涉，否则东南亚将继续面临充满危险和紧张的局势。敦·阿卜杜勒·拉扎克（Tun Abdul Razak）表示，"我们东南亚国家和人民必须团结起来，为我们的地区形成一个新的视角和新的框架。更为重要的是，我们应该深刻地认识到，东南亚任何孤立的国家和民族都不可能长期生存，除非我们一起思考和行动，用行动证明我们属于一个大家庭，东南亚国家只能捆绑在一起，友好亲善和充满理想地去塑造我们自己的命运"[1]。

拉贾拉特南表达了对东盟的建立会被误解的担忧。他称："我们不反对任何事情，不反对任何人。"在东南亚，就像在欧洲和世界上的任何地方一样，外部大国有着既得利益。他说："我们希望确保一个稳定的东南亚，而不是一个分裂的东南亚。那些对东南亚的稳定、繁荣以及形成更好的经济和社会条件真正感兴趣的国家，将欢迎小国聚集在一起，集中它们的集体资源和集体智慧，为世界和平做出贡献。"《曼谷宣言》宣布，该联盟允许东南亚地区赞同上述目标、原则和宗旨的所有国家参加。东盟的包容性前景不仅在东南亚，而且在多个政府间组织共存的亚太地区，为共同体建设铺平了道路。[2]

（二）东盟的曲折发展

东盟本着平等与合作的伙伴精神，通过共同努力，推动了东南亚地区的经济增长、社会进步和文化发展，为建设繁荣和平的东南亚国家共同体奠定了基础。东盟在政治、经济、社会、科技和文化领域共同关心的问题上促进积极协作和互助，更有效地促进农业、工业和贸易部门的进一步发展，改善交通和通信设施，提高东盟各国人民的生活水平。对于东盟的成立能否使区域问题得到解决，其在实际的运行中又会经历怎样的考验，东盟方式的运行能否给东盟国家带来福祉，有很多研究文献。

---

[1] ASEAN Main Portal, "The Founding of ASEAN (Part 2)," https：//asean.org/the-founding-of-asean/the-founding-of-asean-part-2/.

[2] ASEAN Main Portal, "The Founding of ASEAN (Part 2)," https：//asean.org/the-founding-of-asean/the-founding-of-asean-part-2/.

1. 东盟国家之间的领土争端考验东盟的内部协调能力

东南亚国家之间的领土争端很多，其中比较有代表性的是印度尼西亚与马来西亚的岛屿之争、菲律宾与马来西亚的沙巴主权之争。从安全困境的类型来看，东南亚国家内部由领土争端引起的安全困境大多属于典型的"体系引导型安全困境"。

印度尼西亚与马来西亚的岛屿争端。在过去几十年中印度尼西亚与马来西亚两国一直存在着领土争端，争端的核心是安巴拉特（Ambalat）海域的主权。安巴拉特海域位于印尼东加里曼丹省以东、马来西亚沙巴州岸外，属苏拉威西海的一部分，海底蕴藏丰富的石油和天然气资源。两国的争端愈演愈烈，2002年海牙国际法庭将西巴丹岛和利吉坦岛两岛判归马来西亚，但未能就苏拉威西海领海权做出裁决，双方都宣称拥有该海域的主权。除了西巴丹岛和利吉坦岛外，处于两国边境地区的12个岛屿的主权未明确归属，未来双方仍然存在发生争端的可能性。印度尼西亚和马来西亚都宣称拥有这一海域的主权，双方争端不断，曾发生军舰对峙事件，该海域已成为两国争夺的焦点。2015年6月18日，印度尼西亚和马来西亚因安巴拉特海域石油开发矛盾再次发生争端，一度出现了两国关系史上少见的军事对峙。随后，两国外长举行会晤，同意以外交手段解决争端，形势才得以缓和。近年来，两国为强化对该海域的掌控，持续升级本国的海空力量，在争议海域增加海上武装力量，升级空军基地，领土争端随时有可能升级。

菲律宾与马来西亚的沙巴主权之争。沙巴位于加里曼丹岛北部，北接菲律宾南部的苏禄群岛地区，南部与印度尼西亚接壤。出于历史与殖民的原因，沙巴几经易手，但是沙巴的归属问题一直都没有解决，为两国日后的领土争端留下隐患。菲律宾和马来西亚相继摆脱殖民统治后，1963年马来西亚独立，沙巴并入马来西亚，马来西亚政府延续当初北婆罗洲公司的做法，向苏禄苏丹后裔象征性地支付"租金"，每年向其支付5300林吉特（约合1600美元）。菲律宾曾放弃对沙巴的主权要求，菲律宾南部苏禄地区的苏禄苏丹及其继承人却并没有放弃对沙巴的主权追讨，苏禄苏丹认为支付租金就说明沙巴还属于苏禄国。经过苏禄苏丹与菲律宾政府的反复交涉，菲律宾于2011年声明，为了国家的安全和利益，菲律宾仍要保留对沙巴主权的声索权。但是马来西亚并不这样认为，其认为其支付的是转让金而非租金，当年的苏禄苏丹已把沙巴74000平方公里的土地割让给英国殖民者，这些土地后来由马来西亚合法继承。苏禄苏丹后裔无法通过法律途径解决领土争端，于2013年2月12日采取武装行动，数百名自称菲律宾"苏禄苏丹国卫队"的武装分子，从菲律宾南部乘快艇抵达马来西亚沙巴州索要土地，被马来西亚警方包围，双方持续对峙。在经过两星期谈判不果后，双方爆发武力冲突，马来西亚警方造成"苏禄苏丹国卫队"数十人伤亡，马来西亚警察多人殉职。2017年4月，菲律宾和马来西亚之间的领土争端有升级之势。马来西亚政府称，马警方与疑似侵入该国沙巴州的菲律宾部落武装分子爆发枪战，5名马来西亚警察和3名菲律宾部落武装分子死亡。双方在沙巴州另一地区的冲突中又造成14人死亡。沙巴州现在处于马来西亚的行政管辖下，菲律宾想拿回沙巴主权并非易事。

东南亚国家之间的领土争端因殖民历史而复杂混乱，造成地区冲突不断。东盟成立的最初目的就是解决区域安全问题，而成员国间的领土争端对东盟的特殊的内部机制和原则——"东盟方式"提出了重大的挑战。不干涉内政原则是东盟一直坚持的原则，也是东盟参与解决地区领土争端时坚持的原则。[①] "东盟方式"以不干涉内政原则、非正式原则以及协商一致原则等为核心，这使东盟在面对成员国之间复杂的领土争端时显得软弱无力，东南亚国家之间的领土争端终将成为东盟内部协调机制的最大考验。

2. 亚洲金融危机对东盟的严重冲击

1997年3月2日，索罗斯等攻击泰国的外汇市场，引起泰国国内的挤兑风潮，挤垮银行56家，泰铢迅速贬值60%，股票市场也狂泻70%。1997年7月2日，泰国政府被迫宣布放弃固定汇率制，实行浮动汇率制，由此引发了一场遍及东南亚的金融风暴。当天，泰铢兑换美元的汇率就下降了17%，致使外汇及其他金融市场一片混乱。在泰铢汇率波动的影响下，菲律宾比索、印度尼西亚盾、马来西亚林吉特相继成为国际炒家的攻击对象。1997年的下半年，日本也出现了连锁反应，一系列银行和证券公

[①] 韦祎：《以马来西亚与菲律宾沙巴争端为视角透视"东盟方式"在解决领土争端中的作用》，《东南亚纵横》2016年第5期，第20~23页。

司相继破产。东南亚金融风暴逐渐演变成为亚洲金融危机。[①]

二战后，美国作为资本主义头号强国，以强大的经济后盾为支撑，在亚太地区建立起资本主义的统一战线，韩国、日本和中国台湾直至东南亚各国，都成为美国的经济附庸。这助推了亚洲一些国家在经济领域的飞速发展。20世纪70年代，东南亚一些国家的经济迅猛发展，增长率超过5%，被誉为全球经济增长最快的地区。这些国家消灭了域内的大量贫困，是"亚洲奇迹"的重要组成部分。保持较快的经济增长速度是发展中国家的共同愿望，当高速增长的条件变得不够充足时，为了继续保持这样的发展速度，这些国家转向举借外债，以此来保持所谓的经济高速增长。但由于经济发展的不顺利，到20世纪90年代中期，亚洲有些国家已不具备还债的能力。在东南亚国家，房地产导致的泡沫换来的只是银行贷款的坏账和呆账，一旦企业状况不佳，不良资产立即膨胀。例如，泰国在本国金融体系没有理顺之前，就于1992年取消了对资本市场的管制，使短期资金的流动畅通无阻，为外国炒家炒泰铢提供了条件。1997年的金融风暴把一路高歌的东南亚带向了一个万户萧疏的时代。1998年东南亚国家的经济呈现负增长，面临严重的经济衰退，银行倒闭、金融业崩溃导致了经济瘫痪。同时，经济衰退也激化了国内矛盾，东南亚金融危机期间，印度尼西亚、马来西亚等国社会动荡，人心涣散，秩序混乱。在野党、反对党纷纷指责执政党，泰国的政府被推翻了，印度尼西亚的苏哈托政府被推翻了。这场二战后最严重的金融危机，使东盟30年的经济成果毁于一旦。东盟的经济发展一落千丈，货币币值大幅度下降，地区资本大量外流，主要股指大幅下跌，市场急剧萎缩，内部分歧不断，协调能力被极大削弱，国际地位及影响力受到了重创。印度尼西亚是东盟的核心国家，金融危机使其货币贬值高达80%，有8000万人成为穷人，社会处于持续动乱，苏哈托被迫下台。[②] 东盟失去了核心领导，处于内忧外患之中，凝聚力减弱，内部分歧也逐渐增多。一些国家遭受危机的困扰，其他东盟成员国袖手旁观，这使东盟在国

---

① 《亚洲金融危机的导火线——泰铢》，央视网，2011年2月17日，http://jingji.cntv.cn/20110217/100871.shtm。
② 《1997～1998年东南亚金融危机历史回顾（一）》，豆瓣，2020年3月2日，http://www.360doc.com/content/20/0302/22/38459067_896276292.shtml。

际外交事务中的影响力急速下降。面对这场金融危机，东盟各国没能采取统一行动，而是"大难临头各自飞"，依靠国际组织和其他国家的援助应对危机，由此暴露了东盟的团结协作能力和整体凝聚力的羸弱，其还不能应对区域大规模的内外部危机。①

3. 团结一致应对区域外部威胁的考验

金融危机之后，东南亚各国总体经济平稳增长，地区政治局势相对稳定，东盟国家在外交上采取大国平衡战略，为地区整体利益的提升提供保障。但因东南亚地区深受大国势力的影响，地区安全局势复杂多变，地区秩序建构中域外力量的介入，使本已焦灼的秩序之争变得错综复杂，大国博弈成为区域秩序建构的重要阻碍，增加了秩序建构的难度。美国对外政策的转向和中美关系的演变都会给东南亚的安全局势增添许多变数，为该地区政治、经济和安全局势带来更多的不确定性。

随着新冠肺炎疫情导致美国影响力的下降和新兴大国的崛起，东南亚和世界的形势正在发生巨大变化，在此背景下，围绕东南亚地区秩序的建构，在区域内部也出现了新一轮的战略博弈。

东盟是区域合作中不可忽视的力量，东盟利用自身共同体的优势，力争在区域化进程中担当主导角色，避免被边缘化。美国政府重新调整区域和全球秩序造成的不确定性使东盟国家在外交活动中更加谨慎。东盟各国积极推动以东盟为中心的区域化进程，发展多边关系，在中美日各东亚势力之间推行平衡战略，以维护自身作为东亚一极的地位。在区域安全方面，东盟在区域安全的建构上体现出自主性，平衡地区大国的影响力，努力在东亚安全领域发挥积极协调的作用。例如，2018年东盟防长会议签署联合宣言，宣布采纳"军机空中相遇行为准则"，并加快推进"南海行为准则"磋商，为维护地区安全构建法律框架。② 东盟与中国的关系不断紧密，是中国在南海处理地区热点问题的重要支持力量。但同时，美日同盟借助自身优势拉拢东盟及其内部成员采取对华制衡战略，中国与东盟之间的合作未来将更加复杂。东盟在外交上采取大国平衡战略，争取担当在外

---

① 陆建人、周小兵：《亚洲金融危机对东盟的影响》，《世界经济》1999年第9期，第42页。
② 《亚太区应尽快建立新安全机制》，联合早报网，2018年10月27日，http://www.unzbw.com/mon/keji/20181027/50534.html。

交事务中具有地区核心地位的领导角色。东盟国家深刻认识到经济实力和政治影响力的重要性，对其自身的共同体建设事业充满积极性。首先，虽然东盟有很多成员国，但它的整体实力不如中国、日本和美国，它也不愿意在大国之间"选边站"，从而影响自身的凝聚力，因此建立共同体是其最佳选择。东盟实力的增长，就有助于其推进共同体的建设。其次，东盟是东亚地区相对完善的一个地区共同体，它也一直为这一身份而感到骄傲，通过自身的不断充实和发展来维护自身作为东亚一极的地位是其一直努力实现的目标。

东盟近几年的飞速发展使其在国际政治舞台上发挥的作用越来越大，政治影响力不断提升，区域内部的凝聚力不断增强，东盟在成员国心目中的地位也更加稳固。

（三）东盟取得的成就

1. 经济实力的迅猛提升

东盟 10 国通过捆绑的方式，实现经济的互补式增长，以此来摆脱区域经济的分裂与资源浪费。东盟各国的自然资源非常丰富，区域联合的方式为东盟经济的腾飞提供了物质基础，尤其是东盟共同体建设的成就，使东盟成为区域共同体建设的范例，并以共同体为依托实现经济实力与国际影响力的双提升，成为东亚区域的新生力量。东盟于 2002 年建成东盟自由贸易区，并在 2003 年的东盟峰会上提出在 2020 年建成东盟共同体的目标。但是 2015 年底东盟共同体就宣布成立，东盟的规划大跨步地提前完成，这增强了东盟国家在地区发展上的自信。东盟成立的目标和宗旨是实现经济增长、社会进步和文化发展，并在实践中逐渐通过政治与经济方面的合作来维护地区和平与发展繁荣。2016 年，第 27 届东盟峰会提出《东盟经济共同体 2025 蓝图》，强调消除成员国之间的贸易壁垒，实现基础设施的"互联互通"。在全球区域经济一体化快步发展的大环境下，东盟根据自身发展的内部需求对经济领域的贸易合作不断推进，不仅建设多个 10+1 自由贸易区，而且东盟中的个别成员国也积极建设与非成员国之间的双边和多边自由贸易区。通过不断发展，东盟作为一个政治、经济、文化共同体为东南亚国家的国际地位提升和地区发展做出重要且积极的贡献。2003

年，中国与东盟由"面向21世纪的睦邻互信伙伴关系"提升为"面向和平与繁荣的战略伙伴关系"；2010年，顺利建成中国—东盟自由贸易区；2016年7月，打造中国—东盟自贸区升级版，中国与东盟国家的贸易关系发展态势良好，双方实现了互利共赢。截至2017年，中国和东盟的贸易额达5148亿美元，较上年增长了13.8%。① 中国是东盟的第一大贸易伙伴，东盟是中国的第三大贸易伙伴。2015年，中国与东盟发表《中国—东盟产能合作联合声明》，携手开展互联互通项目。2017年11月底举行的东盟峰会上，东盟承诺将通过实现《东盟互联互通总体规划2025》与"一带一路"倡议的对接，与中国共同推进区域经济一体化与中国—东盟命运共同体建设。

2019年，中国与东盟的经济往来更上一层楼，贸易额达到6415亿美元，增长达9.2%，快于中国对外贸易平均增速，在中国前三大贸易伙伴欧盟、东盟和美国中，与东盟的贸易成为增速最快的板块，在中国对外贸易中的占比上升。② 2019年12月，东盟秘书处在年度《东盟融合报告》中指出，在东盟2015年建成的经济共同体即将进入第5年（2020）之际，东盟以3万亿美元的体量跃升为全球第五大经济体，较2015年上升两位。东盟对外贸易大幅增长，贸易规模达2.8万亿美元，较2015年增长了23.9%；吸引外国直接投资规模达1547亿美元，较2015年增长了30.4%。2019年东盟10国的经济增速均低于2018年：经济增长在7%以上的是越南、柬埔寨、老挝、缅甸、菲律宾的经济增长为6%~6.9%，而马来西亚、印尼的增长为5%~5.9%，泰国、文莱的增长较低，为1%~3%，新加坡则增长0.7%。③ 由此我们可以看出，东盟对多数成员国经济的提振作用还是可圈可点的。

2. 政治影响力的不断增强

东盟继续推进内部各成员国的合作，通过凝聚力的提升来扩大对地区

---

① 《中国与东盟贸易额突破5000亿美元 创历史新高》，证券时报官方账号，2018年1月26日，https://baijiahao.baidu.com/s? id=1590665684297500314&wfr=spider&for=pc。
② 许宁宁：《2019年东盟经济发展特点》，环球网，2020年1月25日，https://finance.huanqiu.com/article/3wlNNrm9nKq。
③ 中国—东盟商务理事会网站，http://www.china-aseanbusiness.org.cn/index.php? m=content&c=index&a=show&catid=7&id=33。

政治的影响。截至 2020 年，东盟积极落实《东盟一体化倡议第三份工作计划》和《东盟互联互通总体规划 2025》，继续完善东盟共同体建设，以共同体建设来进一步增强东盟内部的凝聚力，努力实现到 2030 年成为世界第四大经济体的目标。在东盟政治安全合作、经济合作、社会文化合作这三大支柱建设中，经济合作是东盟各国最大的利益关切。东盟成员国纷纷采取应对不利因素、力促经济增长的举措，加强基础设施建设，不断扩大内需，完善经济条件，甚至以央行降息来刺激经济增长，积极推进智慧城市建设和发展数字经济。同时，东盟也继续坚持在区域合作中发挥积极的中心作用。2019 年，东盟在与中国积极开展经济合作的同时，与其他有关国家和地区分别达成了多项合作共识，促进经贸投资关系的不断加强。例如，东盟与韩国召开了领导人会议，同日本签署了《关于互联互通的联合声明》，与欧盟商议将双方关系提升为战略伙伴关系，与印度促进在海洋及信息技术等领域的合作。东盟将继续采取优惠政策来积极吸引投资，实施国际贸易多元化。新加坡、越南先后与欧盟签署自贸协定，新加坡与欧亚经济联盟、印尼与韩国先后签署自贸协定。东盟将继续实施内外互促发展规划，以加强东盟内部建设为基础来发展和加强对外关系，以东盟整体实力的提升来拓展国际影响，使之反过来进一步增进东盟内部的团结与合作。近年来，东盟提出了"东盟印太展望"计划，该计划使东盟逐步构建成为连接太平洋和印度洋合作的"桥梁"，东盟有信心将这一"展望"进一步充实。

3. 社会和文化的日趋向好

2015 年 12 月 31 日建成的东盟社会文化共同体（ASEAN Socio-Cultural Community，ASCC）是东盟共同体三大支柱之一。东盟社会文化共同体的宗旨是充分发挥东盟人民的潜力。2015 年 11 月 22 日，东盟领导人在马来西亚吉隆坡举行的第 27 届东盟峰会上通过了《东盟社会文化共同体蓝图 2025》。东盟社会文化共同体致力于为实现东盟人民的利益建立一个坚定的、负责任的社会共同体，一个促进高质量生活、人人享有平等机会、促进和保护人权的包容性共同体，一个具有适应和应对社会和经济脆弱性、灾害、气候变化和其他新挑战的能力和能力增强得有韧性的社区，一个充满活力和和谐的社区，一个为自己的身份、文化和传统感到自豪的共同体。为此，成员国正在广泛领域开展合作，包括文化艺术、信息和媒体、教育、青年、体育、社会福利和发展、性别、妇女和儿童权利、灾害管理、人道主义援助和卫生领域。针对其中的许多问题，如人力资本发展、社会保护、流行病应对、人道主义援助、绿色就业和循环经济，东盟实行跨部门合作。2017 年 11 月 13 日，东盟领导人在马尼拉举行的第 31 届东盟峰会上通过了《东盟预防文化宣言》，旨在建立一个和平、包容、有韧性、健康和和谐的社会。为此，东盟成立了预防文化工作组（CoP），以确保《东盟预防文化宣言》的实施。东盟共同体的建立加强了东盟国家之间的内部交流、东盟的经济流通与社会文化融通和共同发展，域内各国人民的幸福感也大幅提升。文化和艺术部门将东盟多样的文化和传统视为重要驱动力，文化艺术合作是经济增长和可持续发展的引擎，是社会凝聚和变革的基石，是地区自豪感的来源，也是域内各国建立更密切友谊的工具。东盟还认识到，有必要使东盟进程更加贴近人民，以充分实现以人民为中心的目标。为了实现这一目标，行政部门正在制作一份月刊，即《东盟杂志》，重点介绍该工作。《东盟杂志》旨在成为一个向东盟人民介绍重要问题的平台，介绍以培养技能和培养东盟共同体意识为重点的东盟活动。该杂志的第一期名为"东盟"（The ASEAN），于 2020 年 5 月出版。除了月刊外，东盟还出版了以选定主题为重点的特刊。为了更好地适应数字信息时代，信息部门正在采取具体步骤，以提高东盟公民的信息和媒体素养技能，制定了针对东盟社会不同阶层的政策和项目倡议，以使东盟人民在信息方面更有洞察力。教育是东盟各国人民生活中的一股强大的变革力量。因此，建立包容和优质的教育是该地区可持续发展的关键。优质教育带来更好的健康成果、更高的社会资本、和平和性别平等的社会，以及提供体面的工作机会。青年约占东盟总人口的 1/3，是有史以来人数最多的东盟青年群体。到 2038 年，该地区的青年人口预计将达到峰值，超过 2.2 亿人。① 东盟青年是该地区未来的领导人、变革者和影响者，他们既是该地区的财富，也是未来的希望，东盟需要为其提供有意义的机会，使其就对

---

① "ASEAN Socio-Cultural Community," https：//asean.org/our-communities/asean-socio-cultural-community/.

他们生活有直接影响的政策发表意见。东盟通过青年交流、青年领导计划、青年志愿服务计划以及技能培训和社会创业计划，支持该地区的青年发展；鼓励东盟青年与东盟领导人和高级官员接触，通过各种平台就与他们有关的问题发表意见。尽管新冠肺炎疫情带来了不确定性和挑战，但东盟仍继续努力应对疫情的社会经济影响，并推动创造疫情后东盟地区复兴的机遇。

第二节　中国—东盟区域合作的新进展

2021年是中国—东盟建立对话关系30周年。在30周年圆满收官之际，中国外交部发布了《中国—东盟合作事实与数据：1991—2021》[①]，旨在全面记述双方关系发展的历程和过去30年中国—东盟关系发展所取得的丰硕成果，为未来合作提供启迪。在中国与东盟发展的30年里，中国和东盟关系也取得了实质性进展，双方睦邻友好关系不断深入，战略伙伴关系不断提升。

（一）中国—东盟的经济合作

中国与东盟的经济合作正在进入多层次、宽领域、全方位的深入发展阶段，经济合作关系全面提升，这为中国—东盟命运共同体的建立奠定了基础。1967年8月《曼谷宣言》的发表标志着东南亚国家联盟正式建立，在其此后的发展壮大过程中，逐渐形成由东南亚10个国家组成的国家联盟，其成为东亚地区具备区域性组织的一般特征的政府间组织。东盟成立的主要目标是以平等协作共促地区繁荣发展，以集体身份进行对外交往，增强东南亚国家的总体实力和地区影响力。东盟在20世纪末亚洲金融危机发生前经济增长迅速，但金融危机使东南亚国家经济遭受重创，直至2002年东盟国家才逐渐走出阴影。其在进行经济一体化的过程中又遭遇2008年全球金融危机，中国对东盟国家鼎力相助，使东盟国家顺利度过危机。2008年全球金融危机后，全球经济低迷、复苏乏力，区域经济一体化成为

[①]《外交部：中国东盟建立对话关系30年 面临新的发展机遇》，网易网，2022年1月7日，https://www.163.com/dy/article/GT4LF7F70514R9OJ.html。

东亚经济发展的路径选择。2010年中国—东盟自贸区建成，中国和东盟在经贸、社会交往和地区事务方面的合作不断扩大，双方互惠互利关系迈向新高度。用数据能够更好地说明中国和东盟之间的密切合作：根据中国商务部的统计，2019年，中国与东盟的贸易额达6414.6亿美元，同比增长9.2%。其中，中国向东盟出口3594.2亿美元，较上年增长了12.7%；中国从东盟进口2820.4亿美元，增长了15.0%。中国连续11年成为东盟第一大贸易伙伴；东盟上升为中国第二大贸易伙伴，仅次于欧盟。截至2019年12月底，中国与东盟双向投资额累计达2369.1亿美元，其中中国对东盟累计投资额为1123亿美元，东盟对中国累计投资额为1246.1亿美元。双向投资的存量都保持了大幅度的增长。2019年中国对东盟的非金融类直接投资额为93.9亿美元，同比下降7.0%；同时东盟对华投资78.8亿美元，同比增长37.7%，大大高于2018年12.5%的增速。2019年，东盟连续两年成为中国第二大对外投资目的地。东盟是中国第三大投资来源地，仅次于中国香港特别行政区和英属维尔京群岛。中国在东盟设立直接投资企业达4000余家，雇用当地员工30多万人；2017年双向人员往来近5000万人次，双方互派留学生超过20万人；中国在东盟国家设立了6个文化中心、33个孔子学院、35个孔子课堂。[①] 中国与东盟的自贸区建设，从逐步降低关税到实现农产品零关税，从简单的投资设厂发展到更深入的开放合作。中国经济的高速发展以及中国巨大的消费市场，使东盟认识到，与中国进行经济合作能够使其获得更大的经济增长动力和更广阔的市场。在世界经济缓慢复苏、贸易壁垒和保护主义存在的背景下，中国—东盟自贸区升级谈判完成。2017年9月，中国与东盟的双向投资额累计超过1850亿美元，这给双方带来了实实在在的利益，双方双向投资成为全球经贸与投资增长的新亮点。仅2020年1~9月，中国与东盟的贸易额达4818.1亿美元，同比增长5.0%。其中，中国对东盟出口2670.9亿美元，同比增长4.9%；自东盟进口2147.2亿美元，同比增长5.1%。越南、马来西亚、泰国为中国在东盟的前三大贸易伙伴。2020年1~9月，中国对东盟全行业直

---

① 《东博会助推中国—东盟迈向更紧密命运共同体》，人民网，2018年9月13日，http://world.people.com.cn/n1/2018/0913/c1002-30292034.html。

接投资 107.2 亿美元，同比增长 76.6%，其中前三大投资目的国为新加坡、印尼、老挝。2020 年 1～9 月，东盟对华实际投资额为 54.7 亿美元，同比增长 6.6%，其中前三大投资来源国为新加坡、泰国、马来西亚。[1]

"一带一路"倡议的实施使中国与东盟的经贸合作更加紧密。中国商务部的数据显示，2018 年上半年，中国与东盟的贸易额比上年同期增长近 20%，在中国的贸易伙伴中增速最快。东南亚国家与中国"一带一路"区域合作紧密度的指数为 61.52，仅次于东北亚地区，居于第二位。[2] 中国目前是东盟的第一大贸易伙伴、第三大外国直接投资来源国和重要的外国游客来源地。双方努力深化经贸联系，促进互联互通。2018 年 9 月，在第 15 届中国—东盟博览会上，东盟国家领导人对双方长期的经贸合作成果予以高度评价。2018 年是"中国—东盟创新年"，以创新引领经济增长，成为双方的共同关注点，[3] 双方在共同关心的领域探讨科技创新合作，包括抓住数字经济和技术创新的机遇，应对潜在的新技术挑战，在电信、电子商务和智慧城市发展等领域实现创新驱动发展。中国—东盟博览会进一步发挥对接"一带一路"倡议和《东盟共同体愿景 2025》的独特优势，推动"五通"落到实处。[4] 2018 年 11 月，《中国—东盟战略伙伴关系 2030 年愿景》达成，这一愿景包括构建以政治安全合作、经济合作、人文交流三大支柱为主线，以多领域合作为支撑的合作新框架，为打造更加紧密的中国—东盟命运共同体奠定基础。中国成为第一个与东盟就中长期关系发展做出远景规划的对话伙伴国，这一努力的成功充分证明了东盟国家对中国的信任与信心。以"中国—东盟创新年"为契机，双方推动"一带一路"倡议和《东盟互联互通总体规划 2025》深入对接，在夯实传统领域合作的

---

[1]《2020 年中国—东盟经贸合作简况》，中华人民共和国商务部网站，2021 年 1 月 25 日，http：//asean.mofcom.gov.cn/article/o/r/202101/20210103033653.shtml。
[2] 国家信息中心"一带一路"大数据中心：《"一带一路"大数据报告（2017）》，商务印书馆，2017，第 9 页。
[3]《东盟国家领导人：中国与东盟合作惠及世界》，《中国经济周刊》2018 年 9 月 24 日，第 68 页。
[4] 卢羡婷：《中国—东盟合作助推"一带一路"建设》，中国一带一路网，2017 年 9 月 17 日，https：//www.yidaiyilu.gov.cn/xwzx/gnxw/28278.htm。

同时，进一步对接发展战略，打造务实合作"提质版"。① 2019 年 10 月，中国—东盟自贸区升级《议定书》全面生效。双方经贸投资往来日益密切，建立了发展中国家间最大的自由贸易区。1991 年到 2020 年，双方贸易额从 79.6 亿美元跃升至 6846 亿美元，扩大了 85 倍。2020 年，东盟成为中国第一大贸易伙伴，形成中国同东盟互为第一大贸易伙伴的良好格局。中国—东盟经贸合作给 11 国 20 多亿民众带来了实实在在的利益，受到各国人民的热烈欢迎，成为区域合作的典范。②

中国外交部发言人汪文斌指出，中国与东盟合作 30 年来，双方始终坚持相互尊重、合作共赢、守望相助、包容互鉴的原则，走出一条睦邻友好、合作共赢的正确发展道路，逐步为迈向日益紧密的命运共同体而努力。2021 年 11 月下旬，习近平主席和东盟国家领导人共同出席中国—东盟建立对话关系 30 周年纪念峰会，深入总结中国—东盟关系发展的重要成就与宝贵经验，并正式宣布建立全面战略伙伴关系，共同实现双方关系新的跨越。为了应对新冠肺炎疫情，习近平主席还宣布，中国将再向东盟国家提供 1.5 亿剂新冠疫苗的无偿援助，向东盟抗疫基金追加 500 万美元。同时，中国将向东盟提供 1000 项先进适用技术，在未来 5 年力争从东盟进口 1500 亿美元农产品，并愿在未来 3 年再向东盟提供 15 亿美元发展援助资金，帮助东盟国家抗疫和恢复经济。③

中国和东盟的合作经过多年的积淀，实现了多个领域蓬勃发展的良好局面，进一步促进东亚区域经济一体化，为区域民众生活带来普惠性福祉。2021 年 11 月，《区域全面经济伙伴关系协定》（RCEP）的 15 个成员国（含中国和东盟 10 国）结束全部文本谈判。2022 年 1 月 1 日，《区域全面经济伙伴关系协定》（RCEP）生效实施。随着中国同东盟各国的全方位合作持续深化，中国—东盟关系面临新的发展机遇。中国外交部发言人汪文斌表示，中方愿意同东盟一道，以 30 周年纪念峰会重要共识为指引，进

---

① 黄溪连：《构建更紧密的中国—东盟命运共同体》，人民网，2018 年 8 月 2 日，http://paper.people.com.cn/rmrb/html/2018-08/02/nw.D110000renmrb_20180802_2-03.htm。
② 《2020 年中国—东盟经贸合作简况》，中华人民共和国商务部网站，2021 年 1 月 25 日，http://asean.mofcom.gov.cn/article/o/r/202101/20210103033653.shtml。
③ 《习近平在中国—东盟建立对话关系 30 周年纪念峰会上的讲话（全文）》，新华社，2021 年 11 月 22 日，https://baijiahao.baidu.com/s?id=1717099268322773496&wfr=spider&for=pc。

一步加强发展战略对接，携手共建高质量的"一带一路"，推动全球发展倡议落到实处，加强国际和地区事务协作与合作，全面深化利益融合与民心相通，携手共建美好家园，为促进地区和平、稳定与繁荣做出新的贡献。①

新冠肺炎疫情席卷全球后，中国与东盟的经贸往来也受到很大的影响，经济一度低迷，但危机催动新领域的快速增长，数字经济在全球疫情的大背景下成为经济复苏的新动力。2022年1月，首届中国—东盟网红大会暨"福建品牌海丝行"在福州举行。中国与东盟国家的政府官员、外交使节、专家学者等出席这场盛会，共同作为"中国—东盟文化传播使者"为促进中国和东盟的数字经济合作与发展建言献策。福建作为电子商务发展的热土，目前已经形成了富有特色的电商产业集群，已经建成的垂直电商平台和网上交易市场超过150个，仅2021年福建的网上零售额就突破8000亿元，比2020年增长近30%，总量位居全国前列。福建电商起步较早，发展很快，特色也比较鲜明，2021年福建电商直播场次跃居全国第四位，成绩十分显著。福建已经培育了石狮青创城等一批产业电商直播基地，涌现了安踏、九牧等一大批直播网红产品。福建也创新了自己的品牌，如福建制造福字号系列产品，这已经成为跨境电商市场上的热销品类，越来越多的共建"一带一路"国家成为福建丝路电商合作伙伴。印尼驻华大使周浩黎在致辞中说："我在来中国前曾经常驻过很多国家，先后被派驻过纽约、莫斯科、海牙和日内瓦等地，但我从来没有见过任何一个国家，像中国网红的力量这么强大。"周浩黎大使认为现在东盟和中国的网红普遍年纪都比较轻，年轻人扮演着越来越重要的角色，并不仅仅在促进东盟和中国的发展上，他们同时也承担着作为维护世界和平的先锋力量的重要使命。在当今新媒体时代，"网红"备受广大民众的关注，他们在促进不同国家民众相互认知方面发挥着独特且不可替代的作用。我们身处的时代和面临的新冠肺炎疫情导致的国际不利形势，需要"网红"来讲述更多中国同东盟各国普通民众的点滴生活、友好交往和心灵交流，传递更

---

① 《外交部：中国东盟建立对话关系30年 面临新的发展机遇》，网易网，2022年1月7日，https://www.163.com/dy/article/GT4LF7F70514R9OJ.html。

多巩固和促进双方民心相通的正能量。中国驻东盟使团临时代办蒋勤表示，中国的网民数量超过10亿人，东盟的网民数量约5亿人，中国与东盟都进入了高效快捷的数字时代。我们很高兴地看到，中国与东盟在数字领域的合作持续向好。双方加快推进数字基础设施建设，推动智慧城市的创新发展，促进电子商务合作。蒋勤称，时势造英雄，网络红人正在数字时代的舞台上熠熠生辉，发挥着独特且重要的作用。首届中国—东盟网红大会的举办为双方增进交流和沟通提供了一个新的重要平台，中国与东盟也在应对危机的实践中走出了创新合作的新路。①

（二）中国—东盟的安全合作

2021年中国与东盟的关系有了实质性的进展，经济合作的溢出效应开始在政治安全和人文交流领域逐步彰显，推动中国—东盟命运共同体的建设。中国与东盟的关系已进入全面发展的新阶段，双方以经贸为主导的合作开始呈现经贸与政治、外交的多引擎驱动态势，在世界上其他地区，很难看到这样一种共同发展的景象。② 中国—东盟关系由成长期进入成熟期，双方携手迈入提质升级的新时代。"东盟是对中国有着特别重要意义的近地缘区域"③，从中国—东盟自贸区到战略伙伴关系的建立，表明中国非常重视与东南亚国家关系的建构，对东南亚地区有着较为清晰的区域战略考虑。2009年第14届东盟峰会上，《东盟政治安全共同体蓝图》被通过，东盟政治安全共同体建设成为一个具体的政策目标，成为东盟共同体建设的一个重要组成部分。东盟国家在区域安全方面的重任是要把东盟建成一个团结、和平、稳定和有活力的区域安全共同体。

东南亚国家在安全上面临的形势更加复杂，不仅有成员国之间的领土争端、宗教冲突，还有恐怖主义、跨国犯罪、海难营救等外部挑战，传统安全与非传统安全威胁相互交织，恐怖主义与宗教矛盾相互影响，东盟地

---

① 《数字经济赋能中国—东盟加速经济复苏》，人民网，2022年1月14日，http://world.people.com.cn/n1/2022/0114/c1002-32331536.html。
② 《社评：中国与东盟刷新地区合作图景》，环球网，2018年11月14日，http://opinion.huanqiu.com/editorial/2018-11/13539870.html。
③ 张蕴岭：《在理想与现实之间——我对东亚合作的研究、参与和思考》，中国社会科学出版社，2015，第231页。

区安全问题成为东盟共同体建设的巨大挑战。在传统安全问题尚未解决的情况下,在东亚的非传统安全威胁不断上升。恐怖主义全球蔓延,东亚也不能幸免,跨国犯罪、海盗横行、海难、网络安全问题及自然灾害等非传统安全威胁也开始影响东亚国家的区域稳定与经济收益。中亚和南亚是遭受恐怖袭击较为严重的地区,这些地区的恐怖势力正在向东南亚流动,形成跨区域网络化联结的趋势,使反恐的形势越发复杂。由巴拉望岛、加里曼丹岛、苏拉威西岛和棉兰老岛环绕的海域构成了菲律宾、马来西亚和印度尼西亚之间的边界。在这一海域,存在许多犯罪活动:毒品走私、贩卖人口和枪支。据美国国土安全部的数据以及中国中科院2016年5月发布的一项研究,21世纪初以来东南亚地区的恐怖袭击事件,比20世纪后40年的数量翻了三番。[①] 东南亚地区还有许多重要的海运航道,恐怖组织对航运安全造成严重威胁,2018年上半年东南亚海域中发生较多抢劫事件的国家是越南、印度尼西亚和菲律宾。印度尼西亚政治、法律和安全事务协调部门呼吁与菲律宾和马来西亚进行船舶护送和联合巡逻,以避免造成"一个新的索马里"。[②] 只有通过国内和国际合作伙伴共同协作,进行分享情报、监视和侦察活动,促进邻国之间共同开展安全合作,才能实现对区域安全的治理,形成更具凝聚力和稳定性的区域海上安全环境。

东南亚国家是中国的重要邻邦,中国与东盟一直致力于在安全领域进行合作,共同维护区域安全与稳定。2002年,中国和东盟国家签署《南海各方行为宣言》,启动了中国—东盟的反恐合作,加强了东盟在打击海盗与反恐等非传统安全领域的安全能力建设。2003年,中国加入《东南亚友好合作条约》。2011年湄公河惨案发生后,在中国的倡导下,中老缅泰四国创造性地建立起澜沧江—湄公河国际航运安全执法合作机制。该合作机制成立至今为沿岸群众挽回经济损失近1.5亿元,有效保障了湄公河国际航运安全。2017年12月28日,在云南省昆明市举行澜沧江—湄公河综合

[①] 《纪赟:东南亚恐怖主义的内外根源》,联合早报网,2017年10月2日,http://www.zaobao.com/forum/views/opinion/story20171002-799760。

[②] Conor Cronin, "Southeast Asia from Scott Circle: The Overlooked Gap in the Southeast Asia Maritime Security Initiative," *CSIS*, April 28, 2016, https://www.csis.org/analysis/southeast-asia-scott-circle-overlooked-gap-southeast-asia-maritime-security-initiative.

执法安全合作中心启动仪式,这标志着澜沧江—湄公河流域第一个综合性执法安全合作政府间国际组织正式启动运行,为区域安全保驾护航。2014年,在中国—东盟外长会后的记者会上,王毅部长表示中方赞成并倡导中国与东盟国家共同维护南海安全的"双轨思路",坚决反对域外势力插手南海争端。2016年7月,中国和东盟就南海问题发表联合声明,呼吁各方在国际法准则的基础上,由直接相关方谈判解决争端。① 2017年5月,中国与东盟10国共同审议通过了"南海行为准则"的框架协议。在2017年1月发布的《中国的亚太安全合作政策》白皮书中,中国再次确认东盟在周边外交中的重要地位,支持东盟在区域合作中扮演中心角色。中国与东盟进行的区域合作完全尊重和维护东盟作为区域合作主导者的地位,其目标是共同努力促进中国与东盟经济的共同繁荣,所以中国与东盟的合作是平等、互利、双赢的。中国与东盟在发展经济的同时加强彼此的交流与信任,为区域发展营造更加和谐的地区环境。中国通过长期不懈的努力,用心经营中国与东盟的长期友谊与合作,打消了东盟国家对中国崛起的疑虑,增进彼此的互信,使中国与东盟在安全领域的合作也迈入了实质化阶段。2018年8月初,在中国—东盟外长会上,中国与东盟就"南海行为准则"达成了共识,双方进入实质性的文案磋商阶段,这是中国与东盟各国通过协商和共同努力获得的胜利果实,这"标志着南海形势的发展进入了一个新的阶段"②。这是中国一直进行的外交努力的成果,虽然在未来某段时期仍可能出现阶段性和局部性的动荡,但中国将借助已形成的南海战略优势,继续引领南海局势向好向稳发展。2017年10月,中国与东盟举行海上联合搜救演练,共同防范和应对各种安全挑战,双方在海运安全、海事救援、打击恐怖主义等方面的合作卓有成效。2018年10月,中国—东盟"海上联演—2018"海上实兵演练举行,这是中国首次与东盟开展海上联演,拓展了中国和东盟的军事交流和安全合作。2018年11月迎来了

---

① 韦红、颜欣:《中国-东盟合作与南海地区和谐海洋秩序的构建》,《南洋问题研究》2017年第3期,第6页;《中国和东盟国家外交部长关于全面有效落实〈南海各方行为宣言〉的联合声明》,中华人民共和国驻捷克共和国大使馆网站,2016年7月25日,http://www.fmprc.gov.cn/ce/cecz/chn/zgyw/t1384157.htm。
② 吴士存:《规则与秩序建设:南海形势演变新格局》,中国南海研究院,2018年9月10日,http://www.nanhai.org.cn/review_c/329.html。

《中国—东盟战略伙伴关系2030年愿景》的达成，这一愿景以政治安全合作、经济合作、人文交流三大支柱为主线①，这说明中国与东盟的合作在以经济为主导的合作进程中又增加了政治安全与人文交流方面的合作，这是中国与东盟的合作得到实质性提升的重要标志。2019年，中国与东盟积极落实双方共识，防务安全合作成果丰硕，双方继续坚持互利合作，举行两次海上联合演习，组织首次防务智库交流，共创双赢发展格局；坚持真诚相待，首次举行中青年军官友好交流活动，厚植友谊土壤；坚持和平共处，有效管控分歧，积极推进合作，共同维护地区和平发展稳定的大局。

东南亚安全合作机制虽然远未成熟，容易受到政治因素的影响，但已有的安全合作机制为区域安全问题的处理提供了沟通与协商的平台，对区域安全问题的解决和危机管控起到了积极的作用。东南亚地区存在领土争端与复杂的历史纠葛，在安全合作方面的进程缓慢势所必然，安全合作虽历经波折但总体方向还是不断前进的。从区域总体安全框架的层次看，东南亚地区现有的官方安全合作机制有东盟10+3机制、东盟地区论坛（ARF）和东盟防长扩大会议（ADMM+）等。东盟10+3机制是东南亚合作的主渠道，经历了两次金融危机后，该合作机制的发展已较为成熟。东盟地区论坛是该地区规模最大、影响最广的官方多边政治和安全对话与合作平台，在救灾、反恐与打击跨国犯罪、海上安全、防扩散与裁军等非传统安全合作方面成果丰硕。东盟防长扩大会议（10+8）是亚太地区重要的多边安全合作机制，自2010年成立以来，在人道主义援助和救灾、海上安全、军事医学、反恐、维和和人道主义扫雷行动等领域开展了卓有成效的务实合作。东盟防长扩大会议是在东盟防长会议（ADMM）的基础上建立起来的东亚区域国家（10+8）国防部长之间的直接对话机制，是地区安全架构的重要组成部分，对整个东亚地区的安全合作具有重要意义。东南亚的官方合作机制还有东盟10+机制、东盟政治安全共同体、东盟防长会议和东盟外长会议等。东南亚的官方合作机制体现了东盟的努力，东盟一直致力于建立以东盟为核心的地区安全合作机制。东盟希望通过大国承诺而

---

① 谢美华、赵青：《中国和东盟通过"2030年愿景"》，中国一带一路网，2018年11月16日，https://www.yidaiyilu.gov.cn/xwzx/gnxw/71856.htm。

非相互制衡与竞争来保障地区安全，这体现在东盟让域外大国加入东盟主导的条约机制，形成东盟10+机制，以促使大国按条约规定承诺保障地区和平与安全。2015年，东盟实现了东盟共同体战略构想，《东盟政治安全共同体蓝图》所设定的具体目标和行动计划得到基本落实。东盟政治安全共同体的建设成就令人鼓舞，它已经具备了法人资格，完善了相关机构，制定了行为规范，强化了东盟意识，并在非传统安全合作方面取得实质性成就。[1] 东盟外长扩大会议是在东盟外长会议结束之后东盟外长集体与重要的伙伴国外长举行的会谈，其目的主要是通过对话获得伙伴国对东盟政治上的支持与理解，希望通过对话保障东南亚的力量平衡与地区安全。

东南亚地区的安全合作机制较为庞杂，有区域整体层面的，也有以美国、东盟为核心的，还有东南亚各国之间、国家与集团之间的双边和小多边合作机制。从效用来看，针对某些单一问题的双边和小多边合作机制发挥的作用较区域整体层面的合作机制的更为突出。东盟并不限制成员国之间、成员国与域外国家之间建立双边和小多边安全合作机制，这些针对单一问题的解决而建立的安全合作机制对解决区域中一些非传统安全问题也是效果显著的，这些问题主要集中在边境安全、跨国犯罪、联合反恐、边境海域安全巡逻等方面。[2] 东南亚国家的实力较弱，在应对地区安全问题时需要其他国家的支持，由东盟防长会议决定与域外国家防务机构互动的领域和层次，其侧重于务实合作。[3] 东亚地区的安全合作机制体现了大国博弈的特征，导致安全合作机制的建立明显带有对抗性与制衡性。现有安全合作机制的运行为东南亚安全合作机制创造两大安全环境基础。一方面，各种安全合作机制的运行及其取得的积极成果为区域各国凝聚了以平等协商方式处理地区冲突的重要共识，这是东南亚已有的合作机制对区域安全的重要贡献，也是尽管东南亚如此矛盾重重，但其几近战火边缘的地区危机得到和平解决的重要支撑。另一方面，建立多年的区域安全合作机

---

[1] 王勤主编《东南亚地区发展报告（2014~2015）》，社会科学文献出版社，2015，第18~39页。

[2] 韦红：《东盟安全观与东南亚地区安全合作机制》，《华中师范大学学报》（人文社会科学版）2015年第6期，第30页。

[3] "ASEAN Defence Ministers Meeting（ADMM）Retreat and Handover," November 11, 2021, https://asean.org/asean-political-security-community/asean-defence-ministers-meeting-admm/.

制在一定程度上促进东南亚各国增加了互信，尽管这种互信的程度仍然十分有限。在区域热点问题上，地区大国能从区域总体的安全稳定的大前提出发，有效控制彼此之间的冲突强度与影响，对彼此的红线或底线都有最基本的了解，确信以协商的方式能解决冲突而非动用武力。

当前，中国和东盟的发展都步入了新阶段。中国将一如既往地支持东盟共同体建设，支持东盟在区域合作中的中心地位和主导作用。面对世界百年未有之大变局，中国与东盟都意识到应顺势而为，常态化地开展各层级防务合作与交流，继续举行海上联合演习，尽快建立防务直通电话，深化人道主义救援与减灾方面的积极合作，携手维护地区安全与稳定，为推动构建更为紧密的中国—东盟命运共同体积累积极因素。2021年是中国—东盟建立对话关系30周年，双方不断深化各层级和各领域的对话合作，建立了包括领导人、部长、高官在内的完整对话协商与合作机制，举行了24次领导人会议和两次领导人特别会议或纪念峰会，建立了12个部长级会议机制和多个部门高官会议机制。中国—东盟合作已成为亚太区域合作中最为成功和最具活力的典范之一。中国与东盟将继续合力推动多层次、宽领域的合作新框架，在全球疫情危机的大背景下进一步加强中国—东盟命运共同体的建设。

（三）中国—东盟的人文交流

自1991年中国与东盟开启对话进程以来，中国与东盟的人文交流与合作持续发展，逐步迈上新台阶。2004年11月，中国与东盟签署了《落实中国—东盟面向和平与繁荣的战略伙伴关系联合宣言的行动计划（2005-2010）》，就积极开展合作做出初步规划。中国与东盟的人文交流合作也蓬勃发展，双方以部长级会议、论坛研讨、文明对话、艺术展演、人员培训、主题年等形式开展合作与交流，增进了对彼此文化的了解和欣赏，加深了双方友谊。中国与东盟10国还在教育领域签署了交流合作协议，与印度尼西亚、泰国、马来西亚、菲律宾、越南等国签署了学历学位互认协议。中国与东盟互派留学生人数超过20万人，同时中国高校开设了东盟10国官方语言专业，东盟国家建有38所孔子学院（截至2019年11月），双方增进了彼此的文化交流与认同。从2008年至2019年，中国—东盟教育交流周已经连续举办12届，逐渐发展成为中国与东盟国家教育合作和人文交流领域的重要平台。① 自 2006 年至 2019 年，中国—东盟文化论坛已成功举办 14 届，在文化产业、文化遗产、公共服务、艺术创作、艺术教育等领域拓展了对话与合作空间。在东盟国家，中国—东盟博览会、"欢乐春节"、"美丽中国"等品牌深受欢迎，"中文热"在东盟持续升温。

媒体是信息传播的媒介，是促进人文交流、增进民心相通的重要桥梁和纽带。媒体领域的交流合作是中国—东盟关系的重要组成部分，双方媒体在传播信息、增进了解、深化友谊、释疑解惑、促进文明交流互鉴方面都扮演着重要角色，在推进中国—东盟关系发展上始终发挥着不可替代的作用。中国与东盟于 2007 年 5 月在印度尼西亚首都雅加达首次召开新闻部长会议，标志着中国与东盟的新闻合作机制的正式建立。2008 年 4 月，中国—东盟广播电视高峰论坛在中国北京举行，论坛通过并发表了《北京声明》，就广电领域的交流与合作做出规划。2008 年 10 月，双方共同签署了《中国与东盟新闻媒体合作谅解备忘录》，明确建立信息传媒领域的长期合作框架。2015 年，中国发布《推动共建丝绸之路经济带和 21 世纪海上丝绸之路的愿景与行动》，把媒体合作列为与东盟各国等共建"一带一路"的重要内容。2017 年 8 月，双方将"信息媒体"增列为中国—东盟中心的第六大重点工作领域。2018 年 5 月，双方举办首届中国—东盟媒体合作论坛。2019 年是"中国—东盟媒体交流年"，双方在第 22 次中国—东盟领导人会议期间共同发表《深化中国—东盟媒体交流合作的联合声明》，为未来媒体合作规划了新路径。

2020 年，在全球新冠肺炎疫情的背景下，中国与东盟围绕双方优先合作领域和"中国—东盟数字经济合作年"主题活动，积极推动媒体合作取得新进展，主要活动包括：举办中国—东盟媒体智库云论坛、中国—东盟融媒体论坛和"决胜全面小康社会 共享中国脱贫方案——东盟媒体看中国脱贫攻坚"云论坛。10 月，双方举办中国—东盟媒体合作论坛。11 月，双方举办中国—东盟电视周和中国—东盟短视频大赛，在这期间举办中国—东盟视听传播峰会。2020 年 11 月，双方在签署的《落实中国—东盟

---

① 《2019 中国—东盟教育交流周：深化务实合作 共享发展成果》，新华网，2019 年 7 月 13 日，http://m.xinhuanet.com/gz/2019-07/13/c_1124748451.htm。

面向和平与繁荣的战略伙伴关系联合宣言行动计划（2021—2025）》中，对未来一段时期的媒体交流做出新的指引和规划。

中国和东盟媒体全面开展深度交流与密切合作，已形成多渠道、多层面、多样化的良好沟通局面。双方通过中国—东盟新闻部长会议、东盟与中日韩新闻部长会议、中国—东盟媒体合作高级别会议等机制，加强政策沟通，制订合作规划；通过举办中国—东盟媒体合作高层研讨会、中国—东盟媒体合作论坛、中国—东盟媒体高峰论坛等活动，巩固和开拓可持续发展合作网络，引领媒体领域创新发展。2021年是中国—东盟建立对话关系30周年，也是"中国—东盟可持续发展合作年"。中国和东盟媒体认真落实双方领导人达成的重要共识，围绕疫情背景下双方关系发展的需要和优先合作领域，紧扣年度主题，聚焦媒体发展新趋势，进一步深化合作交流，讲好双方共促和平、共谋发展的故事，增进互学互鉴和民心相通，为推动中国—东盟战略伙伴关系发展做出新的贡献。[①]

中国与东盟互为彼此重要的旅游客源国和目的地，双方人员往来频繁。据统计，2019年双方人员往来突破6000万人次，平均每周约4500个航班往返于中国和东盟国家之间。[②] 中方着手打造"中国—东盟菁英奖学金"人文交流旗舰项目，开展"未来之桥"中国—东盟青年领导人千人研修计划，实施"中国—东盟健康丝绸之路人才培养项目（2020—2022）"，计划为东盟培养1000名卫生行政人员和专业技术人员。2020年，新冠肺炎疫情发生之后，东盟与中国开展了积极合作，在地区层面共同应对疫情。中国国家卫生健康委员会每天通过东盟秘书处向东盟卫生部门分享重要信息和最新情况。这些信息随后通过东盟与中日韩（10+3）卫生合作机制与东盟成员国以及日本和韩国的高级别卫生官员共享。同样，当其他国家发现新冠肺炎病例或最新情况时，相关信息也会通过10+3卫生合作机制与各方共享。中国政府还通过10+3机制广泛参与有关视频会议，同与会各方交流本国最新疫情信息，重申共同应对疫情的合作战略和优先事

---

① 《中国—东盟媒体合作概况（2021年1月更新）》，中国—东盟中心网站，2021年1月5日，http://www.asean-china-center.org/asean/dmzx/2021-01/5971.html。
② 《中国—东盟经贸合作取得重大成果》，金财在线，2022年10月13日，https://www.jincai100.com/show/53595.html。

项,并与东盟公共卫生应急行动中心网络就中国开展的流行病学研究、病例临床管理等进行交流。相关视频会议分享了关于诊断、治疗、传播风险和流行病学研究的技术准则,以及疫情响应举措的优先需求与不足。中国向东盟国家提供了口罩、防护装备、基本药物和检测试剂盒等众多宝贵物资。东盟国家为中国与东盟和地区国家在卫生领域长期开展合作而感到鼓舞,这有助于增强地区各国在应对公共卫生突发事件上的准备和响应能力。中国与东盟需要通过开放、信任和透明的方式深化合作,从而实现共同发展。不论种族、宗教如何,都不应妨碍或削弱国际社会为挽救生命所做的共同努力。东盟同中国加强在公共卫生领域的合作,必将进一步深化双方的互利共赢。

2021年是中国—东盟建立对话关系30周年,在30周年纪念峰会上,双方领导人正式宣布建立中国—东盟全面战略伙伴关系。2021年12月27日,中国—东盟文化旅游活动周在湖南长沙开幕,活动周以"共建'一带一路',共赢可持续发展"为主题,旨在进一步密切中国和东盟在文化和旅游领域的合作,促进中国和东盟国家文化交流互鉴。双方希望在新冠肺炎疫情防控常态化的国际大背景下,继续团结协作,互学互鉴,共同克服疫情对文化和旅游行业的冲击,打造中国—东盟文化和旅游合作亮点,为构建更加紧密的中国—东盟命运共同体注入更多动力。

第三节 东盟区域合作面临的主要挑战与机遇

东盟在区域合作中经历了很多磨难与挑战,而未来东盟的进步能给地区的发展带来更多的利益。在区域主义日渐盛行的全球化进程中,东南亚各国的合作趋势必然加强,对于如何应对区域合作的挑战,继续保持东盟经济发展的良好势头,实现区域合作的安全与稳定,东盟还需适时抓住机遇,更谨慎地采取措施。

(一)东盟区域合作面临的域外挑战

1. 东亚秩序建构的内部纷争

随着美国国力的下降和新兴大国的崛起,东亚和世界的形势正在发生巨大的调整和变化，在此背景下，围绕东亚秩序的建构，在区域内部也出现了新一轮的战略博弈。特朗普当政时期废除了奥巴马政府的亚太再平衡战略，并宣布退出《跨太平洋伙伴关系协定》，推行美国的利益高于一切的政策。拜登上任后，在东亚的秩序建构上表现得更为慎重与成熟，对特朗普执政时期的东亚政策有所调整和完善，东亚出现的权力真空使区域各国对推进有利于本国的东亚秩序建构跃跃欲试。同时，各国力量的博弈对东亚秩序的建构必然产生重要影响。

中国作为地区大国，随着国家力量的增长，对区域合作与未来发展进行了全面的战略规划。东亚的安全是中国国家安全的重要支撑，东亚未来的发展对中国的发展会产生直接且重要的影响。中国长期以来推行"亲、诚、惠、容"的周边外交理念，并致力于通过积极的外交努力，争取以友好协商的方式来和平解决朝核、南海等问题，增进东亚邻国对中国的信任，并促使其将中国视为维护东亚区域安全的中坚力量。中国正在通过"一带一路"倡议和"亚投行"等区域公共产品带动区域各国取得共赢式发展，在发展壮大的同时"惠及"周边，与周边国家建构"周边命运共同体"，致力于建立共享和平、发展、繁荣的东亚新秩序。

日本对东亚的战略投入一直持续，20世纪70~80年代，以日本为核心的"雁行模式"创造了亚洲经济发展的奇迹。在相当长的一段时期内，日本的发展在亚洲首屈一指，亚洲很多国家以日本模式来发展本国的政治和经济。日本也曾多次尝试建立符合本国利益的东亚经济秩序，但东亚的金融危机使日本的金融模式名誉扫地，使日本无法充当东亚的领导者成为不争的事实。日本曾经提出的"东亚共同体"构想因美国的强烈反对而胎死腹中。后来，为了夺取东亚的主导权，日本借助美日同盟压制中国，并在东亚域内培育日本的支持力量，阻碍有利于中国的东亚秩序的形成。中国在区域合作中力推10+3机制为东亚核心，日本反复阻挠，并力推10+6机制和RCEP为区域发展的主要平台。

东盟也是区域合作中不可忽视的力量，东盟利用自身共同体的优势，力争在区域化进程中担当主导角色，避免被边缘化。美国政府重新调整区域和全球政策造成的不确定性使东盟国家在外交活动中更加谨慎。东盟各国积极推动以东盟为中心的区域合作进程，发展多边关系，在中美日各种东亚势力之间推行平衡战略，以维护自身作为东亚一极的地位。

综上所述，东亚各国围绕地区主导权的争夺日渐激烈，力量对比没有绝对区分之前，这种争斗不会停止。

2. 东亚秩序建构的域外势力介入

东亚秩序建构中域外力量的介入，使本已焦灼的秩序之争变得错综复杂。大国博弈成为区域秩序建构的重要阻碍，增加了秩序建构的难度。东亚一直是二战后国际政治的焦点地区之一，包括美国、日本和印度在内的国家对中国的发展及其在该地区日益增长的影响力均保持高度警惕。它们在该地区开展了很多外交活动，试图在中国和东盟国家之间设置壁垒。[①] 东亚秩序建构的主要障碍是国际秩序本身及其主要推动者和捍卫者的力量及其连贯性活动。中国力量虽有所增强，但不得不面对军事和经济实力雄厚的世界超级大国以及一些因联盟或共同战略利益而联系在一起的非常强大的地区大国——日本、印度、韩国和澳大利亚的压制。美国从奥巴马在任期间就已经逐渐认识到东亚问题的解决绝非美国一力可以为之，重在多边力量的建构。[②] 因此，美国近年来特别注重在东亚通过构建并扩大同盟体系来发挥其作为东亚秩序的主要保证人的作用，尤其是在军事和战略领域。美国积极构建"美日印澳"四国机制，形成"印太战略"，抵制中国在地区秩序建构上发挥作用，维护其在东亚安全领域的主导权。东盟也因居于"印太战略"的中心位置而备受美国的关注，美国正极力拉拢东盟加入"美日印澳"四国机制，构建完美的对华遏制战略。政治学家威廉·沃尔福斯（William Wohlforth）曾经描述过单极秩序固有的稳定性：地区大国试图挑战现状，"惊恐的邻居"就转向遥远的美国来寻求安全保障。当然，当前这种竞争性框架在东南亚遭到了冷遇，各国不愿意以二元方式看待区域动态，并且当它们觉得自己被迫"选边站"时，往往会积极采取对冲策略，而这可能会使东亚秩序的建构内外受阻。

3. 南海问题

南海为中国主要的地缘政治利益之一，中国拥有完全且合法的权益要

---

① 高扬：《地区权力再平衡中国与东盟面临五大挑战》，盘古智库，2017年10月8日，http://www.pangoal.cn/news_x.php?id=3222&pid=10。
② 孙学峰、刘若楠等：《东亚安全秩序与中国周边政策转型》，社会科学文献出版社，2017，第103页。

求和利益主张,① 但南海问题正在随着美国亚洲政策的调整而发生改变。美国对南海的积极介入将使南海形势面临诸多风险与挑战。

4. 中美在东南亚区域的"二元"博弈

中国的实力与美国日益接近是否必将会引发冲突,甚至使中美陷入"修昔底德陷阱",在很大程度上要看美国对中国崛起的认知及其对中国崛起的应对方式。美国对崛起大国的共同特征的认知是,其都对现有秩序不满,边际让步不能满足它们对改变现有秩序的权力的获取需求。因此,冲突不可避免。② 至于中美关系未来走向是否如约翰·米尔斯海默在进攻性现实主义的扛鼎之作《大国政治的悲剧》中所断言的那样悲观,还取决于两国彼此认知和应对方式的理性磨合。当然,改变认知和改变应对方式都需要非常漫长的时间历程,2021 年成为中美关系的转折点,中美之间的战略博弈进入僵持状态,虽然在贸易方面没有遏制住中国,但美国在其他领域继续采取行动,不断减缓中国的发展速度。

美国在东南亚的传统优势和中国在南海的地缘利益在短期内没有办法调和,这是东盟国家在区域发展中面临的主要障碍。对东盟来说,任何一方都和东盟国家的切实利益密切相关,任何一个国家还都在地区发展中举足轻重,东盟国家的战略选择事关东盟未来的发展,确实是一道不好得分的必答题。

(二)东盟区域合作面临的域内挑战

1. 中国与东南亚国家的领土争端

中国与东南亚国家的领土争端主要指南海争端,南海争端发展到今天已经超越了领土划界这一单一问题,承载了、航道安全、大国博弈与区域稳定等诸多因素,甚至成为国家政权合法性与否和区域主导权更迭的风向标。伴随亚洲经济地位的提升,能源与贸易的运输安全成为各国关注的焦

---

① 《美学者:特朗普正在"帮"中国赢得南海胜利》,《国际先驱导报》2018 年 10 月 12 日,http://column.cankaoxiaoxi.com/2018/1012/2337862.shtml。
② Robert Kagan, "Backing into World War-Ⅲ Russia China Trump Obama," *Foreign Policy*, February 6, 2017, https://foreignpolicy.com/2017/02/06/backing-into-world-war-iii-russia-china-trump-obama/。

点。南海是国际海运最繁忙的交通通道之一，且南沙诸岛更是太平洋到印度洋的航道要冲，南海地区海上交通线因此成为东亚发展的命脉。据统计，每年仅南海地区的石油运输量就是苏伊士运河的 5 倍、巴拿马运河的 15 倍。对于中、日、韩 90% 的能源进口，南海为必经之路，如此重要的地缘战略价值使南海成为大国博弈的必争之地。[①] 由于南海作为东西航运的主航道的地缘战略地位，南海争端就不仅仅是领土划界问题了，日本、美国及其盟友都卷入南海争端，各种势力为争夺各自的优先利益使南海局势暗流涌动。尤其是中国提出"21 世纪海上丝绸之路"倡议之后，南海是中国联系东南亚、南亚、非洲及欧洲地区的重要海上通道，对中国未来的发展意义重大。美国为了制衡中国，军舰频频出现在南海上，宣示其所谓的"航行自由"权利，增加南海安全局势的复杂性与尖锐性。一时间，中国与东南亚国家就南海问题陷入"安全困境"。

南海安全困境极具特殊性，即经历了从"体系引导型安全困境"到"国家引导型安全困境"的演变历程，并兼具两种安全困境的特性，因此，应对这种安全困境的难度可想而知。中国作为地区大国和南海争端当事国，一直主张以和平谈判的方式解决南海争端，中国也本着这样的精神同一些邻国通过双边协商和谈判，公正、合理、友好和平地解决领土划界问题。中国与东南亚国家作为南海地区领土争端的直接相关方，与其他域外大国相比，有着更为重要且重大的利益关切，这是无法否认的客观现实。中国与菲律宾、越南、文莱等南海争端当事国通过务实合作、凝聚共识，在 2018 年共同携手维护了南海地区的和平稳定，为双边解决南海问题创造良机。这也充分证明了中国与东盟通过共同努力是可以依靠自己的力量实现地区稳定的。而反观美国等域外大国，在南海的作为却是要"撕裂"南海，不惜牺牲地区的安全利益来对抗中国，使南海的摩擦与危机不断攀升。2001 年的中美"撞机"事件、2009 年的"无暇号"事件、2013 年的"考本斯号"事件、2018 年 9 月 30 日的"迪凯特号"事件，使地区安全濒

---

① 《中国万安滩：距马六甲海峡 1000 多公里，很难填海造岛》，网易网，2022 年 7 月 7 日，https://c.m.163.com/news/a/HBNAGR010543D9PX.html。

临险境，险些酿成重大危机。① 南海争端的真正解决方是当事国，域外势力的介入不仅不利于问题的解决，还会节外生枝，增加问题解决的难度——对此，域内各国已经充分认知，但是，域内安全合作机制的建构不可能是一举之功。面对南海区域安全的复杂现实，南海争端当事国仍需要克服障碍，积极沟通，增进互信，尽早实现"南海行为准则"的签署，以和平方式解决南海争端。

东南亚区域领土争端是历史与现实的复杂交织，区域热点与危机问题都是围绕领土争端展开的。东南亚的领土争端与大国博弈相互叠加，更增加了问题解决的难度。南海局势近年来虽渐平稳，但各种力量之间暗流涌动，一旦某一方面的关系激化，这将使区域总体安全重回敌对的困境。东盟以一个整体与中国协商南海问题，这是以联盟的整体利益来和中国解决领土争端，这是明智之举，但并不是每一个成员国都认可东盟的努力，对于东盟协调出来的结果，成员国也未必满意，东盟成员国单独与中国解决争端的情况也是存在的，东盟的掌控能力的确有限。领土争端的解决对东盟的凝聚力是一个难以逾越的考验，如何调停各方，体现了东盟协调能力的实际运作水平。

2. 东盟内部的凝聚力有待考验

美国对东南亚国家的影响不容忽视，东南亚有些国家是美国的传统盟友，在安全或经济发展方面仍然要依仗美国，美国以构建联盟的战略来遏制中国，这自然少不了东南亚盟国的参与。美国的"美日印澳"四国机制正在东南亚寻找支点国家。最新的美国国家安全战略已将印度洋—太平洋确定为美国战略的关键支柱，将该地区确定为战略重心。美国正在东盟内寻找印度洋—太平洋战略的支点国家以巩固和提高联盟的影响力，美国及其盟友视图将反华议程带到东南亚的举动让东盟倍感压力，如何在地区大国势力强大的区域环境中站稳脚跟，获得成员国的鼎力支持，提升凝聚力，实现自主自立的领导地位，在这一问题上东盟仍是步履维艰。

2021 年 2 月持续至今的缅甸危机让东盟长期以来奉行的"不干涉内

---

① 刘峰：《2019，决不让南海掀起大风浪》，环球网，2018 年 12 月 27 日，http：//opinion. huanqiu. com/hqpl/2018-12/13906276. html？qq-pf-to＝pcqq. c2c。

政"的原则陷入尴尬的境地。亚洲协会政策研究所的高级研究员理查德·莫德评价说，在目前激烈的权力和影响力的争夺战中，东盟所主张的中心地位只是一种幻想。东盟在缅甸危机的处理方面陷入"进退两难"的境地。东盟中心地位的本来含义就是要让东盟维持自己在区域合作中的中心地位，不"选边站"，和各方都维持友好关系，有着自己的自主性和从自身利益出发的不接受任何一方牵制的立场。缅甸危机至今未见缓解，东盟国家在2021年4月召开的东盟领导人缅甸问题特别会议上达成的"五点共识"也没有得到落实。菲总统杜特尔特说："缅甸局势缺乏进展使东盟的可信度受到质疑，……我们需要事实来证明东盟不仅仅是一个'谈话间'。"东盟要坚持自己的原则，不能干涉缅甸的内政，但缅甸局势一旦恶化，或者有域外势力插手，东盟国家首当其冲，成为受害者。在成员国内政问题上，东盟实际的影响力比较小，不能稳定成员国内政的东盟，其凝聚力还需要真正的实力来提升。

（三）东盟区域合作面临的发展机遇

1. 中国和东盟携手努力，南海局势平稳降温

自2016年下半年以来，南海局势逐渐趋稳，中国与东盟重回以对话磋商解决南海问题的轨道上，并在规范化合作与军事合作方面取得重要进展，实现了南海局势的平稳降温。中国与东盟在南海共同开发、非传统安全合作方面的探讨日益增多，合作共赢日益成为相关国家的共识。

中国是南海的主要区域大国，中国在南海问题的解决上一直主张平等协商、和平解决及互利共赢。中国与东盟国家的深入交往与合作，正逐渐打消东盟国家的疑虑，其开始试探地与中国在安全领域开展合作，寻求区域安全问题的自主解决。在南海紧张局势趋缓上，中国与菲律宾、越南之间的良好关系为稳定南海局势起到了关键性作用，但美日仍将南海问题作为牵制中国的重要抓手，未来南海问题也面临风波再起的巨大风险。东亚区域的传统安全问题本身并不复杂，但与大国博弈交织在一起，问题的复杂性就实现了叠加，使区域问题长期得不到妥善解决。中国政府提出的"双轨思路"对解决区域安全问题具有重要意义。经过不断的沟通与协商，中国与东盟国家就"南海行为准则"单一磋商文本草案达成一致。新冠肺炎疫情影响了全球多项议程，中国和东盟国家重要官员克服困难，继续在全面有效落实《南海各方行为宣言》的框架下，以灵活的方式推进"南海行为准则"磋商，多次举行联合工作组特别视频会议落实《宣言》。2021年8月3日举行的中国—东盟外长会正式宣布，就"准则"前言部分已达成初步一致。在疫情特殊困难的背景下，上述成果的取得殊为不易，体现了各方排除外来干扰、坚决推进磋商的政治意愿。中国和东盟国家外长也纷纷高度评价"准则"磋商的积极进展，强调一定要保持相互磋商的良好势头，共同维护南海的和平与稳定。2018年10月，中国—东盟"海上联演—2018"在广东举行。此次军演恰逢中国—东盟建立战略伙伴关系15周年和"南海行为准则"获得实质性推动的关键时期。"海上联演—2018"的举行表明中国和东盟国家间的政治互信提升，地区安全共识增强，这有利于中国—东盟关系的稳固发展。此次军演的成功举行是南海相关国家在地区安全合作方面的重要转折点，标志着"中国与东盟共同解决南海问题的政治共识"[①] 的达成。中国海军在南海不仅是中国国家利益的保卫者，是南海区域相关国家的利益守护者，同时也是提供地区公共产品的重要力量。

2. 东盟在东南亚区域合作中的核心作用

东盟凝聚10国之力建成共同体，实现增强经济实力与提升国际影响力的双重目标，一跃成为东亚区域内不可忽视的重要力量，并在大国环绕的东亚寻求独立外交，跃居核心地位，东盟的影响力不容小觑。

第一，东盟经济实力和国际影响力的提升。东盟通过平等合作、协商一致、经济发展、区域认同[②]等价值观的塑造增强了内部凝聚力，通过引导而非强迫的方式，使成员国更注重东盟整体利益，减少了冲突带来的伤害，实现了东盟建立的初衷——建构安全共同体。阿查亚认为，东盟如能继续加强联合与合作机制，保持在强权之间的中立，关注民意，在未来几十年我们可以看到东盟成为东亚合作的舵手和驾驶员，使东南亚真正成为

---

① 翟崑：《中国-东盟战略合作更进一步》，人民网，2018年10月29日，http://paper.people.com.cn/rmrbhwb/html/2018-10/29/content_1889108.htm。

② "ASEAN Community Vision 2025," November 2015, p. 13, https://www.asean.org/wp-content/uploads/images/2015/November/aec-page/ASEAN-Community-Vision-2025.

多元型安全共同体。① 东盟利用10国联动的力量提升了自己在亚太地区的经济地位与政治影响力，并利用大国平衡战略来应对由地区经济格局洗牌和政治秩序重构的区域大变动带来的外部冲击，依靠联盟的力量参与区域力量与利益的博弈。

第二，东盟在东亚区域合作网络的建构中的作用扩大。东盟以自身的一体化为基础，与域内外国家形成多个10+1自贸区框架，其中包括中国、日本、韩国、澳大利亚、新西兰和印度，构建起辐射整个东亚区域的合作网络，在奠定区域发展平台基础的同时，增强了东盟在东亚区域范围内的影响力，增加了东盟与区域大国谈判的实力和筹码。10+3和10+1合作机制以经济合作为重点，逐渐向政治、安全、文化等领域拓展，形成了全方位的良好发展局面。东盟并没有野心在亚太空间内推行具有明显东盟烙印的安全机制，这令亚太地区大国在相当长的时间内能够较为舒适地接受其在机制中的议程主导地位。② 美国在推行其亚太战略时，也不得不考虑东盟主导的多边安全合作机制，也需要按照东亚区域内形成的规范来行事。

东盟在东亚所获得的特殊地位是因为东盟处于亚太安全结构的平衡点上，但维持这种特殊地位也是对东盟的一项重大挑战。东盟一直坚持以自己为核心的原则，始终将追求大国之间的平衡与保持东盟的主导地位作为关键抓手，通过积极的外交努力，避免被地区大国边缘化。东盟在东亚推动了一系列具有安全合作性质的多边合作机制，如东盟地区论坛、东亚峰会、中国—东盟（10+1）外长会、东盟与中日韩（10+3）外长会以及东盟防长扩大会议等。东盟在区域一体化进程中发挥了重要的协调作用，凭借其具有的制度性力量与区域影响力，东盟将逐步成长为区域内的核心力量。

3. 中国+东盟成为东亚区域合作的核心驱动力

关于东盟在协调地区大国上的核心地位的争议多集中于东盟的"硬实力"方面，与区域大国相比，东盟的实力相去甚远，但东盟的"软实力"

---

① Amitav Acharya, *Constructing A Security Community in Southeast Asia: ASEAN and the Problem of Regional Order*, 3rd edition, Abingdon, Oxon: Routledge, 2014, p. 267.
② 封帅：《变动中的平衡：东盟在亚太安全体系中的地位与作用》，《东南亚研究》2017年第4期，第9页。

却是东亚区域其他大国无法拥有的。东亚不乏"硬实力"较强的大国,但强强争夺反而容易造成困局,而如东盟具有的这样灵活和有弹性的"软实力"就甚是缺乏。东盟核心地位的形成就在于其"软实力"在区域协调上发挥的重要作用。东盟方式就是其"软实力"的优势体现,东盟的尊重主权、不干涉内政和协商一致等原则,虽然被一些国家认为在规范成员方面表现得虚弱无力,但这些原则和理念却是东盟独特的共同体模式最具吸引力的制度魅力所在。这种对相互主权的尊重,在东南亚文化中被视为平等和尊重的体现,没有这样的一个基本前提,东南亚的合作就无从谈起。因此,只有东南亚内生的力量才能孕育东南亚国家普遍认同的原则与规范。东盟协商一致的原则为区域合作提供了一个舒适的政治环境,以利益协商为主,而非不公正的外部强加,推动区域合作灵活开展。东盟对外战略寻求建立以东盟为主导的地区多边安全合作框架,地区大国需要融入东盟建立的机制当中,东盟对地区大国的平衡能力也是其能成为东南亚核心力量的重要因素。

在东南亚,东盟具有"软实力",但缺乏"硬实力"作为后盾;而中国有"硬实力"作为后盾,却缺乏推进区域整合的"软实力"。中国与东盟携手可谓珠联璧合,成为推动东亚命运共同体建构的核心驱动力。

中国出于对区域战略的全局考量,与东盟开展合作,中国与东盟能够实现优势互补,朝着共同的目标携手并进。在东亚各国中,中国选择与自身理念相通的东盟,以东盟为核心构建东亚安全架构,经历多年的悉心经营,"中国—东盟自贸区升级版"和"中国—东盟命运共同体"正在打造和酝酿之中。2018年11月14日,第21次中国—东盟领导人会议暨中国—东盟建立面向和平与繁荣的战略伙伴关系15周年纪念峰会上,中国和东盟成员国国家元首齐聚新加坡,共同发布《中国—东盟战略伙伴关系2030年愿景》。双方同意构建"3+X合作框架",即以政治安全合作、经济合作、人文交流为三大支柱,实现"一带一路"倡议与《东盟互联互通总体规划2025》对接,在双方同意的合作领域广泛开展合作,[①] 全面提升

---

① 《中国—东盟战略伙伴关系2030年愿景》,人民网,2018年11月16日,http://world.people.com.cn/n1/2018/1116/c1002-30403505.html。

中国—东盟关系，迈向共同体建设的新时代。

在"中国—东盟命运共同体"的建构过程中，中国应以次区域安全共同体，即 10+1（东盟+中国）安全共同体建构为突破口，为东亚命运共同体的建设搭建框架与平台。东盟共同体创建了一个相互依存、和平、稳定、富有弹性、共同承担全面安全责任的地区，通过合作的方式在所有领域追求可持续安全和合作安全。中国始终将东盟作为周边外交优先方向，坚定支持东盟一体化，支持共同体建设，支持东盟在区域合作中的中心地位。[①] 中国一直强化与东盟的多边安全合作机制，发挥中国—东盟（10+1）、东盟与中日韩（10+3）、亚太经合组织（APEC）、东亚峰会（EAS）、亚洲合作对话（ACD）、亚信会议（CICA）和大湄公河次区域经济合作（GMS）等现有多边合作机制的作用，加强沟通，不断加强区域共同安全。东亚合作系列外长会是年度地区盛会，也是亚太局势的风向标，其中，中国—东盟外长会、东盟与中日韩（10+3）外长会、东亚峰会外长会和东盟地区论坛外长会等受到国际社会的广泛关注，会议将对影响东亚地区安全与稳定的问题进行讨论，争取促使各方达成共识。[②] 中国与东盟在区域合作机制方面不断拓展与深化，打造区域合作核心动力。

自亚洲金融危机以来，东南亚就开始积极探索和建立金融安全机制，中国与东盟的经济合作全面展开，金融领域的安全合作成为双方共同努力的大方向。东盟大多数成员国拥有外汇储备，对外国资本流动的依赖程度较低。但随着经济全球化的影响，由于东南亚国家金融发展的差异性，金融安全隐患问题较为突出。加强中国与东盟的金融一体化可以促进地区各国实现共同利益，帮助平衡风险，促进合作，增加新的资本和增长来源。东亚已建立区域流动性支持安排，这些安排包括清迈倡议多边化（CMIM）以及印度尼西亚和马来西亚等个别国家与中国、日本和韩国等国家建立的双边货币互换协议。清迈倡议多边化包括比之前的计划更多的货币互换额度安排，并且在 2014 年，其资金规模翻了一番，达到 2400 亿美元。中国

---

① 《亚太安全合作政策白皮书：中国积极参与亚太地区主要多边机制》，中国政府网，2017年1月11日，http：//www.gov.cn/xinwen/2017-01/11/content_5158871.htm。

② 《东亚合作系列外长会综述：加强团结协作 促进和平繁荣》，搜狐网，2018年8月5日，http：//www.sohu.com/a/245300388_114731。

还将为中国—东盟投资合作基金增加资金，并且在东盟秘书处设立专门的基金管理团队，[①] 为双方务实合作提供更加有力的支撑。

东亚区域合作机制的建构，在以中国和东盟为核心驱动力的同时，还需要中国和东盟为区域发展提供更多的公共产品。中国可以作为东盟"小马拉大车"的助推器，通过增加区域公共产品的提供，以更为温和的方式推进东亚共同体的建设。随着东亚经济地位的提升，东亚国家的合作积极性高涨，"中国动力"已成为东亚合作发展的重要引擎。从"一带一路""数字丝绸之路""丝路基金"等经济方面的公共产品到"人类命运共同体""周边命运共同体""共商、共建、共享"等理念方面的公共产品，中国长期以来都在为区域发展贡献力量；而东盟利用自身的软实力搭建东盟地区论坛、东盟10+3机制、东亚峰会和东盟防长扩大会议等地区安全合作平台。中国+东盟的核心模式，以其对区域经济发展的巨大推动作用和在地区安全事务中积极的形象，必将成为区域一体化的关键驱动力量。[②]

2020年11月15日，以东盟为主导的区域经济一体化合作，即《区域全面经济伙伴关系协定》（RCEP）签署仪式以视频方式进行，15个成员国经贸部长正式签署该协定。RCEP由东盟10国发起，其邀请中国、日本、韩国、澳大利亚、新西兰和印度6个对话伙伴国参加，最终目的是通过削减关税及非关税壁垒，达成一个16国统一市场的自由贸易协定。2019年11月4日，印度以"有重要问题尚未得到解决"为由，暂时没有加入协定。截至2018年的统计数据显示，RCEP的15个成员国将涵盖全球人口的30%，约23亿人口，GDP总和将超过25万亿美元，RCEP的区域合作将成为世界最大的自由贸易区。[③] 成员国间相互开放市场、实现区域经济一体化，这就意味着占全球近一半人口的国家和地区有望实现低关税甚

[①] 《5个"迈上新台阶"！中国—东盟外长会确定2019年为中国—东盟媒体交流年》，中国—东盟博览会网站，2018年8月3日，http://www.caexpo.org/index.php?m=content&c=index&a=show&catid=420&id=224811。

[②] 葛红亮：《南海"安全共同体"构建的理论探讨》，《国际安全研究》2017年第4期，第78页。

[③] 《签了，全球最大！》，澎湃在线，2020年11月25日，https://m.thepaper.cn/baijiahao_10000166。

或零关税，进一步消除贸易壁垒、降低企业成本，形成区域内统一规则，这对区域内的工商界是极大的利好消息。RCEP 有助于构建区域内部的供应链和价值链，区域内部的规则统一后，区域外的投资者进入一个国家就意味着进入整个自贸区域，发展的市场和参与空间都会大大扩大。在当前贸易保护主义盛行的背景下，世界经济未来的发展未见明朗，RCEP 并没有参照《跨太平洋伙伴关系协定》（TPP）的所谓"白金条款"等过高标准，如强推知识产权、国有企业和劳工标准等方面的要求，而是充分认识到亚洲区域各国经济发展多样性的现实，从实际出发，以更具灵活性和多样性的方式与安排，推动 RCEP 更贴近广大发展中国家的现实国情，也更具有现实的可操作性。亚洲的历史实践证明，在亚洲地区不考虑本地区国家的多样性是很难建成覆盖整个地区的巨型自由贸易区的。RCEP 通过其规则表现出的灵活性和舒适度，极大地满足本地区各成员方供应链和创新性需求，在服务贸易、货物贸易、投资与规则方面，平衡了不同发展水平的经济体之间的利益。RCEP 坚持倡导"开放的区域主义"，不以建立封闭的排他性贸易集团为目的，在保证亚洲区域成员的数量的同时，维持高标准的适度性、包容性与非歧视性。

2019 年，国际货币基金组织的《世界经济展望报告》指出，2019 年世界经济增速下调至 3%。[①] 这反映了近几年来兴起的"去全球化"潮流对全球经济产生的影响，在一些国家加征关税的贸易政策与贸易调查的影响下，全球的投资和贸易数值双双下降，多边贸易体系遭受严重冲击，引发了全球贸易量的大幅下滑。而亚洲地区各国正身处于贸易保护主义盛行的核心地带，频繁遭到来自发达国家的贸易政策的限制，经济增长速度令人担忧，这也正催生了地区自主贸易体系。RCEP 的落地实施将进一步打破亚洲区域的贸易壁垒，促使亚洲国家走向区域化，形成统一和稳定的生产与消费的大市场，这将会对亚洲和全球的区域和多边自由贸易合作产生积极的示范效应。在 RCEP 的投资方面，RCEP 吸引的域外国家直接投资额将占全球总额的 38.3%，和《美墨加三国协定》（USMCA）、《全面与进步

---

① 《IMF 将 2019 世界经济增速下调至 3%：11 年来最低水平》，新浪网，2019 年 10 月 15 日，https://news.sina.com.cn/o/2019-10-15/doc-iicezzrr2486933.shtml。

跨太平洋伙伴关系协定》（CPTPP）以及欧盟相比，投资额高出很多。USMCA 吸引外国直接投资流入额的占比为 28.3%，CPTPP 占比为 24.1%，欧盟最少，占比为 4.2%。RCEP 面向全球市场的出口方面的规模高达 25%，USMCA 仅为 10.7%，CPTPP 则为 13.5%。RCEP 的经济规模占全球经济的比重高达 28.9%，其规模是高于 USMCA、CPTPP 或欧盟的。RCEP 还将金融和电信领域纳入了开放条款之中，真正提高了区域内服务贸易开放水平。[①]

对于区域合作的前景，RCEP 的达成有助于亚洲各国在区域内重新构建相对稳定的自由贸易秩序，减轻美国贸易保护主义对地区经济发展的负面影响，极大地提振亚洲各国的市场信心。更重要的是，RCEP 的稳步推进，表明亚洲经济体作为一个整体能够对外发出统一的声音和信号，提出更具多样性和可操作性的经贸规则，这将为全球多边贸易体系的发展和区域经济合作注入新动力，增加亚洲经济体参与全球贸易体系新一轮重构的自身资本，增强其维护自身利益的经济实力。亚洲各国历来的合作经验表明，东盟在区域合作进程中的"中心"地位是能成功达成 RCEP 的关键。从区域合作的关系角度来看，RCEP 不仅仅是一个贸易协定，更是东盟与周边国家发展战略伙伴关系的重要框架。从协定的达成来看，区域内各经济体都非常尊重东盟作为合作中心的嵌套式结构体系，包括地区大国也一致认同东盟的"中心"地位，这是 RCEP 顺利达成的现实保障。2022 年 1 月 1 日，《区域全面经济伙伴关系协定》（RCEP）正式生效，新加坡、泰国、越南等 6 个东盟成员国和中日新澳 4 个非东盟成员国正式开始实施协定。中国和东盟将与其他 RCEP 成员国一道，积极支持和推进 RCEP 机制建设，为 RCEP 的进一步发展做出贡献，共同提高协定实施的整体水平，持续提升区域合作贸易与投资的自由化和便利化，共同将 RCEP 打造成为东亚经济、贸易和投资的合作主平台。

[①] 《RCEP 重构区域价值链　为中国经济增长提供新动能》，新浪财经，2020 年 11 月 17 日，https://baijiahao.baidu.com/s?id=1683601657232695611&wfr=spider&for=pc。

第五章
危机四伏的实例：欧盟

第一节 欧盟区域合作的发展历程与成就

（一）欧盟区域合作的发展历程

欧洲联盟，简称欧盟（European Union，EU），由欧洲共同体（European Community）演变而来，总部设在比利时的首都布鲁塞尔。欧洲国家的一体化进程源于对现实经济社会发展的实际需求，1951年法国、联邦德国、荷兰、意大利、比利时和卢森堡6国联合成立了欧洲煤钢共同体（ECSC），这是欧洲走向一体化的开端。为了资源共享，欧洲国家自主创立国家联合体来谋求共同的经济发展。欧盟不断发展，逐步壮大，由刚开始的6个国家扩大到20余个成员国，奥地利、芬兰、瑞典、匈牙利、波兰、爱沙尼亚、拉脱维亚和立陶宛等国家，在事实上形成了一个庞大的国家联盟，对欧洲的一体化进程做出了重要贡献。

欧盟的成员国都是欧洲国家，各国之间的合作推动地理位置相近的国家之间开展区域合作。脱离了意识形态的束缚，成员国通过建立双边合作和多边关系来谋求国家间更好的经济发展前景。欧盟区域合作能够稳步发展并取得成效，与其成员国在地缘上的优势是密不可分的。欧盟区域合作的稳步推行证明各国间的地缘经济关系起到了明显的催化剂的作用。同时，欧盟成员国有着共同的宗教信仰基础，欧洲各国深受基督教精神力量的洗礼，这种无形的精神力量推动欧洲国家各民族的独立发展，欧盟的合作受文化遗产的影响，和平主义思潮让欧盟的合作更加便利和稳定。

欧盟是由富有远见的领导人们创立的，从抵抗战士到律师和议员，欧盟的先驱者是一个多元化的群体，他们有着同样的理想：一个和平、团结和繁荣的欧洲。他们是欧盟赖以建立的基本价值观的捍卫者，基本价值观包括自由、民主和平等、尊重人的尊严、人权和法治、团结和对所有人的保护。他们帮助推动欧洲经济的稳步发展和建立欧元体系，并促进了欧洲丰富的文化历史发展和维持语言多样性。由于他们的勇气和承诺，以及他们对现代欧洲的贡献，现代欧洲才成为一个和平与稳定的地区。

埃尔希德·德加斯佩里：欧洲民主和自由的调解人。德加斯佩里在第二次世界大战后负责意大利的重建工作，这位意大利总理在德国和法国之间斡旋，主导了欧洲的战后一体化进程。自二战结束以来，德加斯佩里一直积极推动欧洲的统一，他相信只有这样才能防止冲突再次发生。他的动机是实现一个清晰的愿景，即一个统一的欧洲不会取代单个国家，而是允许它们相互补充、相互支持、共同努力。最终德加斯佩里帮助建立了欧洲煤钢共同体，有效地消除了欧洲国家之间的战争可能性。

> 未来不是通过武力，也不是通过征服欲望来建立的，而是通过耐心地运用民主方法、建设性的协议精神和对自由的尊重。
>
> ——埃尔希德·德加斯佩里①

德加斯佩里在1945年至1953年担任意大利总理，在此期间，意大利的民主得到巩固，经济得到重建。德加斯佩里还具有远见，认为国际合作是和平的基础。他是意大利加入美国马歇尔计划和成为北约成员的幕后推手。意大利共产党当时是西欧最大的共产主义政党之一，而他领导和推动建立了意大利与美国之间的紧密联系，这是一项了不起的成就。

阿尔蒂罗·斯皮内利（Altiero Spinelli）：一个不屈不挠的联邦主义者。阿尔蒂罗·斯皮内利被称为"欧洲一体化运动的教父"，是《文托特内宣言》的作者之一，《文托特内宣言》是最早支持建立一个统一的欧洲和制

---

① European Union Gateway, https://european-union.europa.eu/index_ en.

定欧洲宪法的文件之一。在意大利法西斯政权统治下，他和其他政治犯在文托特内岛监禁期间一起起草了这份宣言。第二次世界大战后，斯皮内利在意大利推动了联邦主义者运动。在 20 世纪 40 年代和 50 年代，他是统一欧洲事业的联邦主义的坚定倡导者。20 世纪 60 年代，斯皮内利作为政府顾问和研究员，在罗马建立了国际事务研究所。1980 年，他与其他具有联邦主义思想的欧洲议会议员一起创立了俱乐部，该俱乐部的成员向议会提交了一项议案，要求起草一份关于欧盟的新条约。1984 年 2 月，欧洲议会通过了他的建议并核准了《建立欧洲联盟条约草案》，遗憾的是这一草案并没有得到各国政府的采纳。斯皮内利的欧洲联邦主义思想，以及他为推进欧洲一体化所做出的不懈努力，在欧洲的政治思想史上占有一席之地。

赫尔穆特·科尔和弗朗索瓦·密特朗：和解中的领导人。科尔担任德国总理长达 16 年，是 20 世纪德国领导人中任期最长的一位。密特朗担任法国总统长达 14 年，是法国历史上任期最长的总统。赫尔穆特·科尔是仅有的三个被欧洲理事会授予"欧洲荣誉公民"称号的人中的第二个，以表彰他在欧洲一体化和合作方面的杰出工作和贡献。密特朗总统通过鼓励西班牙和葡萄牙加入欧盟来支持欧盟扩大，并支持 1986 年通过《单一欧洲法案》（Single European Act），为欧洲单一市场形成奠定了法律基础。他还相信，只有一个更加一体化的欧盟，才能实现欧洲的强盛。1992 年科尔和密特朗共同实现了这一目标，签署了《马斯特里赫特条约》（Maastricht Treaty），实现了他们建立无缝跨国市场的梦想。

德国统一和欧洲统一是一枚硬币的两面。

——赫尔穆特·科尔[1]

法国是我们的祖国，欧洲是我们的未来。

——弗朗索瓦·密特朗[2]

密特朗和科尔分别于 1996 年和 2017 年去世，此前他们为自己的国家

---

[1] European Union Gateway，https://european-union.europa.eu/index_en.
[2] European Union Gateway，https://european-union.europa.eu/index_en.

和欧盟服务了几十年。科尔和密特朗努力加强法国和德国的战后关系，并强调两国和平的重要性，同时追求欧洲一体化。1984年9月22日，两位领导人在纪念第一次世界大战爆发70周年的仪式上手拉手，这一标志性的感人画面登上了国际新闻头条。它显示了法国、德国和欧洲自第二次世界大战结束以来的进步。1988年，他们获得了为促进欧洲统一而颁发的查理曼奖，以表彰他们对法德关系做出的贡献。

温斯顿·丘吉尔：呼吁建立一个欧洲合众国。英国前首相温斯顿·丘吉尔在轰炸中团结了整个国家，他致力于欧洲一体化，也是最早呼吁建立欧洲合众国的人之一。当你想到温斯顿·丘吉尔时，首先映入脑海的可能是一个抽着雪茄做出胜利手势的人物。这种受欢迎的形象只是这位前陆军军官、战地记者和英国首相的一个侧面。丘吉尔是众多经历过战争的领导人之一，他坚信只有统一的欧洲才能保证和平。1946年，丘吉尔在苏黎世大学发表演讲，敦促欧洲人抛弃过去的恐怖记忆，勇敢面向未来。他宣布，欧洲不能在由过去的伤害产生的仇恨和报复的气氛中继续下去。对丘吉尔来说，重建正义、仁慈和自由的欧洲大家庭的第一步就是建立一个类似欧洲合众国的国家。只有这样，数以亿计的劳动者才能重新获得使生命有价值的简单的快乐和希望。

> 我们必须建立一个类似于欧洲合众国的国家。
>
> ——温斯顿·丘吉尔[1]

在内外部压力和主导欧洲一体化的先知们的共同努力下，欧洲各国组建了共同体。欧洲各国在维护民主、平等、法治和人权等基本权利和自由的基础上，建立一个能够促进和平及公民福祉的提升并且不受内部边界限制的自由、安全和正义的内部市场；在经济平衡增长和价格稳定的基础上实现可持续发展，在市场经济高度竞争的基础上实现充分就业和社会进步，促进科学技术进步，提升环境质量，打击社会排斥和歧视现象，促进社会正义、平等和权利，增强欧盟凝聚力，尊重文化和语言的多样性，建

---

[1] European Union Gateway，https://european-union.europa.eu/index_en.

立以欧元为统一货币的经济与货币联盟；对外能够促进自由、公平贸易、和平与安全以及地球的可持续发展，促进人民的团结、相互尊重，促进保护人权和消除贫困。

欧盟是一个具有经济和政治双重性质的共同体，合作内容包括政治、经济、军事、安全等方面。欧盟通过发行共同的货币——欧元，建立经济与货币联盟和欧洲共同市场，在区域内落实申根协议的同时，实行域内劳动力的自由流动；推进共同的外交政策、防御政策和欧洲宪法，使欧盟各成员国在经济和政治上的联系更加紧密，成为世界一体化程度最高的区域经济和政治联盟。欧盟遵循了以国家为主导的国际体系的游戏规则，其拥有共同利益、共同资源、共同对外政策以及进行危机管理的结构体系和对外机构，并拥在国际体系中对其他行为体发挥积极主动作用的能力。欧盟被视为一个独立和统一的国际行为体，与其他行为体相比，欧盟拥有独特性和自主性。欧盟的建立符合欧洲各国的利益，大力推进了欧洲政治经济的快速发展，提升了欧洲在国际上的政治地位和经济影响力，对世界其他地区的区域联合发展模式的选择起到了示范作用。

（二）欧盟区域合作的成就

2017年是欧盟成立60周年，欧洲各国最初组建联盟的一个重要目的就是要通过国家联合来防止战争和实现共同发展。《罗马条约》的签署使欧洲国家的能量得到了共同释放，欧洲实现了自15世纪以来难得一见的和平与自由。当前，欧盟已经成为国际舞台上一支不可或缺的力量。许多欧洲国家都从欧洲一体化进程中得到了政治、经济、外交等方面的巨大收益。《罗马条约》所确立的建立区域和平、经济繁荣和欧洲力量增强的三大目标已逐步实现。几十年来，欧盟成就斐然，虽然经历了一些波折，但欧洲一体化进程在不断深化，欧洲各国之间的联系也越来越紧密，欧洲通过联盟实现了繁荣与和平。

1. 欧盟实现了欧洲的和平与稳定

近代欧洲充满外交阴谋和军事冲突，主要大国为了争夺殖民地和在欧洲占据主导地位，曾经不断地使用一切手段压制其他国家。令人们无法忘记的20世纪前半叶的两次世界大战，都是从这里开始的，战争给欧洲和世界的经济带来了巨大破坏。而欧洲国家成立联盟之后，从欧洲经济共同体开始的欧洲经济虽然出现过停滞，但总体上还是一直朝着繁荣的方向发展，并不断惠及新加入的国家。欧盟内部的和平也随之实现，欧盟成员之间的兵戎相见早已是过去式了。

自 1957 年以来，欧盟取得的巨大成就是：实现了欧洲的和平与稳定，使公民可以在欧盟任何地方自由地生活、学习或工作；形成了世界上最大的单一市场，为全世界数百万人提供了发展的机遇。欧盟实现了半个多世纪的和平、稳定与繁荣，并且在外交方面发挥着重要作用，在全球范围内致力于增进利益、发展民主、维护法治和基本自由。2012 年，欧盟因其在这一领域的成就而被授予诺贝尔和平奖。

2. 欧盟在经济上取得了巨大成就

欧盟的成立既有利于欧洲的稳定，同时也促进了各成员国经济的发展，提升欧洲各国的总体经济实力和地位。自欧盟成立以来，不仅欧盟各成员国得到了快速的发展，欧盟同时也对全球经济起到了一定的促进作用。

欧盟的单一市场。欧盟是一个由 27 个国家组成的单一市场，是现今全球最大的贸易联合体。2008 年欧盟成立 51 周年的时候，欧盟的 GDP 为 16.24 万亿美元，相对于印度和巴西，经济实现了飞速增长。2019 年，当英国还是欧盟成员国时，欧盟 GDP 为 16.4 万亿欧元。欧盟在全球商品贸易中所占的比重约为 15%。欧盟、中国和美国是全球贸易的三大参与者。[①]

欧盟的主要经济引擎是单一市场。它使大多数商品、服务、资金能够在欧洲的大部分地区自由流动。人员流动在欧洲各地也变得更加容易，所有欧盟公民都有权在任何一个欧盟国家学习、工作或退休。如果你是一个欧盟国家的公民，出于就业、社会保障和税收的目的，每个欧盟国家都必须把你当作自己的公民一样对待。截至 2022 年 7 月，超过 3.4 亿名欧盟公民使用欧元。欧元的使用消除了货币波动风险和兑换成本，加强了单一市

---

① European Union, "Facts and Figures on the European Union Economy," https://european-union.europa.eu/principles-countries-history/key-facts-and-figures/economy_en, last accessed February 6, 2022.

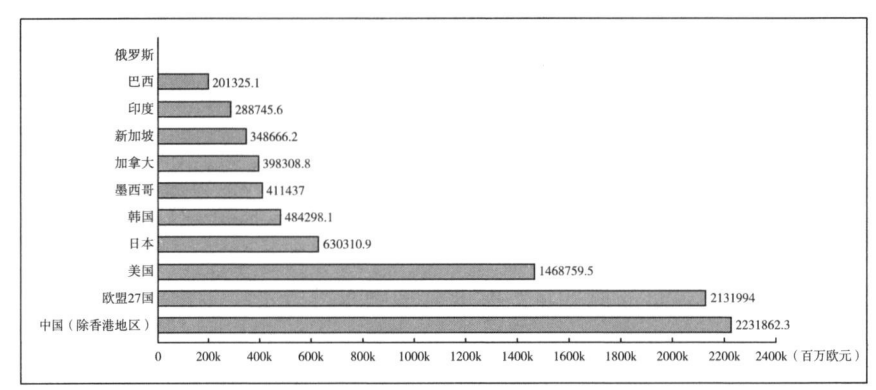

```
俄罗斯
巴西        201325.1
印度        288745.6
新加坡       348666.2
加拿大       398308.8
墨西哥       411437
韩国        484298.1
日本        630310.9
美国        1468759.5
欧盟27国     2131994
中国（除香港地区） 2231862.3
```

图 5-1　欧盟 27 国在全球贸易中的数额

资料来源：欧盟统计局。

场，对所有欧盟公民都有利。① 在其区域之外，欧盟也致力于全球贸易自由化。欧盟通过在全球舞台上用一个声音说话，采取同一的贸易战略，取得了强大的地位。欧盟开放的贸易体制意味着，欧盟是全球贸易舞台上最大的参与者，是一个可信赖的合作伙伴。换句话说，欧盟在国际贸易和投资问题上是一个单一的实体，欧盟委员会代表其所有成员国进行谈判。关于欧洲联盟运作的条约的第 206 条规定，共同商业政策应有助于世界贸易的和谐发展，逐步取消对国际贸易和外国直接投资的限制，以及降低关税和减少其他障碍。为加强对外贸易关系，欧盟委员会强调希望完成一系列双边自由贸易协定的签订。欧盟致力于在符合欧洲价值观和利益的基础上，建立一个开放、可持续、以规则为基础的全球贸易和投资体系。

　　为了能更全面地展示欧盟经济与全球经济的关系，我们从欧盟、美国和中国三大全球经济体的动态发展的对比中，以更全面的视角来评价欧盟的成绩。由于统计项目的庞杂导致的统计数据的延后性，在此处引用的数据统计的截止时间为 2017 年，论述中所引用的数据都来自欧盟统计局（Eurostat）。同时，我们也要注意一个问题，2020 年后受新冠肺炎疫情的影响，全球经济受到重创，用疫情时期的经济数据来论述欧盟的经济成绩有失公允；而 2017 年又恰逢欧盟成立 60 周年，此时的英国还没有脱欧，

---

① 《挣扎的欧元谁在改变 3.4 亿人的生活？》，经济观察报官方账号，2022 年 7 月 16 日，https://baijiahao.baidu.com/s?id=1738471785523746890&wfr=spider&for=pc。

这个时间点的数据应该更具有说服力。

2016年，欧盟28国在全球商品和服务出口中所占的份额最高（17.9%），而美国在全球商品和服务进口中所占的份额最高（16.8%）。欧盟28国在2016年的全球商品出口中所占的比重为15.7%。中国在全球商品出口中所占的比重从2006年的11.0%迅速增长到2016年的17.0%。自2012年以来，许多发达世界经济体的商品贸易经历了相对停滞时期，这在一定程度上与油价变化的影响有关。欧盟28国在国际服务贸易方面领先世界：2016年，欧盟占全球出口的23.9%，尤其擅长出口其他商业服务（包括管理咨询、法律或营销服务）。2015年，欧盟28国的对外投资占全球对外投资流量的比重超过了1/3（37.4%）。根据联合国的数据，2015年全球GDP为66.9万亿欧元。欧盟28国约占全球总数的1/5（19.9%），而美国的比例略高一些（24.3%）。一项长期分析显示，中国占全球GDP的比例从2005年的4.9%上升到2015年的15.0%。[1]

欧盟的国际贸易政策是围绕促进市场互惠开放和贸易自由化而设计的，为提高贸易水平（包括商品和服务贸易）、促进投资、创新和生产率增长创造新的机会。2016年，全球商品和服务出口额为14.6万亿欧元。图5-2显示了2016年国际商品和服务贸易情况。欧盟28国出口的商品和服务高于任何单个国家（2.6万亿欧元），最高水平的进口记录是美国（2.5万亿欧元）。以进出口差额衡量，欧盟28国的国际商品和服务贸易顺差最大（2016年为3040亿欧元），其次是中国（2260亿欧元）。相比之下，美国的赤字最大（4560亿欧元）。图5-3所示的信息表明，在一些世界上较大的贸易国之间，国际商品和服务贸易的重要性在经济产出方面有很大的不同。自20世纪90年代以来，贸易自由化程度的提高为国际商品和服务贸易提供了刺激。在欧盟28国，国际商品和服务贸易占GDP的比例从2005年的12.6%上升到2015年的17.0%，这表明商品和服务贸易的增长速度高于欧盟28国整体经济的增长速度。

如图5-4所示，2016年，欧盟占全球商品出口的15%左右。从2006~

---

[1] "Globalisation Patterns in EU Trade and Investment, 2017 edition," *Eurostat*, pp. 18-89, https://ec.europa.eu/eurostat/documents/3217494/8533590/KS-06-17-380-EN-N.pdf/8b3e-000a-6d53-4089-aea3-4e33bdc0055c, last accessed February 6, 2022.

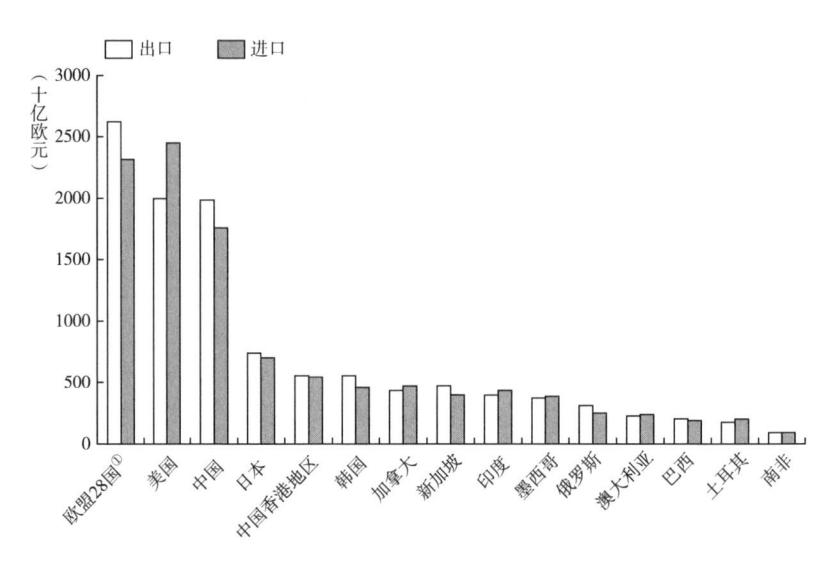

图 5-2　2016 年国际商品和服务贸易情况

① 欧盟以外的贸易。
注：按进出口总额排名。无阿联酋数据。
资料来源：欧盟统计局。

2016 年，全球商品出口结构的最大变化是中国所占份额的扩大，从 2006 年的 11.0% 上升到 2016 年的 17.0%。2016 年，中国是最大的商品出口国（1.9 万亿欧元），而美国是最大的商品进口国（2.0 万亿欧元），在这样的情况下，欧盟占据第二位，商品进出口额均为 1.7 万亿欧元。自 2004 年以来，欧盟、中国和美国一直是国际商品贸易的三大全球参与者。2007 年，中国超过美国成为世界第二大商品出口国；2014 年，中国超过欧盟 28 国，成为商品出口份额最大的国家，2015 年和 2016 年保持了这一地位。同期，欧盟在全球商品出口中所占的份额从 2006 年的 16.4% 下降到 2016 年的 15.7%，而美国所占的份额则相对保持不变（2006 年为 11.7%，2016 年为 11.8%）。

欧盟是全球最开放的经济体之一，工业品进口关税在世界上属于最低水平。例如，2016 年，只有 1.0% 的非农产品面临超过 15% 的进口关税征收，而对非农产品征收的简单平均关税税率为 4.3%。欧盟还拥有一个全面的优惠贸易安排网络，超越了更普遍的世贸组织规则，例如，给予许多

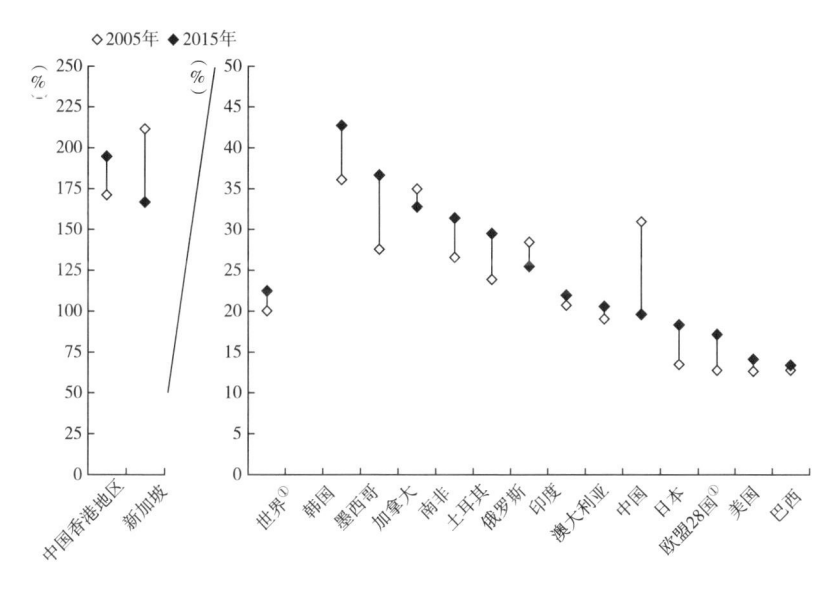

图 5-3 国际商品和服务贸易占 GDP 的比例

①不包括欧盟内部贸易。

②欧盟以外的贸易。

注：图的两部分在 y 轴上有不同的比例。根据进出口的平均值计算。无阿联酋数据。

资料来源：欧盟统计局。

发展中国家优惠进入其市场的机会，但武器除外。

欧盟 28 国是世界上最大的服务贸易进出口方。2016 年，它占全球出口的近 1/4（23.9%）和全球进口的略高于 1/5（20.8%）；相比之下，美国的出口份额为 19.8%，进口份额为 13.7%，而中国的出口份额为 5.5%，进口份额为 12.3%。从 2010~2016 年，欧盟 28 国国际服务贸易占商品和服务贸易总额的比重不断上升，从 26.8% 上升到 30.7%，服务的国际交易对欧盟经济变得越来越重要。2010~2015 年，欧盟 28 国的服务出口额每年都在增长，从 2010 年的 5690 亿欧元增加到 2015 年的 8320 亿欧元（整体增长 46.2%）；这一增长趋势在 2016 年结束，该年欧盟服务出口额小幅下降（下降 1.4%）至 8200 亿欧元。同期，欧盟 28 国的服务进口额逐年增长，从 2010 年的 4610 亿欧元增至 2016 年的 6900 亿欧元，相当于整体增长 49.7%。欧盟的一些全球竞争对手的报告称，其国际服务贸易额的增长速度甚至更快。

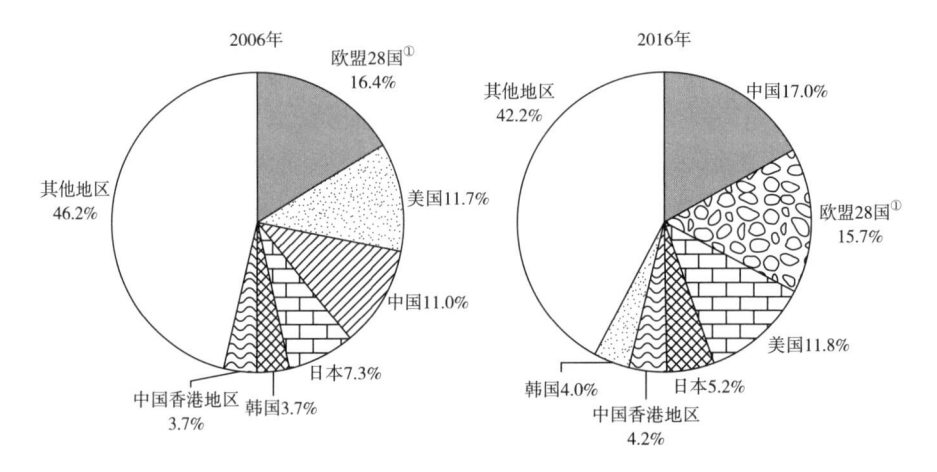

图 5-4　2006 年与 2016 年全球商品出口份额

①欧盟以外的贸易。

注：该图显示在全球商品出口份额中排名前六的国家与地区。全球商品出口总额不包括欧盟内部贸易。

资料来源：欧盟统计局。

2015 年，欧洲在全球外国直接投资中的比重超过了 40%。2005～2015 年，亚洲日益成为吸引外国投资的地区。2005～2015 年，欧洲的全球外国直接投资存量份额出现了相对温和的下降，下降了 5.4 个百分点，而北美所占份额的萎缩程度也差不多（下降了 5.1 个百分点）。相比之下，亚洲作为外来投资目的地的相对重要性在 2005～2015 年以相对较快的速度上升。欧洲的外国直接投资存量大于世界其他地区在欧洲内部持有的外国直接投资存量，因此，欧洲是一个净投资者。在全球金融危机爆发的 2008 年之前，欧洲外国直接投资所占的比例升至全球总量的一半以上（55.2%），但在 2015 年降至 41.7%。2015 年，在全球外国直接投资存量中，北美（28.4%）排在第二位，亚洲（18.5%）紧随其后。2015 年，欧盟 28 国的外国直接投资占 GDP 的 39.0%，略高于全球平均水平。

欧盟经济的发展在欧洲国家选择走向联合之后确实推动实现了在共同体建立时设定的目标，这说明欧洲国家的联合就是成功的典范。虽然我们现在看到英国脱欧给欧盟带来了巨大的影响，但谁又能确定英国脱欧就是明智之举，而欧盟在没有英国的情况下面临一次机体整合的大挑战，危险与机遇并存。

3. 欧盟的政治和共同外交方面的成就

对于欧盟，其前身欧共体为其经济联合的支撑，北约为其军事安全体系的有利盾牌，其是以欧洲法院和行政管理为支撑的国家联合体，旨在实现欧洲精英们走向主权统一的"欧洲梦"。[①] 欧盟被认为是在政治与经济方面均成功的共同体范例。在政治、安全方面，欧盟的共同外交与安全政策的目的是解决冲突，以外交和尊重国际规则为基础促进国际理解。《马斯特里赫特条约》明确规定欧盟将要逐步发展共同外交与安全政策，并开始在重大国际问题上协调立场，在对外问题上用一个声音说话，提升欧盟在国际事务中的影响力。1999年5月生效的《阿姆斯特丹条约》把共同安全与防务提上重要议事日程。在世界舞台上，一致行动的欧盟国家的声音要比27个大小不一的国家单独行动的声音大得多。在外交与安全方面，自南斯拉夫战争以来，欧盟通过其政治和经济支持，在建立西巴尔干地区的和平方面发挥了关键作用。一个例子就是欧盟促成的塞尔维亚和科索沃地区之间的对话，该对话于2013年4月促成了一项具有里程碑意义的协议，该协议目前正在欧盟的支持下实施。在援助、发展和外交行动方面，欧盟与发展中世界的150个伙伴国家的政府以及民间社会和国际组织开展合作。例如，在海地，欧盟提供了多种不同形式的援助，以帮助该国逐步恢复生产、解决结构性弱点，并为最脆弱的群体提供短期救济。自1994年以来，欧盟已经向海地提供了4.19亿欧元的援助。在发生重大灾害或人道主义紧急情况时，欧盟向欧洲内外的国家和人民提供援助。总的来说，欧盟及其成员国是世界上人道主义援助的主要提供者。欧盟每年向80多个国家的1.2亿多名灾难和冲突受害者提供食物、住所、保护、医疗保健服务和清洁水。

4. 公民权利与保护方面的成就

欧盟制定了死刑和酷刑以及线上、线下言论自由等领域的人权准则。

---

① 杨帆、杨柳：《英国脱欧的深层原因与欧盟的发展前景》，《新视野》2017年第1期，第115~122页。

欧盟的"欧洲民主与人权工具"(EIDHR)为在人权和基本自由方面最受威胁的国家和地区加强对人权和基本自由的尊重提供了支持。《马斯特里赫特条约》赋予欧盟公民和合法居民广泛的权利,这在许多领域的欧盟法律中有所体现。《欧盟基本权利宪章》汇集了欧盟各国人民享有的所有政治、经济和社会权利。每一名欧盟工人都享有与工作场所健康和安全有关的某些最低权利和平等的机会并适用保护公民免遭一切形式歧视的劳动法。欧盟在其数据隐私法中采取了强有力的立场来保护个人权利和个人信息,以确保公民对自己的个人数据有更多的控制权。欧盟消费者可以放心,因为他们知道,如果他们退回不需要的产品,他们就会得到退款;如果他们在旅行中遇到任何可避免的延误或取消问题,他们也会得到退款。从质量和安全方面来说,欧盟商店的商品必须符合世界上最严格的标准。在欧盟各国的紧密合作下,欧盟食品和环境达到了世界上最高的质量标准。维护食品安全是所有欧盟法律和标准在农业和食品部门的目标。欧盟范围内的法律涵盖了整个欧盟的食品生产和加工链,以及进出口商品,欧盟制定了一些世界上最严格的环境标准,欧盟的政策旨在将气候、环境和食品可能带来的对公民健康的风险降到最低。

第二节　新时期欧盟面临的发展困局

（一）难民危机亟待解决

欧洲的难民危机值得世界人民共同关注,在现代文明社会发展到今天这样的水平之时,仍然会有如此悲惨的现象发生,这值得全人类对欧洲的难民危机进行积极的反思。欧洲难民危机在短时间内很难得到妥善的解决,成为欧盟未来发展不得不直面的一项困难。数以百万计的难民涌入,且难民未来的发展趋势也不是很明朗,难民人数有可能继续增加。战争是产生难民的主要根源,由于美国和其所主导的北约（北约的主要成员也都是欧洲国家）对叙利亚和伊拉克等采取军事行动,数以百万计的难民为逃离战火而离开家园,寻求欧洲国家的庇护。难民主要来自西亚、中东地区。要是按照国家来划分,叙利亚和伊拉克难民是进入欧洲地区的难民中最主要的群体。联合国相关的统计数据显示，2014年约有30万名难民进入欧洲，2015年约有难民40万人，到2016年，有50多万名难民进入欧洲，其中大部分难民来自叙利亚和伊拉克。[1]

欧盟各国对涌入欧洲的难民态度不一，凸显了欧洲内部的分裂，由于内部不团结，欧盟无法在欧盟层面形成具体应对难民问题的有效机制，这使难民问题肆意发展，最终结果是大量非法难民涌入欧洲，致使欧洲难民危机影响到政治、经济和社会各方面，成为欧盟亟待解决的重要问题。欧洲地区难民危机的不断发展，势必会影响到欧盟未来的经济发展，进一步延缓移民与难民政策的一体化步伐。根据难民进入欧洲的速度计算，大约有150万名难民进入欧洲。随着大量难民的涌入，欧洲经济一定会受到剧烈的冲击，必将会给欧洲各国造成沉重的财政负担。

难民危机不仅是一个必须紧急和长期处理的问题，同时也是一个危及欧洲身份及其核心价值的问题。其不仅是人数问题，而且是人的问题，因为战争或独裁政权而离开自己国家的人需要更加团结。在选举中安全问题和难民危机比任何其他社会挑战更能引起公众舆论的关注。未来还会有更多的人员伤亡，在也门、索马里、尼日利亚和苏丹，数百万人面临饥荒的危险；在过去的40年中，非洲和中东失去了2/3的饮用水供应能力；准军事组织将难民视为恐怖分子。尽管欧洲需要对边境进行适当管理，但仍应确保对基本人权的尊重。

我们通过彼得罗·巴托洛（Pietro Bartolo）医生对其亲身经历和感受的记述来获得对难民危机的认知。欧盟委员会对彼得罗·巴托洛表示敬意，以表达欧洲社会对他在兰佩杜萨救助难民方面杰出的专业才能和人道承诺的钦佩和感谢。彼得罗·巴托洛是兰佩杜萨综合诊所的主任。他是一名妇科外科医生，在超过26年的时间里，他在西西里岛上见到了成千上万的妇女、男人和儿童，他们逃离战争、饥荒和暴力，希望在欧洲寻求更好的未来。2013年10月3日，一艘载有500多名难民的渔船被大火吞噬，造成368人死亡。在获得2016年柏林电影节金熊奖、2017年奥斯卡最佳

---

[1] 《非法移民和难民潮困扰欧洲（环球热点）》，人民网，2022年12月15日，https://baijiahao.baidu.com/s?id=1749521060535045161&wfr=spider&for=pc。

纪录片提名的导演詹弗兰科·罗西的电影《海上之火》中，巴托洛的故事和献身精神在国际上备受瞩目。2016 年 9 月，他与莉迪亚·蒂洛塔（Lidia Tilotta）共同出版了《盐与泪——我在兰佩杜萨当医生的日常生活，在痛苦与希望之间》（*Lacrime di sale La mia storia quotidiana di medico di medico fra dolore e speranza*）一书。他直言不讳地主张接纳难民和寻求庇护者，并呼吁建立人道主义走廊以打击人口贩运。他获得了许多国际奖项，以表彰他在促进社会、宗教和文化之间的和平共处与合作方面的杰出成就。2016 年 12 月 1 日，他被德国外交部长弗兰克-瓦尔特·施泰因迈尔和法国外交部长让·马克·埃罗授予德法人权奖。巴托洛解释了兰佩杜萨岛与马耳他和希腊是如何成为地中海的一个"救生带"，而位于欧洲边缘的兰佩杜萨岛是通往非洲的"门户"的。当代雕塑家帕拉迪诺（Mimmo Paladino）将他的不朽作品《欧洲之门》放置在该岛的最南端，以此证明兰佩杜萨岛是一扇永远敞开的大门，它从未拒绝任何人，也从未用墙壁或带刺的铁丝网迎接人们。巴托洛的行为感染了兰佩杜萨人民，他称他们热情好客，团结一致，多年来帮助了 30 多万名难民抵达该岛。巴托洛谈到了自己的悲惨经历：作为一名医生，他检查了世界上最多的尸体，他治疗和拯救了许多妇女和儿童。他表示难民潮不是一个问题，而是一个机会，这是欧洲必须学会成功处理事情的机会。他公开反对将儿童置于绝望的处境，特别是那些无人陪伴的儿童。他认为现在的首要任务是面对这样一个事实：每天都有太多的人在海上死去，而且还在继续死去。他倡议建立人道主义走廊，这样人们就不会再冒着生命危险出海了。女性在任何事情上都要承受更多的痛苦，经历苦难、酷刑、暴力和虐待，尤其是其在旅途上花费的时间很长，平均长达两年。妇女在冒着生命危险前往兰佩杜萨岛之前也被监禁和折磨，许多人因此失去了生命。迁徙者没有带来应引起关注的严重传染病；他们不是恐怖分子，绝不会在脆弱的小艇上冒生命危险袭击他人；他们不是来欧洲"偷"工作的，他们是需要生存的人，对获得最卑微的工作也会感到高兴。巴托洛表示，他非常荣幸能够获得认可，他一定会与兰佩杜萨人民、在岛上工作的所有军事人员、所有志愿者以及所有每天为难民奉献自己的人分享这一荣誉。

欧洲对人权的尊重传统和难民给欧洲社会带来的严重问题都促使欧盟

必须采取行动来面对和解决难民危机。欧盟强制要求每个成员国都必须接收难民的规定让成员国非常不满，英国脱欧也受到这方面因素的影响。难民的涌入对欧盟国家的人员就业、社会保障和安全等方面造成严重的影响，在难民危机与欧盟本身固有的就业和社会平等问题的共同作用下，欧盟内外交困，正经受新旧结合的危机。2020年后，全球受新冠肺炎疫情的影响逐渐显现，总体的经济形势出现衰退，在这样的一个大环境下，工作机会会更少，难民安置将越发困难，社会发展潜力对难民的接受空间也在逐步缩小。如此庞大数目的难民安置和融入所带来的社会问题会激增，若不能及时妥善解决难民危机，欧盟的政治经济发展都会受到影响。

（二）英国脱欧的影响

英国脱欧的心思由来已久，英国对于欧盟在情感上一直都是若即若离的，在欧盟的集体行动上更是"挑肥拣瘦"，早在2013年英国首相卡梅伦就提及脱欧公投。2015年5月，英国政府向下议院正式提交"脱欧公投"的议案。2017年3月，英国女王伊丽莎白二世批准了"脱欧"法案，授权首相特雷莎·梅正式启动脱欧程序，并于2018年6月正式允许英国脱离欧盟。2018年11月25日，除英国外的欧盟27个成员国领导人齐聚布鲁塞尔举行峰会，峰会的议题是对英国脱欧协议草案进行表决，并最终通过了该协议草案，约定在英国正式脱欧后设置为期21个月的过渡期，直至2020年底完成脱欧程序。

英国脱欧曾被认为是"黑天鹅"事件，有人认为英国脱离欧盟太过草率，脱欧公投是英国公民的一时冲动，是英国领导者政治手段的运用失误。但我们反观英国脱离欧盟的整个过程，实际运行的时间并不短，整个过程也符合英国和欧盟的相关程序，英国也完完整整地走完了脱欧的整个程序。英国与欧盟的关系是合也忧伤，分也忧愁，今天的英国和欧盟都已经走上了各自发展的道路，我们从实际出发来客观分析英国脱离欧盟的深层次原因。

首先，英国与欧盟的利益矛盾是主要原因。经济利益是最为主要的，加入欧盟的欧洲国家最主要的关注点就是能够分得多少利益。分红拿的多，主权国家的经济就会蒸蒸日上，任何一个国家都不会想要离开欧盟。

欧盟曾有28个国家，在这样一个庞大的国家联合体中，需要处理的利益纷争自然是非常复杂的，而英国正是因为不能获得想要的利益才想要离开欧盟的。作为欧盟成员，国家要让渡给欧盟一些权力，欧盟就相当于各成员国的权力核心；而对于欧盟通过的相关法规和议案，各成员国都要服从，并且要因地制宜地修改和执行。除此之外，欧盟的规则特别严格，如对于鸡蛋的大小、西红柿的颜色都有严格的规定，这就给成员国造成很大的限制。同时，作为欧盟成员国之一，英国自然是在欧盟的财政预算分担之列的，其需要缴纳的比例约为1/8，按照实际分担的额度计算，是继德法之后居第三位的国家。从顺序上来看没什么问题，欧盟前三强怎么也有英国的位置，而实际的情况是，德法虽然比英国缴纳的额度高，但德法是欧盟的创始国，在欧盟内部有更大的政策主导权。尤其是在欧债危机发生的关键时期，由于各种利益分歧不断，英国作为传统强国正在逐渐丧失其在欧盟事务中的主要地位与影响力。从历史角度来看，英国与德法之间一直存在领土争议。英国是欧洲曾经的霸主，但随着德法两国的崛起，英国的传统霸主地位逐渐被动摇，甚至在欧洲被甩至德法之后，位居第三。再加上原有的民族矛盾和宗教冲突，这些直接导致欧盟内部不断出现裂痕，在这样的背景下，欧盟内部的凝聚力不断下降，英国的脱欧情绪也就随之产生了。

其次，英国与欧盟的相互猜忌不断加深。在欧盟成员国里，英国一直是个特例，它在很多方面依然坚持自己的孤立政策，抗拒与欧洲其他国家保持步调一致。例如，在货币政策方面，英国没有加入欧元区和申根区，对统一货币持怀疑态度；在度量衡单位方面，欧洲使用欧盟公制，英国则使用英制；就连电源插座和插头，也存在欧洲标准和英国标准两种。英国一直在欧盟里面寻求特殊待遇，2016年2月，欧盟同意给予英国"特殊地位"，增加了英国在金融和政治等方面的自主权，部分满足了英国政府提出的要求。即使如此，英国对欧盟的猜忌并没有间断，英国保守党内部一直认为欧盟的政策对英国有负面作用，未来很可能会损害英国的利益。欧债危机使英国的怀疑迅速发酵。与英国日益浓重的疑欧、脱欧情绪相对比，欧盟其他成员国对英国的"不可靠"认知也在逐渐上升。其他成员国认为英国作为欧盟的一员，在融入欧盟的过程中表现得很不积极，一直在扮演着拖后腿的角色。对于英国的做法——不加入欧元区，不参加危机救助方案，不为缓解欧盟的危机出力，并且反对一切金融监管政策，既想拿好处，又想不出力，其他国家很反感。

再次，在移民和难民问题的处理上，双方存在矛盾。欧盟的规则规定只要是成员国的公民都可在欧盟各成员国工作、生活，但东、西欧的经济发展极不平衡，西欧主要是发达资本主义国家，而且英国给居民提供高额的福利，这使得东欧国家的公民对英国的工作"虎视眈眈"，反而造成英国的失业率很高。2017年有约33.3万人移民到英国，而英国只有6000万人口，这可不是一个小数目。最近几年，叙利亚和利比亚等中东、北非国家战争不断，大量难民偷渡到欧洲各国，欧盟按成员国GDP来分配难民数额，而英国是欧盟第二大经济体，这使英国面临极大的就业压力和社会治理难题。

同时，发达国家一直存在日趋严重的两极分化，这导致逆全球化的趋势不断高涨。英国脱欧的风险很高，或将导致英国经济出现负增长或经济萎缩，并失去欧盟这个最重要的贸易伙伴。尽管如此，英国大多数公民还是要支持脱欧，这就是"草根政治"不断发展的结果。发达国家的两极分化日趋严重，英国也包括在内。英国两极分化的程度在欧盟成员国之中位居前列，受世界经济下行压力的影响，越来越多的中下阶层感到生活越来越艰难，极力想改变这种困境，体现在国家政治层面上就是反其道而行之。逆全球化的现象近几年在国际政治方面还是比较常见的。在脱欧公投的过程中就是如此，英国的中间阶层分化非常明显，文化教育水平和专业程度较高的社会阶层与发达地区的公民选择留欧；弱势群体和老年选民群体选择脱欧，他们认为移民抢了他们的工作机会，使他们的生活受到严重影响。反精英、反建制的民粹主义势力兴起，鼓吹重回孤立民族国家，尤其是在欧债危机之后，极右独立党与保守党内疑欧派联合，利用各种政治手段广泛动员群众，促使脱欧由小概率事件转变为不可逆转的事实。

最后，英国脱欧还有历史文化方面的因素。英国脱欧的情绪积蓄很久，这与英国悠久的历史文化有关。出于历史方面的原因，从19世纪晚期起，英国一直奉行独立的对外政策，对于欧洲大陆的事务采取不干预的政策，这被英国人称为"光荣的孤立"。英国在欧洲奉行"例外主义"是因为历史上的骄傲。大英帝国曾经的"海洋霸权"是何等的辉煌，其殖民地遍布全球，被称为"日不落帝国"。大英帝国曾经占据世界霸权地位200

年，这就是英国人的骄傲。大英帝国可以控制世界，但却始终未能主导欧洲。不仅如此，历史上的英国还屡次被欧洲大陆拒之门外。高贵的英国人认为欧洲根本就配不上自己，一提到欧洲想起的都是不愉快的事情。对于欧盟，英国一直具有一种很"暧昧"的心态，既想进去分经济红利，又不想让渡自己的政治主权。英吉利海峡很好地划开了英国与欧洲大陆的历史发展进程。英国人长期以来都认为自己拥有多重身份，普遍认为自己属于欧洲，但不只属于欧洲。欧洲大陆和英国的历史传统有很大的差异性，英国更关注世界，想在国际和地区事务中享有更多的自主权。

英国脱欧事件比较复杂，除去上面论述的几点外，还有其他方面的影响因素，这里就不再赘述。英国脱欧已成既定事实，我们接下来要分析的是英国脱欧对欧盟的影响主要体现在哪些方面。

第一，英国脱欧事件对英国和欧盟双方都是一种伤害。在经济和贸易关系上，双方相互依存度极高，英国脱离欧盟，不仅英国利益受损，欧盟其他成员国也将蒙受交易成本上升的巨大经济损失。单以贸易和投资为例，英国有44%的商品和服务要出口到欧盟，而伦敦是国际金融中心，欧盟有50%的投资在英国。英国脱欧后双方的贸易和投资关系要通过重新谈判来确定，而谈判持续的时间要两年，存在很大的不确定性。① 根据欧盟委员会的统计，英国脱欧将使英国2017年经济损失1~2.75个百分点，使欧盟经济损失0.25~0.5个百分点。② 在政治关系上，英国是联合国安理会五个常任理事国之一，在联合国拥有重要的政治影响力，在其他国际组织和机构中也同样占有重要地位。如果欧盟真想成为世界政治经济发展中的一极的话，在国际事务中还需要英国的协助；而如果欧盟能够从危机中脱困，仍保持世界第一大经济体和最大的发达国家集团的地位，这个平台对英国来说也是极其重要的。

英国脱欧后，英国的发展前景令人担忧。英国脱离欧盟在短时期内对英国可能是有利的，如英国可以节约每年需缴纳给欧盟的80亿英镑款项。

---

① 《欧洲用工——英国脱欧对出海企业海外用工的影响解读》，知乎，2022年6月1日，https://zhuanlan.zhihu.com/p/522931309。
② 《脱欧损己不利人：欧元区和英国2017年GDP预估均遭下调》，搜狐网，2016年7月19日，http://mt.sohu.com/20160719/n460027739.shtml。

支持脱欧的英国人认为90%的英国经济与其对欧盟的贸易无关，但要受制于欧盟的规章制度，而脱离欧盟将使英国许多中小企业不再受欧盟规章制度的钳制，这样就业机会会因此增多。同时，脱离欧盟后，英国可以提高劳工准入门槛，加强边境控制，提高企业经营的自主权和政府的自由裁量权；英国不再受欧盟的制约，独立发展自己的全球关系。从长期来看，英国失去了欧盟成员国的身份，难以依靠欧盟在欧洲和世界事务中发挥作用，国际地位和影响力将大打折扣。在贸易关系方面，英国与欧洲唇齿相依，有一半贸易额都来自欧洲其他国家。脱欧令英国与欧洲的贸易关系受到重要影响，甚至影响到伦敦国际金融中心和资金避风港的地位，导致大量投资从英国集体撤出，资本外流，经济发展迟滞，失业率攀升。失去在欧盟的影响力后，英国有可能被美国冷落，并且在贸易、安全和环境等方面的众多跨国事务中逐渐被边缘化。美国及其盟友想要英国留在欧盟，就是想利用英国在欧盟的地位和影响力，而英国离开了欧盟，将面临更加孤立的外部环境。脱欧后英国面临的经济压力将增大，这给伦敦国际金融中心的地位带来威胁，人才和投资大量流失，社会两极分化严重。脱欧最严重的影响是造成政治内斗：英国国内的政局动荡，工党瘫痪，保守党分裂，工党领袖更是被指责留欧动员不力；反对脱欧的400万人进行反脱欧游行；苏格兰和北爱尔兰不支持脱欧，英国脱欧后，它们就要求脱英独立。

第二，英国脱欧给欧盟的经济带来了严重冲击。作为欧盟第二大经济体，英国退出欧盟统一市场，使欧盟原有的经济格局发生重大变化，英国与欧盟及其各成员国之间原有的欧盟条约束缚解除，欧盟与英国之间将展开新的自贸谈判，经贸协定也要重新制定。英国脱欧对欧盟的经济方面及未来前景造成影响，欧元和英镑的压力增大，打击投资者对欧盟的信心，导致股市下跌。英国正式公布脱欧结果的当天，股市大幅度振荡，道指收盘暴跌600点，欧股市收跌7%，英国股市跌3.2%，德国股市跌6.8%，法国股市跌8%，意大利股市跌12.5%，这是自全球金融危机以来最大的单日跌幅，英镑兑美元汇率一度下跌10%。[①] 英国脱欧后，自身面临较大

[①] 《英国正式脱欧拖累欧美股市普跌》，新浪财经，2022年2月2日，http：//finance.sina.com.cn/roll/2020-02-02-doc-iimxxste8173390.shtml。

的压力和挑战，其就要尽量挽回脱欧损失，必然会在经济和对外政策上做出一系列调整，而这些政策的调整将对欧盟和全球贸易体系产生重要影响，可能导致全球经济进一步低迷。拥有27个成员国的欧盟经济总量的下降，再加上全球疫情和难民危机的影响，将导致欧盟在全球经济中的地位和影响力下降。

第三，英国脱欧对欧洲一体化发展方向产生影响。英国脱欧事件使欧洲甚至全球的区域一体化建设受到挑战，很多人认为欧洲区域一体化建设走向了终结。欧盟很多成员国内部存在支持脱欧的政党，这在欧洲是一种非常普遍的现象，每当欧盟处于危急时刻，这些政党都不会放弃煽动本国公民进行脱欧公投的机会，英国脱欧就是这样演变成了"黑天鹅"事件。英国脱欧后，有10多个欧洲政党积极呼吁本国也进行脱欧公投，相关的民意调查显示，有30%的受访者选择脱离欧盟，欧盟的凝聚力不断下降。[①] 英国脱欧使欧盟在制定国际规则上的话语权降低，对欧盟内部一体化方向产生了离心力。如果英国在脱欧后经济发展逐步向好，会进一步刺激欧盟成员国的离心力。英国脱离欧盟后，德法成为欧盟的主要力量，但德法之间的矛盾由来已久，没有英国的制衡，两国是联手共同解决欧盟面临的问题，谋求更大的发展，还是相互争斗，谋求领导地位，这存在不确定性，任何一种情况都将对欧盟未来的发展产生重大影响。失去英国后，欧盟在政治和军事上的影响力大大削弱，在国际交往和地区事务中可能会进一步受制于美国。除了欧债危机、难民危机，还有乌克兰危机，欧盟面临的危机不断，英国却在这个时期选择脱欧，导致欧盟内部矛盾进一步暴露出来，欧盟面临多重危机，而成员国之间的利益分歧逐渐凸显，如何处理内外部矛盾，把稳欧盟发展的方向盘，继续深化一体化进程，欧盟亟待解决的问题还很多。[②]

---

① 《英国脱欧公投：孤立主义的历史轮回》，知乎，2016年6月23日，https://zhuanlan.zhihu.com/p/2140091。

② 巩潇泫、贺之杲：《英国脱欧对欧盟行为体角色的影响分析》，《国际论坛》2016年第6期，第2~3页。

第三节　欧盟未来发展的主要挑战

欧盟经过60多年的艰辛努力为曾经饱受战争蹂躏的欧洲带来了和平、繁荣、合作和认同感。回首往事，欧洲人感到自豪；展望未来，人们在希望的情绪中又混杂着对欧洲的担忧。欧盟近年来经历了一系列不同的危机。每一场危机都会产生新的复杂的内部和外部挑战，带来不确定性，使公众容易受到民粹主义运动的影响。然而，过去的经验表明，任何形式的民粹主义只能带来痛苦，而不能解决问题。在欧盟处于危机的关键时刻，一个重要的挑战是要唤醒欧洲人的记忆和欧洲人的历史责任感。建立欧洲经济共同体的6个国家的领导人认识到，必须摆脱民族主义和民粹主义，对民主、共同机构和共同的基本价值观做出新的承诺。1950年5月9日，罗伯特·舒曼的一项宣言正式开启了通向自由和民主的欧洲的道路，1957年《罗马条约》的签署为这一道路奠定了基础。在这条道路上，欧盟因为联合取得了巨大成绩，曾令世人羡慕，也曾经历危机，接受挑战。当今社会正经历自工业革命以来步伐最快的全球化和社会变化过程，尤其是在知识经济的兴起、未来科技日新月异的背景下，欧盟要不断提升自身应对严峻考验的应变能力。

（一）欧盟的一体化和不断扩大之间的挑战

随着欧盟的扩大和一体化进程的深化，欧盟在政策协调上的难度不断增大，在有些领域甚至出现僵持局面。尽管60多年来的欧洲一体化给欧洲民众的生活带来了诸多好处，但欧盟目前正面临双重危机，即"观念危机"和"增长危机"。"观念危机"是指观念认知方面的冲突，有一些成员国主张把欧盟建设成为一个政治性质的联盟，而另一些成员国则更愿意将欧盟建设成为纯经济性质的自由贸易区。"增长危机"指的是在当前欧盟经济发展面临困境的情况下，多数成员国仍然不愿进行结构调整，成员国之间的经济差距进一步拉大，总体经济增长缓慢。在欧洲的一体化进程中，成员扩大是一项重要举措，也是欧盟成功的一个体现。欧盟曾在2004年5月一次吸收10个国家入盟，实现历史上规模空前的扩员。

欧盟不断扩大队伍对欧盟有利也有弊，成员的增加使欧盟可以不断扩大市场，促进贸易流通，增进利益，但同时，成员的不断增加给欧盟的机构管理和制度建设带来冲击，每个成员国的加入都给欧盟带来挑战，给欧盟推行的共同政策和结构基金的支出带来压力。欧盟除了需要协助成员国维持经济繁荣、强化市场竞争力和积极改善社会福利外，还必须解决人口老龄化、劳动力短缺等方面的问题。欧盟在自身建设上也因成员的增加亟须解决一些固有的难题，如：东欧国家经济发展水平低，加入欧盟后，面临贫富差距太大的问题；如何促进成员间的相互融合；欧盟成员国如何在现有的经济差距的前提下实现一致向前发展。

欧盟也要对现行的组织机构进行改革，随着新成员的加入，原有的机构已经没有办法满足需求，欧盟体制僵化的矛盾也进一步暴露出来。由于原有成员之间的问题与矛盾没有得到很好的解决，在成员继续扩大的议题上，成员国对欧盟的"吸纳能力"产生怀疑，已开始对是否继续接纳新的成员国产生恐惧心理。从现实的情况来分析，欧盟未来的挑战可分为两种：一种是如何提高欧盟的市场竞争力和确保经济持续稳步增长；另一种是如何深化欧盟内部的一体化，保持欧盟的稳定性，实现欧盟以一个统一的声音参与国际事务。

在共同外交与安全领域，欧盟想实行统一的政策，但现实是其时常难以实现用一个声音说话，在独立防务建设方面，其发展也明显滞后于现实需要。另外，欧盟自成立以来，对自己未来的发展方向一直存在一定的困惑，这种情况在制宪问题上反映得十分明显。欧盟是在摸索中逐渐发展起来的，究竟是联邦还是其他形式的超国家方式对欧盟的未来发展更有利，对于这一问题，欧盟领导人一直也没有形成一个明确且一致的意见。英国脱欧之后，法德作为欧盟的核心国家，就欧盟未来的发展方向是否能达成一致意见还未可知。如果两个国家能够实现联合，欧盟还可以与美国进行平等对话，如果反之，欧盟将失去与美国平等对话的实力。我们都知道德法积怨已久，再加上现实的利益问题和欧盟的领导权之争的问题，这个一致意见的达成难度将会更大。法国想独揽欧盟的大权，这是其认为最理想的状态，北约压在欧盟的头上令法国觉得十分难以忍受，法国认为北约本身的机制就存在问题，因而不能左右欧盟；而德国却认为美国主导的北约给德国带来安全保障，可以很好地制约俄罗斯，这是非常重要的。在一些欧盟内部事务的处理上，德法也是各持一端，为了自己国家的利益，只能暂时放下欧盟的利益。2020年新冠肺炎疫情在欧洲大规模蔓延，欧洲各国都因此经受了严峻的经济考验，在这样的全球疫情危机的外部压力下，欧盟成员国能否实现内部的团结来共同面对疫情还有待验证。

（二）欧盟社会内部的不平等带来的挑战

欧盟是世界上唯一一个拥有独特社会模式的地方，欧盟通过一系列条约致力于发展社会市场经济，帮助成员国保持和增强社会凝聚力。《里斯本战略》和《欧洲2020战略》进一步强调社会成果和目标，以促进社会投资、解决失衡问题和促进经济不断增长。虽然当前欧盟的困难比以往任何时候都更加明显，但它的成就却常常被遗忘。我们不能否认这些成就的存在，如和平、生活在自由之中的能力、团结、人民的自由流动以及60多年的经济和社会进步。媒体为了引起人们对欧盟问题的关注，往往忽视或最小化这些成就。这种负面趋势最终导致英国决定退出欧盟。欧盟27国现在需要更紧密地合作，特别是要回归团结的创始原则。在纪念欧盟建立60周年的背景下，人们注意到欧盟在改变人们生活方面取得的重要成就，并探讨了欧洲公民当前关注的关键问题。欧盟长期以来对紧缩政策的强调显然不起作用，相反它给数百万欧洲公民带来了苦难，欧盟需要维护欧盟的成就和解决欧洲面临的主要挑战——不平等。欧盟的社会模式是独一无二的，但不是无懈可击的。近年来这种模式已经遭到冲击，在许多方面存在着太多的不平等现象。塑造欧洲未来的主要挑战在于让欧洲社会与不平等做斗争。

欧盟是一个制定建议和提出想法的机构，有助于确保民间社会参与欧盟政策。日益增长的政治不确定性，以及欧盟对经济、金融、难民和安全危机做出的缓慢或不足的反应，已导致人们对欧洲计划、成员国之间和成员国内部日益加剧的不平等和经济不平衡感到失望。欧盟经常被描述为欧洲公民所面临问题的源头，而不是解决方案。现在需要做的是确保整个欧洲人口都能分享经济增长的好处。为了实现这一目标，除了通过加大对人力资本和研究的投入力度来提高竞争力和生产力外，还需要建立一个强大的欧洲社会支持体系。有必要将社会支持置于欧洲模式的核心，社会权利可以帮助减少欧洲的不平等，前提是它们与具有约束力的立法相伴而行，新技术即使提供了新机会，也会损害工人的权利。在这个政治极度不确定的时期，欧洲应该尽快消除紧缩政策的影响，并为所有人提供社会权利，而不仅仅是为那些居住在欧元区的人提供社会权利。欧盟应采取预防性行动，消除非正规经济，将国家服务与其他方面的服务结合起来，为弱势群体创造空间。社会权利应该适用于所有公民，欧盟应该在社会和经济政策之间取得更好的平衡，因为日益严重的不平等现象表明目前情况并非如此。尽管经济趋同应与社会趋同同步解决，但只有向上的社会趋同才能改变公民对欧盟的看法。

欧盟需要关注财富的再分配，到目前为止，只有少数人从中受益。发展实体经济投资至关重要，同时也要增加对最贫困和最弱势群体提供的道义和物质支持。在签署《罗马条约》60多年后，解决欧盟面临的挑战要求一个新的开始，以使欧洲在团结的基础上更加团结。这是欧洲经济和社会进步的命脉，是渴望和平、自由和有尊严的生活的公民的命脉。欧洲各国必须捍卫欧盟，把公民的需求置于欧洲一体化的核心地位。如果没有社会层面，欧盟就没有未来。如果不将社会层面牢牢地纳入经济模式中，以确保欧洲各地区的真正和谐和各地区所有公民的生活条件的真正改善，就无法永久赢得公民的信任。联盟的责任是捍卫社会正义，制定协调一致的政策，减轻贫困，并在青年就业、基础设施、研究和创新方面进行大量投资。欧盟必须加强对基本权利，特别是社会权利的促进。欧盟公民应该被放在辩论的核心位置，如果没有社会权利的支持，欧盟社会的和谐发展是不可能的。让公民相互竞争是不可接受的，如来自不同国家的工人之间的竞争。目前，欧盟的经济和社会方面存在不平衡，经济政策对公民的社会状况产生影响，正如社会政策对成员国的经济状况产生影响一样。当前的社会和经济失衡对欧盟的未来构成威胁，因为其破坏了社会凝聚力、政治信誉和经济进步。要解决这一问题，就需要更多的社会投资来支持实体经济。

此外，要敦促政治家和媒体改变言论，停止指责欧盟，呼吁各国加强团结和社会对话。各成员国在道义上有义务承认欧盟取得的进展，而且，当批评被证明是必要的时候,要以合理和建设性的方式提出。各成员国应该协商一致,采取正确的政策,从而创造就业,确保社会投资,特别是在绿色经济领域,确保可持续发展和在该领域创造就业机会,并为公民提供服务,保证欧盟和平、自由、民主、繁荣和进步,而不是考虑如何修改条约。应该把重点放在改正欧盟的缺点和迄今为止所犯的错误上,以便使政策能够正确有效执行。这将使欧盟有可能在无须修改条约的情况下重新获得欧洲民众的信任。

(三) 完成欧洲经济与货币联盟所面临的挑战

欧洲经济与货币联盟的未来实际上就是欧洲的未来,如果没有强大的经济作为支撑,维持欧盟的社会模式是不可能的。欧盟经济方面的发展对欧盟成员国来说至关重要,欧洲精英们的"欧洲梦"也需要货币来支撑。欧债危机暴露了欧元区和欧盟金融体制存在的弊病,而要度过危机,欧盟必须进行金融体制改革。短期内的一项关键的优先事项是恢复一个能够为实体经济提供资金的坚实、稳定和健康的金融部门。有几个目标特别需要实现:实施已商定的金融监管改革;填补监管空白,提高透明度、稳定性和加强问责制,特别是在衍生品和市场基础设施方面;以一个统一的欧洲规则手册的形式,以适当的方式覆盖所有金融参与者和市场,完成对审查、会计和消费者保护规则的强化;加强金融机构的治理,以解决金融危机期间在风险识别和管理领域发现的薄弱环节。对于以欧元为货币的成员国来说,共同货币起到了抵御汇率动荡的屏障作用。但这场危机也揭示了欧元区各经济体之间的相互依赖程度较高,在金融领域,这使得溢出效应更有可能发生。不同的增长模式在某些情况下导致不可持续的政府债务积累,这反过来又给单一货币带来压力。因此,这场危机放大了欧元区面临的一些挑战,如公共财政的可持续性和潜在增长,但失衡和竞争力差异也起到了破坏稳定的作用。为了确保稳定、持续和创造就业的增长,克服欧元区面临的这些挑战是至关重要和紧迫的。应对这些挑战需要加强政策协调,包括:建立对欧元区国家进行更深入和更广泛监督的框架;除了加强财政纪律外,宏观经济和竞争力发展应成为经济监督的组成部分;建立一个用来应对整个欧元区金融稳定威胁的框架迫在眉睫,以强有力地应对全球经济和金融挑战。

欧盟推行的统一货币欧元,有其自身的制度约束:只有欧洲央行拥有发行权,德法等国的央行没有独立货币政策。但是作为欧盟政治统一的代价,德国作为欧盟最大的经济体被迫要承担欧洲大部分债务,德国要想在欧盟内部实现政治上的崛起,充当欧洲领导者的角色,就必须不断掏钱给欧盟的其他国家,但这样一来,德国的压力就会越来越大。2009年欧洲爆发债务危机,希腊等国受到的影响十分严重,由于不能忍受财政紧缩之苦,有成员国指责德国为富不仁。而德国民众抱怨其他成员国懒散懈怠、不讲信誉,致使德国为他国的经济失败买单,感到十分不满。希腊劳工和社会保障部副部长拉尼娅·安东诺普洛(Rania Antonopoulou)解释说,采用单一货币的成员国在危机时期无法使用货币政策工具,如降低利率和货币贬值,考虑到缺乏财政空间,它们应对危机的唯一选择是内部贬值。她进一步指出,社会和经济政策之间的区别是人为造成的,因为与降低工资有关的社会变化带来了消费和支出减少等经济后果。当时的问题是如何以连贯一致的方式把社会和经济政策联系起来。在这方面,信心的恢复可以被视为增长的驱动力,其中一个例子是以公共投资对抗失业。但是,为了不惩罚投资于人力资本的国家,必须将这些投资排除在《稳定与增长公约》框架内的基本赤字计算之外。① 欧洲工会联盟秘书长卢卡·维森蒂尼(Luca Visentini)表示:"经济应该为国民的利益和需要服务。为了欧洲经济的复苏和为国民创造更好的前景,应该改变紧缩政策。"② 这可以通过以下步骤来实现:第一,动员公共和私人投资,以创造就业机会;第二,改变当前认为工资是竞争力障碍的说法;第三,将社会政策视为提升竞争力的一个有利因素。根据维森蒂尼的说法,这些步骤并不需要修改条约;相反,现有的规则需要变得更"聪明"。改革《稳定与增长公约》,使欧盟内在的灵活性更加结构化,并以明确、公平和透明的方式加以应用;为需要投资的国家提供更多的财政空间,如利用欧洲稳定机制(European Stability

---

① 《金融知识分享:2009-2013年欧洲金融危机》,知乎,2018年8月14日,https://zhuanlan.zhihu.com/。
② 《欧元的过去和未来》,新浪财经,2022年9月6日,http://finance.sina.com.cn/money/forex/forexinfo/2022-09-06/doc-imqmmtha6158824.shtml。

Mechanism）的资源创建一个欧洲财政部；提高工资以提高生产率，这是欧盟经济中一个特别重要的因素，欧盟经济的70%依赖内部需求，而只有30%依赖出口。成员国需要团结一致，为创造更美好的未来而共同努力。

由于财政危机，成员国之间的所有关系都变成了债权国和债务国之间的财政关系。这场危机证明，如果欧盟想成为一个真正的社区，成员国不仅要准备分享利润，还要准备分担风险和损失。这就是为什么意大利不仅希望建立一个银行业联盟，还希望建立一个社会联盟，从而推动经济与货币联盟发展。意大利政府正指望欧盟来帮助解决这些挑战。意大利银行业协会主席乔瓦尼·萨巴蒂尼（Giovanni Sabatini）表示，欧元区运行的最初基础适用于经济增长时期，但不适用于危机时期。现有的欧洲经济与货币联盟不仅是一个经济项目，也是一个政治项目，即不仅仅是一个经济联盟，更是政治的联盟。合作有助于减轻危机的影响，这表明可以采用不同的经济模式。需要建立一个真正的欧元区政府，并在产业政策领域进行进一步努力。必须启动一项完善的货币政策，使欧盟能够在未来更好地预防并在需要时管理可能发生的金融危机。因此，它需要得到财政、银行和政治联盟的支持，以便让金融市场相信其制度架构的可靠性。从这个意义上说，成立银行业联盟是欧盟应对危机的主要措施之一，但银行业联盟的成立需要形成更好的银行业监管机制，以简化、透明、问责和比例为指导原则，以及建立作为银行业联盟第三大支柱的欧洲存款保险计划（European Deposit Insurance Scheme）。在这方面存在三个问题。第一个问题是欧洲经济与货币联盟的设计缺陷。单一货币完全基于《马斯特里赫特条约》的趋同标准，但基于规则的财政政策方法被证明是错误的。这些机构需要更多的自由裁量权，而如果对未来增长进行更多投资，这将成为可能。但是，这种需要必须与财政可持续性的需要相平衡。第二个问题是各成员国在单位劳动力成本发展方面的差异问题。在其中一些国家，社会对话不足以确保财政政策的稳定，因此需要解决这个问题。这不仅仅关于提高工资，还包括提高生产率和在欧盟不同地区创造高质量的就业机会。第三个问题是建立欧盟实现凝聚力的财政能力的问题。这种能力只有在适当的条件下才能发挥作用，其中的共同因素不是改变条约，而是执行具体国家的建议和改进财政支出的方向。萨巴蒂尼表示，银行业联盟和资本市场联盟是确保欧盟金融市场高效、一体化所需的关键基础设施。然而，监管框架应始终允许银行发挥其作为实体经济中介和贷款人的关键作用。① 欧洲商业联合会（Business Europe）的经济主管詹姆斯·沃森（James Watson）强调，他的组织支持完善和加强欧洲经济与货币联盟。他希望即将提交的关于深化欧洲经济与货币联盟的反思文件将重新启动这一进程。② 在经济联盟方面，欧洲商业将竞争力视为增长、就业和趋同的基础。因此，需要在目前17%的基础上加快执行针对具体国家的建议。至于金融联盟，有必要建立银行业联盟和资本市场联盟。特别是，协调不同成员国的存款保险计划是建立单一欧洲存款保险计划的先决条件。在财政联盟方面，需要提高财政规则的效率。在适当的情况下，财政整顿对恢复信心至关重要，但必须在不增税的情况下进行。与此同时，欧洲需要更多高质量的公共和私人投资。因此，欧盟必须将成员国的支出导向创新、技术和数字转型方面的投资。同样重要的是，在保留《稳定与增长公约》现有原则的同时，通过投资条款来支持公共投资。欧洲商业联合会鼓励欧洲领导人尽快推进建设欧洲经济与货币联盟。

完善经济与货币联盟的目的是建立真正的民主治理的欧元区经济、社会、财政、金融和政治支柱，并积极鼓励和尚未进入欧元区的成员国一起推进一体化进程。政府同意建立欧洲货币基金组织等欧元区财政机制和更稳定、更民主的治理机制。鉴于必须在《财政契约》通过后五年内将其规定纳入欧盟法律框架，应抓住这个机会对欧元区进行真正的改革。在这种情况下，理事会可以改变经济政策，而不需要改变条约，特别是确保更公平的财政政策和更多超出容克计划的投资。对于经济与货币联盟，相关提案是向整个欧盟提出的。当然，这并不会阻止欧元区国家进一步走向经济一体化——相反，一个真正的经济联盟将使欧元对那些尚未加入欧元区的国家更具吸引力。

---

① 赵琪：《欧盟金融市场协调力有待提高》，《中国社会科学报》2019年3月15日，第3版，http://sscp.cssn.cn/xkpd/xszx/gj/201903/t20190315_4848285.html。
② Business Europe, "Macroeconomic Policy / 'Economic Outlook'," https://www.business-europe.eu/policies/economy-and-finance/macroeconomic-policy-economic-outlook.

（四）移民与融合政策方面的挑战

2017年，欧盟轮值主席国马耳他议会秘书伊恩·博奇（Ian Borg）强调，在过去60年中，欧盟已成为马耳他社会转型的一个总体积极因素。它特别在确保和平、欧洲团结、尊重基本价值和权利、环境保护方面发挥了至关重要的作用。然而，尽管欧洲一体化计划仍受到强烈支持，但这种支持已不再是无条件的。对过去成就的认识可以作为一种激励，但不能作为未来的蓝图。每一代欧洲人都需要迎接他们所面临的新挑战。当前面临的一个挑战是移民问题，处理这一问题对于确定今后团结的性质至关重要。必须把移民问题作为一个欧洲问题的所有方面来处理，包括执行一项投资计划来管理移民流动，而不是简单地阻止他们。欧盟的一体化进程需要在法治和基本权利的基础上重新启动。欧盟正受到比以往任何时候都多的质疑，提升经济和社会凝聚力是十分有必要性的，因为如果没有社会联盟，欧盟就没有未来。

在英国公投期间，移民问题一直是焦点，并在脱欧公投中发挥了重要作用。欧盟不应将移民视为一种威胁，而应采取基于权利的方式对待移民，提高保护标准，确保其平等获得社会保护和护理服务；各成员国需要分担责任，统一保护规范，提供人道主义签证，提供保健、住房服务，为移民制定欧盟一级的一体化行动计划。移民同时还应该被赋予选举权和竞选公职的权利。从本质来说，移民问题是一个结构性问题，必须通过结构性政策加以解决，如防止过境国的移民流动和与原籍国开展合作。将人们置于被驱回的危险中和使他们暴露于暴力的政策是错误的，欧盟的预算应该更加灵活，应该重新分配给地方政府。应对所有这些挑战显然需要比目前欧盟预算更多的财政资源。

首先，欧洲通过边境的管控使难民危机避免了愈演愈烈的状况，但难民涌入对欧盟仍带来很多消极影响：难民危机将加剧欧盟国家的财政支出压力、就业压力、社会治安压力，甚至可能会导致恐怖主义威胁上升。欧洲国家需要协调边境控制、安全与人权和难民保护之间的关系。移民问题已经成为一个高度政治化的问题，不幸的是，当欧盟主流政党表现出缺乏创造性思维的时候，极右派决定了政治议程。欧盟必须考虑成员国的意见，而其往往持消极的态度。在全球层面，应建议将经常不愿收回本国公民的非欧盟第三国作为对话者，同时通过签证便利、发展和其他手段加强国际合作。对于难民，其移民的可能性非常小，他们仍然容易受到走私者的攻击。一个小小的开放将带来希望，打击走私和人口贩运，并将允许欧盟以人道主义的方式协调边境控制。

其次，如果能从欧盟这一层级制定一项有关移民和融合的趋同程序，这可能会成为一个安全因素。当欧洲的力量集中起来时，它的效率更高；然而，目前的政治精英们未能回应人民的要求。另外，人们缺乏实施长期解决方案所必需的耐心，共同空间需要共同的政策，毕竟是共同的利益让人们走到一起的，单个国家的利益不应使共同利益受到威胁。由于资源短缺，欧盟在接纳、重新安置和融合移民方面遇到了困难，但它应该继续作为一个参考点，以体现弹性、资源的公平分配和对多样性的尊重，重要的是采取一种能够在确保人的尊严与安全之间取得平衡的反应方式。

面对难民危机，欧洲绝不能放弃自己的价值观。上万名难民儿童在进入欧洲后失踪，这种现象对欧洲公民来说是一种耻辱。欧洲绝不能忘记，难民首先是人，难民实际上是在逃离与欧洲价值观截然相反的东西。此外，欧洲民众应该欢迎更多的移民，以提高欧盟的生产率和促进增长。重新安置寻求庇护者被视为一项非常有限的措施，从长远来看，这只是沧海一粟，解决不了问题；这个问题预计会持续很多年。有人提到，移民问题是一个挑战，在欧盟内部，各国没有以平等的方式共担责任，不幸的是，有外部边界的国家不得不承受首当其冲的压力。欧洲不仅要分享利益，而且要尊重共同义务。在关于难民的新政策上，欧洲公民应该与难民团结一致。针对难民问题，呼吁市民社会和地方当局加强合作，并建立人道主义走廊，使难民通过合法途径进入欧盟，并通过合法途径获得工作机会。欧盟应该发挥更积极的作用，制裁那些不愿接收难民的国家。欧洲必须改变对难民的看法，加大对难民管理的投入力度，努力实现更多更好的融合。简而言之，欧盟应该保持人性。

兰佩杜萨综合诊所的主任彼得罗·巴托洛医生接受了欧盟向他表示的敬意，他在难民救治和安置中做出了重要贡献。他强调欧洲人的责任和义务，称那20英里（1英里约为1609米）的海域正在发生一场新的大屠杀，一场对男人、女人和儿童的大屠杀。他认为欧洲在接收难民方面具有不可推卸的人道主义责任。这些人正在逃离不人道的生活条件，他们没有什么错误，也不会带来恐怖主义和威胁，不应被欧洲国家拒之门外。应积极组织起人道主义走廊，这样人们就不会再冒着生命危险出海了。[①] 意大利最初在地中海上开展了值得赞扬的难民救援行动，随后欧洲又开展了类似的行动，这是在资源和人员方面做出的巨大努力。通过组织人道主义走廊，意大利创建了难民通往欧洲的合法门户，使1500名难民得以融入欧洲。这些人道主义走廊的法律框架依据是制定签证法的欧洲条例第25条，该条例也可适用于任何成员国。该条例显示了民间社会、新教和天主教会与政府之间合作的优点。应该允许逃离自己国家的人迁移，人道主义走廊挽救了人民的生命，保护他们免受人口贩子的伤害。这些组织曾在意大利和西班牙开展工作，不久将在法国开展工作。通过走廊抵达欧洲的弱势移民获得人道主义签证，并在抵达后通过快速通道程序申请难民身份。民间社会的参与意味着移民与接受国的志愿人员进行互动，这反过来又导致更有效的融合。

最后，目前迫切需要在移民和庇护问题上落实一项真正的欧洲政策，即以尊重受迫害者的人权为原则，改革欧洲共同收容制度（Common European Asylum System），并建立真正的共同程序和使难民正常合法的进入欧盟的途径。民间社会在解决难民危机方面发挥了关键作用。如果没有许多非政府组织、慈善机构和个人的支持，在许多欧洲国家发生的悲惨的人道主义情况可能会更糟。欧盟认为，如果想要保持社会凝聚力，一体化是必要的社会条件。应向当地居民和难民提供一体化措施和社会投资，以便在东道国为难民创造一种积极的气氛。

（五）欧盟的凝聚力受到挑战

欧盟自成立开始就对自身的一体化进程充满自信，在欧盟经济成绩不断攀升的时候，有很多欧洲国家都想加入欧盟，但在欧盟每次遇到危机的

[①] 〔意〕皮埃罗·巴尔托洛、莉迪亚·提洛塔：《泪与盐》，汤德利译，人民文学出版社，2021。

时候，也有很多欧洲国家的政党一直喊着要脱离欧盟，而真正实现了脱欧的就是英国。英国成功脱欧使英国与欧盟之间的矛盾充分暴露出来，欧盟的内部确实存在亟待解决的矛盾，这也促使一些反对欧洲国家联合的政党蠢蠢欲动，伺机肢解欧盟。

首先，共同目标与国家利益问题。虽然脱欧会给英国带来很多风险，但英国最终还是选择脱离欧盟。这从一个侧面反映了欧盟成员国自身的特殊性与欧盟集体所追求的共同目标和共同行动之间还是存在矛盾的，这样的事实已经摆在面前。在共同目标和共同利益不足以吸引成员国的时候，成员国个体选择了冒着风险离开。英国离开欧盟本身就是对一体化的一次重击，使成员国对欧盟的组织和行动能力产生怀疑，影响了欧盟的威信和凝聚力，对欧盟未来的发展是一种严重的挑战。欧盟内部的差异性是非常明显的，英国脱欧直观地表明了欧盟的领导核心、欧盟机构与欧盟成员国之间存在严重的分歧。欧盟也在积极努力地通过相应的政策调整和制度设计来寻求更为妥善地处理成员国之间差异的方案。英国离开欧盟的结果的确定，迫使欧盟内部不得不认真并谨慎地认知彼此之间的分歧。英国在欧盟内部一直不断地强调和要求自身的特殊利益，让欧盟为其利益做出让步，欧盟在很多方面也给予英国一定的特殊地位，但这样做的结果是，英国认为它可以一直采取通过要挟欧盟来满足自己国家发展需求的便利政策，当欧盟再难做出让步时，英国就要脱欧。欧盟需要通过分析英国脱欧事件来认真总结经验，重新审视成员国利益偏好和欧盟共同利益，以及欧盟制度的平等性之间的问题。欧盟曾经因为实力的强大而倍感自豪，在对外事务方面表现得也相当自信，但第二大经济体的脱欧确实令欧盟有些懊恼，欧盟参与国际事务的态度变得不再那么乐观，在处理对外关系方面的欧盟的指导原则发生了转变，不断朝"实用主义"转向，由战略自主转向不断寻求加强战略伙伴合作。

同时，英国脱欧使欧盟被迫在内外部很多方面做出调整，以适应新的形势。英国在欧盟内部还是占有重要位置的，英国脱欧迫使欧盟对其整个机构的运作方式、行动准则和优先事项进行重新部署。欧元区可能也将出现新的调整，欧盟内部的权力制衡以及发展前景都会发生相应的转变。欧盟将要以一种新姿态面对世界，国际社会也会转变对欧盟角色的认知，彼此形成新的共识，尝试新的交往模式。欧盟经历了多次危机和困境，从欧洲一体化的发展历史中我们可以看到，每一次的危机和挑战，都是欧盟进行自我革新的机遇。英国脱欧是首次出现的脱欧事件，致使欧盟内部以及国际社会对欧盟一体化的能力提出质疑，因此欧盟必须加强内部的体制和制度改革，注重成员国的权责分配，以此来提升凝聚力和公信力。在其外交与安全政策报告中，欧盟表示会继续努力深化跨大西洋纽带和与北约的伙伴关系，积极寻求新关系的建立，探索发展合作伙伴关系的新模式。

其次，英国脱欧带来的观念上的影响要远远大于其对欧盟的实际物质方面的影响。英国离开欧盟给其他成员国的暗示是，为了单个国家的利益可以背离欧盟这个成立几十年的共同体，这和欧盟长期以来所强调的原则相违背。英国把这种脱离的情绪扩大了、释放了，欧盟多年来一直强调的团结与集体身份的建构遭到失败。接下来的英国与欧盟的谈判备受关注，之前欧盟为挽留英国对其不断让步，其他成员国已经多有不满，离开欧盟的英国如果获得的利益优于其作为成员国时获得的，其他成员国可以以英国为行动参考，重新评估去留的问题。所以英国与欧盟接下来的谈判也是对欧盟有重要影响力的一局。没有英国的欧盟需要面对的问题还很多，欧债危机的影响、欧元区承受的压力、难民危机、乌克兰危机和成员国内部的移民问题，这些都在持续挑战欧盟处理危机的能力。英国的离开无疑是雪上加霜，欧盟各成员国失去了一个共同解决危机的有力盟友，还要同时不断调整政策来应对英国脱欧所带来的内外部危机。欧盟的对外影响力也有下降的危险。英国是欧盟国家中经营对外关系的重要角色，也曾为欧盟的国际声誉的提升做出重要努力，但在其脱欧后，世界对欧洲的总体认知将由原来的欧盟一分为二。

另外，就英国脱欧的事件，欧洲民众也有持不同观点的。2016年英国脱欧公投之后，有很多人认为这是欧洲一体化的终结。但2016年之后对欧洲未来持乐观态度的欧洲民众却增加了20%[①]，与英国脱欧公投之前相比，欧洲公民感觉欧盟更有归属感。从某些角度看，英国脱欧使欧盟变得更强

---

① 《英国脱欧给欧盟带来哪些影响？这些结果可能让你意外》，第一财经官方账号，2020年1月19日，https://baijiahao.baidu.com/s?id=1656139304291925968&wfr=spider&for=pc。

大了，英国脱欧让欧洲民众感觉更安全，感受到欧盟是保护他们的组织，英国脱欧带来的乱局，改变了民众对欧盟决策者的态度。2016年，整个欧洲至少有15个民粹党宣称要举行脱欧公投，现在可能还有一两个政党主张脱离欧盟，但其他政党基本都放弃了这一努力。对于英国脱欧这一大多数人认为会给欧盟带来存亡危机的问题，有些欧洲民众却并不担心。自诞生以来，欧盟已经不是第一次遇到严重挑战。2008年的全球金融危机导致欧洲经济衰退，失业率创下有记录以来的新高。债务危机过后，2015年又遇到难民危机，上百万难民涌入欧洲，其中希腊受到的冲击最大。但自英国公投以来，希腊支持脱欧的人数下降了近20个百分点，从将近一半减少到1/3。[①] 在每次欧盟面临存亡危机的时刻，欧盟领导人都会尽力保住欧盟的完整性。不能因为有国家不同意欧盟的政策，欧盟就不去推行，更不能因为某些国家的退出欧盟就放弃自己的计划，放弃追求自己的理想，欧盟之所以能有今天的成绩，能带给欧洲人民繁荣和安定，就是因为有更多的国家为欧洲的未来在筹划，在不断地为欧洲的进步和发展做出贡献。

最后，我们来探讨一下欧盟成员国的文化认同问题。欧盟的成立时间应该说相对较长了，但欧洲各国却有意识地保持着文化的多元化，英语是世界的通用语言，却不是欧洲民族国家的统一语言。在一些大型的国际会议上，20多种语言共同进行，翻译人员比参会的会议代表还要多。保持自己文化的独特性和多样性没有什么可指责的，但至少也需要有一个官方通用语言以方便各国进行交流。文化的阻断才是真正的阻断，它阻碍了共同体成员之间深层次的交流，也不会为一体化的欧盟带来什么助力。没有文化的深刻交流无法推动形成一致的文化认同，每个成员国强调的都是自己而非欧盟，这样的一体化道路必然会走得十分艰难。在民族国家利益高于共同体利益的思潮不断抬头的当前，欧盟的凝聚力正不断受到挑战，极端左翼或右翼政党在欧盟成员国中有一定的影响，在难民危机最严重的时刻，它们提出关闭边境，实行贸易保护，让欧盟还政于主权国家，回归主权国家秩序。欧盟整体的运作都是技术官僚在主导，没有真正的权力中

[①] 《希腊提交新改革方案"退欧"概率下降》，搜狐网，2015年7月13日，https://www.sohu.com/a/22463532_115428。

心，欧盟的一些机构也都是官僚式运作的，这对于欧盟的核心领导力是一个重大挑战。如果在移民问题、金融监管等重要问题上无法快速有效地提出欧盟层面的解决方案，这对欧盟的行动能力确实是一种致命的伤害。同时，缺乏领导核心的欧盟对凝聚力的塑造也会带来诸多不便，毕竟对一种超越国家的联盟的信任和认同要比民族国家的情况复杂很多。

把欧盟作为一个共同体范例来进行研究，其取得的成就不仅仅体现在实现了欧洲的繁荣与和平上，还在于它的发展历程给共同体建设提供了很多有益的参考。欧盟的一体化是建立在成员国让渡主权上的，欧盟是建立超越国家的联盟的范例，实行共同的外交政策和军事政策，在经济联盟、政治联盟和军事联盟三个方面，欧盟都有所推进。欧洲大陆一直奉行均衡的思想，政治文化方面尤其如此，对于毗邻而居的体量相当的多个国家，在资源、领土和人口都相对有限的情况下，联盟是最优的选择。当然，起初也会有零和博弈的担忧在里面，但选择尝试何尝不是一种进步。欧盟的发展证明联盟的正确性，虽然会有波折，但总体趋势是前进的，人们还是会充满希望地去创造未来。尽管发生了英国脱欧事件，但从总体上欧盟现有的发展成绩来看，欧盟还是成功的，它给我们在国家主权、国家间关系、资源共享、共同外交和共同军事政策方面提供了有益的创新经验。在成员国不断增多的情况下，欧盟能够在逆全球化的背景下继续一体化的推进，这对主权至高无上的理念和弱肉强食的国际生存规则是一种挑战，区域合作，共同发展，平抑风险，这为整个人类未来的发展提供了新的思考方向。

第六章
蓬勃发展的实例:"一带一路"区域合作

第一节 "一带一路" 区域合作的主要成就

2013年,习近平借用"丝绸之路"的历史符号,提出"一带一路"倡议,致力于共同打造贸易路线,促进亚洲、欧洲和非洲之间的政策协调、基础设施连通、投资与贸易合作、金融一体化、文化交流和区域合作。"一带一路"倡议规模庞大,覆盖44亿人(占世界人口的70%),相关地区累计国内生产总值(GDP)约合21万亿美元。"丝绸之路经济带"连通中国、中亚、欧洲,而"21世纪海上丝绸之路"一条沿中国海岸向欧洲延伸,另一条从中国海岸出发穿越南海和南太平洋。陆上将依托现有的国际运输通道,以重点经济工业园区为合作平台;海上意在以"一带一路"沿线重点港口为节点,打造畅通的运输通道。"一带一路"倡议是中国未来发展的重要政策,也是中国连通欧亚非大陆的重要通道,这一政策选择是基于对未来的审慎判断。

"一带一路"倡议的区域范围太过广泛,所以在本章中讨论的"一带一路"问题的区域主要集中于"一带一路"倡议的起点区域,即东亚地区。这样的选择一方面是因为中国是"一带一路"倡议的主要推进国,另一方面是因为以一个明确的区域为代表分析"一带一路"倡议区域合作的实际情况,会更具针对性和说服力。

(一)"一带一路"倡议提出的背景

1. 中国对东亚区域发展环境的审视

东亚的区域环境复杂多变,地缘政治局势在近期相对平稳,但在美国加大对华战略挤压的背景下仍有加剧的可能。受到地缘政治因素和贸易保护主义的影响,东亚地区经济增长的总体势头放缓,但仍是全球经济增速最快的地区。区域力量多极化发展的趋势较为明显,区域秩序与区域安全框架正在经历深刻调整。区域内生的共同体秩序与域外同盟秩序形成对比,区域秩序的多元化建构正在形成。东亚的区域环境呈现政治与经济两极分化的发展趋势。东亚的经济发展成为全球经济发展的动力源,虽受到贸易保护主义政策的影响,但东亚经济增长依然呈现出平稳上升的趋势。由经济发展创造的共同利益为东亚的安全形势注入了积极力量,成为区域发展的助推器。

东亚和平与发展的新局面。东亚地区一直被视为危机频现的地区,但与世界其他地区相比,却保持了较长时间的和平与稳定,有学者甚至认为,冷战后东亚维持和平的时间超过90%。[①] 由此我们可以看到,虽然东亚区域内仍有诸多热点安全问题持续考验着地区国家的智慧和勇气,但和平发展占据了主流。东亚开始走向真正的合作,在中国、东盟、日本和韩国经济迅速发展的同时,区域合作也在不断深化,区域一体化的趋势日渐明朗。

2. 世界经济重心东移,助推区域合作走向深化

东亚成为世界经济发展的"亮点"区域,成为西方羡慕的对象,伴随全球化的发展,东亚地区成为世界经济发展的新动力,拥有世界上第二和第三大经济体。正如美国前国务卿希拉里所说的,21世纪是"太平洋世纪"。即使经历了金融危机,东亚经济也快速呈现回暖升温的趋势,总体的增速都保持在6%左右,成为世界经济发展的引擎。如图6-1所示,与世界平均GDP增速相比,近年来东亚经济增长势头强劲。此处新冠肺炎疫情的影响因素没有计算在内,疫情对全球经济的影响,不能客观体现东亚发展的内生动力。

---

① 刘畅:《共同开创东亚和平发展的美好未来》,中国社会科学网,2018年11月17日,http://ex.cssn.cn/gjgxx/gj_bwsf/201811/t20181117_4777267.shtml。

图 6-1　东亚与世界 GDP 增速比较

资料来源：根据世界银行《全球经济展望》的数据整理，http://www.shihang.org/zh/publication/global-economic-prospects。

2018 年的《全球经济展望》指出，2018 年全球经济年均增速保持在 3.1% 左右，而新兴市场和发展中经济体 2018 年增长近 4.5%。① 尽管在外需疲软、私人投资增长乏力和部分行业产能过剩等多种因素的作用下，中国 2018 年的 GDP 增速放慢至 6.7%，但是中国宏观经济政策预期必将支持国内的增长动能。除中国外，东亚地区其他国家 2017 年的经济增长加快至 5%，这在很大程度上反映出该区域大宗商品出口国的经济增速已经恢复到其长期平均水平。② 当前，在这种强劲的增长态势下，亚洲地区经济对全球的贡献率已经超过 60%。2017 年世界经济增长超过了 2012~2016 年任何一年所取得的增长，而且，这一增长是在东亚地区许多经济体出现通货紧缩和未达到充分就业的背景下实现的。因此，在一定程度上，政策制定者仍然有抵御外部风险的能力，并有很好的机会来继续实施促进增长的相关改革。

世界银行在 2018 年的《东亚太平洋地区经济半年报》（以下简称《半年报》）中称，虽然目前外部环境并不乐观，但是亚太地区尤其是东亚地区发展中国家的经济增长前景依然乐观。《半年报》还指出，东亚太平洋

---

① 《全球经济预计 2018 年扩张 3.1%，未来增长预计放缓》，世界银行网站，2018 年 6 月 5 日，http://www.shihang.org/zh/news/press-release/2018/06/05/global-economy-to-expand-by-3-1-percent-in-2018-slower-growth-seen-ahead。
② 《尽管投资疲弱全球经济增速升至 2.7%》，世界银行网站，2017 年 1 月 10 日，http://www.shihang.org/zh/news/press-release/2017/01/10/global-growth-edges-up-to-2-7-percent-despite-weak-investment。

地区发展中国家2018年的增速将达到6.3%,要比2017年的低些,根本原因是中国经济再平衡导致东亚地区经济增速持续放缓。① 其他亚太地区发展中国家2018~2020年的增速稳定在5%左右,驱动因素主要是内部需求的拉动。2018~2020年,东亚地区较小经济体的增长前景继续保持稳健,如柬埔寨、老挝、蒙古国和缅甸的年均增长在6%以上。恰如世界银行东亚太平洋地区首席经济学家苏迪尔·谢蒂(Sudhir Shetty)所言:"东亚地区大部分经济体的区域和全球一体化进度的不断推进,增强了它们抵御外部冲击的能力。"② 新冠肺炎疫情席卷全球后,全球经济陷入困境,东亚经济受到的影响也很大,但东亚从疫情中恢复的能力也是很强的,中国和东南亚国家的疫情控制也是非常得力的。

东亚经济增长有助于促进东亚区域合作。首先,经济增长能够促进实现各国国内政治的稳定,增强其抵御外部风险的能力,使其对区域合作倡议保持开放心态。其次,经济贸易的发展,使各国在交往中增进了对彼此历史和文化的了解,从而有利于缓和各国间的猜疑,促进各国转变对彼此的认知。最后,伴随东亚各国相互依赖的加深,为实现经济进一步向纵深发展,抵挡发展过程中的负外部效应,各国需要进一步加大在政策上的协调力度,真正形成一种同呼吸共命运的共同体意识,从而在积极意义上促进经济持续发展,在消极意义上防止经济发展势头的逆转。

3. 地缘安全形势向好,为区域合作打下互信基础

第一,朝核危机缓和,为区域建设创造了良好氛围。2017年,时任美国总统特朗普曾威胁说,如果朝核危机不能和平解决,美国也要剑拔弩张,向朝鲜发泄美国的"火力和愤怒"。然而,2018年6月12日,美国总统特朗普与朝鲜领导人金正恩在新加坡举行双边峰会,特朗普总统成为第一位与朝鲜领导人面对面会谈的美国总统,这次峰会无疑是一次历史性事件。在会谈之前,美国和朝鲜的官员参加了为期数周的会谈,以便为首脑

---

① 《世界银行称尽管全球不确定性上升东亚太平洋地区增长仍保持韧性》,世界银行网站,2018年10月4日,http://www.shihang.org/zh/news/press-release/2018/10/04/east-asia-and-pacific-growth-remains-resilient-despite-heightened-global-uncertainty-world-bank-says。
② 《世界银行称尽管全球不确定性上升东亚太平洋地区增长仍保持韧性》,世界银行网站,2018年10月4日,http://www.shihang.org/zh/news/press-release/2018/10/04/east-asia-and-pacific-growth-remains-resilient-despite-heightened-global-uncertainty-world-bank-says。

会议提供服务，并试图在无核化的首要问题上弥合两国重大分歧。① 在签署联合声明后的新闻发布会上，特朗普总统还单方面承诺，美国将暂停每年一次的美韩军事演习，这源于与朝鲜继续进行的"诚意"对话。朝美的第一次峰会成果显著，双方的协调结果令人满意，虽然第二次峰会的结果并不理想，但美国在朝核问题上表现出前所未有的积极态度。

朝核问题的缓解，不仅能够排除东亚地区一个潜在的冲突爆发点，实现半岛从"热对峙"向"冷和平"的转变，还能使各方在交往中加强沟通，实现关系质量的提升，从而为进一步从"对手"向"朋友"身份转变提供机会，为深化东亚区域合作创造条件。

第二，中日关系平稳，合作趋向缓慢推进。全球经济复苏乏力，中日经贸关系受到政治影响持续下降，美国挑起贸易摩擦，使日本经济雪上加霜，日本积极布局，希望解决经济发展上面临的困局。中国是日本最大的贸易对象，中日经贸关系的持续下降对日本经济产生重要影响。2017~2018年执政的安倍政府就中日"四点原则共识"逐渐与中国开启相关领域的对话，从政治经济高层对话的努力到建立海空联络机制的海洋事务磋商循序开展。中日在经济领域的合作走向深化，而中日的经贸关系正在经历结构性转换。2018年10月，中日两国在安倍访华期间取得丰硕成果，中日签约项目多达52个，这在中日关系史上是空前的。同时，中日还达成双边本币互换协议，协议规模为2000亿元人民币/34000亿日元，该协议有效期为三年，并视情况可延期。这次协议的规模与2013年的本币互换协议相比增长了约10倍。日本在"一带一路"倡议、亚投行上的参与积极性有所提升，中日两国企业的合作迎来新契机。安倍之后的菅义伟和岸田文雄首相在中日关系上鲜有推进，尤其是在台海局势紧张的时刻，日本更是站在美国一方，中日双方本已趋热的关系开始冷淡。但RCEP已经达成，这是亚洲经济合作迈出的重要一步，日本是不会轻视这样一个拥有巨大潜力的市场的。日本是东亚区域合作中一颗摇摆的棋子，东亚区域合作深化的趋势必然会让日本重新做出选择。

---

① Sue Mi Terryand Lisa Collins, "The First Summit between Donald Trump and Kim Jong UN," *CSIS*, March 9, 2018, https://www.csis.org/analysis/first-summit-between-donald-trump-kim-jong-un。

第三，南海局势平稳降温。2018 年南海形势趋稳，中国与东盟在南海问题上重回对话磋商的轨道上来，并在规范化合作与军事合作方面取得重要进展，实现了南海局势的平稳降温。在南海共同开发、非传统安全合作方面，中国与东盟的探讨日益增多，合作共赢日益成为相关国家的共识。

中国是南海的主要区域大国，对于南海问题的解决，中国一直主张平等协商、和平解决及互利共赢的原则。中国与东盟国家的深入交往与合作，正逐渐打消东盟国家的疑虑，其开始试探地与中国在安全领域展开合作，寻求区域安全问题的自主解决。经过不断的沟通与协商，中国与东盟国家就"南海行为准则"单一磋商文本草案达成一致。2018 年 10 月，中国—东盟"海上联演—2018"在广东举行。此次军演恰逢中国—东盟建立战略伙伴关系 15 周年和"南海行为准则"获得实质性推动的关键时期。"海上联演—2018"的举行表明中国和东盟的政治互信提升，地区安全共识增强，这有利于中国—东盟关系的稳固发展。此次军演的成功举行是南海相关国家在地区安全合作方面的重要转折点，标志着"中国与东盟共同解决南海问题的政治共识"[①] 的达成。中国—东南亚国家"海上联演—2019"于 2019 年 4 月在青岛及其东南海空域举行，这次的军演是在中国海军成立 70 周年的大背景下进行的，这次演习表明中国和东南亚国家的合作对维护南海海域的和平与繁荣具有重要意义。中国海军在南海不仅是中国国家利益的保卫者，是南海区域相关国家的利益守护者，同时也是提供地区公共产品的重要力量。

截至 2022 年，共建"一带一路"的国家有 180 个[②]，"一带一路"合作的成绩以下将分两部分来进行论述，即东亚区域和沿线国家区域，因为"一带一路"倡议对东亚和其他地区的影响是不同的，分开阐述逻辑会更清楚。

（二）"一带一路"倡议在东亚的主要成绩

近年来，东亚作为"一带一路"倡议的起点，一直是全球经济增长最

[①] 翟崑：《中国—东盟战略合作更进一步》，人民网，2018 年 10 月 29 日，http://paper.people.com.cn/rmrbhwb/html/2018-10/29/content_ 1889108. htm。

[②] 《王毅：共建一带一路大家庭成员达 180 个》，人民网，2022 年 3 月 7 日，https://baijiahao. baidu. com/s？id = 1726629221887622862&wfr = spider&for = pc。

快的地区，经济合作成为推动区域一体化的重要因素。中国作为"一带一路"倡议的推动者，其自身的经济、军事、外交和文化的实力成为"一带一路"倡议得以发展的坚实后盾。区域一体化的建设也得到快速推进，中国—东盟命运共同体建设、东亚经济共同体建设和 RCEP 谈判都取得了重要成果，区域总体安全环境趋于缓和，区域认同不断提升，这些为区域合作机制的建构提供有利的条件。

1. 中国经济发展的外溢效应

2018 年是中国改革开放 40 年，中国在这 40 年里实现了质的飞跃，这既包括物质层面，也包括精神层面。"40 年前，中国经济总量占全球 1.8%，而现在这一数字已经攀升至 15%。同一时期，中国农村贫困发生率则由 97.5% 降至 3.1%。"潘基文说，这是"巨大的进步"。[①] 中国经济增速一直保持在 6%~8%，随着"一带一路"倡议的实施，中国与沿线国家建立了 17 个自贸区网络，基础设施的联通飞速推进，中国在 5G 和航天领域也是成绩斐然。中国对世界最重要的贡献是精神产品，"人类命运共同体"理念使全球对中国的国际形象有了一个新的认知。中国想推动建立全球共享的、舒适的国际秩序，就要促进与世界伙伴共同繁荣的新体系的构建。中国经济的发展在东亚一直处于领先地位，强劲的发展动力不仅促进了国内经济的迅猛增长，对东亚区域的经济整合也发挥了重要作用。

首先，"一带一路"倡议是当前中国的一项重大发展规划，涉及经济、政治、社会、地缘、文化等领域，对中国与东亚有重要影响，为东亚经济的发展注入新动力。2013 年，习近平主席在出访期间，提出与其他国家共建"丝绸之路经济带"和"21 世纪海上丝绸之路"的重要倡议。"一带一路"倡议一经提出便席卷整个亚洲。"一带一路"倡议从刚开始的备受怀疑和指责到现在的成果丰硕，展现出中国政府对"一带一路"倡议推进的积极投入与坚定决心。2016 年，国家"十三五"规划更是为"一带一路"倡议设立专章，"一带一路"倡议已经成为中国的长远规划，中国决心将"一带一路"打造成亚洲命运共同体的重要抓手与载体。"一带一路"倡议

[①] 《中国改革开放 40 年伟大成就：中国发展是世界的机遇 | 中国改革》，新浪网，2018 年 12 月 12 日，https://finance.sina.com.cn/roll/2018-12-12/doc-ihmutuec8663682.shtml。

秉持"共商、共建、共享"的原则,中国与沿线国家的合作不断深入发展,为东亚整体经济的迅速增长做出重要贡献。在2018年达沃斯论坛上,《第四次工业革命》作者克劳斯·施瓦布(Klaus Schwab)表示:"中国正向世界展示引领第四次工业革命的强大能力。"[1] 2018年正值"一带一路"倡议实施五周年,国家信息中心"一带一路"大数据中心发布了《"一带一路"大数据报告(2018)》,数据统计能够很好地展现"一带一路"五年来的成绩,其中成绩最好的合作区域就是东亚(见图6-2)。

其次,"一带一路"倡议的实施促进了东亚区域国家之间的经贸往来,合作共赢的水平不断提升。中国与俄罗斯和韩国的合作不断加深,俄罗斯对"一带一路"倡议大力支持,在国别合作度指数排名中连续三年居于榜首。2018年,中俄贸易额突破了千亿美元大关,这是中俄经贸合作的最高成果。2015年12月,中韩自贸协定生效,自协定实施以来,双方实现了四次降税,零关税产品已经覆盖到双边贸易额的50%。在中韩自贸协定的带动之下,2017年中韩双边贸易额达到了2802.6亿美元,同比增长10.9%。中国是韩国最大贸易伙伴、最大出口市场、最大海外投资对象国和进口来源国,韩国是中国第三大贸易伙伴国、第五大外商直接投资来源地。[2] 中韩两国于2017年12月共同签署了《关于启动中韩自贸协定第二阶段谈判的谅解备忘录》,发出坚定维护自由贸易、反对贸易保护主义的强烈信号。[3]

再次,中国的"一带一路"倡议在满足东南亚的基础设施需求方面发挥重要作用。东南亚在过去50年中经济发展良好,并且仍然是世界上增长最快的地区之一,人均年收入急剧上升,增长率平均约为5.2%。这种增长需要贸易自由化和便利化的支持,特别是在基础设施方面。[4] 东南亚与

---

[1] 《关键时刻的演讲:李克强达沃斯传递四大政策信号》,中国政府网,2018年9月20日,http://www.gov.cn/xinwen/2018-09/20/content_5324046.htm。
[2] 参见《韩国》,中国一带一路网,2016年9月27日,https://www.yidaiyilu.gov.cn/gbjg/gbgk/891.htm。
[3] 《商务部:FTA是中日韩三国利益契合点》,人民网,2018年11月19日,http://world.people.com.cn/n1/2018/1119/c1002-30408871.html。
[4] Murray Hiebert, "Southeast Asia Financial Integration and Infrastructure Investment: What Role for the United States?" CSIS, May 25, 2018, https://www.csis.org/analysis/southeast-asia-financial-integration-and-infrastructure-investment-what-role-united-states.

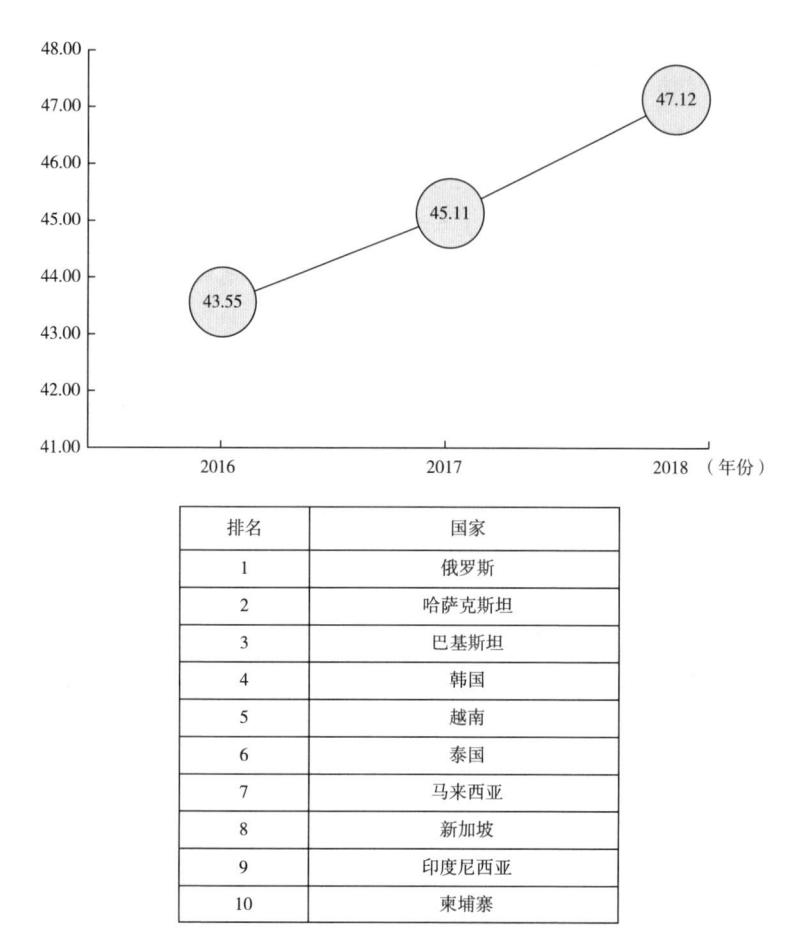

排名	国家
1	俄罗斯
2	哈萨克斯坦
3	巴基斯坦
4	韩国
5	越南
6	泰国
7	马来西亚
8	新加坡
9	印度尼西亚
10	柬埔寨

图 6-2 "一带一路"国别合作度总体得分和指数前十名情况

资料来源：《"一带一路"大数据报告（2018）》，中国一带一路网，2018 年 9 月 19 日，https：//www.yidaiyilu.gov.cn/xwzx/gnxw/66751.htm。

中国的经贸关系也在"一带一路"倡议的实施中向更高水平大跨步迈进。其中，2017 年中菲贸易额达到 513.6 亿美元，中国已成为菲律宾最大贸易伙伴、第一大出口市场、第一大进口来源国。[①] 中国连续多年成为印尼第一大贸易伙伴。2018 年上半年，中国—印尼双边贸易同比增长了 28%，达

---

① 艾佩韦：《友好合作，让中菲友谊如"繁花盛开"》，中国经济网，2018 年 11 月 22 日，http：//www.ce.cn/xwzx/gnsz/szyw/201811/22/t20181122_30843370.shtml。

到了374亿美元，中国成为印尼第三大外资来源国，也是印尼在基础设施建设投资上增长最快的国家。在未来10年里，随着"一带一路"倡议与印尼的"海洋强国"战略对接，中国将很快成为印尼第一大外资投资国。①

最后，中国在技术领域的发展，推动区域经济合作步入科技新时代。中国在高铁项目上的领先地位不言而喻，在金融科技与无线技术方面也是成果丰硕。东亚面临的挑战是数字革命，东亚区域存在强劲的消费需求，金融科技创业公司正试图通过为消费者提供更多的金融机会和包容性来做出回应。4G改变生活，5G改变社会。5G时代将是人工智能时代，为人们的幸福生活提供网络基础，打开"物联网"世界的大门。美国白宫副首席技术官迈克尔·克拉西欧斯（Michael Kratsios）表示："在信息时代，无线技术领先世界的国家会取得胜利。"美国无线通信和互联网协会（CTIA）发布报告称，美国在5G技术的研发与实践领域的整体水平落后于中国。中国的领先来自政府积极的推动政策与行业驱动力的结合。中国政府大力扶持移动运营商和设备制造商发展5G技术，为其提供资金。中国在5G建设上的支出比美国多240亿美元，并已经拥有35万个新的无线基站，而美国只有不到3万个。② 中国无线技术的领先发展将为中国及其他东亚国家带来经济的大幅增长，提供更多的就业岗位。

中国借助"一带一路"倡议的实施，深化与东亚区域各国的经济发展战略对接，以共同实现东亚经济的繁荣。中国在高铁、金融科技和5G技术等领域成为东亚区域经济的领跑者，为区域合作创造了更为广阔的合作空间。东亚各国在经济收益不断提升的情况下，积极参与区域经济合作，对区域一体化的建设提供更多支持。

2. 中国经济发展对区域经济一体化的助推

当前，全球经济风险和挑战加剧，美国实施对华战略挤压对东亚经济的影响更为严重，在单边主义势力抬头和自由贸易体制受到冲击的情况下，唯有加快区域经济一体化进程，形成合力，才能应对美国加大对华战略挤压给

---

① 王文：《让中-印尼驶入对接发展战略的快车道》，人民网，2018年11月28日，http://world.people.com.cn/n1/2018/1128/c1030-30430315.html。
② 邓圩、肖楠：《5G大幕已启将如何改变社会？》，人民网，2018年11月22日，http://world.people.com.cn/n1/2018/1122/c1002-30416344.html。

东亚经济带来的巨大冲击。

首先,推进中日韩自贸区谈判,提升中日韩三国的经贸成果。中国与东盟、韩国的自贸协定早已达成,而日本缺席的东亚一体化终归是不完善的。中日韩地缘相近,文化相通,三国在经济领域和产业发展方面各具优势,建立中日韩自贸区有助于充分发挥三国间的互补优势。目前,东亚各国在一体化的问题上能够达成共识,也都认识到中日韩三国是世界经济的主要经济体。中日韩三国国内生产总值和对外贸易总额合计约占世界的1/5,超过欧盟的经济体量,仅次于北美自由贸易区,然而经济一体化建设方面却远远落后于欧盟和北美自由贸易区,根本原因就在日本身上。中日韩自贸区谈判符合三国共同利益,三国签署自贸协定被看作推动东亚乃至亚太地区经济一体化进程的重要路径之一。2018年5月,第七次中日韩领导人会议发表联合宣言,这次会议为中日韩自贸区谈判注入了政治推动力,重申将加速中日韩自贸区谈判,力争达成更加全面、水平更高、互惠力度更大且具有自身独特价值的自贸协定。

其次,推动RCEP谈判尽快结束,为建立东亚大自贸区奠定基础。2018年,在东亚经济环境恶化的重压之下,东亚经济共同体的建设更加紧迫,中国与日本携手推进RCEP谈判,加快了东亚区域一体化的步伐。RCEP凭借其自身特有的优势,将成为亚太自贸区(FTAAP)的构建路径之一。[1] 此外,日本庆应大学经济学教授木村福成称,"RCEP谈判对中日韩自贸区谈判将起到一定推动作用,同时,中日韩自贸区谈判也将助推RCEP谈判步伐"[2]。2020年11月,中日等15个国家共同签署了《区域全面经济伙伴关系协定》(RCEP),这成为东亚区域经济一体化的重要成果,也是15国经过长期的努力最终取得的可喜成果。

无论是在中日韩自贸区建设上还是在RCEP谈判上,中国对区域一体化一直都表现出积极开放的推动姿态,同时承担推动经济平稳发展的重任。虽然中日韩自贸协定和RCEP各有优势,但从东亚区域未来整体的发

---

[1] 《商务部:FTA是中日韩三国利益契合点》,人民网,2018年11月19日,http://world.people.com.cn/n1/2018/1119/c1002-30408871.html。
[2] 《中日第三方市场合作成为两国经贸关系发展的新增长点》,人民网,2018年11月20日,http://world.people.com.cn/n1/2018/1120/c1002-30410374.html。

展来看，10+3 机制还是最为理想和高效的核心运作机制。区域经济一体化的关键在于中日韩自贸区的建立，以 RCEP 谈判来逆推中日韩自贸区建设。中国作为重要参与方，应积极利用"一带一路"倡议的推动作用，凝聚力量，提升合作，推动两个协定相互促进、相互支持，有针对性地解决各国间的利益诉求，更好地推动区域一体化的进程朝高质量方向发展。

3. 中国与东盟合作关系不断走向深化

中国与东盟建立对话关系 30 多年来，中国和东盟的关系取得了实质性进展。

中国—东盟命运共同体是中国与东盟经济合作关系的深度融合。2018 年《中国—东盟战略伙伴关系 2030 年愿景》达成，这一愿景包括构建以政治安全合作、经济合作、人文交流为三大支柱，以多领域合作为支撑的合作新框架，为中国—东盟命运共同体的建构提供更加坚实的基础。在东盟中长期关系发展远景规划中，中国能成为第一个与东盟携手的对话伙伴国，这一事实充分证明了东盟国家对中国的信任与信心。以"中国—东盟创新年"为契机，[①] 双方实现"一带一路"倡议和《东盟互联互通总体规划 2025》具体对接，在传统合作的基础上，进一步打造务实合作"提质版"。中国和东盟的合作经过多年的积淀，实现了多个领域蓬勃发展的良好局面，进一步促进东亚区域经济一体化，为实现建立东亚经济共同体的长期目标奠定基石，为区域地区民众生活带来福祉。

"一带一路"倡议实施后，从百分比来看，东亚地区的总体实际收入增长 2.2%，收益最高。总收益涨幅较大的是马来西亚和泰国，马来西亚进口增幅为 18.5%，泰国为 21.4%。预计到 2030 年，按照现在的增长速度计算，老挝的福利将增长 3.1%。这与基础设施改善导致的贸易成本大幅降低有直接关系。这些重要成果将与更快的入海通道联系在一起，从而有利于各国通过海上连接与伙伴国家进行贸易。中国也能从"一带一路"倡议带来的贸易成本降低中获益。到 2030 年，中国的福利增长将达到 0.7%。贸易成本下降幅度较大的行业包括石油和煤炭行业，以及水、航空

[①] 黄溪连：《构建更紧密的中国—东盟命运共同体》，人民网，2018 年 8 月 2 日，http://paper.people.com.cn/rmrb/html/2018-08/02/nw.D110000renmrb_20180802_2-03.htm。

和其他运输行业。电子、化工、橡胶和塑料等产品的进口增幅远远超过基准,其中农产品的进口增幅最大。另外,中国的电子、机械设备和化学产品的出口增长要快得多。产量增长较快的行业是服装、金属产品和机械设备行业。"一带一路"倡议降低了贸易成本,有助于中国从农业转向服务业的产出结构调整,并对制造业产生了一些积极影响。[①]

改革开放以来,中国不断融入世界经济体系。"一带一路"倡议是中国为世界经济发展贡献的宝贵智慧和方案。中国已经成为世界商品贸易第二大进口国和服务贸易第二大进口国,商品和服务年进口额均占全球10%左右。[②] 尽管世界贸易增长放缓,但中国与"一带一路"沿线国家的贸易却实现了逆增长。"一带一路"倡议是对逆全球化和贸易保护主义的有力回击,为东亚经济的发展提供动力,中国将继续努力助推东亚经济的平稳向前发展,为推动构建东亚区域利益共同体搭建坚实的经济合作平台。

(三)"一带一路"主要沿线国家经济发展的突出成绩

国内对于"一带一路"倡议的研究很多,大家对官方报道的"一带一路"倡议的成绩也多有了解,笔者这里想通过另外一种视角来解读一下"一带一路"倡议的突出成绩,根据世界银行2019年的一项数据调查,从全球的视角来分析一下"一带一路"倡议的成果。此处选择的数据时间节点是2019年。

中国的"一带一路"倡议旨在通过基础设施投资和区域合作,加强中国与100多个国家与地区之间的互联互通。"一带一路"倡议可以促进贸易,提高资源配置效率,促进地区经济增长。它还可以鼓励各国协调经济政策,加强区域合作。随着贸易成本的下降,该倡议大大加快了本区域经济一体化进程。世界银行2019年的研究结果表明,"一带一路"倡议将给全球带来巨大收益。这些成绩用数据更能生动地体现出来。第一,全球收

---

① 《〈共建"一带一路"倡议:进展、贡献与展望〉报告》,中华人民共和国商务部网站,2019年4月22日,http://www.mofcom.gov.cn/article/i/jyjl/e/201904/20190402855421.shtml。
② 《中国已成为世界第二大货物和服务贸易进口国》,中华人民共和国国务院新闻办公室网站,2018年12月24日,http://www.scio.gov.cn/xwfbh/xwbfbh/wqfbh/39595/39645/xgbd39652/Do-cument/1645284/1645284.htm。

入增长0.7%（相对于2030年基线）。按2014年的市场汇率计算，相当于近5000亿美元。"一带一路"沿线地区获得82%的增长，其中东亚地区的增长幅度最大。第二，就全球范围，"一带一路"倡议能够帮助760万人摆脱极端贫困和3200万人摆脱中等贫困。第三，该倡议将导致全球二氧化碳排放量小幅增加，真正践行绿色合作的原则。①

1. "一带一路"倡议对经济收益方面的影响

"一带一路"倡议相关项目的推进，使生产转移到最具竞争力的行业，从而提高了生产力，扩大了贸易，促进了"一带一路"沿线地区的经济增长。贸易成本的降低同样适用于与非"一带一路"沿线地区的贸易，导致非"一带一路"沿线地区的贸易增长。如上文所述，全球实际收入增长0.7%（与2030年基线相比），这一增幅相对较大，因为对全球自由贸易实际收入影响的上限约为1%。按2014年的市场汇率计算，这相当于近5000亿美元。"一带一路"沿线地区获得82%的增长，按百分比计算，巴基斯坦的总体实际收入增长10.5%，吉尔吉斯斯坦增长10.4%。如果不考虑为"一带一路"倡议相关基础设施项目提供资金的潜在负面影响，中国的经济增长率将达到0.7%。非"一带一路"沿线地区增长0.3%，其中大部分被埃塞俄比亚、欧洲和其他高收入国家占据。全球出口增长1.7%，相当于约5650亿美元（按2014年市场汇率计算）。出口增长主要发生在"一带一路"沿线地区（4380亿美元），该地区的出口增长约2.8%。"一带一路"沿线地区的总收益为730亿美元。制造业（主要是纺织业）收益增加，其次是农业部门，而电力部门小幅增加，开采部门损失较小。增加值增长最大的是农业和加工食品业。"一带一路"沿线地区农产品出口增长2%。②

总体而言，"一带一路"倡议涉及的所有行业的进口都在增长。进口增长较快的行业包括电子、建筑、农业和石油。个别行业获得了巨大收益，如巴基斯坦的木制品进口（48.3%）。非"一带一路"沿线地区进口

---

① Maryla Maliszewska, *The Belt and Road Initiative: Economic, Poverty and Environmental Impacts, Macroeconomics, Trade and Investment Global Practice*, Policy Research Working Paper No. 8814, Washington, D. C.: World Bank, 2019, pp. 3-59.

② Maryla Maliszewska, *The Belt and Road Initiative: Economic, Poverty and Environmental Impacts, Macroeconomics, Trade and Investment Global Practice*, Policy Research Working Paper No. 8814, Washington, D. C.: World Bank, 2019, pp. 3-59.

总体增长2%，大多数行业的进口都在增长。拉丁美洲和西欧其他地区的增长率较低。[1]

如果贸易便利化改革能在改善交通基础设施的同时，将"一带一路"沿线国家的边境延迟减少一半，就能取得进一步的成果。多数双边贸易成本降低10%，一些出口商在大多数目的地的贸易成本的下降幅度更大。出口贸易成本减少较多的国家是吉尔吉斯斯坦、哈萨克斯坦、埃塞俄比亚、老挝和柬埔寨。当以中国进口为例分析双边贸易成本降低情况时，我们注意到各经济体之间的差距非常小，但由于出口来源的不同而不同。南亚的贸易成本下降幅度最大，而美国、拉美和加勒比国家等非"一带一路"沿线国家从中国与其他地区的海上互联互通中获得的收益非常小（不到1%）。

"一带一路"倡议相关的基础设施投资自然也会降低相关国家内部的贸易成本。"一带一路"沿线国家和非"一带一路"沿线国家的贸易成本降幅分别为10.2%和5.9%。在基础设施改善的情景下，随着边境延迟的减少，全球福利收益将从0.7%增长到1.1%，而"一带一路"沿线地区的福利收益将从1.2%增长到2%。这对非"一带一路"沿线地区的影响是负面的，因为它没有从内部贸易成本的降低中受益，而是受到了国内投入相对于进口变得更便宜的贸易转移的影响。[2]

2. "一带一路"倡议对主要合作国家的影响

在参与"一带一路"倡议的国家中，巴基斯坦的福利收益最高，到2030年将达到10.5%，占"一带一路"沿线地区总收益的8.6%。[3] 这些收益是贸易成本降低导致的结果，而贸易成本的降低通过公路、铁路和管道等基础设施的改善来实现，包括建设瓜达尔港，这是中巴经济走廊的一

---

[1] Francois de Soyres, Alen Mulabdic, Siobhan Murray, Nadia Rocha, Michele Ruta, *How Much Will the Belt and Road Initiative Reduce Trade Costs*? Policy Research Working Paper No. WPS 8614, Washington, D.C.: World Bank, 2018.

[2] D. Hummels and G. Schaur, "Time as a Trade Barrier," *American Economic Review* 103 (2013), pp. 2945-2959.

[3] Francois de Soyres, Alen Mulabdic, Siobhan Murray, Nadia Rocha, Michele Ruta, *How Much Will the Belt and Road Initiative Reduce Trade Costs*? Policy Research Working Paper No. WPS 8614, Washington, D.C.: World Bank, 2018.

部分。其他相关项目包括白沙瓦—卡拉奇高速公路，以及卡拉奇至白沙瓦铁路的扩建和重建。进口贸易成本降幅最大的部门是石油和煤炭部门，但建筑、贸易服务和运输等部门的进口贸易成本降幅也很大。由于贸易费用减少，若干产品的进口增加，进口增幅较大的是农产品、纺织品、石油和煤炭产品。巴基斯坦进口的石油、化工产品、橡胶和塑料产品以及运输设备都低于基准水平。进口投入成本的降低和国外需求的增加导致巴基斯坦几个部门的出口扩大。出口增长较多的是化学品、橡胶和塑料产品、加工食品和其他制造业产品，因此，这些部门的产出增长率较高。另外，出口降幅较大的行业包括农业和皮革制品业。

吉尔吉斯斯坦是"一带一路"沿线国家中福利增长第二高的国家，到2030年福利增长10.4%（与基线相关）。由于"一带一路"倡议中以交通运输为重点的项目取得的成果（主要是铁路和公路），大多数经济部门都受益于高贸易成本的降低。吉尔吉斯斯坦所有部门的进口都有所增长，其中机械设备、纺织品、皮革制品、石油和煤炭产品的进口增幅较大。农业的出口和国内产品都大幅减少，从而导致农业进口大幅增加。在出口方面，吉尔吉斯斯坦的皮革制品、煤炭、机械设备部门的出口有所增加，贸易服务和其他运输部门的出口推动了这些部门产出的扩大。[1]

埃塞俄比亚也有望从降低沿线国家贸易成本和减少边境延迟中获得显著收益。到2030年，其福利增长将达到1.9%（相对于基线）。进口贸易成本下降较大的国家是吉尔吉斯斯坦、哈萨克斯坦、柬埔寨、东亚和南亚的其他国家。进口增长较快的主要产品是金属产品、机械设备和运输设备。预计埃塞俄比亚将增加农产品、皮革制品和能源密集型制造业产品的出口。商务和接待服务以及金属产品的出口减少。贸易变化影响产出，导致农业、加工食品、皮革制品和某些服务部门的产出显著扩大。由于资源被重新分配到经济效益高的部门，其他几个部门的产出出现下降，纸制

---

[1] Francois de Soyres, Alen Mulabdic, Siobhan Murray, Nadia Rocha, Michele Ruta, *How Much Will the Belt and Road Initiative Reduce Trade Costs*? Policy Research Working Paper No. WPS 8614, Washington, D.C.: World Bank, 2018.

品、能源密集型制造业产品和金属制品产出下降。[1]

边境延迟的减少带来了显著的福利收益。在全球层面，福利收益达到1.1%，而在"一带一路"沿线地区，福利收益增长到2%，而仅在基础设施投资领域，福利收益为1.2%（与2030年基线相比），这将为整个"一带一路"沿线地区带来4000亿美元的额外资金。对于边界基线出现明显延迟的国家，额外收益最大。尼泊尔、哈萨克斯坦和吉尔吉斯斯坦的福利收益高出10个百分点以上。在这种情况下，埃塞俄比亚的福利收益几乎是基线的3倍，达到6%，非"一带一路"沿线国家的福利收益也从0.3%增长到0.4%。[2]

为了最大限度地从"一带一路"倡议的相关基础设施投资中获益，各国可以采取额外的贸易政策和贸易便利化改革，即"一带一路"沿线国家在设定基础设施投资上限的基础上，实施贸易便利化措施，将边境延迟减半，并将从"一带一路"合作伙伴进口的关税减半或在最惠国基础上减半。辅助性改革进一步降低了进口商品的价格，并增加了出口商进入市场的机会。改革降低了最终消费者的价格，从而带来福利收益，同时也提高了生产者的竞争力，推动了出口增长，带来了福利收益增长。

3. "一带一路"倡议对全球脱贫的重要影响

"一带一路"区域合作导致收入增加，从而对全球脱贫具有积极影响。如果"一带一路"倡议相关投资能够使"一带一路"沿线国家和非"一带一路"沿线国家的穷人受益，他们都有可能获得福利。在全球范围内，"一带一路"倡议的相关投资可以帮助760万人摆脱极端贫困，帮助3200万人摆脱中度贫困，"一带一路"倡议的实施将使全球贫困人口减少。"一带一路"倡议的推进使沿线国家的受益人数达510万人，非"一带一路"沿线国家受益人数达370万人，其中肯尼亚和坦桑尼亚等发展中国家受益最大。孟加拉国和印度的贫困人数将分别减少20万人和30万人。在尼泊

---

[1] Francois de Soyres, Alen Mulabdic, Siobhan Murray, Nadia Rocha, Michele Ruta, *How Much Will the Belt and Road Initiative Reduce Trade Costs*? Policy Research Working Paper No. WPS 8614, Washington, D.C.: World Bank, 2018.

[2] Francois de Soyres, Alen Mulabdic, Siobhan Murray, Nadia Rocha, Michele Ruta, *How Much Will the Belt and Road Initiative Reduce Trade Costs*? Policy Research Working Paper No. WPS 8614, Washington, D.C.: World Bank, 2018.

尔，仅"一带一路"基础设施投资项目就使6万人脱离极端贫困。在东亚太平洋地区，菲律宾预计将有大约9万人脱离极端贫困。[1]

"一带一路"倡议的相关投资预计将导致要素回报率的提高，相对于资本所有者和土地所有者，工人的境况更好。从总体上看，"一带一路"沿线地区劳动力报酬的增长高于资本报酬（包括土地和自然资源）的增长，分别为1.37%和0.87%。非熟练工人将会增长（1.36%），熟练工人的增幅略高（1.38%）。在"一带一路"沿线地区，土地回报增长，特别是在巴基斯坦和孟加拉国。吉尔吉斯斯坦的自然资源的回报增长13.2%。非"一带一路"沿线地区的实际要素回报率变化趋势较小。总体而言，由于"一带一路"基础设施投资，预计东亚地区将有0.9%的劳动力转移，其次是南亚地区、中东和北非地区，分别有约0.6%和0.5%的劳动力转移。孟加拉国、巴基斯坦和印度的农业就业将出现一些显著增长，肯尼亚和坦桑尼亚也是如此。随着边境延迟的减少，"一带一路"沿线地区的结构性变化将会有所加快，农业就业总净流失90万人（到2030年，相对于基线），农业就业总增加500万人。总体而言，在"一带一路"沿线地区，超过1500万人将转换他们的就业部门，这占总劳动力的比例相对较低，仅为0.6%。中亚是唯一一个劳动力转移占总劳动力比例相对较高的地区，为2.6%。这主要是由于基线的边境延迟非常高，这一延迟的减少给该区域带来了巨大的利益，但也推动了工人在部门间的重新分配。其他一些国家也经历了大量的劳动力转移，例如，孟加拉国超过5%的劳动力预计将转换就业部门。[2]

"一带一路"关税下调将使初始关税较高的中东和南亚地区发生结构性变化，在基础设施改善和边境延迟减少的情况下，其2030年将有0.14%和0.33%的劳动力转换就业部门。总体而言，"一带一路"沿线地区将有超过1700万工人（占劳动力总数的0.7%）转换就业部门，而非"一带一

---

[1] D. Jolliffe & E. B. Prydz, "Estimating International Poverty Lines from Comparable National Thresholds," *Journal of Economic Inequality* 14 (2016), https：//doi.org/10.1007/s10888-016-9327-5.

[2] Fan Zhai, "China's Belt and Road Initiative: A Preliminary Quantitative Assessment," *Journal of Asian Economics* 55 (2018), https：//doi.org/10.1016/j.asieco.2017.12.006.

路"沿线地区预计将有300万工人转换就业部门。总体而言，由于减少了边境延迟，"一带一路"倡议将使370万人摆脱极端贫困，到2030年，这相当于总人口的0.7%。按照同样的假设，760万人将摆脱中度贫困。另外，由于"一带一路"相关贸易成本的降低，经济活动数量和结构的变化对全球二氧化碳排放的影响微乎其微，全球二氧化碳排放总量将增长0.5%，"一带一路"沿线地区增长0.6%。①

通过以上的分析我们看到了除合作国家数量、合作项目数量、进出口额和合作领域拓展之外的视角对"一带一路"倡议的评价，"一带一路"倡议的成绩不仅仅是经济的，其对沿线国家的繁荣和稳定也做出了重要贡献，这是极为难得的，也是令我们骄傲和自豪的成绩。

第二节 "一带一路"区域合作的潜力开发

"一带一路"倡议的主要组成部分，即"丝绸之路经济带"和"21世纪海上丝绸之路"，唤起了我们对古老丝绸之路的记忆，这是早在公元前200年就开辟的横跨亚洲、欧洲和东非的神话般的贸易路线。这些古老路线的成功源于两大关键特征。第一，这些路线实际上是一个巨大的交通运输网，不仅将东西方连接起来，而且利用所有站点将中亚、南亚和西亚的大片陆地连接起来，大大推动了相互交流。第二，在国家保证交通运输基础设施高效运行、整个网络沟通顺畅、为货物和商贩通行提供便利并组织市场的情况下，古老的路线得以繁荣兴盛，不仅促进了丝绸贸易，而且促进了马匹、棉花、纸张等许多其他货物的贸易。历史不会重演，古老的丝绸之路显然与复杂的当代贸易体系截然不同，然而这两大特征仍然值得深思。"一带一路"倡议发展到今天，共建"一带一路"大家庭成员达到180个，中欧之间的班列开行量和货运量再创历史新高，雅万高铁、匈塞铁路、比雷埃夫斯港等的运营稳步推进，共建"一带一路"合作的前景更加广阔，"一带一路"倡议的潜力将得到进一步开发。

---

① World Bank, *Poverty and Shared Prosperity 2018: Piecing Together the Poverty Puzzle*, Washington, D.C.: World Bank, 2018.

（一）"一带一路"倡议中经济走廊的潜力开发

"一带一路"是中国政府倡导的对外合作与发展的倡议，旨在深化区域合作，改善跨大陆的互联互通情况。"丝绸之路经济带"连接中国中部和南亚、欧洲，"21世纪海上丝绸之路"连接中国与东南亚国家、海湾国家、北非和欧洲。另外还确定了6条经济走廊，将其他国家与"一带一路"连接起来。世界银行高级副行长马哈茂德·穆希丁指出，"一带一路"倡议有潜力成为全球性的倡议，但其影响是地方性的。它将辐射65个国家和地区，影响44亿人，撬动全球GDP的40%[①]。大量投资将流向亚洲、非洲和欧洲的基础设施项目，而6条新经济走廊的修建，可以加强互联互通，它们有潜力帮助各国实现其在就业、贫困、基础设施和可持续城市等领域的国家目标。

在过去几十年中，在世界经济领域已形成不同的经济共同体，其中欧盟和东盟是最突出的例子。从未来经济发展的趋势来看，区域的合作与融合是我们应对外部危机的生存方式。作为"一带一路"倡议的一部分，6条经济走廊连接着60多个国家和地区，随着越来越多的国家加入，这个数字还在不断增加。该倡议目前确定的6条经济走廊为中国—蒙古国—俄罗斯经济走廊、新欧亚大陆桥、中国—中亚—西亚经济走廊、中国—中南半岛经济走廊、中国—巴基斯坦经济走廊和孟加拉国—中国—印度—缅甸经济走廊。"一带一路"倡议将改变经济中心的连接方式，对生产力、竞争、市场机会、运输和物流成本等领域造成影响，进而会给参与"一带一路"建设的国家和地区带来重大影响。

1. "一带一路"交通走廊能够促进参与国的贸易，扩大外国投资，提高公民生活水平

通过降低成本，"一带一路"倡议的相关交通项目可以促进扩大贸易，不断增加外资，逐渐减少贫困。如果项目能够充分实施，"一带一路"倡议的交通基础设施能够缩短沿线经济体的运输时间，缩短幅度最高可达

---

① "Belt and Road Initiative：A Global Effort for Local Impact. Connecting Cities for Inclusive and Sustainable Development," *World Bank*, September 26, 2017, https：//www.worldbank.org/en/news/feature/2017/09/26/bridge-for-cities-speech-by-mahmoud-mohieldin.

12%。在世界其他地区，运输时间平均可以缩短3%，这说明非"一带一路"沿线国家也能从沿线经济体的铁路和港口项目中受益。据估计，"一带一路"倡议的相关交通项目可使沿线经济体的贸易增长2.8%~9.7%，世界贸易增长1.7%~6.2%。① 并非世界所有国家的贸易都会受到积极影响，但由于"一带一路"倡议的网络效应，所有国家的贸易成本都会出现下降，因而总体效应是积极的。预计贸易增长将使全球实际收入增长0.7%~2.9%，这不包括基础设施投资的成本。预计走廊沿线经济体的收益最大，实际收入增幅为1.2%~3.4%。外国直接投资的增长将进一步增强这些效果。"一带一路"倡议的相关交通项目有助于上千万人口摆脱贫困，这些人口大部分集中在"一带一路"倡议走廊沿线经济体。②

2017年"一带一路"沿线经济体在全球商品出口中的占比达到近40%，东亚太平洋、欧洲和中亚经济体的出口占"一带一路"倡议走廊沿线经济体商品出口的80%以上。包括中国在内的东亚太平洋走廊沿线经济体自2009年以来一直是全球最大的商品出口来源地，该地区走廊沿线经济体既包括越南和柬埔寨这样自2000年以来出口以每年10%的速度增长的国家，也包括"一带一路"出口大国，比如俄罗斯和土耳其。沙特阿拉伯和阿联酋2017年的出口额占中东和北非走廊沿线经济体出口额的一半，两国出口额均超过2000亿美元。在南亚，2000~2017年，不丹的出口增长速度最快，印度和孟加拉国紧随其后。在撒哈拉以南非洲，肯尼亚2017年的出口额为60亿美元，2000年至2017年的年增长率为7%；坦桑尼亚的出口额为40亿美元，年增长率为10%。③

随着时间的推移，走廊沿线经济体彼此之间的贸易往来日益频繁。两大一体化程度较深的走廊脱颖而出：一是东亚太平洋走廊，一是欧洲—中亚走廊。实际上，这两大走廊的大部分进出口活动都在区域内进行（2017年区域内的出口贸易超过30%），而且几十年来一直如此。就区域间流动性而言，欧洲—中亚走廊沿线经济体的一体化程度最低，东亚太平洋走廊

---

① 《一带一路经济学：交通走廊的机遇与风险》，世界银行，2019，第11~45页。
② 《一带一路经济学：交通走廊的机遇与风险》，世界银行，2019，第11~45页。
③ 《一带一路经济学：交通走廊的机遇与风险》，世界银行，2019，第15页。

沿线经济体的一体化程度最高。①

在外国直接投资方面,全球流入"一带一路"倡议走廊沿线经济体的外国直接投资占比一直在35%左右。2017年"一带一路"倡议走廊沿线经济体的外国直接投资增至近4亿美元,占全球外国直接投资的25%。东亚太平洋地区是接收外国直接投资的主要地区,也是外国直接投资流出的驱动力。欧洲和中亚地区位居第二,总体而言,收入水平更高的走廊沿线经济体吸引的投资更多,对外投资的可能性也更大。实际上,近年来80%的外国直接投资流入高收入和中高收入经济体,90%以上的外国直接投资来自高收入和中高收入经济体。2017年,只有少数几个走廊沿线经济体吸收了100多亿美元的外国直接投资,其中包括东亚太平洋地区的中国、中国香港、印度尼西亚、新加坡和越南,欧洲和中亚地区的俄罗斯与土耳其,中东和北非地区的以色列和阿联酋。2017年这些国家获得的外国直接投资在走廊沿线经济体外国直接投资总额中的占比接近80%。2017年仅8个经济体就占走廊沿线经济体总流量的87%。这8个经济体中有5个来自东亚太平洋地区:中国、中国香港、新加坡、中国台湾和泰国。②

2. 在全球价值链方面,"一带一路"倡议走廊沿线经济体更深地融入了全球价值链,并正向价值链上游移动

"一带一路"倡议走廊沿线经济体在全球经济产出、贸易和投资中所占的比例很大,仅走廊沿线经济体的商品贸易就占全球贸易额的40%。③就贸易、外国直接投资和参与全球价值链而言,走廊沿线经济体在吸引投资和促进全球一体化方面取得了长足进展。总体而言,"一带一路"倡议走廊沿线经济体在国际贸易中表现活跃,包括通过参与全球价值链(GVCs)开展贸易。它们也是外国直接投资的重要目的地。通过进一步融入全球价值链,这些国家在全球出口和外国直接投资中的占比得到提高。东亚太平洋地区、欧洲和中亚地区的走廊沿线经济体通过后向参与实现了

---

① 《一带一路经济学:交通走廊的机遇与风险》,世界银行,2019,第15页。
② M. Chen and C. Lin, *Foreign Investment across the Belt and Road: Patterns, Determinants and Effects*, Policy Research Working Paper No. 8607, Washington, D. C.:World Bank,2018;《一带一路经济学:交通走廊的机遇与风险》,世界银行,2019,第17页。
③ 《一带一路经济学:交通走廊的机遇与风险》,世界银行,2019,第13页。

高度一体化，并通过大规模贸易提升了"一带一路"沿线国家的平均水平。但是相关国别研究显示，推动这两个地区全球价值链后向参与的是少数几个经济体，如东亚太平洋地区的中国、马来西亚和新加坡，欧洲和中亚地区的捷克、爱沙尼亚和匈牙利。中东和北非地区、欧洲和中亚地区的前向参与度较高。随着时间的推移，中国已经成为连接走廊沿线经济体的全球价值链网络中更加核心的参与者。[1]

3. 开展配套政策改革，能够实现"一带一路"倡议的相关交通项目积极影响的最大化，确保收益得到广泛分享

对某些国家来说，改革是以"一带一路"倡议的相关交通项目获得净收益为前提条件。如果实施减少边境延迟和放宽贸易限制的改革，预计走廊沿线经济体的实际收入有可能增加2～4倍。据估计，在内陆国家乌兹别克斯坦，基础设施改善带来的平均收益不足1%；但如果采取配套措施来缩短过境时间，其收益将达到9%。配套政策有助于"一带一路"倡议项目的收益共享，如加强社会保障、加强劳动者教育培训和促进劳动力流动的政策。从"一带一路"倡议走廊沿线经济体整体而言，约有1200万名劳动者有可能因"一带一路"倡议而发生就业转移，主要是在农业领域。劳动者也可能奋力抓住城市中心或其他经济活动集中地区涌现的机遇。[2]

交通基础设施的改善和缩短贸易时间的政策改革能够在很大程度上促进走廊沿线经济体的贸易与外国直接投资。贸易时间缩短一天可使走廊沿线经济体的出口额平均增长5.2%，贸易时间缩短10%可使走廊沿线经济体的外国直接投资流入增长12%。[3] 这些发现表明，有利于减少贸易与外国直接投资壁垒的基础设施改善的政策改革能够对走廊沿线经济体融入世

---

[1] M. Boffa, *Trade Linkages between the Belt and Road Economies*, Policy Research Working Paper No. WPS 8423, Washington, D.C.: World Bank, 2018.

[2] Francois de Soyres, Alen Mulabdic, Siobhan Murray, Nadia Rocha, Michele Ruta, *How Much Will the Belt and Road Initiative Reduce Trade Costs?* Policy Research Working Paper No. WPS 8614, Washington, D.C.: World Bank, 2018.

[3] Francois de Soyres, Alen Mulabdic, Siobhan Murray, Nadia Rocha, Michele Ruta, *How Much Will the Belt and Road Initiative Reduce Trade Costs?* Policy Research Working Paper No. WPS 8614, Washington, D.C.: World Bank, 2018.

界市场产生重要影响。交通与数字化互联互通、相辅相成，使得不同地方的人通过现实与虚拟的互动交换商品，交流想法和知识。如果没有高效的交通互联，电子商务的潜力会被大大降低。"准时供应链"在很大程度上既依赖信息的及时传递，又依赖投入与产出的及时运输。毗邻中国及中国西南地区的国家形成了一道质量相对良好的"走廊"。在走廊沿线经济体中，铁路基础设施缺口大于公路基础设施缺口，海港和机场基础设施的质量印象分较高。

4. "一带一路"倡议走廊沿线经济体对旨在加强互联互通的基础设施的需求很大

到2030年，满足亚洲流动性需求所需要的平均交通投资将达到年均国内生产总值的0.5%~1%。根据亚洲开发银行的预测，到2030年，亚洲发展中国家为满足基础设施投资需求所需的年均交通投资将达到国内生产总值的5.9%左右，其中交通投资占需求的32%，电信投资占9%。根据国际交通论坛的预测，到2023年，在走廊沿线经济体的集装箱运输中，南亚（193%）和东南亚（163%）的增长幅度较大，2030年南亚的集装箱运输量比2013年的集装箱港口容量高出93%，东南亚则高出86%。[1] 采用多项贸易便利化指数对6条陆上"一带一路"倡议走廊的分析显示，它们的绩效往往低于全球平均水平。[2] 除新亚欧大陆桥外，所有走廊的沿线经济体遵守进口监管和边境要求的合规时间高于全球平均水平。除新亚欧大陆桥和中国—巴基斯坦经济走廊外，所有走廊沿线经济体出口的合规时间高于全球平均水平。除中国—蒙古国—俄罗斯经济走廊和中国—中南半岛经济走廊两条走廊外，所有走廊沿线经济体进出口合规时间的差距均高于全球平均水平，这表明走廊沿线经济体的贸易商承受了过高的进口负担。新亚欧大陆桥和中国—中南半岛经济走廊沿线经济体的海关与边境管理机构的绩效高于全球平均水平。根据贸易便利化基准（包括营商环境和物流绩效指数），在6条陆上走廊中，只有两条走廊（即新亚欧大陆桥和中国—中

---

[1] J. Rozenberg and M. Fay, *Beyond the Gap: How Countries Can Afford the Infrastructure They Need while Protecting the Planet*, Washington, D.C.: World Bank, 2019.

[2] D. Hummels and G. Schaur, "Time as a Trade Barrier," *American Economic Review* 103 (2013), pp. 2935-2959.

南半岛经济走廊）沿线经济体跻身于全球水平较高的一半国家的行列；而 6 条走廊中有 3 条（中国—巴基斯坦经济走廊、中国—蒙古国—俄罗斯经济走廊及中国—中亚—西亚经济走廊）处于所有基准的全球平均线之下。例如，在新亚欧大陆桥沿线经济体中，捷克在物流绩效指数中的海关绩效方面全球居第 19 位，而白俄罗斯居第 112 位。[1] 鉴于供应链的强度取决于其最薄弱的环节以及时效性与可靠性的重要性，贸易便利化的巨大差距有可能减少"一带一路"倡议走廊沿线经济体释放贸易新机遇的潜在收益，而这对加强走廊沿线经济体在全球价值链中的作用尤其重要。

各国跨国界合作的能力影响着互联互通。如果在特定走廊沿线的国家之间可以进行谈判并达成新的协议，这能减少边界的厚度。就新的贸易协定进行谈判是"一带一路"倡议不可或缺的一部分，在某些情况下比建设新的有形基础设施重要得多。中国为"一带一路"沿线国家的交通基础设施和其他互补性基础设施的建设提供了大量资金，以及在这些国家之间的政策协调。中国将实现更高的交通连接和经济一体化的目标，以及来自中国民营企业和国有企业的更大的对外直接投资，这些都是为了促进经济要素的有序自由流动、资源的高效配置和市场的深度整合。

"一带一路"倡议与世界各国之间的联系日益紧密。过去 20 年，"一带一路"沿线国家对全球出口的贡献率几乎翻了一番。由于基础设施不足、政策薄弱等，阿富汗、尼泊尔、塔吉克斯坦、老挝等"一带一路"沿线经济体的贸易潜力不足。"一带一路"倡议将有助于弥补这些不足，促进国际贸易，特别是促进那些未能完全融入世界经济的国家发展。"一带一路"倡议的投资重点为公路、铁路、信息网络最薄弱的领域，在对这些领域进行投资的同时，还应就新的贸易协定和其他协定进行谈判，并改善提供服务的管理和政策框架，确定一些可以优先发展的联系，特别是沿着中国—中亚—西亚经济走廊和孟加拉国—中国—印度—缅甸经

---

[1] M. Bartley Johns, J. L. Clarke, C. Kerswell, and G. McLinden, *Trade Facilitation Challenges and Reform Priorities for Maximizing the Impact of the Belt and Road Initiative*, MTI Global Practice Discussion Paper No. 4, Washington, D. C.：World Bank, 2018.

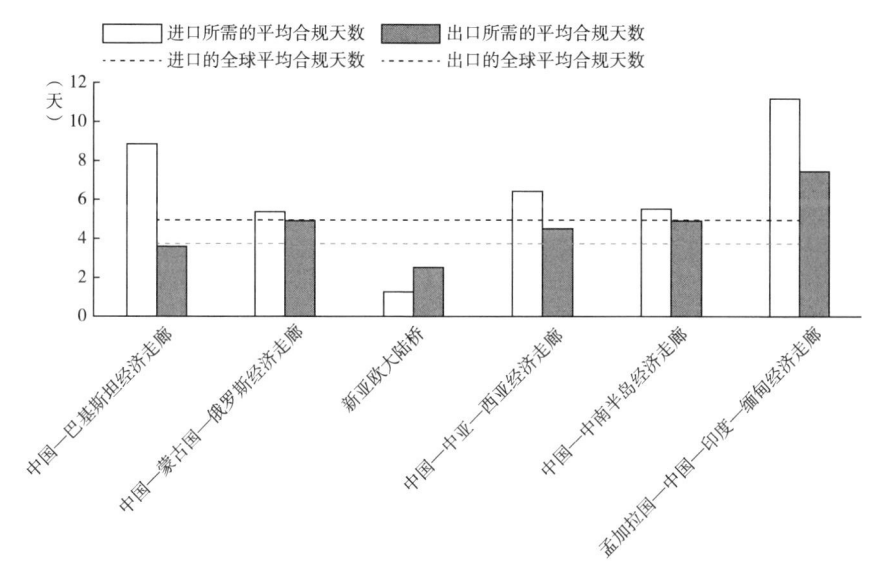

图 6-3 "一带一路"倡议走廊沿线经济体进出口平均合规天数

资料来源：根据《2018 年全球营商环境报告》总结。

济走廊进行发展。①"一带一路"倡议经济走廊的发展潜力已经得到了很好的论证，在相关环节方面得到不断完善后，其将会给沿线地区国家带来更丰厚的收益。

（二）"一带一路"倡议对接欧盟计划的发展潜力

2014 年，欧盟委员会主席让·克洛德·容克公布了一项总额达 3150 亿欧元的欧洲投资计划，后称为"容克计划"。"容克计划"是一项旨在促进欧洲基础设施、新能源和信息技术等领域发展的投资计划，与中国"一带一路"倡议的目标契合，双方的利益契合点促成两国的战略对接。中欧双方希望通过共同努力，积极推动"容克计划"和"一带一路"倡议实现战略对接，这可以为中国与欧洲的项目投资和合作提供广阔空间。强大的经济基础对欧洲的竞争力增强、繁荣和在世界舞台上发挥的作用，以及创

---

① Charles Kunaka, "Six Corridors of Integration: Connectivity along the Overland Corridors of the Belt and Road Initiative," *World Bank*, October 4, 2018, https://blogs.worldbank.org/trade/six-corridors-integration-connectivity-along-overland-corridors-belt-and-road-initiative.

造就业机会至关重要。随着技术、安全和可持续性挑战重塑全球格局，欧盟需要重塑长期可持续和包容性增长的基础，并提升欧盟内部的凝聚力，这需要实现经济的向上融合。中欧双方也在以此为契机，积极推进对接，实现互利共赢。

近些年，欧盟经济面临通货紧缩和信心不足的双重威胁，"容克计划"明确指出，鼓励欧盟各国政府为欧洲战略投资，也欢迎私人资本和外国资本进入欧洲，以满足欧盟对资金的迫切需求。近几年来，中国企业对欧盟国家的投资虽然增长迅猛，但在欧盟吸引外资存量中的占比却不到1%，这说明中国对欧洲的投资增长潜力还很巨大。[①] "容克计划"对巨额资金的需求与中国企业赴欧投资的强烈愿望相互契合，是推进双方战略对接的重要现实基础，这为中国企业对欧投资提供了难得的机遇。同时，贸易投资合作也是"一带一路"建设的重点内容，中国加快推进投资便利化进程，以尽早达成双边投资保护协定。"容克计划"设置了优先支持的发展项目，这些项目与"一带一路"建设的互联互通倡议密切相关，中欧可以在交通基础设施建设、新能源和数字化这三大双方都重点关注的领域推进精准对接。

1. 交通基础设施建设领域的项目对接

"一带一路"倡议和"容克计划"都把基础设施建设作为优先支持项目，这也成为二者对接的首选领域。交通基础设施方面的互联互通将极大促进中欧贸易关系和投资关系的发展。目前，从中国到中欧的货物运输大约需要30天，大多数货物都通过海运。用火车运输货物可以将运输时间缩短一半，但成本更高。在节省时间和节省金钱之间有一个权衡：商品从工厂门口送到消费者手中每延迟一天，估计就会减少1%的交易成本。提升铁路和其他交通基础设施的容量和发展相关网络，可以促进跨境贸易，增加投资，促进"一带一路"倡议相关经济体的增长。为解决这一挑战，需要在改善基础设施方面开展区域合作。"一带一路"倡议的实施将使世界上一些重要的经济走廊的贸易变得更加容易。欧洲是"一带一路"倡议经

---

① 《"一带一路"如何对接欧洲"容克计划"》，环球网，2016年1月19日，https://m.huanqiu.com/article/9CaKrnJTgQA。

济走廊的终点，陆上"丝绸之路"项目的实施将极大地缩短中欧之间商品运输的里程，最大限度地节省物流的成本，增强双方产品在国际市场上的竞争力，从而便利中欧商品流通、促进双方贸易和投资关系的不断发展。双方的对接建设项目逐渐成熟，未来中欧之间的商品流动将会更加频繁，而中国与欧洲国家自由贸易区的建设步伐也将加快。

2. 新能源项目实现对接

一个一体化、相互关联、运转良好的欧洲能源市场对欧盟的发展具有重要作用，这一市场将提供可持续、安全和负担得起的能源，充分尊重成员国决定其能源结构的权利。欧盟将加快向可再生能源的转型，提高能源效率，减少对外部资源的依赖，使其供应多样化，并投资于未来流动性的解决方案。欧盟现在的能源环境有逐步恶化的趋势，这与欧洲地缘政治关系密切相关。加强能源基础设施方面的合作，推进跨境电力与输电通道的互联建设，这同时也是"一带一路"建设的一项重要倡议。如能实现双方倡议在电力能源领域的对接，将会给电网建设企业与输电设备制造企业带来新的商业机遇。

3. 数字欧洲的愿景与中国的数字领域设施建设实现对接

2015年3月，欧盟正式公布了5G公私合作的愿景规划，计划在2020~2025年实现5G网络运营。欧洲未来的远景规划是数字欧洲和绿色欧洲，数字化转型将进一步加速，并产生深远影响。为确保欧洲拥有数字主权，并从这一发展中获得公平的利益份额，欧盟的政策必须体现社会价值观，促进包容性，并保持与生活方式兼容。为此，欧盟必须在数字革命和人工智能的各个方面开展工作，如基础设施、互联互通、服务、数据、监管和投资。这必须伴随着服务经济的发展和数字服务的主流化。同时，欧盟必须加大对培养人的技能和教育的投资力度，为推动创新做更多的工作，并加大研究力度，特别是在解决欧洲问题、发展和创新的碎片化问题上实现突破。数字经济是未来经济发展的新高地，5G技术成为推动经济的重要手段，欧盟和中国对数字领域的技术更新有共同的追求，这也符合双方的共同利益，双方在数字基础设施建设领域也存在精准对接的基础，可以共同推进跨境光缆网络建设，以提高国际通信的互联互通水平，使之成为畅通信息丝绸之路的重要举措。

4. 推进优势产业的密切合作

改革开放几十年来，随着中国现代工业体系的建立和产业结构的不断升级，中国的高端制造产业的规模持续扩大，并保持快速增长，积累了丰富的科技创新成果和自主知识产权方面的经验。经过几十年的积累，中国工业实力不断增强，但在发展过程中产能过剩的问题也相伴而生。"一带一路"倡议可以向欧洲发展，欧洲经济的发展正需要产业推进，如铁路、核电、汽车、船舶、化工、冶金等行业，中欧合作的潜能巨大。因此，在"容克计划"和"一带一路"倡议的合作框架下，促进中国优势行业企业与欧洲企业开展国际产能合作，既可以助推中国实现产业升级，同时也为欧洲的经济注入新的活力，实现互利共赢。

5. 促进金融领域的深入合作

在"一带一路"建设的合作项目中，资金融通是一项重要的支撑。中国是欧洲复兴开发银行成员，而很多欧洲国家也纷纷加入亚投行。为了推进和深化与"一带一路"沿线国家在金融领域的合作，中国也推出一些新举措，如积极推进和扩大"一带一路"沿线国家双边本币互换规模、推动建立金砖国家新开发银行和丝路基金，并推进亚洲基础设施投资银行建设。这些金融领域的新举措不仅有利于沿线国家的货币稳定，不断深化金融合作，也为"一带一路"建设的投资项目提供投融资方面的服务，为"容克计划"与"一带一路"倡议的对接创造良好的融资环境，同时有利于加快人民币国际化的进程。

第三节 "一带一路" 区域合作面临的主要挑战

"一带一路"倡议从 2013 年提出到现在已有 9 年多的时间，实施的总体效果还是积极的，我们在推进"一带一路"倡议的同时，也在不断总结经验，注重合作推进中出现的一些问题的解决。区域合作能否获得预想的经济、政治和安全方面的收益，最主要的问题是区域安全形势能否得到保障，有了安全的地缘环境才能促进经济实现增长，一旦战争爆发，经济上取得的成绩很容易消耗殆尽。所以区域安全是重中之重，是区域合作的重要推动力。全球虽然总体的趋势是以和平与发展为主流，但我们看到局部战争和冲突也是有的，在战火燃起的区域，经济发展没有办法实现。"一带一路"倡议的沿线国家的安全问题是我们面临的首要挑战，其次是各国之间的政策沟通，最后是文化认同。

(一)"一带一路"沿线国家的安全挑战

由于"一带一路"沿线国家的安全问题比较复杂，为了让阐述更加清晰，需要划分重点区域：东亚区域是"一带一路"倡议的起点，距离中国也比较近，所以东亚区域作为一个重点区域论述；其他区域作为补充论述，以方便共性问题的针对性论述。

1. 东亚区域力量此消彼长，增加区域共同安全的协调压力

冷战后的东亚安全形势总体缓和，经济高速增长，这些使东亚成为世界上最具活力和潜力的新兴经济体区域。在东亚经济迅猛发展的同时，东亚区域安全领域的合作却长期滞后，对区域经济体的利益保障明显不足。在区域安全问题复杂交织的背景下，地区冲突与热点不断的区域安全态势致使区域安全压力剧增。东亚经济的增长潜力及东亚重要的地理位置使东亚地区的权力争夺越发激烈，东亚安全局势面临由大国竞争导致的碎裂化的风险，这严重影响区域安全与稳定。

首先，美国在东亚影响力的下降。美国自二战之后成为东亚区域安全的重要保障，日本、韩国及东南亚国家的安全保障都依靠美国实现。美国将战略重心向亚太转移，并将大部分军力投射到东亚地区，以增强在东亚地区的影响力。但因美国力量在全球撤退，其在东亚的势力也在式微，美国因此改变了对东亚盟友提供安全保障的态度，不断要求日本、韩国及东南亚国家在地区安全方面承担更多的责任。美国在东亚的安全布置多半是为了保障美国的利益，而不是保障其盟友的利益，如"萨德"的部署就引起了东亚国家中俄的强烈反对以及韩国人的强烈不满。美国推行"美国优先"原则，实行以美国利益为出发点的"有选择的收缩"，实现美国在减少成本后仍能维护美国全球领导地位的战略需求，这就要求盟友承担更多的防卫费用。2018年12月11~13日，美韩在首尔举行关于"防卫费分担特别协定"的第十轮谈判，此协议签订下来，未来韩国的防卫费分担金额将从 9.4 亿美元/年上升为 14 亿美元/年，提高了 50%。[①] 韩国方面对此表示强烈不满，但美国认为这笔费用是美国促进半岛无核化和平机制构建的应有回报。近几年来韩国分担的金额每年都在增加，美国频频施压的做法使美国的增负要求成为"不法且不合理"的，使韩国政府倍感压力，这为朝韩局势带来不确定因素。

其次，美国以分化力量的方式解决东亚安全问题。从一定程度上讲，美国对东亚安全问题的解决方式就是联合盟友以遏制美国认为的潜在对手，并要求盟友承担更多的安全责任，起到的效果就是使东亚地区安全局势更加棘手。例如，朝核危机给地区安全带来的压力，正是由美国一意孤行造成的。为了应对中国崛起在地区安全方面造成的影响，美国还纵容日本走军事化道路，日本不断提出修改宪法，引起东亚国家的强烈不满。这促使东亚国家内部的分化更加严重，使区域安全的紧张局势不断升级。日本依靠美日同盟的力量获得在东亚安全局势中的优势地位，但因其对战争的态度等历史问题，东亚国家无法认同其在东亚安全事务中的主导者地位。

最后，中国和东盟在地区安全事务处理中的自主性提升。东亚区域各国的实力在逐渐发展、壮大，中国和东盟在安全领域的实力迅速提升，面对区域安全形势的分化，地区大国也有自己的权力主张和利益需求。中国与东盟区域安全秩序的构想比较一致，都主张在区域安全方面由当事国独立协商解决，通过平等协商来实现区域的安全与稳定。在目标能够达成一致的情况下，中国和东盟的安全合作得到提升。中国积极主张通过平等协商的方式解决区域安全问题，运用积极的外交手段和区域安全机制来促进区域安全，实现与周边国家携手维护东亚区域共同安全的最终目标。

2. 东亚安全问题叠加导致区域安全局势严峻

东亚区域不仅有大国博弈，还有冷战遗留的领土争端，在大国博弈与地区纷争交织在一起的安全背景下，这造成区域安全问题的复杂因素叠加，亟须形成区域整体力量来统筹、协商，以实现区域安全问题的实质缓

[①] 《驻韩美军"份子钱"涨价 50%？韩国不干了》，海外网，2018 年 12 月 12 日，https://baijiahao.baidu.com/s？id=1619619607582098420&wfr=spider&for=pc。

解、管理和治理。

首先，东亚传统安全领域的安全问题仍未缓解，地区热点问题有复杂化的趋势。美国政府对外政策的不稳定性仍然使朝鲜半岛南北统一进程存在风险，美朝是否能够保持良好的协商势头仍需拭目以待，不排除出现反复的可能。另外，南海紧张局势趋缓，中国与东盟和菲律宾之间的良好关系为稳定南海局势起到了关键性作用，但南海问题作为美日牵制中国的手段，作用仍然十分明显，未来南海问题也面临风波再起的巨大风险。

东亚区域的传统安全问题本身并不复杂，但与大国博弈交织在一起，问题的复杂性就实现了增加，使区域问题长期得不到妥善解决。东亚要真正解决传统安全问题，必须依靠当事国的自主协商。若将域外大国战略置于区域问题当中，区域安全环境只能恶化，无法得到实质性缓解。

其次，东亚在传统安全问题尚未解决的情况下，非传统安全威胁不断上升。近些年来，非传统安全问题如海盗、恐怖主义、跨国贩毒及犯罪在东亚区域都有恶化趋势。海难营救问题、网络安全问题及自然灾害等非传统安全问题也开始影响东亚国家的区域稳定与经济收益。一方面，东南亚地区恐怖袭击事件频发。中亚和南亚是遭受恐怖袭击较为严重的地区，这些地区的恐怖势力正在向东南亚流动，形成跨区域网络化联结的趋势，使反恐的形势愈发复杂。东南亚海上运输安全也备受关注，近年来东南亚地区海盗袭击事件数量呈上升趋势，由 2009 年的 68 起猛增到 2015 年的 174 起，占全球的比例也由 16.8% 上升至 71%。2016 年东南亚海域发生多起油轮劫持事件和恐怖袭击事件。① 美国国土安全部的数据以及中国中科院 2016 年 5 月发布的一项研究显示，21 世纪初以来东南亚地区的恐怖袭击事件，比 20 世纪后 40 年的数量翻了三番。② 另一方面，东南亚地区还有许多重要的海运航道，恐怖组织对航运安全造成了严重威胁。2018 年上半年，东南亚海域中发生抢劫事件最多的国家是越南、印度尼西亚和菲律宾。印度尼西亚政治、法律和安全事务协调部门呼吁与菲律宾和马来西亚

---

① 韦红：《东南亚海上安全治理困境及中国的策略选择》，《华中师范大学学报》（社科版）2018 年第 6 期，第 173 页。
② 《纪赟：东南亚恐怖主义的内外根源》，联合早报网，2017 年 10 月 2 日，http://www.zaobao.com/forum/views/opinion/story20171002-799760。

进行船舶护送和联合巡逻，以避免造成"一个新的索马里"。[1] 只有通过国内和国际合作伙伴共同协作，分享情报，共同监视和侦察，促进邻国之间共同开展安全合作，才能实现对区域安全的治理，形成更具凝聚力和稳定性的区域海上安全环境。

东亚面临的区域安全挑战的紧迫性要求东亚国家从区域安全的整体收益角度来看待部分国家之间存在的分歧，东亚当前迫切需要建构一个区域总体层面的安全机制来实现对东亚国家综合安全利益的维护，东亚区域安全领域的一体化也势在必行。

（二）"一带一路"沿线国家政策沟通方面面临的挑战

实行贸易便利化、减少贸易政策壁垒和改善经济走廊管理的政策改革，要求沿线国家采取具体措施和开展合作。中国作为推动国，更是需要发挥外交的政治效能来加强政策沟通，实现各方的互利共赢。

1. 大型基础设施项目可能造成治理风险，政策沟通凸显必要

现有的数据显示，获得"一带一路"倡议相关项目合同的中国企业比较多，60% 以上由中国提供资金的"一带一路"倡议相关项目合同给了中国企业。[2] 采用良好的国际实践，比如公开透明的公共采购，可以提升将"一带一路"倡议相关项目给最有能力实施项目的企业的概率。走廊沿线各经济体也存在腐败风险，这与其国内的制度密切相关，减少腐败的措施包括建立提高基础设施项目透明度的合作机制和各种形式的社区监督机制。为实现合作项目的扎实推进，推动相关国家互利共赢，彼此的政策沟通和促进政策的协调性、匹配性成为合作方的重要选择。

2. 大型交通项目使国家和当地社区面临环境和社会风险

多条"一带一路"交通路线穿越的地区容易出现环境退化、洪水和山体滑坡。部分路线穿过具有重要生态意义但保护不足的景观。其他还存在污染加剧、非法采伐和野生动物非法贸易增加的风险。为解决这些令人担忧的问

---

[1] Conor Cronin, "Southeast Asia from Scott Circle: The Overlooked Gap in the Southeast Asia Maritime Security Initiative," *CSIS*, April 28, 2016, https://www.csis.org/analysis/southeast-asia-scott-circle-overlooked-gap-southeast-asia-maritime-security-initiative.

[2] 《一带一路经济学：交通走廊的机遇与风险》，世界银行，2019，第 105 页。

题，有必要对项目进行战略性环境和社会环境的评估。这类评估应当着眼于整个交通走廊，利用"一带一路"倡议的规模来应对直接和间接风险。亟须采取的行动包括提高"一带一路"倡议相关项目的透明度和数据质量，提升市场的开放性和功能性，加强标准的监督和执行。提高透明度对于促进社区参与和建立公众对投资决策的信任至关重要。这些方面的政策协调需要良好的双边关系，外交的政治效能需要进一步提升，以促进各国的政策沟通，共同应对风险。提供更多关于项目规划、财政成本及预算和采购的公共信息，有助于提高单个基础设施投资项目和国家发展战略的成效。

3. 更深入的国内配套政策改革所面临的互通挑战

政策壁垒可能对许多"一带一路"倡议走廊沿线经济体的互联互通造成制约，这涉及具体国家的政策改革，需要国家层面的外交协调。很多国家都有阻碍跨境贸易的贸易政策和边境管理办法。提高进出口贸易便利度，对国家从"一带一路"投资中充分获益至关重要。贸易程序效率低是造成贸易成本高的主要原因，贸易便利化改革旨在简化贸易程序，同时确保边境管理机构实现收入、安全性和社区保护的目标。走廊沿线所有经济体可以开放采购流程，加强治理，建立财政和债务可持续性框架，以此推动收益增加。各国可以加强对投资制定配套调整政策，建立社会和环境安全网，也可以投资其他基础设施，以促进劳动力流动。配套政策改革可以最大限度地发挥"一带一路"倡议的相关交通项目的积极效应，让成果得到广泛共享。对一些国家来说，改革是实现"一带一路"倡议的相关交通项目净收益的前提条件。如果提高贸易便利化水平，减少贸易限制，"一带一路"沿线经济体的实际收入可增长 2~4 倍。此外，更强的劳动力流动性和政策调整将确保各参与国家更公平地分享收益。

习近平在第三次"一带一路"建设座谈会上提出了五个方面的统筹和六个方面存在的防控风险[1]，五个方面的统筹即统筹发展和安全、统筹国内和国际、统筹合作和斗争、统筹存量和增量、统筹整体和重点；六个方面具体的防控风险是加强制度建设、加强平台建设、加强机制协同、加强

---

[1] 《胡必亮：高质量共建"一带一路"面临新形势、承担新使命、实施新策略》，中国一带一路网，2021 年 12 月 22 日，http://ydyl.china.com.cn/2021-12/22/content_77945593.htm。

统筹安排、加强教育引导和规范企业经营行为。随着"一带一路"倡议逐步走向深化，合作的规模和范围都在不断扩大，如何保障参与国的互利共赢是至关重要的。积极认真地面对和分析挑战，推进合作高质量高效率发展是"一带一路"倡议追求的目标。

（三）"一带一路"倡议区域文化认同面临的挑战

"一带一路"倡议所涉区域文化多样，形成文化认同确有难度，中国作为主要推动国，自身就是拥有几千年文化的古国，文化的包容与并进能力比较强。"和合"思想是中国文化的传统内涵，"和合"思想与"人类命运共同体"理念相结合，体现了中国文化注重万物"和"的属性，主张万物和平共处、和谐发展、和而不同、合作共赢。中国传统文化中的"和合"思想与区域化和谐发展的精神实质相契合，成为促进区域整合、提升区域凝聚力、形成东亚区域文化认同的重要推动力。

第一，中国文化的"和合"蕴含。中国传统文化博大精深，是中国人民的精神财富，正是受到中国文化精神的深厚滋养，中国人才能创造发展的奇迹。中国文化最重要的思想宝库之一是社会交往的建构，中国人对关系的建构有独到的见解，"和"就是对关系建构本质的核心表述。

首先，中国传统文化中"和合"思想的文化传承。人类社会随时代的发展，千变万化，形态各异，社会的多面性与文明的异质性并存。孔子指出，"君子和而不同，小人同而不和"。万物和谐相处的理念是中国传统文化"和"的理念内核。国家主席习近平从促进民族凝聚力，推动自然与社会和谐相处、个体与群体和谐发展等高度，阐发了中华"和合"文化的重要意义，指出"贵和尚中、厚德载物、和而不同"的宽容品格是我们民族所追求的一种文化理念。"'和'指的是和谐、和平、中和等，'合'指的是汇合、融合、联合等。"[①] "和而不同"的主张，体现的是求同存异、包容互补、和谐共存的价值取向。

其次，"和合"文化的时代新意。随着时代的发展，"和合"文化在融入世界的过程中更凸显出它的独特价值。2014年5月15日，习近平在中

[①] 习近平：《之江新语》，浙江人民出版社，2007，第150页。

国国际友好大会暨中国人民对外友好协会成立60周年纪念活动上的讲话指出："中华文化崇尚和谐，中国'和'文化源远流长，蕴涵着天人合一的宇宙观、协和万邦的国际观、和而不同的社会观、人心和善的道德观。"①"和合"文化在个人、社会、国家和宇宙的关系协调中注入了"和"的理念，实现了全方位的和谐发展。"和合"文化在时代的发展中实现了新的体系建构，"和合"文化的思想精髓得到继承与发扬，在进一步促进文化融合的过程中不断提升。

第二，"和合"思想与"人类命运共同体"理念的精神契合。2017年1月18日，习近平主席出席"共商共筑人类命运共同体"高级别会议并在题为《共同构建人类命运共同体》的主旨演讲中明确指出，中华文明历来崇尚以和邦国、和而不同、以和为贵，并将中国的协和万邦的"和合"思想与构建"人类命运共同体"相结合，使二者的精神实质实现高度融合。

首先，二者都承认多样性。世界的本然状态就应该具有多样性，中国文化倡导万物平等、天人合一、尚中贵和、天下大同，文化的本质特征就是多样、融合、创新、发展，只有尊重万物自身发展的规律，世界才能和谐发展。"和"的关键，首要在承认不同。如果都相同，就无所谓"和"，"不同"是"和"的条件。承认不同，容许不同，欣赏不同，才能走向和谐。②"人类命运共同体"与中国传统文化的精神内涵存在传承性和相通性。构建"人类命运共同体"绝不是要消除各个国家之间的差异，推行统一的价值观，而是要使世界不同地区的文化都能够得到多样化发展，在承认差异的前提下，实现交流互鉴、取长补短、百花齐放。"人类命运共同体"理念的提出符合人类未来发展趋势，是对人类未来发展前途的严肃反思，凸显了不同文化的依存关系，强化了不同文化的公共本性。③

其次，二者都体现包容性。中华民族在包容众多地域文化和民族文化的同时，还以博大的胸怀接纳各种域外文化，以开放的姿态拥抱不同文化的独有价值。中国文化一向推崇不同国家、不同文化"美美与共，天下大

---

① 习近平：《在中国国际友好大会暨中国人民对外友好协会成立60周年纪念活动上的讲话》，《人民日报》2014年5月16日。
② 刘梦溪：《"和而不同"是中国文化的大智慧》，《北京观察》2015年第3期，第41页。
③ 傅守祥：《人类命运共同体的中国智慧与文明自觉》，《求索》2017年第3期，第15页。

同"。而"人类命运共同体"是中国人对当今世界的一种深刻理解，体现着中华文明的独特视角和思维方式，是中国智慧的集中释放。[①] 中国通过"一带一路"倡议的实施，联合沿线各国将其建为和平之路、繁荣之路、开放之路、创新之路、文明之路，其追求的是在"共商、共建、共享"基础上的利益共同体、责任共同体和命运共同体。"人类命运共同体"的"携手并进""同舟共济"的意识，促进世界各国以开放包容、兼容并蓄的胸襟致力于世界的和平与发展。

最后，二者都强调共生性。中国文化中蕴含着鲜明的"天下"情怀，"天下"观念使中华民族产生很高的国际情怀和精神境界——"视天下犹一家"。[②] 正是这种"天下"情怀使中国领导人提出了构建"人类命运共同体"的伟大构想，把世界各国和人民的福祉作为构建国家间新型关系的宗旨，使"人类命运共同体"的"你中有我，我中有你""一荣俱荣，一损俱损"的理念具有全局性意识，得到国际社会的普遍认可和赞赏。中国也以自身的实际行动践行这种和谐共生的理念，中国没有进行对外殖民扩张，没有发动对外战争，没有用意识形态为发展国家关系划线，通过中国人民自己的努力、奋斗与智慧，走合作共赢的道路，与世界各国形成平等相待的伙伴关系网络。在合作共赢的过程中实现中国与伙伴国家的共同发展、共同提升，这种理念与行为成为中国推行"人类命运共同体"与"周边命运共同体"的强大动力，并以中国的新思维、新理念影响国际社会朝着更加和谐、更加平等的新型国际关系迈进。

第三，"和合"文化促进东亚区域文化认同的建构。东亚各国都具有各自的历史文化传统，但又是紧密联系在一起的，特别是中国的儒家文化覆盖东亚的大部分区域，对东亚区域国家都有很大的影响。尽管区域融合的趋势主要体现在经济和地缘政治方面，但文化传承仍然在现代化过程中发挥着强而有力的影响。

首先，促进区域文化的交流融合。东亚国家处于儒家文化圈内，中国社会深受儒家文化的影响，儒家学说又传播到朝鲜、日本、越南等地区，

[①] 赵可金：《人类命运共同体与中国公共外交的方向》，《公共外交季刊》2016年第4期，第6页。
[②] 陈秉公：《论中华传统文化"和合"理念》，《社会科学研究》2019年第1期，第3页。

使东亚地区拥有了共同的文化传承。甚至有些学者认为,所谓"儒家文化圈",就是指由与中国儒家源流相关的东亚各国所形成的文化共同体。东亚基于相似的文化背景而形成的文化复合体,对东亚各国的交流融合起到巨大的推动作用。现代文明使全球范围内不同民族、不同国家的交往空前密切,东亚文明也在悄然崛起。东亚区域的文化交流也在东亚国家的大力推动下蓬勃发展。中日韩文化部长会议、"东亚文化之都"和中日韩东亚文化城市活动等从官方到民间的文化交流为增进了解、实现区域文化融合做出了重要贡献。

其次,增强区域文化的凝聚力。中国文化尊重世界文化的多样性,注重与东亚各国间文化的相互交流、相互学习,以实现区域文化的融合与凝聚。东亚各国文化可能存在价值观不符之处,但却一定有值得我们借鉴的内容。我们要借助地缘优势,发挥"和合"文化的亲和力,促进区域内文化之间的交流,以东亚文化为区域文化的代名词,增强东亚文化的凝聚力和影响力。中日韩文化部长会议是三国重要的政府间协商机制,为三国文化部长定期交换意见提供了良好的平台。三国文化部长会议自2007年建立以来,由中、韩、日三国轮流主办,从未间断,成果丰硕。中日韩东亚文化城市活动,通过文化的交流,使中日韩文化圈更加融合。东亚通过举办"东亚文化之都"、东亚艺术节、东盟文化城市等活动建立东亚文化品牌,加强文化领域的交流,共享文化价值体系,希望在求同存异的基础上获得对东亚文明共同点的认知,并向域外展示东亚文化的魅力。

最后,形成对东亚区域文化的认同。区域合作的建构对身份的认同和文化价值的认同要求都较高,东亚文化有儒家文化作为基础,伴随东亚区域经济一体化进程的提升,东亚区域身份认同与文化认同也必然会形成。区域文化内部互动的频率越高,形成共有的认知的概率就越大,东亚区域文化的"互构"就是温特所描绘的"社会共有知识"的形成机理。东亚各国通过文化交流活动来缓和国家间矛盾和冲突的共识,使区域身份的形成成为可能。"和合"文化对东亚各国文化的包容与凝聚,会使"社会共有知识"烙上东亚文化的印记,推进区域融合与认同。

第三编　实践逻辑：东亚区域合作与安全共同体实现路径探讨

第七章
东亚区域合作的环境审视

第一节 东亚区域合作的新态势

（一）东亚区域合作的新发展

随着全球和区域一体化程度的加深，世界经济变得更加一体化。根据关税及贸易总协定进行的谈判导致了重大的全球贸易自由化，在世界各地出现了加速实现区域一体化的趋势。20世纪50年代和60年代，区域贸易协定（RTA）的大多数早期尝试是在发展中国家之间进行的，收效甚微。但在过去10年中达成的区域贸易协定的数量呈指数级增长，使第一波区域主义黯然失色。21世纪初，已有184个区域贸易协定生效，几乎每个世贸组织成员现在都至少加入了一个区域贸易协定，有些成员甚至加入了20个或更多。区域贸易协定是一个总称，指的是经济一体化的各个层次。区域贸易协定最常见的一种形式是自由贸易区，其成员实行内部贸易自由化，但保留其独立的外部关税。已经通报给世贸组织的区域贸易协定中，70%是自由贸易协定。[1]

新区域主义的一个特点是它涉及一体化的最深层或实现全面的经济（与货币）联盟的许多因素，并可能包括：通过制定投资协议和保护措施，促进金融和外国直接投资流动（实体和金融资本流动）；开放区域贸易协定内的劳动力市场；协调国内税收和补贴政策，特别是影响生产和贸易奖励的政

---

[1] Pravin Gordhan、赵世璐、鲍晓康：《21世纪海关》，《海关法评论》2013年第3卷，第47页。

策；协调包括财政和货币政策在内的宏观政策，在区域贸易组织内推动形成稳定的宏观经济环境，包括协调汇率政策；建立管理和促进一体化的机构；改善通信和运输基础设施，以促进贸易和要素流动；协调产品和要素市场的法律规制；建立共同的货币和完全一体化的货币和汇率政策。

新区域主义的另一个特点是，区域贸易协定使发展中国家和一个或多个大型发达国家建立了联系。在美国参加的4个区域贸易协定中，有3个是与发展中国家参加的。欧盟将区域贸易协定作为其经济发展援助战略的一个关键部分。其签订的50个贸易协定中有35个是与发展中国家参加的。对于发展中国家，通过区域贸易协定与发达国家深入融合被认为是将增加贸易和提高生产力联系起来的关键。区域贸易协定很少只处理贸易壁垒问题，事实上贸易自由化的程度可能不大，它们总是包含深度经济一体化的因素。发展中国家在区域贸易协定中做出更大的贸易让步，这通常是因为发达国家的关税很低。新区域主义在发达国家和发展中国家之间实现深度一体化上，强调了新兴区域主义在发展中国家促进发展战略中的作用。有一个相当广泛但并非普遍的共识，即扩大贸易是成功发展战略的重要组成部分。人们还一致认为，贸易自由化不足以改善业绩，包括快速增长和消除贫困。

发展中国家希望通过其内部改革来吸引发达国家的外国直接投资，从而带来全球技术转让和提高生产力的前景。区域贸易协定通过外国直接投资和由此产生的非熟练工人工资增长获得的回报必须足够大，足以克服来自特殊利益集团的阻力。潜在的外国直接投资回报甚至可能大到足以诱使各国尝试改革，否则其就不会这样做，即区域贸易协定的改革创造效果。在新区域主义的框架下，发展中国家与发达国家达成区域贸易协定，与非成员争夺发达国家的直接投资。这种投资转移的影响可能会增加外部人士改革自己的决心，成为改革背后的积极力量，这是新区域主义的主要好处。随着全球自由化和区域贸易协定超越了商品贸易层面，投资转移的影响纳入了更深层次而非浅层的一体化的重要因素。

中国经济的快速增长与其融入世界经济密切相关。中国的贸易增长也与广泛的区域贸易生产网络的发展有关，该网络包括东亚经济体的分工。一种区域性的生产和贸易格局已经形成：零部件从东南亚国家运往中国，在中国进行加工和组装，然后最终产品再出口到最终需求市场，通常是美国和欧洲。中国相对于美国和欧洲的双边贸易顺差,也是整个东亚独特的生产方式导致的结果,即中国吸收其他东亚国家的出口产品,在这些产品再出口之前,它们的附加值相对较低。因此,中国对美国和欧洲的部分出口可以定性为东亚地区的出口,而不仅仅是中国的出口。也应该注意这些区域贸易生产网络在很大程度上指的是,由欧洲、美国、日本和韩国的跨国公司,外包给发展中国家,其生产廉价商品,最终商品运往发达经济体。这些企业的外国直接投资对中国成为世界工厂和获得经常收支顺差做出了巨大贡献。在中国组装 iPhone 的例子说明了中间产品和零部件的贸易是如何导致美国对华贸易逆差扩大的。

东亚区域贸易生产网络的存在促进了中国的经常项目盈余,进一步的区域经济合作和一体化也有助于解决中国的外部问题,从而也有助于解决全球失衡问题。首先,随着欧美发达经济体增长预期放缓,对中国出口的需求可能越来越多地来自东亚发展中国家。作为中国的出口目的地,东亚经济体正变得越来越重要。通过促进中国和东盟双方之间的贸易,韩国和日本可以进一步增加在该地区的商业机会,并减少中国对美国和欧洲出口的依赖。其次,中国、日本和韩国正日益成为东亚其他发展中经济体的投资者。中国已经成为柬埔寨、老挝等东盟低收入国家的最大 FDI 来源国。中国在该地区的进一步投资,不仅有助于提升中国企业在该地区和国际市场中的地位,还将通过将生产转移到国外,帮助缓解其国际收支问题。此外,通过在东道国创造就业,中国的 FDI 可能会促进这些经济体的就业和收入增长,从而促进其对中国出口产品的需求增长。再次,东亚复活的美元本位制。事实上考虑到对美国出口的规模,从贸易角度来看,盯住美元的意义有限。然而,考虑到东亚货币作为外部锚点与美元共同挂钩,在很大程度上为区域内汇率稳定提供了保障,盯住美元是有意义的。可以说,上述贸易生产网络是在相对区域内汇率稳定的环境下发展起来的。鉴于区域内贸易目前约占东亚国家贸易总额的 60%,区域内汇率的稳定是一项重要的区域公共产品。[1] 因此,现在是讨论东亚美元标准的替代方案的时候了,该方案既要能

---

[1] Ulrich Volz, "Global Imbalances and Regional Economic Integration in East Asia," *Procedia-Social and Behavioral Sciences* 77 (2013), pp. 384-387.

提供区域内汇率稳定的好处，又不会导致出现当前（软）盯住美元的做法所带来的问题。区域内的货币和汇率合作是一条明智的前进道路。最后，必须从美元在全球货币体系中的角色来看待全球失衡。鉴于美元的重要性不仅体现在对区域内贸易的影响上，也体现在东亚国家的资产负债表上，这些国家尝试保持兑美元汇率的相对稳定，以避免破坏资产负债表的稳定。此外，可以逐步减少对美元依赖的区域金融和货币合作是重要的前进方向。这方面的积极例子包括清迈倡议多边化，以及东盟10+3机制和东亚及太平洋中央银行行长会议（EMEAP）为促进本币债券市场发展而提出的倡议。

东盟和韩国自1989年首次建立对话伙伴关系以来，在政治和经济关系方面取得了实质性进展。2010年，两国关系进一步发展为"战略伙伴关系"。东盟和韩国在促进本地区和世界的和平、稳定与繁荣方面有着共同的利益。双方在地区、政治、安全等领域共同努力，成为东盟地区论坛、东盟10+3机制、东盟防长扩大会议等大家庭的一员。东盟与韩国之间的关系是通过各种平台发展起来的，这些平台显示了对成功的区域合作的承诺。双方在东盟地区论坛、东盟10+3机制、东亚峰会、东盟防长扩大会议等框架下建立了双边和多边关系，增进了双方的友谊。随着各种问题和讨论被纳入东盟的平台，韩国在该地区的地位得到了提升。

随着伙伴关系的发展，2009年在首尔成立了韩国—东盟中心，该中心被用作促进韩国与东盟成员国交流的政府间组织。其目标是：①加强东盟与韩国的伙伴关系；②促进相互理解；③促进文化交流和人民之间的接触；④支持东盟一体化的努力。该中心组织了东盟学校游学项目、东盟系列讲座、各类青年网络工作坊、美食节等活动，这些成为加强东盟10国与韩国合作的一部分。2014年，韩国与东盟庆祝建立伙伴关系对话25周年，并发表了《韩国—东盟面向未来联合声明》，概述了两国战略伙伴关系。两国近年发表的《行动计划》概述了2016~2020年的合作情况。《行动计划》主要涵盖三个支柱领域的合作：政治安全、经济、社会文化。这三个支柱与2015年建立的东盟共同体结构相一致。该行动计划表明，东盟与韩国正式承诺成为全面伙伴，并积极参与更多各领域的合作。

但是，东盟与韩国的关系仍然存在不平衡。东盟—韩国合作是在全球化初期发展起来的，经济因素是合作的主要重点和动力。与东盟和韩国日益增长的经济相互依赖相比，政治和安全合作不够发达。随着政治安全意识的变化，东盟在该地区发挥的作用也发生了变化。韩国要求开展政治安全领域合作的呼声更加迫切。问题主要来自第三个支柱，即社会文化合作。纵观历史，社会文化因素往往被忽视，或被置于第二或第三利益。对社会文化部门的关注始于20世纪90年代末21世纪初，那是韩国成为东盟"对话伙伴"十多年后。东盟—韩国关系建立以来，社会文化合作普遍滞后于经济和政治合作。强大的社会文化合作可以是一个很好的刺激，将双方链接在一起。韩国将自己的文化融入东盟文化，不仅促进了传统的政治和经济联系，而且变得更抗拒变化，持续时间更长。

新区域主义在多维性、复杂性、流动性、不整合性等方面开拓了更深刻的认识。事实上，它与全球化密切相关，区域之间的一体化和互动不断加强。这一理论体现在韩国与东南亚国家的双边关系提升为东盟—韩国的多边伙伴关系上，双方合作在经济、政治、社会文化领域不断扩大，教育成为新的交流领域。尽管东盟与韩国之间存在许多挑战，但多年来双方都取得了显著进展。这些挑战为加强社区建设方面的多边合作和努力提供了机会。与其他东北亚国家相比，韩国与东盟的经济政治关系相对较弱，而中国和日本拥有巨大的经济实力和在国际舞台上的重要政治地位。例如，日本主导建立了亚洲开发银行（ADB），中国推动成立了亚洲基础设施投资银行（AIIB），两国都进一步在经济和政治方面与东盟进行合作。由此我们可以看出，东亚的区域合作不仅有了重要提升，还在深层次的领域得到进一步发展，为区域合作的长远发展奠定了坚实基础。

（二）中国在东亚发展的新方向

东亚是中国周边安全的重要区域，东亚地缘政治安全与中国的和平发展休戚相关，中国的"一带一路"倡议正在稳步推进，需要东亚地缘政治安全环境的和平稳定作为其对外发展的战略支撑。东亚在政治、经济、安全领域都发生了深刻变化。经济发展面临更加严峻的外部威胁，迫使改革开放的力度要加大，经济领域的安全危险攀升。随着政治军事领域的风险加大，中国需要更多的战略耐心来应对东亚地区的安全局势变化。中国应紧紧抓住美国对东亚政策的调整这一机遇期，在东亚推动有利于中国的区域秩序的建构。

东亚区域安全的维护需要东亚区域内各国自主安排，域外传统力量的存在有其价值，但也要区域国家承担代价。东亚的安全困境的解决需要区域国家破除传统同盟体系的局限，转向建构区域各国共担的合作安全的体系，主动掌控区域安全的主导权与决定权。中国以亚洲安全观为基础，与周边国家进行共同体建设，与区域国家共同来实现和维护区域的安全与稳定。

1. 中国的亚洲安全观

中国作为联合国安理会常任理事国中的唯一的亚洲代表，有责任就亚洲所面临的安全问题提出自己的见解，并与亚洲各国一道，协调和携手推动基于共识的安全观。"亚洲安全观"是由中国国家主席习近平于2014年正式提出的，受到国际社会广泛重视。

"亚洲安全观"具体包括四个方面的内涵：共同安全、综合安全、合作安全和可持续安全。共同安全就是要尊重和保障每一个国家的安全。国家安全是国家的主要利益，任何国家都会给予高度重视。共同安全就是要尊重每一个主权国家对国家安全保障的需求，国家不分大小，一律平等。综合安全就是要统筹维护传统领域和非传统领域的安全。当前亚洲的安全问题出现由传统安全威胁向非传统安全威胁转变的态势，安全问题出现跨领域、跨区域复杂化与综合化的趋势。安全问题由领土争端、资源冲突、权力争斗过渡为恐怖主义、跨国犯罪、卫生防疫、自然灾害、环境等方面的问题，这些问题甚至相互交织和衍生。面对安全问题的复杂化趋势，在这个充满不确定性的新安全时代，同一地区的国家间必须紧密合作，以应对共同危机，维护区域整体安全。合作安全就是要通过对话合作促进各国和本地区的安全。亚洲地区国家众多，从社会制度到经济发展水平，再到宗教文化等领域，差异性很大，因此，在安全领域达成共识、形成合作具有很大难度。面对亚洲地区国家之间存在的相互冲突，各国在经济、能源、环境等问题上还存在竞争，就共同承担区域安全保障的责任还需要沟通与协商，更需要建立地区安全治理机制来进行规范和约束。可持续安全就是要发展和安全并重，以实现持久安全。亚洲安全问题随着社会的不断发展而日益复杂化，凸显出区域安全合作机制对确保各国的稳定与繁荣的重要性，因此，只有"消除不稳定因素和威胁因素，才能推进亚洲地区的长期安全合作"①。习近平主席指出:"我们要坚持和践行亚洲安全观,凝聚共识,促进对话,加强协作,推动构建具有亚洲特色的安全治理模式,共创亚洲和平与繁荣的美好未来。"②"亚洲安全观"的内核是中国的"和"文化,其是"亚洲安全观"构建起来的基石,推动各国实现和而不同、和平相处、和谐共赢,在亚洲国家主导下共同勾画亚洲安全蓝图,共同关注传统安全和非传统安全、经济安全和文化安全等综合安全。"和"文化的基石,也有利于推动亚洲安全走向可持续发展的合作安全格局。

亚洲的安全机制建设还需要结合区域实际,实现由次区域安全机制到总体区域安全制度化的跨越。现有的次区域安全机制主要有亚信会议、上海合作组织和东盟地区论坛等,每个安全机制都有自己的侧重点和功能。亚信会议由亚洲国家倡导建立,是区域安全合作的主要对话平台,处理区域发展中的重要问题,"为亚洲国家主导亚洲事务、实现亚洲安全提供了初级架构"③。上海合作组织在应对中亚安全问题上,主要针对地区"三股势力"。东盟地区论坛侧重信任机制和预防性外交。④ 不容忽视的是,亚洲缺乏总体性的区域安全架构,在处理亚洲复杂安全问题时捉襟见肘,在加强区域经济安全和政治安全、传统安全和非传统安全等相关问题上缺乏综合的考量和筹划。亚洲安全观为区域安全发展指明了方向,亚洲国家需要互谅互让、平等协商,以循序渐进的方式来探讨适合亚洲国家需要的安全模式,实现亚洲安全的总体提升,更好地维护共同利益,构建和平繁荣的亚洲命运共同体。

2. 中国倡导建立周边命运共同体

东亚地区大国的地缘战略竞争由来已久,面对国际形势的巨变以及某些大国由处于战略调整期所导致的区域影响力的弱化,区域国家应积极推进东亚地缘战略,建立周边命运共同体,重新确立地缘战略优势。中国与14个国家陆地相邻,周边安全问题比较复杂, 些国家在长期的交往中与

---

① 林芝瑛:《亚洲当前面临的安全问题及应对》,载王灵桂、赵江林主编《"周边命运共同体"建设:挑战与未来》,社会科学文献出版社,2017,第124页。
② 《习近平就"亚洲安全观"作出哪些新论述?》,新华网,2016年4月29日,http://www.xinhuanet.com//world/2016-04/29/c_128944821.htm。
③ 杨丹志:《亚信会议机制的发展现状及其前景》,载王灵桂、赵江林主编《"周边命运共同体"建设:挑战与未来》,社会科学文献出版社,2017,第138页。
④ 郑先武:《"亚洲安全观"制度建构与"中国经验"》,《当代亚太》2016年第2期,第13页。

中国奠定了良好的合作基础，比如中亚国家，上海合作组织的发展与成就就是证明。当然，中国也有与之存在领土争端的邻国，如越南、菲律宾和日本等。出于众多的历史与现实的原因，周边国家的安全问题的解决不能同步进行，个别国家之间还存在一些难以解决的问题，这些需要中国拿出更多耐心与定力来处理周边安全问题。

在中国外事工作会议上，中国将周边外交工作置于重要位置，为推进周边外交工作的开展，将周边命运共同体的构建作为周边外交工作的重要目标。2013年召开的周边外交工作座谈会可以被看作中国周边外交工作的转折点。中国一直致力于打造和平友好的周边安全关系，在2010年之前，中国总体周边安全环境平稳发展，中国与俄罗斯、中亚国家等为应对区域安全威胁共同建立了上海合作组织，通过多边合作稳定中亚的安全环境，成果显著，上海合作组织目前发展成为维护地区安全的重要力量，为地区政治、经济、文化与社会的发展发挥了重要的保障功能。

亚洲金融危机发生之时，中国顶住压力，为东南亚国家提供金融支持，帮助东南亚国家顺利度过危机，这使中国获得了东南亚国家的广泛信任，并进一步深化了与其他东亚国家的经贸交往，有力地推动了10+3合作。2010年中国与东盟建成自由贸易区，中国与周边国家的政治经济关系在合作与互助中不断深化，发展态势良好。就在这一年，中国周边环境急转直下，中国周边外交压力增大，一些新旧矛盾一起爆发，对中国外交工作提出严峻考验。主要问题集中于领土争端和中国崛起所带来的区域战略博弈。在中国崛起所必须面对和解决的问题中，中国周边问题如何处理，如何定位，怎样布局推进成为问题的首要——"周边命运共同体"就是中国应对周边安全问题的答案。[1] 以中国在经济方面发展的成就"惠及"周边国家，带动周边国家经济与中国一同发展，通过区域经济方面的深化合作增进区域国家互信，减少周边国家对中国崛起的担忧，通过经济、社会方面的深入交流与融合，使中国与周边国家和谐共赢，为周边命运共同体的建构奠定基础。因此，在经济合作不能破解安全难题的情况下，"周边命运共同体"

---

[1] 陈琪、管传靖：《中国周边外交的政策调整与新理念》，载孙学峰、刘若楠等《东亚安全秩序与中国周边政策转型》，社会科学文献出版社，2017，第220页。

理念应运而生。"周边命运共同体"理念与以往的周边政策有所不同。首先，周边命运共同体传递的是一种理念。中国与周边国家之间的关系不是主从，不是上下，而是安危与共、休戚相关的共同体。无论过往如何，各国主权平等的共同体才是我们共同的选择，中国与周边国家的关系建构进入一个新时代，一个共同命运的新时代。其次，周边命运共同体明确共同责任。共同体的建构不是你大我小，你多我少，而是共同承担促进区域经济发展、安全稳定、社会进步的总体责任。当然，责任的大小还要依靠协商来共同决定，中国体量大自然要承担更多的责任，这一点中国绝不会推诿，重要的是区域发展要由地区主人自主决定，自负其责。最后，周边命运共同体推动创建区域新秩序。东亚的区域秩序是由二战后的体系决定的，而非东亚国家自己决定的。随着时代的发展，中国、东盟、日本、韩国的实力都迅猛提升，一个更符合东亚自身需要的秩序理应由东亚国家自己来决定，只有需要的才是最好的。中国领导人习近平提出构建人类命运共同体，其目的就是与周边、亚洲甚至全球建立休戚相关的命运共同体，向世界释放合作共赢的新外交理念，增进共同命运的理念认同，实现和平发展的最终目标。在周边命运共同体建构的实践中，2013年10月，中国倡议建设更为紧密的"中国—东盟命运共同体"，同时倡导共建"21世纪海上丝绸之路"，二者息息相关，相辅相成。2016年3月，中国和湄公河五国正式启动澜湄合作机制，打造面向和平与繁荣的"澜湄国家命运共同体"。"澜湄国家命运共同体"是首个得到相关国家正式认可并已经进入建设议程的命运共同体，是中国建设周边命运共同体的成功实践，我们将致力于把澜湄国家命运共同体建设为周边命运共同体的典范，将其打造为一种更"高阶"的次区域合作。中国与越南、老挝就深化战略沟通、促进重大发展战略对接、拓展务实合作和增进人文交流进行深入探讨，共同推动构建周边命运共同体的生动实践，共谋和谐发展新蓝图。[①]

3. 21 世纪海上丝绸之路

"21 世纪海上丝绸之路"是实现周边命运共同体的现实路径，海上贸易将成为未来全球经济发展的重要趋势，建设海上丝绸之路不仅能提高东

---

① 曹元龙：《构建周边命运共同体的生动实践》，光明网，2017年11月15日，http://epaper.gmw.cn/gmrb/html/2017-11/15/nw.D110000gmrb_20171115_3-10.htm。

亚地区的经济活力，还会增进东亚的地区安全，为东亚安全共同体建设提供物质平台。"21世纪海上丝绸之路"是2013年10月习近平主席访问东盟时提出的战略构想。海上丝绸之路自秦汉时期开通以来，一直是促进东西方经济文化交流的重要桥梁，而东南亚地区自古就是海上丝绸之路的重要枢纽和组成部分。中国着眼于与东盟建立战略伙伴关系10周年这一新的历史起点，为进一步深化中国与东盟的合作，提出"21世纪海上丝绸之路"的合作构想。"21世纪海上丝绸之路"作为促进东南亚、大洋洲、印度洋和东非基础设施互联互通的发展之路，是对"丝绸之路经济带"的海上补充。海上丝绸之路划分为两条比较重要的线路：一条是东海航线，也叫"东方海上丝路"，是从辽东半岛、朝鲜半岛、日本列岛直至东南亚的黄金通道；另一条是南海航线，也称"南海丝路"，是始于广东，经由东南亚各国延续到西亚直至欧洲的海上贸易黄金通道。"21世纪海上丝绸之路"是中国深化改革、产业升级的一个强大驱动力。同时，通过恢复并发展这一通道，人才、技术、资金等市场要素的交流渠道将得到更大拓展，弥补中国在科技创新和其他领域的不足，从而为以经济体制改革为主导的全面深化改革提供突破点。2014年，中国倡议建立亚洲基础设施投资银行，并设立了丝路基金，为"一带一路"倡议的实施建立了战略资源保障。2015年3月，中国发布了《推动共建丝绸之路经济带和21世纪海上丝绸之路的愿景与行动》，对"一带一路"倡议进行全面系统的阐述，表明中国政府推动"一带一路"倡议的长远规划和战略决心，回应外界就中国推行"一带一路"倡议的各种指责，为"一带一路"沿线国家排除各种疑虑。

"一带一路"倡议自实施以来，硕果累累，大幅提升中国贸易投资自由化水平，推动中国形成陆海内外联动、东西双向互济的开放新格局。"一带一路"倡议作为构建人类命运共同体的实践平台，有100多个国家和国际组织同中国签署合作文件，货物贸易额超过5万亿美元，投资超过600亿美元，创造20多万个就业岗位，合作覆盖全球五大洲，达成多项成果，成为构建人类命运共同体的伟大实践。① 习近平主席指出："共建'一带一路'顺应了全球治理体系变革的内在要求，彰显了同舟共济、权责共担的命运共同体意识，为完善全球治理体系变革提供了新思路新方案。"② "一带一路"倡议不仅将过剩的产能、资本、人力向周边国家输送，实现了国内经济的良性发展，开创了全方位开放的新格局，还通过与周边国家的战略对接，实现与周边国家合作共赢的新局面。不论是俄罗斯的"欧亚经济联盟"、蒙古国的"草原之路"、哈萨克斯坦的"光明之路"、英国的"英格兰北方经济中心"、波兰的"琥珀之路"、欧盟的"容克计划"、印度的"季风计划"、非盟的《2063 年议程》、土耳其的"中间走廊"倡议、东盟的《东盟互联互通总体规划 2025》，还是越南的"两廊一圈"等，其都可以与"一带一路"倡议实现对接。"一带一路"倡议旨在满足欧亚非地区发展中国家的需求，尤其是致力于满足各国在基础设施投资方面的需求，因此，大多数国家都希望有机会向中国申请资金。③

正是在经济合作快速发展的过程中，中国通过不断发展的工业中心和沿海港口网络融入了全球经济，海岸线成为中国与国际市场的地缘经济接口。按照世界银行的统计数据，当今世界约 60% 的经济产出来自距离海岸线较近的沿海地区及港口城市，未来经济发展的巨大潜力在海上贸易和海洋资源方面，沿海地区的港口成为未来经济发展的重要支点。21 世纪是海洋的世纪，"21 世纪海上丝绸之路"倡议以建立 3 条"蓝色经济通道"为依托，将中国与世界各地的经济中心连接起来。④ 印度洋—太平洋地区已经成为全球商业的核心，并将在未来几年变得更加重要。世界上最繁忙的 10 个集装箱港口都位于太平洋或印度洋沿岸，世界上一半以上的石油海上贸易都在印度洋上。海洋的商业运输量猛增，估计每年运输的产品为 98.4

---

① 《人民日报国纪平："一带一路"是构建人类命运共同体的伟大实践》，央广网，2018 年 10 月 4 日，https：//baijiahao.baidu.com/s? id=1613357622895433244&wfr=spider&for=pc。
② 国纪平：《习近平主席提出"一带一路"倡议 5 周年：构建人类命运共同体的伟大实践》，中国政府网，2018 年 10 月 5 日，http：//www.gov.cn/xinwen/2018 - 10/05/content_5327979.htm。
③ Michael J. Green, "China's Maritime Silk Road: Strategic and Economic Implications for the Indo-Pacific Region," *CSIS*, April 12, 2018, https://www.csis.org/events/chinas-maritime-silk-road-strategic-and-economic-implications-indo-pacific-region.
④ Jonathan Holslag, "China's Roads to Influence," *Asian Survey* 50 (2010), pp.643-652.

亿吨。① 预计亚洲经济体的出口量将从 2010 年的 17% 上升至 2030 年的 28%，这进一步表明该地区的经济活力。在中国与相关国家领导人和高层的引领和推动下，中国与泰国、马来西亚、柬埔寨、印度、巴基斯坦、马尔代夫、南非等国签署了政府间海洋领域合作协议、合作备忘录和联合声明，与多个沿线国开展战略对接，建立了广泛的海洋合作伙伴关系。② 以海上丝路建设为契机，促进产业结构调整升级，通过技术创新，提高相关产业的技术含量，实现产业升级，提升在国际产业分工的地位，实现共赢。2017 年 3 月，联合国安理会一致通过了第 2344 号决议，呼吁各国推进"一带一路"建设，并首次载入"构建人类命运共同体"理念。③ "21 世纪海上丝绸之路"倡议的实施，不仅会促进沿线国家的经济繁荣，也能对中国的经济改革、产业升级创新、资源有效配置产生强大推力，特别是中国沿海的各个口岸依据不同地缘潜力更会得到相应的大幅提升。"21 世纪海上丝绸之路"将东亚、南亚、中亚与欧洲的沿线港口串联起来，在已有经济合作的基础上，实现东亚区域合作的整合与提升，加快区域一体化进程，为周边命运共同体的实现奠定坚实的基础。

第二节　东亚安全秩序的中国考量

东亚安全秩序的建构要符合东亚区域自身的实际，东亚的区域秩序也有其自身的演化过程，已有秩序的不足也亟须改善。当前东亚区域政治的多极化发展使东亚国家的自主意识增强，在区域秩序建构中体现了多元化的利益需求，东亚秩序朝更加注重平等、协商、自主、开放的方向发展。中国应呼应东亚国家的现实需求，积极承担地区大国的重任，为区域繁荣发展贡献更多的区域公共产品。

---

① 《世界十大港口 世界吞吐量前十大港口》，起航号，2022 年 9 月 14 日，http://www.shuangjiadi5.com/qihang/10193.html。
② 秦金月：《"一带一路"海上合作的中国方案来啦！"蓝色引擎"要如何加大马力？》，中国网，2017 年 6 月 21 日，http://cppcc.china.com.cn/2017-06/21/content_41067919.htm。
③ 《"一带一路"缘何写入联合国决议？》，中新网，2017 年 5 月 9 日，http://www.chinanews.com/cj/2017/05-09/8218937.shtml。

（一）东亚安全秩序的历史反思

近代以中国为中心的朝贡体系是东亚地区一种具有普遍性、广泛性和独特性的区域秩序。这一制度由一系列非正式、正式的制度组成。在这个体系中，秩序和贸易经常紧密地交织在一起。当时的清朝重视朝贡的象征意义，而邻国则更注重贸易的利益，作为交换，它们承认清朝是区域的中心，清朝给予这些朝贡国经济和贸易上的便利，围绕朝贡活动形成一系列的制度安排。各国在这种国家关系中遵循效用最大化原则，可以在系统的约束下实现最大化效用。这种效用不仅包括物质利益，还包括权力、威望和地位的最佳组合。当然，也有国际关系学者认为朝贡制度就是霸权秩序，它是建立在中国实力和文化优势的基础上的，因此是一种不平等的权力分配。[1] 在清朝与周边国家交往的过程中，它们逐渐达成了这样的共识：清朝是本地区最大的国家，在权力和文化方面都具有远超邻国的绝对优势，向它进贡是自然的，也是有益的。这种认知形成一种观念，在广义上可以称为意识形态或信仰体系。这一信仰体系或意识形态塑造了一些行为规则，如有意识的朝贡行为、礼仪和互动行为模式及正式的实践制度。朝贡体制的实质，对中国而言是一种形式上的等级秩序的建构，或者说是一种治理结构。当时，中国对邻国的内政并不主动干涉，在国与国之间的不断交往中形成了一个松散的区域治理体系。中国维系这种华夷秩序要追求的是周边秩序的稳定，甚至为了维护这种稳定而需要为邻国提供安全保障，这种成本要远远超过朝贡所得。

二战后东亚由以美苏两极为中心的雅尔塔体系过渡到以美国为中心的一超多强的地区秩序，虽实现了世界由战争到和平的转变，但使大国强权政治大行其道，形成了不平等的国际政治和经济秩序。在第二次世界大战后期，美、苏在政治、经济和军事上进行了成功的合作，做出了重要贡献，如1945年组建了联合国，维护了战后的和平，促进民族解放事业和第三世界的发展。20世纪70年代，欧共体和日本经济崛起，对美国的霸权

---

[1] Huanhuan Yu, "On the Qing Tributary System from the Perspective of Transaction Cost," *Theoretical Economics Letters*, June 20, 2016, pp. 228 – 233, http：//dx.doi.org/10.4236/tel.2016.62025.

秩序形成挑战，世界由单极格局逐渐演变为多极格局。美国为应对区域对抗与挑战，美日韩形成同盟，建构符合美国霸权主义国家利益的东亚地区的安全等级秩序。美国在东亚主导建立的安全秩序，其旨向不仅是实现美国利益的最大化，还在于通过同盟体系的建构与维护将东亚盟友牢固地绑缚在其体系当中，以巩固自己在东亚安全体系中绝对优势的战略地位。美国在东亚建构的等级秩序，已经成为其增强地区影响力与控制力的重要机制。在这种体系中，美国有力的安全承诺使东亚的盟友和东南亚国家长期以来对这种体制逐渐形成依赖，也成为东亚国家应对中国逐渐崛起的主要依恃。这使美国在东亚建构的安全等级秩序不仅获得了相对合法性，更赢得了很多东亚国家的强烈认同。这种依赖性的安全合作方式所形成的长期依附，造成美国负担不断加重。因此，当美国逐渐减少安全保障之时，盟友国家的不安全感就会逐渐增强，这些国家对美国制衡中俄的措施就会打折执行，甚至采取对冲战略，以此避免或减少本国可能发生的损失——这恰是美国的同盟与制衡策略面临的现实效力困境之一。在国家主权平等观念不断上升的背景下，美国对东亚地区的安全承诺减少并要求东亚盟国共同承担安全保障的职责，这种域外国家主导东亚地区安全秩序的状况开始遭到质疑，这种实质性不平等的安全秩序也成为区域新秩序建构批判的主要标靶。

（二）东亚安全困境问题的研究

1. 安全困境的理论研究

"安全困境"（Security Dilemma），也被称为"安全两难"或"霍布斯恐惧困境"，隶属于国际关系理论中现实主义理论范畴，是国际关系史学与国际关系学中的一个专有名词和重要理论范式。其意指一个国家为保障和提升自身安全所付出的努力会降低他国安全感，进而引发军备竞赛甚或擦枪走火，从而使本国安全利益受损的现象。我们可以将这种现象表述为国际关系主体安全付出与安全所得的反比例现象。从历史角度来看，这种现象古已有之，早在修昔底德所著的《伯罗奔尼撒战争史》中就记述了雅典与斯巴达之间的"安全困境"，即一个国家追求安全的独立行为可能让其他国家感到更不安全。① 与这一概念颇具关联的另一个概念就是人们比较熟悉的"修昔底德陷阱"。而从纯粹理论视角来看,率先界定"安全困境"这一学术名词的人被公认有两人:一是英国历史学家赫伯特·巴特菲尔德(Herbert Butterfiled)②,一是美国的政治学家约翰·赫兹(John Herz)③。虽然此二人最初所用概念略有不同,但他们有关"安全困境"的悲剧描述却惊人一致。尤其值得一提的是,二人提出"安全困境"概念的时候,正值美苏对抗的年代,这一理论范式对现实的解释力得到广泛认可。又因为冷战结束至今,现实主义和新现实主义一直居于国际关系理论中的主导地位,"安全困境"也一直处于国际社会安全问题解释学中的显学位置。

随着相关理论研究的不断深入,该领域又涌现出了包括罗伯特·杰维斯(Robert Jervis)、杰克·斯奈德(Jack Snyder)与阿兰·柯林斯(Alan Collins)等在内的一大批著名学者④。主流观点认为,如果从"安全困境"的诱因角度分类,可以将安全困境至少分为"体系引导型安全困境"与

---

① 张崇:《现实主义国际关系理论视角下的〈伯罗奔尼撒战争史〉》,《剑南文学(经典教苑)》2013年第2期,第37~46页。

② Herbert Butterfield, "Morality and An International Order," in Brian Porter, ed., *The Aberystwyth Papers: International Politics 1919–1969*, London: Oxford Univrsity Press, 1972, p. 197; Herbert Butterfield, *History and Human Relations*, London: Colins, 1951, p. 20.

③ John H. Herz, "Idealist Internationalism and the Security Dilemma," *World Politics* 2 (1950), pp. 157–180; John H. Herz, *Political Realism and Political Idealism: A Study in Theories and Realities*, Chicago: University of Chicago Press, 1951; John H. Herz, "The Security Dilemma in International Relations: Background and Present Problems," *International Relations* 17 (2003), p. 41.

④ Robert Jervis, "Realism, Game Theory, and Cooperation," *World Politics* 40 (1988); Alan Collins, *The Security Dilemma and The End of the War*, Edinburgh: Keele University Press, 1997; Richard Smoke, "A Theory of Mutual Security," in Robert Smoke and Andrei Kortunov, eds., *Mutual Security: A New Approach to Soviet-American Relations*, London: Macmillan, 1991; Paul Roe, "Mispercepfiort and Ethnic Conflict: Transylvania's Societal Security Dilemma," *Review of International Studies* 28 (2002); Phlip G. Cerny, "The New Security Dilemma: Divisibility, Defection and Disorder in the Global Era," *Review of International Studies* 26 (2000).

"国家引导型安全困境"。① 惠勒等人将经典安全困境界定为"体系引导型安全困境"（system-induced security dilemma），美国学者杰克·史奈德定义了"国家引导型安全困境"（state-induced security dilemma）。其中，"体系引导型安全困境"指的是由国际社会的无政府状态和信息不对称等国际社会体系现实因素引发的安全困境，一般认为这种安全困境可以通过第三方斡旋得以缓解甚或解决。而"国家引导型安全困境"则是指由具有特殊利益关切的国家或国家集团主观故意激起和引发的安全困境，一般认为应对这种安全困境的难度较高。

中国学者持相似观点并进一步进行了总结归纳。"安全困境"至少具有8个主要特征，其中3个是必不可少的：无政府状态（这导致了不确定性、恐惧和为了生存和安全的自助需要）；双方均无恶意性意图；一些权力的积聚（包括进攻型的能力）。② 同时，"安全困境"应当包含四方面理论要素：第一，无政府状态的先验假设；第二，行为体可以是个人、群体或国家；第三，强调行为体自保的本能和行为的良善意图；第四，行为各方的意图具有不确定性。③ 在其他比较有代表性的文章中，作者则从不同学派、不同角度出发，对安全困境的本质、内涵、产生的原因以及对国际秩序和国家间关系的影响进行了分析。④

2. 东亚安全困境的问题研究

安全问题一直都是困扰国际社会的重要问题之一，如果某个区域到了陷入安全困境的地步，该区域很可能是各方利益交汇点和矛盾冲突点——

---

① Jack Snyder, "Perceptions of the Security Dilemma in 1914," in Robert Jervis, ed., *Psychology and Deterrence*, p. 145, quoted in Alan Collins, *The Security Dilemma and The End of the War*, Edinburgh: Keele University Press, 1997, p. 153; 尹树强：《"安全困境"概念辨析》，《现代国际关系》2003 年第 1 期，第 59 页。
② 唐世平：《"安全困境"和族群冲突——迈向一个动态和整合的族群冲突理论》，《欧洲研究》2014 年第 3 期。
③ 员欣依：《从"安全困境"走向安全与生存——约翰·赫兹"安全困境"理论阐释》，《国际政治研究》2015 年第 2 期。
④ 相关文章包括：耿进昂《国际政治中安全困境的理论分析》，《华北水利水电大学学报》（社会科学版）2017 年第 4 期；刘涵《赫伯特·巴特菲尔德的国际秩序观研究》，《重庆科技学院学报》（社会科学版）2017 年第 8 期；陈丽颖《国家间互信理论的研究》，南京大学博士学位论文，2017；王柏松《国际关系现实主义范式安全理念研究》，《山东理工大学学报》（社会科学版）2017 年第 1 期。

东亚地区恰好就是这样饱受安全困境困扰的多事之地。其中，东北亚地区的安全困境表现尤为突出，东北亚安全困境随地区外大国的介入而产生，二战之后，美国驻军朝鲜半岛和日本，视之为遏制苏联和中国的桥头堡，并直接导致中国台海问题、朝鲜半岛南北的分裂，钳制东北亚安全的美日中俄四角关系应运而生。① 作为对东北亚地区安全具有重要影响的国家，美国其实是该地区和平与安全秩序的主要羁绊。东北亚的安全困境本来就是美国政策（特别是老布什政府）造成的，正是其所追求的战略目标使这里的安全形势从未走出冷战阴影。② 二战后，日本长期以来是美国最忠实的追随者和同盟者，《日美安全保障条约》为这种关系的存在奠定了坚实的法律基础。日本一方面谋求修改和平宪法，推动日本自卫队军事化；另一方面配合美国的亚太战略，在国际政治的各种场合不遗余力地宣传中国威胁论，试图建构自身的国际向心力、国际领导力和国际影响力，进而谋求政治大国地位。③ 种种历史遗留问题、大国利益分配的变化、传统和非传统安全问题交织在一起，使得东北亚各国战略互信程度极低，缺少有效的安全制度制约，从而使安全困境普遍存在。④

东亚安全问题错综复杂，影响巨大，与东亚安全问题相关的研究也相对集中，国内对东亚安全困境的相关研究主要集中在两个方面。第一，东亚地区的二元格局及其产生的一系列影响是地区安全困境形成的根源。⑤ 在这些相关研究中有影响力并给人以启迪的观点有很多。例如，门洪华教授提出，东北亚的安全困境具有明显的结构性、进程性与功能性特征，基于原有的六方会谈建构东北亚多边安全合作机制并使其制度化，具有可行性，且极为必要，并明确指出"亚洲安全观"对于东北亚安全合作机制建设具有指引和促进作用。⑥ 王缉思教授则提出，东亚安全问题极其复杂，

---

① 参见门洪华《东北亚安全困境及其战略应对》，《现代国际关系》2008年第8期。
② 李庆四：《美国与东北亚地区安全：困境、动因及影响》，《东北亚论坛》2009年第1期。
③ 王群：《跨越中日关系的安全困境》，《中共济南市委党校学报》2017年第1期。
④ 门洪华：《东北亚安全困境及其战略应对》，《现代国际关系》2008年第8期。
⑤ 相关文章包括：韩爱勇《东亚安全困境与亚洲新安全观的启迪》，《国际问题研究》2015年第5期；董向荣《识别朝鲜半岛的安全困境与非安全困境》，《东北亚论坛》2019年第1期；杨希雨《朝鲜半岛的"安全困境"及其出路》，《国际问题研究》2018年第1期；杨希雨《朝鲜半岛的危机周期与长治久安》，《东疆学刊》2019年第1期。
⑥ 门洪华：《东北亚安全困境及其战略应对》，《现代国际关系》2008年第8期。

而中美关系的妥善处理是合理有效应对东亚安全问题的关键所在。① 再如，中共中央党校国际战略研究院的韩爱勇从经济与安全的角度指出，从中美关系视域来看，近年来中国经济的持续发展与国家安全收益有呈现反比例变化的倾向，而这种反常的现象恰恰是安全困境的典型表现，通过这一现象可以解析中美安全困境的行为逻辑，多年来中国过于强调营造经济发展环境的重要性，而忽视了建构周边安全环境的重要性。他以此为依据，强调积极推进构建区域安全新秩序的必要性和紧迫性。②

第二，中国因素是解决东亚安全困境的关键。③ 中国作为东亚区域的大国，对区域安全负有重要责任，且东亚是中国的重要周边区域，解决东亚区域安全问题，中国也责无旁贷。王逸舟在《创造性介入：中国之全球角色的生成》一书中阐述了中国在国际关系中的角色，随着国家实力的提升，中国应创造性地介入全球事务，更好地维护本国利益，积极推动国际合作。徐进在《未来中国东亚安全政策的"四轮"架构设想》一文中，就中国东亚安全问题进行深入分析，提出"四轮"驱动建构东亚安全架构的设想，体现了新安全观与新安全体系建构理念对区域安全问题的积极探索。孙学峰、刘若楠等在《东亚安全秩序与中国周边政策转型》一书中分析了当前东亚安全秩序及其未来发展方向、东亚安全秩序的发展变化对中国周边战略带来的挑战及中国的应对。中国对区域安全负有重要责任和应积极维护周边安全的观点逐渐展现，中国对中国周边安全问题的解决路径也在积极构建与实施。

3. 东亚安全秩序的中国角色

（1）参与者

中国对国际秩序与国际事务的接触和参与一直处于积极的轨道上。改

---

① 王缉思、徐方清：《王缉思："两个秩序"，中美如何共同进化》，《领导文萃》2016年第5期。
② 韩爱勇：《经济发展与安全困境——基于中国国家利益分析的视角》，《中国战略报告》2017年第1期。
③ 相关文章包括：陈雪敏《中印安全困境的形成与缓解》，《湖北科技学院学报》2018年第3期；梁源、何红颖《冷战后东北亚安全困境与中国的战略应对》，《法制与社会》2018年第10期；钟飞腾《发展型安全：中国的一项大战略》，《中国社会科学院国际研究学部集刊》2015年第8期；苏长和《周边制度与周边主义——东亚区域治理中的中国途径》，《世界经济与政治》2006年第1期。

革开放以来,中国的外交思想和行动发生了重大变化。尤其是在中国加入世贸组织之后,中国不仅扩大了在国际贸易中发挥的作用,同时也对国际形势的发展越来越感兴趣。中国领导人欣赏公平制度、公平规则和决策过程所体现的合法性,并灵活地发挥秩序的影响力。基于中国加入的机构及其在其中所扮演的角色性质,中国与这一秩序的互动成效显著且日益密切和成熟。这反映在中国广泛参与正式和非正式的秩序机构建构之中。正如《世界邮报》主编、伯格鲁恩研究院高级顾问内森·加德尔斯(Nathan Gardels)所说,中国已从几乎不参与国际机制的立场转变为参与几乎所有有资格参与的主要国际机制的立场。[1] 在一些特定的机构中,中国已经成为一个积极的贡献者,并发出越来越强大的声音。在近年来联合国维和行动中,中国已经成为五个常任理事国中维和军队数量最多的国家。中国已经开始训练联合国部队,并试图安排官员担任联合国的高级职位。此外,中国也已经成为全球应对气候变化的主要领导者,并在朝核问题上发出了越来越有力的声音,而且特别重视联合国作为就是否使用武力做出多边决定的论坛的作用。中国已成为世贸组织争端诉讼的积极参与者,既是原告,又是被告。根据美国贸易代表办公室的说法,中国在大多数领域都遵守世贸组织的规则,并在世贸组织中使用适当的争端解决机制。[2] 中国在很大程度上遵守了世贸组织的直接裁决,并进行了广泛的国内改革,以满足世贸组织、国际货币基金组织和世界银行的相关规定的要求。同时,中国也是国际商业组织、标准制定和规则制定机构的积极参与者和实践者。

(2)维护者

中国对国际上建立的规则和多边决策机制表示赞赏,这些规则和多边决策机制为国家行为和国际关系带来稳定性、可预测性和合法性。中国更愿意看到自己成为全球共识的推动者,而不是国际和谐的破坏者。中国全面参与国际机构的活动,从其成员身份和参与有关组织的程度来看,其已

---

[1] Andrew J. Nathan, "China's Rise and International Regimes: Does China Seek to Over-throw Global Norms?" in Robert S. Ross and Jo IngeBekkevold, eds., *China in the Era of Xi Jinping: Domestic and Foreign Policy Challenges*, Washington, D.C.: Georgetown University Press, 2016, p. 171.

[2] Office of the U.S. Trade Representative, "2015 Report to Congress on China's WTO Compliance," Washington, D.C., December 2015.

经变得和世界主要国家一样重要。中国坚决支持维护国际秩序，参与联合国和世贸组织等组织和机构，并对许多国际法和条约予以支持。例如，在联合国，中国作为安理会常任理事国，拥有否决权，为维护全球利益、承担大国责任，中国偶尔也行使否决权。在世界贸易组织中，包括中国在内的所有成员都拥有平等的投票权和启动争端解决程序的能力。中国与其他国家进行交往时，坚定支持主权和互不侵犯原则，高度重视领土完整原则和主权的作用，支持《联合国宪章》。中国在多边安全领域，对《不扩散核武器条约》的支持有所增加；在气候问题上的看法和立场上虽有所不同，但通常在制定规则时都会认真对待；在全球自由秩序方面，中国已加入大多数人权公约，并采取步骤表示支持，使公约朝着更合理地反映这些准则的方向迈出重要一步；在其国际行动中，中国与其他大国一道，明确反对种族灭绝或种族清洗；中国还加大了在救灾和人道主义援助方面的投入力度，并在苏丹等一些国家牵头进行调解；支持一些多边努力，以打击严重的大规模人权暴行；将干涉主义秩序视为对政权的威胁；支持一些促进人道主义和自由价值观的国际努力；在安全和军备控制有关的领域，中国实现与国际准则接轨，例如，中国加入《全面禁止核试验条约》和《不扩散核武器条约》，并寻求提升这些条约的合法性。

（3）建设者

世界是变化的，国际秩序也需要根据实际的变化进行调整，不断完善自身以适应世界多极化发展的新需要。中国一直寻求被视为一个负责任的多边秩序的重要参与者和建设者，而非忽略多边规则和规范的单极决定者。中国寻求非西方国家在国际机构和当前秩序的制定和决策方面拥有更平等的发言权。中国领导人提出改革现有国际机构内部代表权的原因之一是，随着新兴市场和发展中国家的崛起，全球权力的分配正在发生变化。中国认为支撑国际秩序的政治意识形态是一种不适合新兴大国需求的西方意识形态。中国领导人和思想家批评的是作为西方政治意识形态支撑的国际秩序的自由规范和价值观。虽然中国主导的倡议被认为是挑战了美国的领导力和影响力，但这不是对国际体系的基本完整性构成的威胁，而是对现有国际体系中不健全的部分进行的建设和完善。尤其值得一提的是，在国际货币基金组织中，中国发挥了建设性作用，中国一直希望人民币成为国际货币基金组织特别提款权（SDR）的国际储备货币之一。2016 年，在达到国际货币基金组织标准后，人民币成为 15 年来首个被纳入 SDR 货币篮子的货币。① 中国高度渴望一个稳定的全球货币安排和防范危机的保障机制。有关人民币政策的问题，随着时间的推移得到了妥善解决，中国还在国际货币基金组织等机构中获得建设能力。当然了，符合中国利益的国际机构和秩序的改革不太可能在现有的体制内顺利进行。中国对自身利益的维护只能在相关体系内缓慢推进，中国逐渐开始推动建设具有主导作用的国际或地区机构，② 以此来完善现有秩序中对发展中国家利益的保障机制。在与中国利益密切相关的周边区域，中国推动建立了上海合作组织（SCO）等机构。在这些机构中，中国及相关国家在制定议程方面具有更大的话语权和影响力，可以更好地利用这些机构维护国家利益和实现国家的发展目标。

（三）相关区域安全共同体建设的研究

欧洲和美洲在建构区域安全共同体方面的理论研究和实践探索③，起步最早，成果最多。近年来，尤其是在中国国家领导人提出"一带一路"倡议之后，与亚洲尤其是东亚共同体建构相关的研究渐趋增多，出现了诸如亚洲命运共同体问题研究、亚太安全架构问题研究和欧亚合作问题研究等一众研究课题④。然而，目前这一领域的研究视域多集中于跨区域的宏大视角与整体理论研究上，这种理论研究多注重概念界定和理论梳理，缺乏更多的具有可行性和可操作性的中观层面研究。

---

① IMF, "IMF Survey: Chinese Renminbi to Be Included in IMF's Special Drawing Right Basket," December 1, 2015; David Francis, "IMF Officially Gives China Seat at the Adult Table of World Economics," *Foreign Policy*, October 3, 2016.
② Daniel McDowell, "New Order: China's Challenge to the Global Financial System," *World Politics Review*, April 14, 2015, pp. 25~37.
③ 郭楚、徐进：《打造共同安全的"命运共同体"：分析方法与建设路径探索》，《国际安全研究》2016 年第 6 期，第 22~46 页；郑先武：《全球化与区域安全共同体建构》，《外交评论》2008 年第 4 期，第 66~74 页；李开盛：《威胁与安全共同体的形成：对沃尔特理论的几点修正》，《世界经济与政治》2008 年第 10 期，第 21~23 页。
④ 郑先武：《人的解放与"安全共同体"——威尔士学派的"批判安全研究"探析》，《现代国际关系》2004 年第 6 期，第 55~61 页；刘兴华：《非传统安全与安全共同体的建构》，《世界经济与政治》2004 年第 6 期，第 37~42 页。

1. 亚洲命运共同体建设问题研究

"随着亚洲在全球经济版图地位的不断攀升和自身经济、政治、社会与安全等领域的新变化，亚洲命运共同体这一愿景理念渐趋成形。"[1] 特别是在中国首倡的"一带一路"倡议顺利推进的大背景下，旨在构建亚洲区域新秩序的亚洲命运共同体[2]建设相关研究已经得到人们的关注，甚至大有成为显学的趋势。亚洲命运共同体建设，是人们为了应对全球尤其是亚洲区域的新变化，立足以往亚洲区域国际经贸合作经验，在总结和借鉴共同体理论研究及其实践发展史的基础上，提出的国际合作创新理念和制度设计方案。国外研究成果的主要代表人物有阿米塔·阿查亚（Amitav Acharya）、约翰·伊肯伯里（G. John Ikenberry）、Jitsuo Tsuchiyama 和 David Shambaugh[3] 等。国内有石源华、刘宗义和江时学等一系列学者关注这一研究领域。石源华在《亚洲命运共同体的文化内涵》[4] 中对习近平先后提出的"亚洲命运共同体"与"亚洲安全观"[5] 等新概念的文化内涵进行了总结、梳理和提炼。刘宗义在《亚洲命运共同体的内涵和构建思路》[6] 一文中指出，亚洲命运共同体的建设不可能毕其功于一役，这必将是一个渐进的过程，其最终目标在于建立合作共赢、和谐共生的亚洲新型国际政治经济新秩序，并明确了亚洲命运共同体所涵盖的利益共同体、人文共同体与安全共同体等三个支柱。江时学在《构建亚洲命运共同体的必要性、可行性及战略措施》中指出，亚洲作为当前全球最具发展潜力的区域，具备构

---

[1] 刘宗义：《亚洲命运共同体的内涵和构建思路》，《国际问题研究》2015 年第 4 期。
[2] 《坚持合作共赢 携手打造亚洲命运共同体》，中国社会科学网，2019 年 3 月 10 日，http://www.cssn.cn/zzx/gjzzx_zzx/201406/t20140608_1201064.shtml。
[3] Amitav Acharya, *Constructing A Security Community in Southeast Asia: ASEAN and the Problem of Regional Order*, 1 edition, Abingdon, Oxon: Routledge, 2000; G. John Ikenberry and Jitsuo Tsuchiyama, "Between Balance of Power and Community: the Future of Multilateral Security Co-operation in the Asia-Pacific," *International Relations of the Asia-Pacific* 2 (2002); David Shambaugh, ed., *Power Shift: China and Asia's New Dynamics*, London: University of California Press, 2005.
[4] 石源华：《亚洲命运共同体的文化内涵》，《世界知识》2015 年第 2 期。
[5] 此处可参见陶连洲《2013 年以来中国—东盟命运共同体研究综述》，《东南亚纵横》2016 年第 3 期，第 76~80 页。
[6] 刘宗义：《亚洲命运共同体的内涵和构建思路》，《国际问题研究》2015 年第 4 期。

建命运共同体必要的经济基础。① 另外，中国"也具有在推动建构亚洲命运共同体进程中发挥积极作用的主观愿意"②。当然，江时学也毫不隐讳地列出推动亚洲命运共同体建设所面临的严峻挑战，但是，他也着重分析论证了推动构建亚洲命运共同体的可行性、必要性和具有可操作性的必要措施，并展现了其对于亚洲命运共同体建设的美好愿望和信心。郭楚和徐进则是从区域共同安全的视域展开了对"亚洲命运共同体"建设路径的阐述，他们认为区域共同安全不仅是建构命运共同体的战略目标，更是其基本前提和保障——正是从这个意义上而言，构建亚洲尤其是东亚安全共同体不仅是构建亚洲命运共同体的目标，也是其保障。③

2. 亚太区域安全架构问题研究

在亚太区域经济一体化日渐走高的同时，亚太区域的安全问题甚或军备竞争态势却也愈演愈烈。在这种情势下，国际社会中有关"建构亚太区域安全共同体"④ 的呼声越来越高。这是因为只有促进区域和平与稳定，才能为本区域经济可持续发展奠定坚实的基础。为此，王缉思在《亚太地区安全架构：目标、条件与构想》一文中曾经指出，中国应该主动谋划，秉持积极进取的精神紧紧抓住战略机遇，力争在亚太区域安全问题上扮演更具有主导色彩的关键角色，他还提出中国应当在适当时机主动提出建构新的亚太区域安全架构的倡议。⑤ "一带一路"倡议及其主张的"互联互通"与亚太区域安全架构如果能齐头并进并相互配合，即"实现亚太区域

---

① 江时学：《构建亚洲命运共同体的必要性、可行性及战略措施》，《亚太经济》2018 年第 3 期。
② 廖红霞：《马克思世界历史理论与人类命运共同体的建构》，兰州大学硕士学位论文，2017。
③ 郭楚、徐进：《打造共同安全的"命运共同体"：分析方法与建设路径探索》，《国际安全研究》2016 年第 6 期，第 22~46 页。
④ 王缉思：《亚太地区安全架构：目标、条件与构想》，《国际安全研究》2016 年第 1 期；凌胜利：《拒优战略：中美亚太主导权竞争》，《当代亚太》2017 年第 1 期；郑先武：《"亚洲安全观"制度建构与"中国经验"》，《当代亚太》2016 年第 2 期；张蕴岭：《转变中的亚太区域关系与机制》，《外交评论》2018 年第 3 期；凌胜利：《双重困境与动态平衡——中美亚太主导权竞争与美国亚太盟国的战略选择》，《世界经济与政治》2018 年第 3 期；王亚军：《亚洲安全新格局的历史性建构》，《国际安全研究》2018 年第 1 期。
⑤ 王缉思：《亚太地区安全架构：目标、条件与构想》，《国际安全研究》2016 年第 1 期。

经贸合作与安全合作的两轮驱动,这不仅是整个亚太区域各国的福祉"①,也必然会令中国的国际地位和地缘优势得以保障和进一步提升。

3. 东亚安全共同体建设问题研究

目前,学界有关东亚安全共同体建设问题的研究,可以分为三个层面:一是东亚共同体的相关研究;二是东亚次区域安全共同体的相关研究;三是中国学者在这一研究领域的相关思考与贡献。

首先,东亚共同体的相关研究。严格来说,对东亚安全共同体建设开展的研究最初起步于日本学者。"东亚共同体"② 这一概念早在 2001 年就已经被提出,2005 年后日本政府更是极力倡导"东亚共同体"的建设,因此,当时很多日本学者将其研究的焦点多集中于日本对于东亚共同体建设与发展的构想,与此相关的文献颇多。其中,非常具有代表性的学者有山影进、梁云祥、星野昭吉和刘小林等人。日本学者山影进在他的「対立と共存対立の国際理論」一文中认为,东亚共同体应该立足于对域内外成员国的共性与差异性的理解,并认为这是建构东亚共同体的基本前提和首要原则。另外,梁云祥在他的「中日両国異なる近代歴史経験発展方式と東アジアのアイデンティティに参考」一文中认为,东亚区域各方彼此认同度和信任度偏低的问题,是阻碍东亚安全共同体建设的首要问题,并提出一些应对举措。非常值得一提的是,星野昭吉与刘小林在他们的《全球化与区域化视角下构建东亚共同体的思考》③ 一文中还曾开门见山地指出:

---

① 杨亚琢:《亚太区域经济合作格局变化及我国参与路径研究》,对外经济贸易大学硕士学位论文,2015。

② 王勇:《"东亚共同体":地区与国家的观点》,《外交评论》2005 年第 4 期;蔡建国:《21世纪的东亚机遇、挑战与创新》,上海社会科学院出版社,2004;刘阿明:《东亚共同体建设:关于现状与问题的思考》,《东南亚研究》2010 年第 1 期;高熠:《文化合作理论视角下的东亚安全——以中美两国合作为主的研究》,天津师范大学硕士学位论文,2013;宋均营、虞少华:《对"东亚共同体"建设的再思考》,《国际问题研究》2014 年第 2 期;刘江永:《通向东亚共同体之路:合作与创新——新形势下的综合性战略思考》,《外交评论》2010 年第 2 期,第 57~66 页;舒先林:《东亚区域能源安全与东亚共同体构建》,《东南亚纵横》2010 年第 2 期,第 71~75 页;刘昌黎:《中日合作共同推进东亚共同体》,《东北亚论坛》2010 年第 2 期,第 64~72 页;石源华:《试论中国的"东亚共同体"构想》,《国际观察》2011 年第 1 期,第 19~27 页。

③ 〔日〕星野昭吉、刘小林:《全球化与区域化视角下构建东亚共同体的思考》,《世界经济与政治》2011 年第 4 期。

"'东亚共同体'的构想是否能够实现很大程度上取决于中日两国的努力程度及两国关系的和谐程度。"①

其次,东亚次区域安全共同体的相关研究。"作为东亚次区域安全共同体,东盟共同体的建立成为东亚新区域主义的典范。"② 近年来,在这一研究领域国内外学者都有所贡献,其中比较具有代表性的有国外的巴瑞·布赞、阿米塔·阿查亚、伊曼纽尔·阿德勒、迈克尔·巴涅特和国内的周永生等人③。因为包括很多学术大家在内的西方学者将东亚次区域安全共同体建设问题视为其共同体建设研究中独特的案例,对其给予高度重视,所以,与此研究领域相关的文献比较丰富。其中比较有影响的是阿米塔·阿查亚在其所著的《建构安全共同体:东盟与地区秩序》一书中所提的观点,他认为即使是政治民主化水平、经济现代化水平和相互依存度都不高的欠发达地区依然具有建构安全共同体的需求和可能。伊曼纽尔·阿德勒与迈克尔·巴涅特在他们共同主编的《安全共同体》一书中则颇具针对性地指出,"合作安全"与"共同安全"的观念深入人心的时候就是建构安全共同体的观念萌生之刻,而这种理念的培育在亚太区域安全共同体的建设中尤其迫切和重要。类似的理论和观点还有很多,不一而足。

伊曼纽尔·阿德勒和巴瑞·布赞等比较著名的西方学者受到根深蒂固的欧洲中心论思想的影响,将其安全共同体研究重点多集中于欧美地区,但他们有关共同体建构的研究规范而严谨。因此他们的很多理论和观点对于建构东亚次区域安全共同体也具有相当程度的借鉴作用和启示意义。国内学者周永生在他的《中国对东南亚的大战略思想梳理》一文中提出,作

---

① 转引自姜冰《构建中日韩东亚共同体:动力、阻力和推进机制研究》,郑州大学硕士学位论文,2011。
② 周士新:《东盟与亚太安全共同体建设的路径选择》,《国际安全研究》2017年4期,第82~102页。
③ Emanuel Adler and Vincent Pouliot, "International Practices," *International Theory* 10 (2011); Sukma and Rizal, "The ASEAN Political and Security Community (apc): Opportunities and Constraints for the r2p in Southeast Asia," *The Pacific Review* 1 (2012); Amitav Acharya, "Power Shift or Paradigm Shift? Chinas Rise and Asias Emerging Security Order," *International Studies Quarterly* 1 (2014); Amitav Acharya, *Constructing A Security Community in Southeast Asia: ASEAN and the Problem of Regional Order*, 3rd edition, Abingdon, Oxon: Routledge, 2014.

为东亚次区域安全共同体的"中国—东盟命运共同体"应该是一个复合型共同体：第一位是安全，次位才应该是经贸合作发展。周永生的观点很有道理，其实，正是"东亚次区域安全共同体的综合性、包容性、开放性和超越旧区域主义"[1]等诸多特征体现了其具有的鲜明的新区域主义色彩，从而使其成为东亚区域一体化进程的新生力和推动力。

最后，中国学者对于东亚安全共同体建设问题也做了相关研究。近年来，很多国内学者都已经将自己的研究视角聚焦于东亚安全共同体的建设问题上来，有关东亚安全共同体建设问题的研究成果不断涌现，其中不乏具有可行性和启示性的真知灼见。从总体上来看，当前国内学界已经将推动建构东亚安全共同体视为积极应对乃至最终解决东亚安全困境的发展目标与根本出路。在这一领域比较有影响力的学者有门洪华、郭延军、徐进和宋均营等人[2]。比较有代表性的研究成果如下。郭延军在《新区域主义：构建东亚安全共同体的新视角》一文中，在阐明东亚安全共同体建设的长期性和复杂性的同时，也对未来东亚安全共同体的建设寄予厚望。门洪华教授在其《建构中国东亚秩序战略的框架》一文中指出，在如东亚这样一个经济、政治、文化与民族等方面都充满多元性的区域，域内各国彼此的区域认同是建构东亚安全共同体的关键因素，因此，以开放性和包容性为特质的新区域主义应该是指引该地区建构安全共同体的重要思想基础。而丑则静在《中美关系中的东亚秩序问题研究——基于权力与影响力的分析视角》中认为，进入21世纪以来尤其是在2008年金融危机之后，在国际社会中各种力量的博弈以及全球化与"逆全球化"之间愈演愈烈的角逐等一系列因素的共同作用下，当今国际社会越来越滑向类似阿米塔·阿查亚

---

[1] 王晓莉：《东盟共同体：东亚新地区主义的基本范式》，《理论观察》2016年第12期。

[2] 郭延军：《新区域主义：构建东亚安全共同体的新视角》，《山东理工大学学报》（社会科学版）2006年第5期；朱宁：《东亚安全合作的三种模式——联盟安全、合作安全及协治安全的比较分析》，《世界经济与政治》2006年第9期；段霞、羌建新：《东亚安全共同体路径探讨》，《现代国际关系》2007年第6期；孙学峰：《东亚安全共同体的现实基础与未来出路》，《世界经济与政治》2008年第10期；李开盛、颜琳：《建构东亚安全共同体的可能性分析》，《国际论坛》2009年第2期，第7~11页；门洪华：《建构中国东亚秩序战略的框架》，《国际观察》2015年第1期；魏玲：《东亚安全秩序的不确定性：现代性与后现代性的对冲》，《外交评论》2017年第1期；丑则静：《中美关系中的东亚秩序问题研究——基于权力与影响力的分析视角》，中共中央党校博士学位论文，2018；等等。

描述的充满不确定性境遇，在此背景下，"若要实现东亚秩序的整合与重建，妥善应对处理中美关系乃是重中之重和当务之急"①。

总体而言，目前已知的有关东亚共同体的研究成果的问世时间大多集中于2002年"东亚共同体"概念刚刚被提出后的一段时期，后续研究的跟进明显不足。这种不足的状况主要体现在以下几个方面。

首先，受中日关系和美国因素的影响，东亚共同体建设的呼声沉寂了。2002年的10+3领导人会议通过了建立"东亚共同体"报告，2003年底日本和东盟举行特别首脑会议，会后发表的《东京宣言》确定了建立"东亚共同体"的区域建设目标。在时任日本首相鸠山由纪夫大力推动东亚共同体建设的情况下，东亚共同体建设的有关讨论迅速升温。关于东亚共同体建设的研究文献在这一时期不断增多，高峰时期在2010年前后，对东亚共同体的理论与建构路径的设想进行了深入的探讨。这次东亚共同体建设的讨论高潮因美国的反对、鸠山由纪夫的下台和中日外交关系的恶化而停滞，关于此方面的研究开始沉寂。

其次，当前学界有关东亚安全共同体的研究多集中于宏观视域的展望设想和学理层面的概念解说，或是东盟共同体建成在次区域一体化建设方面引发的广泛讨论，缺乏从中观层面展开的对东亚区域安全共同体建构的论证分析。

东亚安全共同体是东亚次区域和亚太区域安全建设的中间阶段，也是中国推进周边安全的重要地缘战略依托。在中国政府提出"周边命运共同体"建设，将周边置于外交全局的首要位置的背景下，中国推动东亚区域安全建设进入关键期。现有的研究应该弥补此项研究的不足，为推进周边安全的秩序建构提供理论支持。

第三节　中国东亚安全战略新思维

东亚地区问题纷繁复杂，地区安全不仅深受历史遗留问题的影响，而

---

① 王玉冲、郑坤芳：《中国与周边国家安全共同体建设面临的挑战、机遇及路径》，《江苏师范大学学报》（哲学社会科学版）2019年第1期。

且在当前环境下也面临诸多难题。传统的安全思维已无法为东亚安全格局的塑造提供有力的理论支撑。随着东亚地区的地缘战略意义愈来愈重要，当前的东亚亟待新型安全理念的提出。2013年3月，习近平主席在莫斯科国际关系学院做了题为《顺应时代前进潮流，促进世界和平发展》的演讲，并在此次演讲中提及"合作安全、集体安全、共同安全"。2014年5月21日，习近平主席在亚信上海峰会上正式提出并全面阐述了共同、综合、合作、可持续的亚洲安全观。习近平主席强调中国将同各方一道，探讨建立地区安全合作新架构，努力走出一条共建、共享、共赢的亚洲安全之路。在东亚安全合作方面，中国倡导的亚洲安全观不失为一种新思维、新理念。亚洲安全观对缓解东亚安全困境具有一定的启发性。

（一）从零和博弈到共同安全

共同，就是要尊重和保障每一个国家的安全。传统安全思维将安全简单定义为零和博弈，目标是获取本国的绝对安全。当这种观念运用到实践中时，一国获取安全的手段和方式往往会引发另一国的恐惧与担忧，由此双方陷入安全困境的死循环，最终双方都难以获得绝对安全。冷战期间，美国和苏联两个超级大国互相敌视，在安全层面展开激烈对抗，东亚地区也被分成两大阵营而拖入了冷战对抗的泥沼。冷战结束以后，美国仍未放弃在东亚地区的战略存在，继续保留着美日、美韩、美菲、美泰和美澳同盟关系以及在相关地区的大量军事基地和驻军。不论是"亚太再平衡战略"还是"印太战略"，美国在东亚地区蓄意制造地区争端、遏制中国的企图昭然若揭。例如，在"钓鱼岛问题"上，美国通过修订《日美安全保障条约》使日本有恃无恐。日本政府借此积极修宪扩军，增强防卫力量，谋求解禁自卫权。日本政府的这种行为引起东亚各个国家普遍的不安全感。在南海问题上，越南、菲律宾等国仰仗美国，不断侵犯中国在南海地区的权益。美国对华战略使得东亚地区的安全形势日益复杂，对东亚地区经济发展形成严峻挑战，不符合东亚国家的整体利益。

从东亚地区现实来看，传统零和博弈思维无助于解决地区安全困境。政治制度上，东亚既有社会主义国家，也有资本主义国家；在宗教信仰方面，东亚有佛教、基督教、伊斯兰教以及诸多本土宗教；国家经济发展水平上,东亚既有日本、新加坡这样的发达国家,也有中国、越南等这样的发展中国家。基于自身国情,东亚各国均有各自的安全利益和安全诉求。传统零和博弈思维试图以一种简单的对抗模式来解决东亚地区的安全难题,却罔顾这样一个事实——东亚国家共同生活在同一片土地上,"利益交融、安危与共,日益成为一荣俱荣、一损俱损的命运共同体"①。充满社会达尔文色彩的零和博弈思维,讲究以实力说话。然而东亚地区强国和弱国并存、富国和穷国皆有的现实要求在地区安全机制建构中,必须将每一个国家都吸纳进来,平等地尊重每一个国家的权力,建立包容性的、普遍性的安全机制。同时,东亚地区一直是多元文化区,民族、文化和宗教等既相隔又相容,零和博弈思维中的简单的敌友划分只会进一步提升地区安全问题的复杂性,甚至人为制造出许多原本不应该存在的安全难题。

具体而言,共同安全具有三层内涵。第一,普遍性。"不能一个国家安全而其他国家不安全,一部分国家安全而另一部分国家不安全,更不能牺牲别国安全谋求自身所谓绝对安全。"② 在联系日益紧密的东亚地区,一国片面追求自身的绝对安全,既无益于维护地区安全,同时也会危害本国安全。而唯有普遍性的安全才能杜绝军备竞赛,弥补信任赤字,在本地区实现真正的绝对安全。第二,平等性。"各国都有平等参与国际和地区安全事务的权利,也都有维护国际和地区安全的责任。"③ 任何国家都不应该谋求垄断地区安全事务,侵害其他国家正当权益。共同安全的建立需要东亚大家庭中的每一个成员都参与进来,各国既充分地享受共同安全的红利,又积极地履行维护安全的义务。第三,包容性。"应该把亚洲多样性和各国的差异性转化为促进地区安全合作的活力和动力,恪守尊重主权独立、领土完整、互不干涉内政等国际关系基本准则,尊重各国自主选择的

---

① 《习近平论人类命运共同体(2014年)》,国家国际发展合作署网站,2021年7月14日,http://www.cidca.gov.cn/2021-07/13/c_1211238524.htm。
② 《习近平:不能牺牲别国安全谋求自身所谓绝对安全》,新华网,2014年5月21日,http://www.xinhuanet.com/world/2014-05/21/c_1110792116.htm?prolongation=1。
③ 《习近平在和平共处五项原则发表60周年纪念大会上的讲话(全文)》,中国政府网,2014年6月29日,http://www.gov.cn/govweb/xinwen/2014-06/29/content_2709613_2.htm。

社会制度和发展道路,尊重并照顾各方合理安全关切。强化针对第三方的军事同盟,不利于维护地区共同安全。"① 共同安全强调以包容的心态对待多样性和差异性,反对通过强硬手段对其予以遏制和打压,或打造一种所谓符合标准的同质性文化。

(二) 从军事安全到综合安全

综合,就是要统筹维护传统领域和非传统领域的安全。西方安全观将军事安全置于首位。在提及国家面临的主要威胁时,传统观念一般视军事威胁为最主要的安全威胁。随着时代的变换,各种新问题不断出现。传统的军事安全防御/进攻思想已经难以应对当前的新形势。就东亚地区而言,除领土争端等敏感问题,也涌现出了许多民族宗教矛盾、恐怖主义、跨国犯罪、环境安全、网络安全、能源资源安全、重大自然灾害等新的非军事领域的安全问题。因此,单纯地按照传统安全思维,仅仅致力于地区军事安全机制构建并不能根本性地解决东亚地区的安全困境。中国提出的"亚洲安全观"倡导"通盘考虑亚洲安全问题的历史经纬和现实状况,多管齐下、综合施策,协调推进地区安全治理。既要着力解决当前突出的地区安全问题,又要统筹谋划如何应对各类潜在的安全威胁,避免头痛医头、脚痛医脚"②。这种综合性的安全治理办法不失为应对当前东亚错综复杂的安全局势的有效药方。

2014年5月召开的亚信上海峰会通过《上海宣言》,该宣言指出:"在全球化大背景下,安全的含义已演变为一个综合概念,安全的跨国性、综合性和联动性日益突出。"③综合安全观实质上就是:摒弃传统以武制武的军事思维,综合地看待亚洲地区出现的所有安全问题,将军事安全、经济安全、人员安全、资源安全等诸多安全内容统筹起来,全面分析某一安全事件爆发的原因,以协调治理的手段推动具体安全事件的解决。当前东亚

---

① 《专家解读习近平在亚信峰会主旨发言中的新表述》,人民网,2014年5月21日,http://politics.people.com.cn/n/2014/0521/c1001-25046751.html。
② 《中国周边战略新构建》,央视网,2015年2月5日,http://news.cntv.cn/2015/02/05/ARTI1423103922931827.shtml。
③ 《践行亚洲新安全观》,光明网,2014年5月23日,https://share.gmw.cn/theory/2014-05/23/content_ 11400694.htm。

社会存在的安全问题并不是单独发生在某个国家或部分次区域内的，而通常是所有安全威胁和安全隐患交织在一起，形成整个地区的安全难题。随着信息化和网络技术的快速发展，网络犯罪、网络恐怖主义、黑客攻击和网络战对国家安全造成重大威胁。而且网络安全问题就具有极强的跨国性质，一国单一应对这一问题，必将给犯罪分子带来可乘之机。

（三）从武力对抗到合作安全

合作，就是要通过对话合作，促进各国和本地区安全。西方国家将安全观视作"一个国家对其自身安全利益及其在国际上所应承担的义务和所应享受的权利的认识，是对其所处安全环境的判断，同时也是对其准备应对威胁与挑战所要采取的措施的政策宣示"①。传统安全观所认为的安全合作几乎等同于建立军事同盟体系。一般而言，军事同盟体系的建立只发生在少数国家之间，其目标是通过或明确或含蓄的手段对抗地区内确定的对手。军事同盟体系秉持零和博弈的思维，具有极强的排他性，其所建立的安全机制也是一种消极的安全机制。美国在东亚地区建立的同盟体系将中国设定为主要围堵遏制目标，不断提升其地区盟友的防务水平。在南海问题上，美国无视中国以合作对话解决争端的努力，不断挑唆盟友侵犯中国在南海地区的权益，使南海局势一度处于擦枪走火的边缘。

"利莫大于治，害莫大于乱。"传统安全观认定的武力手段只会破坏东亚地区欣欣向荣的经济发展局面，使本地区再次处于水深火热的战乱之中。作为利益交织、安危与共的邻居，各国进行合作才是解决东亚地区安全难题的上上之策。"要通过坦诚深入的对话沟通，增进战略互信，减少相互猜疑，求同化异、和睦相处。要着眼各国共同安全利益，从低敏感领域入手，积极培育合作应对安全挑战的意识，不断扩大合作领域、创新合作方式，以合作谋和平、以合作促安全。"②中国提倡的合作安全是开放性的安全，既能使安全利益相近的国家展开更深入的安全合作，也欢迎安全

---

① 《亚洲新安全观及其秩序意涵：规范的视角》，中国社会科学网，2014年11月19日，http://joul.cssn.cn/zzx/gjzzx_zzx/201411/t20141119_1406719.shtml。
② 《全球安全倡议：为全球安全治理提供指导性原则》，光明网，2022年7月5日，https://m.gmw.cn/baijia/2022-07/05/35860149.html。

理念相左、安全利益相冲的国家进行安全对话，以增信释疑、和睦相处。东亚国家在对地区安全的理解上还存在诸多分歧，当前唯一的解决途径只能是加强对话合作，管控分歧，保持相对稳定的双边或多边关系。东亚地区特殊的安全结构使得各国之间展开深度安全合作还难以实现，但从低敏感领域开启合作不仅可以使各国之间建立必要的安全联系，也有助于各国积累安全合作的经验，循序渐进地为东亚安全机制的建构夯实基础。近年来，部分地区国家为一己之私而挑起争端，加剧东亚地区紧张局势。亚洲安全观要求"坚持以和平方式解决争端，反对动辄使用武力或以武力相威胁，反对为一己之私挑起事端、激化矛盾，反对以邻为壑、损人利己"[①]。中国政府提出的"一带一路"倡议完全符合亚洲安全观的理念原则。作为开放性的合作倡议，"一带一路"倡议鼓励所有沿线国家通过加强经贸联系、沟通与交流，寻求双边或多边在经济安全、气候安全、资源安全等新安全领域的利益交汇点，并不断将这张安全网织紧织密，切实维护东亚地区的整体安全，努力实现双赢、多赢、共赢。

（四）从短期安全到可持续安全

可持续，就是要发展和安全并重，以实现持久安全。传统安全观将安全与发展分而视之，仅认为国家经济的强劲发展能够极大地提升国家军事实力，这也就是因何随着中国经济实力的不断提升，以米尔斯海默为代表的西方学者将中国在东亚地区倡导构建地区安全机制的努力视为区域拒止/反介入行为，甚至污蔑为"亚洲版的门罗主义"。当前东亚国家仍然面临贫富差距大等许多发展问题，轻视发展难题而关注短暂的军事安全，不仅难以实现安全目标，还将破坏东亚地区多年以来累积的发展成果。当前东亚地区突出的"安全上靠美国，经济上靠中国"的二元安全模式就是人为地将安全与发展割裂开来，从而使东亚地区虽然是全球经济增速最快的地区，但也是全球安全隐患非常严重的地区。

亚洲安全观认为，"发展是安全的基础，安全是发展的条件。贫瘠的

---

① 《国家安全有多重要，总书记这么说！》，国家文物局网，2021年4月15日，http://www.ncha.gov.cn/art/2021/4/15/art_722_167183.html。

土地上长不成和平的大树，连天的烽火中结不出发展的硕果。对亚洲大多数国家来说，发展就是最大安全，也是解决地区安全问题的'总钥匙'"①。"可持续"就是要将发展和安全置于同等重要的地位，以实现持久安全。2014年11月，习近平在中央外事工作会议上讲道："要切实抓好周边外交工作，打造周边命运共同体，秉持亲诚惠容的周边外交理念，坚持与邻为善、以邻为伴，坚持睦邻、安邻、富邻，深化同周边国家的互利合作和互联互通。"中国积极推动"一带一路"倡议的项目落地生根，主导创建亚洲基础设施投资银行等。诸此行动就是要将发展和安全统筹起来，不能为安全而安全，而是通过发展为实现安全创设一个善治的环境，同时又通过安全促进地区可持续发展。

亚洲安全观是解决东亚安全困境的最佳思路。它所倡导的共同、综合、合作、可持续的安全既符合东亚地区的历史传统与现状，也充分考虑了全球化背景下安全内涵和外延不断扩大的事实。亚洲安全观是一种与时俱进的安全新思维，摒弃了以往的零和博弈、武力对抗等传统安全观中的消极元素，着力打造利益相织、安危与共的命运共同体，是东亚地区构建全新安全机制的最佳理念指导。

---

① 《习近平谈多边事务：发展是最大的安全》，人民网，2015年8月12日，http://cpc.people.com.cn/xuexi/n/2015/0812/c385474-27447561.html。

第八章
东亚安全共同体中国构想的目标

建构东亚多元型安全共同体是东亚安全共同体中国构想的目标。中国将多元型安全共同体的理论与东亚区域安全一体化进程相结合，提出符合中国自身利益与发展需求的多元型安全共同体的建构设想，为东亚安全稳定做出努力。东盟政治安全共同体的建成为区域合作树立典范，给东亚区域一体化带来曙光。在解决东亚区域困境的问题上，安全共同体的建构是一种新路径，中国将建构多元型安全共同体作为破解东亚安全困局的现实选择。本章阐述了东亚多元型安全共同体的概念、特征、发展阶段及对以往的区域安全共同体的超越，对东亚多元型安全共同体的形态目标、理念目标、结构目标与功能目标进行详细阐述，为东亚多元型安全共同体的建构搭建结构性框架。

第一节　形态目标：东亚多元型安全共同体

东亚安全共同体的建构没有固定的模式可以遵循，我们提到的次区域共同体——东盟共同体建立的内外影响因素与东亚整体区域的内外环境还是有区别的。究其根本原因，就是安全共同体的建构是一种区域范围内的社会建构，要根据区域自身的实际现状来决定。东亚复杂的利益纠葛注定其共同体建构的路径选择是经由经济共同体和安全共同体上升到利益共同体，从利益共同体升级到责任共同体，再由责任共同体升级到命运共同体。① 本章参照的安全共同体理论是卡尔·多伊奇和伊曼纽尔·阿德勒的关于多元型安全共同体的论述，结合东亚自身的特点提出以东亚多元型安全共同体为最终的建构目标。

（一）东亚多元型安全共同体的概念

1. 安全共同体的内涵

"安全共同体"（Security Community）的概念是由理查德·范·瓦凯恩（Richard Van Wagenen）在20世纪中叶率先提出的。瓦凯恩对安全共同体的定义为："安全共同体是一个已经实现一体化的集团，各国之间已经形成了在集团内的一种共同体身份，集团存在着正式或者非正式的制度性规范，成员国之间对集团内持久性的和平发展存在着合乎理性的确定性。"② 后来经过卡尔·多伊奇和伊曼纽尔·阿德勒等学者对其概念内涵的进一步挖掘、凝练、细化和升华，这一概念逐渐演化成为国际关系理论中有关安全问题理论研究的规范路径和理论范式。卡尔·多伊奇将安全共同体的定义发展为"安全共同体是一种已经实现'一体化'的集团，集团内的成员都确信彼此之间不会以武力相害，而是以其他方式来解决争端"③。卡尔·多伊奇关于安全共同体的定义更关注非武力解决冲突的方式与预期。卡尔·多伊奇按照安全共同体的建构特征将安全共同体划分为两种类型：合并型安全共同体和多元型安全共同体。前者以美国为代表，需要主权让渡，组成新的管理国家的机构；后者以欧盟为代表，保留国家独立和主权，由区域组织欧盟代表集体来处理对外事务。由构成的条件来判断，多元型安全共同体比合并型安全共同体更容易建立和维护。

伊曼纽尔·阿德勒等学者对卡尔·多伊奇的多元型安全共同体概念进行了补充和深入研究，依据成员间关系的紧密程度不同，将多元型安全共同体进一步细分为松散的多元型安全共同体和紧密的多元型安全共同体，

---

① 于洪君:《人类命运共同体应为全球共识》,《国际先驱导报》2016年4月18日,第18版。
② Richard Van Wagenen, *Research in the International Organization Field: Some Notes on a Possible Focus*, Princeton University, Center for Research on World Political Institutions, Publication No. 1, Princeton, 1952, pp. 10-11.
③ Karl W. Deutsch, *Political Community and the North Atlantic Area*, Princeton: Princeton University Press, 1957, pp. 5-6.

并对多元型安全共同体的概念和发展模式进行了区域案例的比较分析。本部分采用的是伊曼纽尔·阿德勒对多元型安全共同体的定义，其具体含义是指两个或两个以上的保留各自独立性与合法性的主权国家组成的跨国性区域组织，其内部成员对以排除战争的方式来解决国家间冲突抱有稳定的预期。对于安全共同体中"和平变革"、放弃武力的最终目标，耶尔姆（Yalem）认为地区安全共同体成员自愿放弃以武力解决国家间冲突，证明共同体成员内部不存在争端与利益冲突。[1] 而霍尔斯蒂（Holsti）则认为，安全共同体成员之间还是存在重大分歧的，只是安全共同体成员选择以和平的方式来处理冲突，体现了共同体成员具备和平处理冲突的技巧和能力。[2]

根据上面有关安全共同体内涵的论述，安全共同体的特点可以分为以下几个方面：首先，安全共同体成员具有理性的自我克制能力，会自动将冲突的损害降到最低，拒绝以武力和战争的方式解决问题；其次，安全共同体成员之间存在分歧与冲突是必然且现实的，但成员有信心以非战争的方式来处理和解决问题，战争被认为是不可能存在的，甚至是无法想象的；再次，安全共同体成员对"和平变革"抱有合理预期，并认为共同体规范或制度完全具备以和平方式应对和处理地区分歧与冲突的能力；最后，安全共同体成员之间的共同认知是成员之间不会发生战争，但对于安全共同体外部的威胁没有联合起来组织反对的责任与义务。这种对内和平的义务不具有对外属性，也不会像联盟一样使其他无关国家有卷入战争的危险。安全共同体的建构是从国际社会中国与国之间关系的角度进行论述的，一个安全共同体的建构目标是使这个共同体中的成员都有一种"我们的"共同感觉，以此获得身份的认同与情感上的互信，使成员有信心去通过各种途径来实现彼此分歧的理性化解，而战争的方式被彻底排除在外。

---

[1] Ronald J. Yalem, "Regional Security Communities," in George W. Keeton and George Scharzenberger, eds., *The Yearbook on International Affair*, London: Stevens, 1979, pp. 216-221.

[2] Karl J. Holsti, *International Politics: A Framework for Analysis*, 5th edition, Englewood Cliffs, NJ: Prentice Hall, 1988, pp. 436-438.

国家间的互动会促使国家的身份和利益发生改变，构成安全共同体的"社会学习"过程被界定为对现实的重新定义或再解读。国家间的互动在增进互信的同时重塑国家间的利益与责任，利益在合作中获取，责任在合作中共担，共同维护一个区域共同体成为其成员国休戚与共的使命。这种国家间的良性互动方式如果能够弥散或扩散到整个区域共同体的成员国当中，对和平的稳定预期就会在安全共同体中自主形成。那么，安全共同体建构的目的又回到了卡尔·多伊奇对安全共同体的追求上，最终实现的目标不仅是一种稳定的秩序，更是一种稳定的和平。[1]

东盟宣布建立共同体后，有很多学者将东盟与欧盟两个多元型共同体进行比较研究。雷蒙·万伊尼（Raymond Vanni）等人在多伊奇理论的基础上，进一步扩展了安全共同体的类型，他们划分类型的标准不是基于安全共同体是如何创建的，而是基于共同体所传达的维护区域安全的质量差异。[2] 他们将安全共同体划分为国家安全共同体和综合安全共同体。前者描述的是一个国家共同体，在这个共同体中，国家之间不太可能发生战争；而后者描述的是国家间冲突和国家内部战争都不太可能发生的情况。欧盟是一个全面的综合安全共同体的经典案例，而东盟则是国家安全共同体的代表。[3] 东亚安全共同体与东盟、欧盟相比要面对更加复杂的区域环境，更加多元化的成员构成，因此可能会更加多样化。

2. 东亚多元型安全共同体的内涵

在有关安全共同体的理论中，多伊奇的多元型安全共同体模式在东亚有其建构的丰厚土壤。多元型安全共同体以各国政府仍然保持法律上的独立为基础。东盟政治安全共同体就是多元型安全共同体的代表，符合东南亚的社会、文化和价值标准，对东亚地区更具有适用性。阿德勒等人将多元型安全共同体分为两种类型："松散的"和"紧密的"多元型安全共同体。这为东亚区域权力结构变革下的区域安全共同体建构拓展了有利空间。松散的多元

---

[1] 〔以〕伊曼纽尔·阿德勒、〔美〕迈克尔·巴涅特主编《安全共同体》，孙红译，世界知识出版社，2015，第2页。

[2] Raimo Vayrynen, "Stable Peace Through Security Communities? Steps Towards Theory-Building," March 2000, http://www.nd.edu/ekrocinst/ocpapers/op-18-3.pdf.

[3] Jiří Brandys, "Defining An Individual Security Community: The EU and ASEAN in Contrast," *CEJISS* 3 (2012), pp. 308-315.

型安全共同体中主权国家间的约束较少，这种安全共同体是由主权国家构成的跨国区域组织，区域内的人们具有对和平变革的可靠期望。避免冲突与和平解决争端是安全共同体最主要的共有利益，注重整体联系、合作、一体化或相互依存是安全共同体的主要特征。著名东盟问题专家阿米塔·阿查亚认为，在缺乏民主和经济相互依存程度较低的第三世界里依然可以建构安全共同体。[1]

对于东亚多元型安全共同体的建构，以多伊奇的多元型安全共同体理论为基础，分析东亚的一体化进程所处的阶段，根据东亚自身特点与需求形成东亚安全共同体中国构想的内涵。多伊奇确定了促进形成多元型安全共同体的两个条件：第一，参与的政治单位或政府有迅速和充分的操控能力，而且无须诉诸暴力来回应彼此的需求、信息和行动；第二，与政治决策相关的主要价值观具有兼容性。东亚区域现有的成员单位政治稳定，各国政府对本国的内政外交有较强的掌控能力，在区域已有的安全体制内能够就相关分歧进行协商与沟通，具备避免暴力冲突发生的能力。各国在区域合作领域不断拓宽和深化的情况下，对平等、合作、共赢等价值观能够形成一定的区域认同。阿德勒和巴涅特提出了几种安全共同体运行的"激发机制"，包括物质因素和规范因素。物质因素方面，东亚区域经济所形成的区域生产网络将东南亚和东北亚联结起来，共同的经济利益是东亚安全共同体形成的物质因素；规范因素方面，东盟协商一致的规范得到中国和日本的认同，以东盟共同体规范为基础并通过合作机制促成东亚自身规范也具备前提条件。本部分在梳理安全共同体理论的基础上将东亚安全共同体定义为由东亚区域主要的行为体，其中包括独立主权国家和国家集团（东盟），所组成的区域整体利益的代表性组织，其目标是以和平变革的方式实现对区域的整体安全与共同利益的维护。

3. 东亚安全共同体的建构阶段设想

阿德勒等人针对"安全共同体"的实现过程，提出了著名的"阶梯论"[2]来解释促进这种和平变革产生的因素和"安全共同体"生成的过程。

---

[1] 参见郑先武《东盟"安全共同体"：从理论到实践》，《东南亚研究》2004年第1期，第27页。

[2] Emanuel Adler and Michael Barnett, *A Framework for the Study of Security Communities*, Cambridge: Cambridge University Press, 1998, pp. 29-49.

第一级阶梯是突变性的基础条件，包括经济、科技、人口与环境方面的变化，众多因素的发展促进国家扩大面对面的互动、对话和合作。第二级阶梯是结构变量与过程变量。结构变量包括权力和知识等变量，过程变量包括交易、组织和社会学习等变量。知识的社会交流、制度化的组织、权力或核心权威等变量的社会学习，改变个人和集体的理解与价值观，相互作用，共同推动"安全共同体"的形成。第三级阶梯是相互信任和集体认同。多种变量之间积极的、动态的互动，增进互惠，推进相互信任和集体认同的形成与发展，互信和认同反过来催生对和平变革可靠的预期，最终促成"安全共同体"的形成。依照阿德勒的"阶梯论"的推演，可以对东亚安全共同体的建构阶段做如下构想。

首先，东亚经济共同体的建立。东亚区域各国最主要的共同利益在经济方面，东亚经济共同体的外溢效应，对东亚一体化具有重要意义。东亚共同体最初的设计是 2020 年建成东亚经济共同体。东亚各国经贸往来密切，中日韩和东盟作为东亚地区经济实力较强的国家和组织，在各自取得经济增长的同时，相互依赖的程度也在不断加深。经济安全领域合作在 2018 年也取得了实质性进展，为东亚地区的经贸合作提供有力保障。经济是地区合作最为重要的助推器，经济一体化是政治、安全、文化等领域合作的基础。东亚经济共同体的合作议程在 2018 年得到迅速开展，区域经济一体化面临更大提升。东亚区域内实际上已经实现了经济一体化，如能率先实现东亚经济共同体的建成，将为东亚安全共同体的建构奠定坚实的基础，提供广阔的合作空间。

其次，东亚非传统安全共同体的建成。随着地区安全形势的发展，非传统安全的挑战日益突出。非传统安全威胁具有跨国性，严重影响东亚地区民众的人身安全、经济发展和社会稳定，东亚各国政府致力于加强地区合作，集体应对各种非传统安全问题。安全合作在东亚区域内主要体现在非传统安全领域方面，非传统安全合作成为东亚安全合作的重要领域和基础。良好的合作习惯和传统的培育，能够加深各国的经济相互依存和政治互信，从而进一步将区域内安全合作水平推进到新的发展阶段。东亚国家以区域非传统安全为切入点，促进合作安全的实现，逐步建立经济安全共同体和非传统安全共同体，通过深度安全合作来扩大各国共同利益的领域和范围，逐渐消除东亚现存的冲突与困境，必将有助于推动东亚安全共同体的构建。

最后，以构建东亚多元型安全共同体为最终目标。东亚各国有不同的利益诉求和安全追求，加上大国博弈的推动，导致东亚存在名目繁多的安全安排，霸权、均势、合作安全等看起来相互冲突的安全选择都不同程度地存在于东亚。虽然安全机制建设较早，但东亚安全秩序却被视为各种相关安全模式的叠合。[1] 而理查德·范·瓦凯恩指出，安全共同体内部行为体之间的关系与安全制度或安全机制中行为体之间的关系具有一定的差别，但安全共同体和安全机制之间的差别常常被夸大了，一种安全共同体总是作为安全机制而存在和发展的，实际上大多数安全共同体也在正式或非正式的制度和机制中得以固定下来。[2] 这说明安全机制的积累对安全共同体的建设起到助推作用，安全机制的整合与升级对安全共同体的建构大有裨益。有学者认为东亚的区域秩序建构正处于均势与共同体秩序之间。[3] 东亚多元型安全共同体的建构具备现实的区域基础，区域力量的演化也为安全共同体的构建提供了空间。安全共同体构建的既有模式不可能在东亚完全复制，东盟共同体的建成对传统共同体理论就是一次巨大的挑战，东亚多元型安全共同体的建构更是充满创造性和创新力。

阿德勒和巴涅特提出了几种安全共同体运行的"激发机制"，包括物质因素和规范因素。安全共同体观念性激发器最重要的例子是"共同安全"和"合作安全"的理念，这种理念在亚太地区安全共同体的形成中尤其重要。全球化的风险不断加大，东亚在未来的区域进程中必然会选择共同安全与合作安全，东亚地区合作机制水平完全具有能产生广泛共同利益的安全共同体的原动力。

---

[1] David Shambaugh, ed., *Power Shift: China and Asia's New Dynamics*, London: University of California Press, 2005, pp. 12-16, 348.

[2] Richard W. Van Wagenen, "Research in the International Organization Field?" cited in Amitav Acharya, "Collective Identity and Conflict Management in Southeast Asia?" in Emanuel Adler and Michael Barnett, eds., *Security Communities*, Cambridge: Cambridge University Press, 1998, p. 201.

[3] G. John Ikenberry and Jitsuo Tsuchiyama, "Between Balance of Power and Community: the Future of Multilateral Security Co-operation in the Asia-Pacific," *International Relations of the Asia-Pacific* 2 (2002), pp. 69-94.

（二）东亚多元型安全共同体的特征

1. 东亚多元型安全共同体的一般性

安全共同体最核心的特征和主要目标是实现区域的和平发展与稳定，使成员不再对战争产生恐惧与担忧，更好地维护成员的共同利益。建立东亚多元型安全共同体的目的与此相一致，因此，东亚多元型安全共同体的特征与安全共同体本质是相同的。

东亚多元型安全共同体的一般性特征可以概括为以下四个方面：首先，共有的身份认同与价值认同；其次，注重成员之间的互动；再次，共有的利益与责任；最后，稳定的和平预期。多伊奇认为检验一个安全共同体是否建成的标准是成员间是否有大规模战争的武力准备。[1] 若将此作为东亚能否建成一个安全共同体的判断标准来分析，尽管一些历史遗留的领土争端与分歧确实存在，但是东亚域内各国一直没有大规模战争的武力准备。中美之间的竞争不断升级，但双方都在避免爆发大规模战争的可能；中日之间发生战争的可能性也很小。如果有大规模战争的武力准备，中美和中日之间就不会积极建立"危机管控"机制来避免出现战略误判的可能。域内最具挑战性的朝核危机也在各方的努力磋商与反复谈判下，在推进无核化进程方面出现转暖迹象。

东亚区域各国一直通过沟通与协商来维护区域的和平与稳定，区域内的成员也对和平稳定抱有极大的信心。在东亚区域合作的进程中，成员间的互动不断增加，利益与责任也实现了交汇。从建构主义的认同建构模式的角度来审视东亚，在国家间的交往中，价值观与认同都会得到强化，关于东亚区域共同身份的认同也会在区域交往与互动中不断建立和加强。

2. 东亚多元型安全共同体的独特性

每一个安全共同体的建构都具有不同的地域特点与权力结构的特殊性，东亚多元型安全共同体亦是如此。在东亚多元型安全共同体的建构中，有独立主权国家的参与，也有区域国家集团的参与，区域力量的多元

---

[1] Karl Deutsch, *The Analysis of International Relations*, 3rd edition, Englewood Cliffs, NJ: Prentice Hall, 1988, p. 99.

化也使区域主导权不能形成固定的归属,而是处于区域共同治理的合作状态,针对这些特点,东亚多元型安全共同体具有自身鲜明的独特性。

首先,东亚多元型安全共同体的多边性。多边性体现在东亚多元型安全共同体构建的机制以东盟10+合作机制为基础,并以东盟为东亚多元型安全共同体的中心。东盟作为一支活跃的地区力量,在区域协调中处于中心地位,随着东盟对自身独立地位的追求,东盟与东亚区域各国建立了紧密的合作关系,在区域大国的协调中也非常注重各种力量的平衡与制约。东盟10+1合作机制较为成熟且覆盖到整个东亚区域,同时以东盟为东亚多元型安全共同体的主导,也可更好地规避区域主导权之争。从这个角度而言,日本也能与中国形成良性竞合,为区域发展提供更多的公共产品。以东盟为中心的东亚多元型安全共同体的建构模式,实质上是对东亚传统区域秩序的推陈出新,通过改换路径来突破固有制衡模式的禁锢。

其次,东亚多元型安全共同体的协商性。东亚多元型安全共同体的协商性是由东亚地缘安全困境决定的。在东亚多元型安全共同体的建构中必须注重协商一致的原则,兼顾域内外国家的根本利益。东亚各国对区域内大国居于主导地位十分敏感,中日两国谁居于主导地位都会引起对方和多方的猜忌,东亚地区普遍接受由东盟来主导地区建设——这也反映了地区各国都在寻求一种平等协商与合作的相处环境,任何霸权行为和意图都会受到各国的抵制,对安全共同体的建构没有益处。通过充分的协商,各国了解彼此的观点和利益,就共同的区域问题达成一致,以便更好地维护和增进合作。东盟的协商一致原则在应对地区问题上做出了积极贡献,东盟机构代表着某些价值观,这些价值观转化为规范,进而塑造了参与者的偏好。恰如有些学者界定的那样,协商是"在平等、理解和宽容基础上的协商,这种协商蕴含着亲密关系和共同利益"[1]。东亚多元型安全共同体要注重利益相关方的重要关切,秉持平等协商的理念,把东亚多元型安全共同体建构成为一个兼具平等与开放、协商与包容的共同体。

---

[1] 〔加〕阿米塔·阿查亚:《构建安全共同体:东盟与地区秩序》,王正毅等译,上海人民出版社,2004,第95页。

（三）东亚多元型安全共同体对传统安全共同体的超越

1. 对传统地缘观念的超越

从地理区域的狭义视角来看，东亚的核心国家是指东盟 10 国以及中国、日本、韩国和朝鲜，10+3 是构建东亚安全共同体的核心成员。但从东亚峰会的构成成员来看，东亚的地域概念就比较广泛了。本章对东亚多元型安全共同体的成员没有做出明确的规定，更倾向于一种广泛的东亚区域的界定。这要以阿德勒和巴涅特对安全共同体的界定为基础。阿德勒和巴涅特对安全共同体的界定本身就已经超越了相邻地域的束缚，即安全共同体是一种认知上的区域，而不限定于地理上的区域。从地缘认知区域的角度来看，东亚还要包括美国、俄罗斯、印度和澳大利亚等国家。东亚多元型安全共同体中国构想的选择就具有破解中国崛起与发展的地缘政治困境的蕴含。在美国单极主导的国际体系中，突破美国防范中国挑战其霸权地位的地缘政治部署只能采取软性方法，东亚多元型安全共同体的中国构想与实践有助于突破国家中心主义的权势思维范式，相对于传统地缘政治理论而言是一个重要超越。

2. 对传统地缘政治追求目标的超越

东亚多元型安全共同体的中国构想推进了地缘政治理论与时俱进的发展。传统地缘政治学基于人地关系理论和视角，探讨了国家权势扩展与地理扩张的相互关系和影响，实现国家权势、扩展国家权势、维护国家权势，防范来自陆权大国和海权大国的威胁，是地缘政治学的内核。近代以来，所有霸权主义国家都以追逐全球或地区的陆海霸权为共同特征。东亚多元型安全共同体的中国构想对传统地缘政治理论的超越主要体现在追求目标的差异上。如果说传统地缘政治理论追求的是，在本国利益至上原则的基础上，国际关系行为体寻求独属的绝对权力以及附着于绝对权力之上的绝对安全，那么东亚多元型安全共同体的建构是中国致力于维护合作安全和共享安全的重要举措。通过与区域国家共建东亚多元型安全共同体，中国追求的不是一家安全，更不是一家独大，而是在"共商、共建、共享"的基础上，尊重各国主权和领土完整，不强人所难，不干涉他国内政，保证伙伴国自主合作、平等参与，努力构建开放合作、和谐包容、互利共赢的区域繁荣与安全的共同体。

3. 对区域秩序建构路径的超越

历史上的崛起国家或传统西方工业强国，它们依托强盛国力进行全球或区域地缘战略布局，谋求绝对军事优势，进行军事结盟、军事扩张和划分势力范围，将军事部署、经济控制和战争手段作为其实现霸权目标的基本路径。竞争、扩张和"零和博弈"是传统地缘政治学区域秩序建构的核心思维。随着时代的和平发展，区域秩序建构的路径也呈现多样化。东亚多元型安全共同体的建构路径选择就体现出对传统区域秩序建构路径的超越。

首先，东亚多元型安全共同体建构的政治路径是和平。东亚多元型安全共同体的建构要加强区域各国政府间政策沟通与合作，积极构建政府间政策沟通交流机制，促进政治互信和达成合作新共识。通过合作之路来构建以合作共赢为核心的新型国际关系，根据和平共处五项原则，大力发展对话不对抗、结伴不结盟的伙伴关系，营造"共商、共建、共享"的东亚安全格局。

其次，东亚多元型安全共同体建构的经济路径是繁荣。东亚多元型安全共同体建构的基础是区域共同的经济合作。中国倡导的"一带一路"建设为区域利益的共建、共享提供平台。在实现区域利益联结的设施联通、贸易畅通、资金融通和民心相通方面，推进东亚多元型安全共同体建构，释放区域各国的发展潜力，提高经济融合水平，共享发展成果。

最后，东亚多元型安全共同体建构的理念是开放和包容。东亚多元型安全共同体的建构不是中国独家包办，而是由区域所有国家自主参与地区合作机制，共同打造地区合作机制平台，在开放的环境中构建平等、开放、包容和共享的规则与秩序体系。

第二节　理念目标：东亚安全共同体建构原则设想

东亚安全共同体构建的原则实际上是遵从共同体建设的精神实质，以合作和非冲突的方式来处理分歧。东亚的安全也有其自身的特殊性，如果完全按照欧盟的标准进行共同体建设，则东亚不会有共同体存在。东盟对共同体原则的创新为东亚安全共同体的构建提供借鉴。东亚安全共同体建构原则要注重以下方面：首先，要尊重东亚的区域文化，因为东亚文化多元，也要注重多元文化之间的交流与融合；其次，以合作凝聚共同利益；最后，以合作来促进共同安全，增进区域的和谐稳定。

（一）开放包容的认同原则

1. 地域和文化的开放性认同

认同是人们对某种事物的心理归属，这种事物包含很广，既包括人、机构和集团等有形事物，也包括观点、原则、规范、制度及文化等无形事物。对东亚成员来说，东亚区域与地理划分有关，更与地域塑造紧密相连。

首先，从传统的地理划分来看，东亚就是东南亚和东北亚的联合，即东盟和中、日、韩，简称为10+3。这是传统意义上最核心的东亚国家。从地域塑造的角度来看，东亚包括的国家就比较多，基本上要包含东亚峰会的18个成员国家，简称为10+8，这些成员国在地区事务中也发挥着重要作用。

其次，随着东亚国际地位的提升，10+3与10+8都被认为是东亚机制，地理划分和地域塑造并未产生排斥，而是相向而行。不像东盟和欧盟，它们都有固定的成员国，不存在边缘的模糊性。这表明东亚国家的一种开放性的区域认同原则。在文化领域，东亚国家主要受到儒家文化的影响。但是，由于历史境遇与儒家文化的兼收并蓄，东亚的文化多样性还是比较普遍的，这也是对区域间文化交流与互动的回应。东亚文化自身具有的开放性和包容性为广泛认同的形成提供了文化基础。

2. 原则和规范的包容性认同

东亚安全共同体的原则和规范的包容性，是由域内国家的客观现实所决定的。对东亚的民族国家来说，最为重要的是在国家政权安全、国家和区域稳定的基础上，更好地实现经济发展。[①] 以国家恢复能力为基础的区

---

① Susanne Feske, "ASEAN-Eine Wirtschafts-oder Sicherheitsgemeinschaft?" October 20, 2010, http://www.km.bayern.de/blz/web/old_100111/feske.html.

域恢复能力的指导思想，影响到迄今为止东亚各国对区域安全的理解，这些优先利益（指政权安全和区域稳定）在很大程度上可以用东亚成员国的历史进程来解释，各国历史进程既影响了区域组织的形态，也影响了区域合作原则。

东亚安全共同体的原则表现在强调不干涉符合成员国在安全制度中的共同利益的内部事务，以及遏制国内反对运动上。不干涉原则可能是各种因素共同作用的结果。其表现如下：尊重友好关系与合作的基本重要性以及主权平等、领土完整、互不干预、寻求共识和求同存异的原则；以促进区域和平、安全与繁荣为共同承诺和集体责任；摒弃任何与国际法相悖的侵略行动以及武力的威胁或使用，或其他行动；就严重影响共同体利益的事宜，加强协商，依靠和平解决纠纷；尊重各国的文化、语言和宗教，秉承求同存异的精神，尊重、强调共同的价值观；遵守民主的原则，遵循法治与良政，并尊重和保护人权与基本自由。

当然，不得不承认的现实是，东亚区域成员国政治体制的多样性和经济体系的不相容使超国家的一体化可能波及其他领域，其是不可能存在的。因此，东亚安全共同体内部的信任和共同认同保持在较低水平。除了这些政治制度和经济方面的差异外，社会和文化方面存在的差异也会成为深化一体化的障碍。东亚区域成员国的社会形态是建立在社群主义价值观的基础上的，较为松散和舒适的制度更适合东亚国家的现实需求。正如前日本首相鸠山由纪夫在 2016 年 7 月第五届世界和平论坛上说的那样，"要提升一个共同体的意识，各国必须采取灵活的手段，来解决每一个领域所面临的问题，这样就能够实现一个反对战争的、以和平为基础的共同体"①。

（二）互利共赢的合作原则

世界经济、贸易和投资的重心逐渐从欧美转向亚洲，而东亚是当今世界经济最具活力的地区，被誉为世界经济的增长新引擎。根据 IMF 的数

---

① 《清华主办第五届世界和平论坛》，清华大学新闻网，2016 年 7 月 17 日，http：//news.tsinghua.edu.cn/publish/thunews/9648/2016/20160717103656364130661/20160717103656364130661_html。

据，2017年东亚地区的东盟与中日韩（10+3）的经济总量已超过美国和欧盟，成为世界最大经济板块。① 也许正因如此，2018年以来持续的贸易紧张局势以及一些发达经济体对全球经济一体化的支持作用的逐渐减弱，又为世界经济刚刚出现的回暖前景蒙上了阴影。②

挑战向来与机遇并存，特朗普执政后的美国政府奉行"美国优先"和贸易保护主义，在全球范围内挑起贸易摩擦，东亚国家面临共同的区域发展压力，进而积极采取区域合作，集体应对外部冲击。区域多边合作对于应对超越国家边界的挑战至关重要。在开放和多边贸易体系下的全球经济一体化提高了生活水平，提升了生产力，并在全世界范围内带动了经济的新增长。为了保持和扩大这些成果，各国应共同努力，进一步降低贸易成本，在不提高关税和非关税壁垒的情况下解决分歧。区域多边合作对于其他一些领域也至关重要，如共同应对金融风险，维护国际多边贸易体制，防止进一步积累的全球失衡，以及减轻和应对外部风险。③

（三）合作安全的共享原则

东亚存在一系列区域传统安全和非传统安全问题，单凭一国之力无法有效应对，各国只有通过合作才能实现区域安全利益最大化。东亚区域的安全关系十分复杂，建构区域安全共同体的目的就是解决区域共同安全问题，以合作安全的模式应对东亚安全困境。区域内国家存在领土、领海争端，地区热点问题也未解决，域内国家利益诉求各异。故此，要在域外国家联盟制衡的情况下寻求安全共同体的建构，灵活性原则至关重要。

东盟方式为东亚的合作提供了很好的借鉴，东盟政治安全共同体的建成也为我们指明了东亚一体化的前进方向。东亚各国在经济领域和非传统

---

① 严深春：《路在何方？贸易保护主义威胁下东亚经济共同体的机遇和挑战》，澎湃新闻，2018年8月8日，https：//www.thepaper.cn/newsDetail_ forward_ 2327332。

② "World Economic Outlook Update, July 2018: Less Even Expansion, Rising Trade Tensions," *IMF*, July 2, 2018, https：//www.imf.org/en/Publications/WEO/Issues/2018/07/02/world-economic-outlook-update-july-2018.

③ "World Economic Outlook Update, July 2018: Less Even Expansion, Rising Trade Tensions," *IMF*, July 2, 2018, https：//www.imf.org/en/Publications/WEO/Issues/2018/07/02/world-economic-outlook-update-july-2018.

安全领域存在广泛共同利益，随着全球化和区域化的进一步发展，东亚各国的共同利益会逐步增加。东亚权力纷争产生的主要原因就是存在东亚主导权之争，这也成为东亚区域合作进程中的最大阻力。东亚各国仍残存零和博弈的现实主义思维，正因如此，才需要各国通过双边、多边机制与平台进行相互合作与共同协商来增进互信，超越零和思维，消除相互之间的猜忌。东亚安全共同体的建构需要各国加强协商与伙伴关系，尊重各国的主权、独立与平等，注重各方的发言权与相关利益，在良好沟通的基础上寻找各自的优势，实现互补发展的合作模式，共同推进东亚的和平与发展。

中日韩三国在能源、金融安全、核扩散、生态保护、防震减灾、反恐、反毒品走私和非法移民以及海难救助等方面均展开了有效合作。东盟与中日韩签署了《清迈倡议多边化协议》，区域金融方面的协作有力地维护了区域金融秩序的稳定，成功防范了金融风险。中国也与东盟在非传统安全领域开展了有效的合作。2014年，中国和东盟共同推动东盟地区论坛通过《关于加强海空搜救协调与合作声明》及签署《灾害管理合作安排谅解备忘录》。2016年，澜沧江—湄公河合作机制正式启动，其是第一个由中国发起和主导的新型周边次区域合作机制。[①] 事实证明，区域公共产品越多，能够为各国带来的共享收益就越大。东亚安全共同体建构的目标是，通过东亚各国的协商与合作，实现区域安全利益的最大化，其利益为东亚各国共享。反之，地缘政治冲突带来的负面影响也会给相关国家的利益造成损害。如果区域的冲突与纷争持续，区域内的相关国家也要为这种失序承担相应的责任与损失。

第三节　结构目标：东亚安全共同体机制设想

机制建设是构建东亚安全共同体的重要环节，机制建设的重要性在于它既要体现东亚安全机制的建构原则和理念，还要有助于东亚安全共同体

[①] 刘均胜：《澜湄合作：示范亚洲命运共同体建设》，《中国经济周刊》2016年第13期，第79页。

功能的实现，真正为区域的安全合作提供有效的机制平台。东亚安全共同体的机制构建要注重区域的实际，真正发挥解决问题的功能。东亚利益多元，安全机制建设存在重叠，只有整合与提升次区域的合作机制，建设东亚整体的安全合作机制，兼顾区域各方利益，东亚安全共同体的作用才能发挥。

（一）东亚安全共同体机制的包容性

东亚安全共同体机制建立的目的是为增进区域各国合作、促进对分歧的协调提供有益平台，这样的一种机制的建立就要非常切合东亚的实际。东亚区域各国利益分歧较大，域外国家对区域问题的影响又长期存在，考虑到各种现实困难，要建立有效的安全合作机制，包容性就显现出它的重要性。

第一，东亚安全共同体在成员构成上的包容性。从地理区域角度来看，东盟10国以及中国、日本、韩国和朝鲜被视为东亚的核心国家，10+3是构建东亚安全共同体的主要成员。阿德勒等人在安全共同体构建理论上的进一步发展，给我们提供了另一种看待区域成员问题的视角。阿德勒和巴涅特对安全共同体的界定已经超越了相邻地域的束缚，即"安全共同体是一种跨国安全共同体，是一种认知上的区域，而不限定于地理上的区域"[1]。比如，澳大利亚和欧美，以色列和美国虽然隔山跨海，但仍然归属于一个安全共同体。这一理论创造了安全共同体区域边界的动态性与灵活性。阿德勒和巴涅特将区域解读为认知上的区域，一国可以根据其自身的利益需求与外交关系的倾向性建构多个安全共同体[2]，这等于冲破了布赞在区域安全复合体地理区域上的局限[3]。从"认知区域"的角度来看，东亚还要包括美国、俄罗斯、印度和澳大利亚，相对核心国家而言，这些国家可视为东亚的外周国家。东亚安全共同体在成员构成上就体现了很大的

---

[1] 〔以〕伊曼纽尔·阿德勒、〔美〕迈克尔·巴涅特主编《安全共同体》，孙红译，世界知识出版社，2015，"序"第10页。

[2] 〔以〕伊曼纽尔·阿德勒、〔美〕迈克尔·巴涅特主编《安全共同体》，孙红译，世界知识出版社，2015，"序"第10页。

[3] Barry Buzan, *People, States and Fear: An Agenda for International Security Studies in The Post-Cold War Era*, Birmingham: Harvester Wheatsheaf, 1991, p.188.

包容性。只要存在相关利益，东亚区域权力结构的变动和经济合作的走向就与这些国家休戚相关，任何区域合作机制的建立都需要相关国家的共同合作与协商。

第二，东亚安全共同体对利益的包容性。东亚安全共同体的建构尤其要注重美国因素，重视利益相关国家的相互协商和积极参与。无论是"东亚经济伙伴关系协定"（东亚 EPA），还是中国的"亚洲命运共同体"，关于区域一体化成员的界定范围都在不断地扩大。无论是在东亚还是在亚太，抑或是在全球范围内，中美之间的关系都处于复杂多变的互动之中。美国在亚洲谋求首要地位的观念一直存在，[1] 致使美国霸权因素在东亚安全共同体的构建中无法被忽视。东亚的一体化曾因遭受美国的阻挠而停滞。美国在东亚拥有重要的战略利益，想要排除美国亚太战略对东亚安全共同体建构的影响是不现实的。美国自特朗普上台后，已经宣布退出 TPP，退出多边贸易体制，推行"美国优先"和贸易保护主义，这让其亚洲盟友备感不安。2018 年，美国国会通过了《亚洲再保证倡议法》（ARIA），旨在让盟友放心、威慑对手并确保美国在地区的领导地位。[2] 同时，美国也正在推动"印太战略"和"美日印澳"四国机制。虽然美国政府的外交政策一直在调整，但其对东亚地区的领导地位还是会持续坚守的。

因此，我们对东亚的外周国家应实施开放性的区域主义策略，只要其对东亚的和平稳定有利，能够推动实现合作共赢，并愿意主动融入东亚的和平发展进程，那就具备成为东亚安全共同体成员的可能性。

（二）东亚安全共同体机制的多样性

东亚地区陷入安全困境的根本原因是区域各国缺乏政治互信，走出传统军备竞赛和安全困境的出路是构建加强领导人对话与交流的多样化合作机制，以增进互信，推动地区安全机制的有效运行。东亚政治格局实质上

---

[1] Van Jackson, "American Military Superiority and the Pacific-Primacy Myth," *Global Politics and Strategy* 60 (2018), pp. 107-132.
[2] William Choong, "America under Trump lacks the commitment to compete with China in Asia to defend the global order," *IISS*, August 8, 2018, https://www.iiss.org/blogs/analysis/2018/08/america-under-trump.

就是居于霸权地位的美国、崛起中的新兴大国中国与以追求"普通国家"和"一等国"梦想为目标的日本三强之间的战略博弈关系。美国为防范中国对其霸权地位的挑战,与中国在外交、经济、军事等方面展开较量,积极推行"印太战略"。日本政府为营造有利的国际环境,强调和夸大"中国威胁",反复要求解禁,在东亚时局中表现为实行联美制华的外交战略。故此,东亚安全共同体的建构中亟须解决的问题是促使中美与中日之间增进合作与提升互信的多样化机制的建立。

第一,东亚安全共同体机制的多样性是由东亚地区的主客观因素决定的。东亚安全共同体机制的多样性产生的原因可以从以下几个方面来做出解释:首先,东亚地区各国自身的发展状况千差万别,经济发展水平、政治体制差异很大,无法做到统一,不太可能像欧盟一样建立高度统一的安全机制;其次,东亚地区安全问题复杂的本质原因是国际体系中的主要大国在东亚都有相关利益,各种双边、多边合作机制错综复杂,甚至一些联盟还具有对抗和制衡的性质,安全问题非多边协商方式根本得不到解决;最后,东亚自身的社会文化决定,东亚既不愿意接受大国正式机制性安排,也反对外部框架主导本地区安全局势。东亚更希望由其内部发展出既适合东亚自身需求又切合东亚实际的安全模式。

第二,东亚偏爱非正式协商机制,东亚区域合作机制的主要贡献者就是区域非政府组织。东盟的各种组织和协调就深受它们的思想库的影响,例如,东盟战略与国际问题研究所(ASEAN-ISIS)通过深入研究,提出了很多建立合作机制的具体措施。地区多边安全论坛为地区的安全对话与协商创设了很多渠道,第二轨道的多边对话对区域合作安全概念的形成也做出了贡献。2018 年 8 月 28 日,盘古智库与韩国济州平和研究院(Jeju Pcacc Institute)在盘古智库香山书院共同举办了"构建东亚地区信任机制国际研讨会",与会专家围绕东亚地区信任机制构建的可能性以及具体路径展开了深入讨论。[①] 在安全共同体的建构中,民主标准是一个地区能否被视为安全共同体的一个重要决定因素,在专制政权的情况下相互信任水

[①] 《盘古智库与韩国平和研究院举办"构建东亚地区信任机制国际研讨会"》,盘古智库,2018 年 8 月 29 日,http://www.pangoal.cn/news_x.php?id=3770&pid=7。

平将很低。然而，东盟已经通过自身的努力成为一个相互信任水平相对较高的联盟的范例。虽然东盟国家内部差异性很大，但不干涉其他国家在人权和善政等领域的内政。东盟机制的连贯性无疑显示了其成员国之间的某种程度的团结。[①] 具有多样性的次区域机制有助于各国增加互信，因此要解决较为复杂的区域安全问题，机制的多样性必不可少。

作为地区大国，中国也在以多样性机制建设区域关系，以亚洲安全观与伙伴关系来构建亚洲安全新框架。中国已经与几十个国家建立了十多种伙伴关系，中国在亚洲国家建立伙伴关系的速度在提高，范围也明显扩大，并且得到了多方支持。东亚整体层面的合作机制略显匮乏，中国应以次区域的合作机制为基础，如以中国—东盟、中俄的安全合作机制建立为初级平台，借助南北合围之势，吸引其他国家融入，逐步形成东亚整体区域的安全合作机制平台。

东亚安全共同体的建构既需要东亚传统地缘关系方面的国家行为体之间建立一套可以共享的文化、身份、价值观、规范和机制，也需要与东亚地域相邻的国家，甚至域外国家的积极参与，这样才能从本质上实现东亚区域利益的整合，在各种合作机制中反映各方的多样化需求，实现和维护东亚各国的根本利益，增进互信与共同安全。

（三）东亚安全共同体机制的互惠性

东亚合作采取了符合本地区多样性和差异性现实的灵活方式，形成了全方位、多层次、宽领域的合作格局，为地区的繁荣和稳定搭建了互惠性机制平台。

第一，东亚各国经贸往来密切，经贸合作给东亚国家带来了巨大经济收益。截至2015年，中日韩作为东北亚地区经济实力最强的三个国家，三国外汇储备占全球总量的47%；三国对外投资总额与外贸总额均占全球的20%；而三国经济总量已逾16万亿美元，占全球经济总量的20%和亚洲经

---

① Amitav Acharya, *Constructing A Security Community in Southeast Asia: ASEAN and the Problem of Regional Order*, 1 edition, Abingdon, Oxon: Routledge, 2000; Jiří Brandýs, "Defining An Individual Security Community: The EU and ASEAN in Contrast," *Central European Journal of International and Security Studies* 3 (2012), pp. 318-320.

济总量的70%。中日韩加强经贸务实合作对推进区域一体化进程和全球经济合作都具有重要意义。① 早在2013年，中日韩三国之间的贸易总额就已经高达6814亿美元，已经超过当时中美和中欧的贸易总额。近些年来，中日韩三国的经贸关系受到地区安全形势的影响有所下降，但2017年三国关系回暖，中日、中韩贸易额分别为3029.9亿美元和2802.8亿美元，分别增长10.1%和10.9%，三国间贸易额达近6700亿美元。根据国际货币基金组织的统计，2017年三国进出口总额占全球贸易量的近20%。② 2018年底，中日韩三国经济总量占世界的24.5%，三国成为亚洲经济繁荣的支柱和世界经济增长的重要基石；2019年是中日韩合作启动20周年，携手合作20年来，三国之间的贸易额从1300亿美元增至7200亿美元，三国已成为彼此重要的经贸伙伴。中日韩之间的经贸往来对各国的经济社会发展都具有重要意义，经济合作是东北亚合作中最为迅速、成效最为显著的领域，在东北亚共同利益中最能产生外溢效应。③ 中日韩三国应以此为基础，推动东北亚地区的自由贸易区建设，并确定制度化的合作框架。但是，中日韩三国之间的贸易总量尚不足20%，内部贸易依存度只有25%，远低于欧盟的63%和北美的40%。④ 2019年中日韩自由贸易协定（FTA）进行第十六轮谈判，而2020年全年未举行谈判。从长期来看，三国共建自贸区以提升区内贸易往来是大势所趋。

第二，由东盟主导的10+1、10+3、RCEP、东亚峰会等机制在各个领域开展了务实合作，机制化水平逐渐提高。⑤ 中国—东盟贸易合作规模不断扩大，从1991年的不足80亿美元增长到2020年的6846亿美元，扩大80余倍。自2009年起，中国连续12年保持东盟第一大贸易伙伴；2020年，东盟首次成为中国最大贸易伙伴。2021年，中国与东盟的货物贸易额

---

① 《背景资料：中日韩经贸关系现状》，中国政府网，2015年10月31日，http://www.gov.cn/xinwen/2015-10/31/content_2957291.htm。
② 《中日韩贸易：三赢的"石头剪子布"结构》，新华网，2018年5月21日，http://www.xinhuanet.com/globe/2018-05/21/c_137177968.htm。
③ 门洪华、甄文东：《共同利益与东北亚合作》，《外交评论》2013年第3期，第106页。
④ 孙江元：《中日韩自贸区是东亚一体化的关键》，《人民日报》2010年7月20日，第2版。
⑤ 宋均营、虞少华：《对"东亚共同体"建设的再思考》，《国际问题研究》2014年第2期，第31页。

达 8782 亿美元，同比增长 28.1%。其中，中国对东盟出口 4836.9 亿美元，同比增长 26.1%；自东盟进口 3945.1 亿美元，同比增长 30.8%。东盟连续第二年成为中国最大贸易伙伴。在双方经贸合作不断深化的基础上，中国—东盟自由贸易区 3.0 版建设将启动。[1]

东亚有一个最基础的利益架构，即地区经济发展的联动性，本地区已经形成了生产网络，几乎没有一个国家能摆脱这一联动性去独自发展。东亚地区稳定的生产网络将地区的发展、企业的利益、人民的福祉紧紧地连在一起，各个国家都无法忽视这一共同利益基础，这一网络成为地区和平的重要保障之一。[2] 如果中日韩未来能建成自由贸易区，其经济、贸易规模将分别占世界的近 20% 和 30%，如果再加上东盟，东亚共同体的 GDP 将达 11 万亿美元，与北美自由贸易区和欧盟大体相当。[3] 随着东亚区域一体化的深入，区域国家间的互惠性也会逐渐提升。

东亚大区域已有多个 10+1 合作机制，形成了"竞争性开放"的合作格局，这些分散、重叠的自贸区建设增加交易成本，降低交易效率，使东亚各国的利益蒙受损失。面对此种情况，东亚内部合作的发展与深化促使各国以 10+3 为核心，推动区域总体层面的"东亚自贸区"建设的意愿增强。中国将继续以"一带一路"建设为统领，加快实施自贸区建设，努力构筑周边经济发展圈，推进国际经贸合作取得新进展。[4] 2017 年的前 11 个月，中国与共建"一带一路"国家的贸易额达 9830 亿美元，同比增长 15.4%。[5]

2018 年初，美国挑起贸易摩擦，这使东亚地区经贸环境恶化。外部压

---

[1] 《2021 年中国—东盟经贸合作简况》，中华人民共和国商务部网站，2022 年 1 月 29 日，http：//bn.mofcom.gov.cn/article/ztdy/202201/20220103265625.shtml。
[2] 《张蕴岭："打造东亚命运共同体 中国企业需要走出去"》，南方日报网，2014 年 8 月 12 日，http：//epaper.southcn.com/nfdaily/html/2014-08/12/content_7338476.htm。
[3] 刘江永：《鸠山的"东亚共同体"设想与东亚合作前景》，《国际观察》2010 年第 2 期，第 16 页。
[4] 《2016 年商务工作年终综述之十六"积极作为，推动国际经贸合作频结硕果"》，中华人民共和国商务部网站，2017 年 1 月 18 日，http：//www.mofcom.gov.cn/article/ae/ai/201701/20170102503391.shtml。
[5] 《2017 年商务工作年终综述之一"坚持共商共建共享深化'一带一路'经贸合作"》，中华人民共和国商务部网站，2017 年 12 月 26 日，http：//www.mofcom.gov.cn/article/zt_swxs/lanmunine/201712/20171202690400.shtml。

力使中日经贸合作呈现回暖之势,时隔 8 年重启的中日经济高层对话,为两国经济发展增添新的动力。《区域全面经济伙伴关系协定》在日本的积极推动下,最终顺利达成。中日以和平友好条约缔结 40 周年为契机,加快推进中日韩自贸区谈判,促进东亚地区贸易投资自由化和便利化。[①] 东亚经济合作创造的收益使合作共赢的理念在东亚区域获得认同,在经济合作上的深度融合与利益的凝聚使安全方面的利益维护更加紧迫。以共同的经济收益为纽带,为提升各国间的互惠性,在逐步扩展的区域合作的情况下,增加更大的安全系数,开展在维护经济的运行安全、金融安全和贸易航运安全等领域的合作迫在眉睫。

东亚在总体安全层面上的合作正是目前最大的短板。将次区域的合作提升至区域整体层面,这在大幅提升收益的同时,也能使安全层面的合作迅速展开,从而使东亚安全共同体机制能更进一步提升区域各国的互惠性。东亚安全共同体框架的建构能够更有效地推进区域合作的整合,为建立东亚大区域自贸区做好准备。同时,这一框架使区域整体力量实现提升,在面对外部贸易保护主义的冲击下,更好地维护区域各国的共同利益。一个开放合作的一体化的东亚经济格局将为东亚经济发展注入新动力。

第四节 功能目标:东亚安全共同体功能设想

东亚安全共同体的目标是实现地区的整体繁荣和长久和平,这一最终目标的实现必须依据地区合作的实际,逐步推进,步步深化。本部分设想通过三个阶段的努力逐步实现该目标:第一阶段,实现经济领域的安全保障;第二阶段,实现非传统安全领域的安全整合;第三阶段,实现冲突的管控与增进互信,保障区域安全。

(一) 东亚经济安全的保障功能

东亚区域各国最主要的共同利益在经济方面,东亚经济共同体建成的

---

① 《中日举行第四次经济高层对话》,中华人民共和国商务部网站,2018 年 4 月 17 日, http://www.mofcom.gov.cn/article/ae/ai/201804/20180402732921.shtml。

外溢效应，将对东亚整体一体化具有重要意义。东亚共同体最初的设想是2020年建成东亚经济共同体；2017年，东亚经济共同体的建设正式提上日程，成为东亚各国努力的目标。东亚经济共同体的安全保障是东亚合作的根基，是东亚安全共同体首先应该完成的重任。

第一，为东亚经济合作提供安全保障。东亚安全共同体应建立区域经济合作的安全框架，使经济合作不受各国政治关系的影响，在独立层面进行。对于东亚区域经济的发展潜力，我们有目共睹，其不仅是亚洲振兴的基础，更是全球经济的重要支撑。经济方面的合作对域内各国的国内经济和国家利益都至关重要，但现实中不乏政治方面的分歧与冲突影响经济方面的巨大收益的情况。中日之间、日韩之间都曾出现政治事件影响经济合作收益的情况。东亚域内各国之间的关系发展长期以来都是政治、经济、安全与社会各层面混为一谈，交织在一起，难以厘清。以往的国家间关系发展的历史说明，这样的混为一谈使东亚整个区域的发展负荷过重，难以快步向前，致使东亚的区域发展与全球其他地区相比相对落后。政治层面的难题盘根错节，不仅无法与经济问题同步解决，还对经济发展产生影响，这对东亚未来的发展是沉重的负累。如能实现政治对接政治，经济对接经济，分两个层面双轨进行，这是东亚未来发展收益最大化的理想路径。2018年初美国总统特朗普挑起的贸易摩擦，在全球掀起逆全球化潮流，美国主倡贸易保护主义，使东亚贸易环境进一步恶化。如何更好地增进区域经济合作，并确保合作平稳开展，以应对逐渐恶化的区域贸易环境是东亚当下面临的主要难题。

"一带一路"的经济合作牵涉区域内许多国家，对区域合作影响较大，推进其平稳开展并为其提供安全保障则是东亚安全共同体的职责。"一带一路"倡议最初为中国发起，但随着相关合作的逐步开展，中蒙俄经济走廊、孟中印缅经济走廊以及中国—中南半岛经济走廊等合作逐渐吸引了东亚域内的很多国家参与，包括日本也开始积极参与其中，各国形成了命运相连的共同体。尤其是"一带一路"建设线路较长，合作领域较广，其能安全实施并逐步向好发展是东亚各国的集体福祉。成果共享，责任也应共担，为"一带一路"的经济合作提供安全保障成为东亚集体应对的大事，各国需紧密合作，携手并进。

第二，推进东亚金融安全机制建设。区域性货币金融合作机制建设将为东亚经济发展提供金融安全机制保障。亚洲金融危机之后，在货币金融合作的重要性上，东亚各国逐步取得了共识。2000年，10+3财长会议通过了"清迈倡议"，为东亚货币金融合作迈出了成功的一步。"清迈倡议"的核心作用是提供一个以10+3框架为基础的区域金融自助平台，建立双边互换安排，为地区的金融风险或危机提供预警，促进东亚区域的金融稳定。到2007年，"清迈倡议"的双边互换协议实现了多边化安排，并在此基础上成立了亚洲区域外汇储备库。截至2012年，外汇储备库的规模已经发展到2400亿美元，东亚货币金融合作初见成效。[1] 2010年成立了东盟与中日韩亚洲宏观经济研究办公室（AMRO），这为以后的地区货币金融合作框架的建立提供前提和条件。

经济安全领域合作的深化，为东亚地区的经贸合作提供有力保障。经济合作是地区合作最为重要的助推器，经济一体化是政治、安全、文化等领域合作的基础条件。中国可以充分利用经济影响力，抓住部分国家希望发展经济和进行金融合作的机会，利用"一带一路"倡议和"亚洲基础设施投资银行"的建设，主动推进地区经济合作框架建构，促进经济相互依赖的加深，通过提供公共产品为地区金融稳定做出贡献。[2] 在2016年3月的博鳌亚洲论坛2016年年会开幕式上，中国倡议成立亚洲金融合作协会，与各方合作完善金融市场建设，维护亚洲金融安全。对于中国的此项倡议，美日两国迅速表明了积极参与的意愿。亚洲金融合作协会的建立，可大大提升亚洲的金融治理水平，成为亚洲金融合作的重要平台，增加亚洲在国际金融业的话语权。东亚区域内实际上已经实现了经济一体化，如能率先实现经济安全共同体的建成，这将为东亚安全共同体奠定坚实的基础和提供广阔的合作空间。

当然，东亚金融合作的推进只是停留在金融监督和救助的层面，在汇率机制合作与区域金融组织建设上还有很长的一段路要走。东亚金融合作是东亚经济不断发展壮大的保障，东亚安全共同体建设第一阶段的主要功

---

[1] 张蕴岭：《在理想与现实之间——我对东亚合作的研究、参与和思考》，中国社会科学出版社，2015，第161页。

[2] 俞正樑：《东亚秩序重组的特点及其挑战》，《国际展望》2012年第1期，第27页。

能就是为地区经济发展保驾护航,对金融安全方面的合作起到推动和促进作用。东亚安全共同体能够在清迈倡议多边化和亚洲债券市场发展倡议(ABMI)两大框架的基础上,逐步推进东亚货币基金(AMF)建设,形成金融安全网络来保护地区经济健康发展,降低货币危机的伤害。

(二) 东亚非传统安全的保障功能

安全共同体理论,对国际关系的传统理论尤其是现实主义的安全政治理论提出了严峻的挑战,把国际政治的分析视角转向建构主义理论视域。多伊奇把国家间行为置于整个社会关系结构之中,通过共同体理论的建构来完善理性合作机制,以建构主义理论重塑国家行为体之间的关系,进而实现人们对和平的稳定预期。"安全与共同体的联姻,使国家修正了安全与权力的传统含义"[1],安全已经不单单指军事安全,安全的概念已经扩大到政治、经济、社会、文化、信息、网络、环境、生态等层面,权力的概念也扩大到包括共同体的一切能力。由此,国家之间的交往方式会因共同体理论的引入而有所转变,从而破除现实主义对于安全困境的无奈。东亚安全共同体建设就是依据建构主义理论找到的东亚安全困境的破局之法,而非传统安全合作正在培育区域共同体意识。

第一,深化非传统安全合作,提供区域安全环境保障。除经济安全领域外,能源、反恐、核扩散、生态与环境保护、防震减灾、反毒品走私和跨国犯罪以及海难救助等非传统安全方面的挑战日益突出,严重影响地区安全形势的发展。非传统安全威胁具有跨国性,东亚各国政府正致力于加强地区合作以形成合力来应对各种非传统安全问题。安全合作在东亚区域内主要体现在非传统安全领域,非传统安全领域合作成为东亚安全合作的重要领域和基础。良好的合作习惯和传统的培育,能够加深各国的经济相互依存和政治互信,从而进一步将区域内安全合作推进到新的全面发展阶段。

首先,中日韩三国在能源、核扩散、反恐、反毒品走私和海难救助等方面均展开了有效合作,根据全面安全原则,对各种形式的威胁、跨国犯

---

[1] 于洪君:《人类命运共同体应为全球共识》,《国际先驱导报》2016年4月18日,第18版。

罪和跨界挑战做出有效反应。中日韩三国在核安全合作方面已经建立了有益的合作机制，即中日韩核安全监管高官会机制，2011年达成《中日韩核安全合作倡议》。此外，根据《2007—2017年东盟与中日韩合作工作计划》，三国按照国际法的相关规定加强相互合作，维护海上航行安全，打击海盗和走私等犯罪活动。①

其次，中国与东盟在非传统安全领域逐步开展了有效的安全合作。2011年12月，湄公河联合巡逻执法机制启动，截至2013年，中国、老挝、缅甸和泰国已合作组织了10次联合巡逻行动，有力地遏制了湄公河流域毒品走私的势头，②维护了地区国家的安全利益。2016年3月，中国和湄公河五国正式启动澜湄合作机制，创建澜沧江—湄公河流域新型次区域合作机制。2017年11月，东盟峰会和东亚合作领导人系列会议举行，各方就促进合作、打击恐怖主义进行磋商。2019年1月25日，中国—东盟海洋生物廊道建设合作项目启动。东亚安全共同体的建设对推动区域的非传统安全合作机制建设具有积极作用，在非传统安全的区域合作中还会促进增进互信，强化区域认同。

最后，东亚地区在能源安全领域的合作尤为重要，若东亚各国能够以对话协商的方式开展合作，这将极大地拓展东亚安全领域合作的空间，维护共同利益的增长。东亚能源安全困境是各国需联合应对的重要共同利益问题，区域内能源需求量激增，但又面临开发不足、能源进口路途遥远、对中东地区依赖严重等问题。亚洲消耗的石油占中东出口总量的近60%，中日韩三国约有75%的进口石油来自中东，大大高于美国和欧洲的比例。东盟中的泰国和菲律宾也是能源进口大户。而且，东亚能源不和谐竞争导致东亚国家进口石油面临"亚洲升水"这一共同困境，③ 由此产生的额外进口支出每年为5亿~10亿美元。④ 东海和南海是东亚能源的重要来源地，其中，南海还被誉为"第二个中东"。各国在东亚能源问题上如能通过协

---

① 魏志江、孟诗：《试析中日韩三国2011年以来的非传统安全合作》，《中共浙江省委党校学报》2012年第4期，第27~28页。
② 刘学成：《东亚非传统安全挑战与合作应对》，《东南亚纵横》2013年第10期，第35页。
③ 舒先林：《东亚区域能源安全与东亚共同体构建》，《东南亚纵横》2010年第2期，第72~74页。
④ 张宏民：《石油市场与石油金融》，中国金融出版社，2009，第41页。

商达成"搁置争议,共同开发",实现区域能源安全合作,不仅能够为相关各方能源安全带来互惠共赢的局面,而且能使东亚海域成为和平之海,为东亚区域各国带来福祉而非争斗。

东亚国家应以区域非传统安全为切入点,促进合作安全的实现,逐步建立经济安全共同体、能源安全共同体和非传统安全共同体,通过深度安全合作来扩大各国的共同利益的领域和范围,使东亚实现消除现存的冲突与困境。

第二,推动安全合作机制建设,实现区域在非传统安全领域的共同安全。东亚区域内因受到冷战思维的影响,建立的很多合作机制在解决实际问题上的收效甚微,区域合作面临新的合作升级。

首先,东亚经济发展迅速,域内外各种力量战略博弈的结果就是建立对其自身有利的经济合作框架,争夺区域经济发展的主控权,但对保障区域安全的机制建设关注较少。李克强总理指出:"亚太地区经济合作架构众多,建立一个符合地区实际、满足各方需要的区域安全架构势在必行。"[1] 东亚处于双边同盟、多边安全合作机制、多边对话平台和特殊外交的混合状态,不构成军事竞争对抗,但形成多边合作体系的难度系数很大,其变数天然存在。[2]

其次,现存的安全合作机制的局限性日益突出,难以顺应东亚发展的现实,无法有效管控和化解地区内现存的各类安全风险。某些机制有时还成为促使危机升级、导致矛盾加深的负面因素。因此,建立一个包括东亚地区所有国家在内的综合性安全架构,从总体层面解决区域安全问题显得更加必要,且有一定的紧迫性。[3] 东亚安全共同体可以整合现有的合作机制,以 10+1、10+2(东盟+中韩)和 10+3(东盟+中俄韩)合作机制为基础,而日本和美国如能加入,就可以逐渐形成东亚的整体合作架构。中日

---

[1] 《李克强在第八届东亚峰会上的讲话》,新华网,2013 年 10 月 1 日,http://news.xinhuanet.com/2013-10/1l/c_125510930.htm。
[2] 门洪华:《四大力量博弈与东亚秩序》,《国际政治研究》2015 年第 5 期,第 62 页。
[3] 王缉思:《亚大地区安全架构:目标、条件与构想》,《国际安全研究》2016 年第 1 期,第 5 页。

韩三国经济合作不仅会带来更大的经济利益，还可以推动实现共同的政治利益。① 2014年11月4日，亚太经合组织（APEC）21个成员一致同意建设亚太自贸区（FTAAP），中国希望发挥APEC在推动区域一体化方面的协调和领导作用，促进APEC自贸区信息交流合作机制的建设，加强亚太自贸区和RCEP等自贸区的互动，深化区域各国的经贸依赖，为最终实现亚太地区一体化奠定坚实基础。②

中国倡议构建的"人类命运共同体"向世界展示了中国和平发展的理念和实践，是与亚洲甚至世界同呼吸共命运的大格局大视野，展示中国对开放、包容的区域贸易经济合作机制建设的支持。中国愿意以和平、开放、对话、协商的方式解决东亚区域热点问题，并努力以东盟地区论坛或东亚次区域合作机制为基础，提高对话级别，探讨东亚区域综合性安全架构的形式。③

（三）东亚政治安全的保障功能

1. 东亚安全共同体的冲突管理功能

东亚区域内的热点与争端较多，为防止区域问题激化，各国应就危机管控机制建设达成共识。现有的管控机制都为次区域或局部的，而东亚安全共同体可以从区域整体利益出发，为促进各方的协调与磋商提供更广阔的平台，减少冲突事件的发生，更好地维护冲突各方及区域的整体利益。

首先，对东亚热点地区紧张局势的管控。东亚区域各国的政治互信水平较低，国家间的误解也不断发生。美媒称，随着国力的提高、军力的增强，中国的切身利益的涉及范围不断扩大，对领土与资源的要求持续上升。随着中国国力的不断提升，其面临的区域性挑战有所增多，中国南海更是热点频发地区：2018年1月至9月，美国"霍珀"号导弹驱逐舰、"卡尔·文森"号航母、"马斯廷"号导弹驱逐舰和"迪凯特"号导弹驱

---

① 〔日〕河合正弘：《"TPP对中韩具有负面效应"，中日韩合作领域远比想象得更多》，《国际先驱导报》2015年11月2日，http://ihl.cankaoxiaoxi.com/2015/1102/983930.shtml。
② 《商务部：亚太自贸区获APEC成员一致支持 不存阻止》，中新网，2016年5月6日，http://www.chinanews.com/gn/2014/11-04/6750470.shtml。
③ 王缉思：《亚大地区安全架构：目标、条件与构想》，《国际安全研究》2016年第1期，第12页。

逐舰擅自进入中国南海邻近海域航行，中国海军迅速行动，并予以警告驱离；① 日本海上自卫队"黑潮"号潜艇和"加贺"号直升机护卫舰等三艘舰船在南海实施训练，中方希望日方在南海问题上谨言慎行；② 英法等国持续在中国南海开展航行自由行动。针对如此频发的危机状况，各国应积极主动地建立多层次的沟通与协商渠道，制定海空行为准则及其他有效安全管控措施，开展危机管理对话，避免因误判而引发地区冲突的升级。

其次，建立东亚地区危机管控的相关机制。国家间的矛盾与分歧不可避免，重要的是在政府层面更多加强交流，管控风险，化解矛盾，高度重视危机管控的意义和作用，建立健全军事领域突发情况预防、预警、沟通和治理机制，积极有效发挥危机管控机制的正向作用，切实将风险管控作为实现区域合作安全的必要手段。尤其是2018年初美国特朗普挑起贸易摩擦，地区经济局势激化，这给安全领域带来更加复杂的影响。中日重启了关于"海空紧急联络机制"的安全对话，并将内容从海上扩展到空中。中美两国也共同签署了《海空相遇安全行为准则谅解备忘录》《重大军事行动相互通报信任措施机制谅解备忘录》《中美海空相遇安全行为准则》。同时，中美两军签署了《中美陆军交流与合作对话机制框架文件》，以加强两军之间的交流和合作。

最后，有效监督危机管控机制的运行。从南海局势管控的实际情况来看，相关的危机管控协议都没有得到有效执行，并没有真正发挥实质性作用。斯德哥尔摩国际和平研究所中国与全球安全项目主任杜懋之认为，建立危机管控机制的一个重要条件是将危机管控机制的建立与政治问题相分离，使其成为独立的体系，不受政治风险的影响。③

东亚地区出现的主要安全风险是，区域内主要国家是否有采取平等协商的和平手段解决区域内冲突与矛盾的意愿，是否有通过合作来实现共同安全的意愿。单纯以危机管控机制这一区域安全治理机制来讲，这一机制

---

① 《外媒：中美战舰南海较量余波汹涌 贸易战加剧局势紧张》，《参考消息》2018年10月4日，http://www.cankaoxiaoxi.com/china/20181004/2335069.shtml。
② 《中国国防部：南海不是个别国家"刷存在感"的地方》，国际在线，2018年9月28日，http://news.cri.cn/zaker/20180927/5ae7ea01-9d47-8f47-32e7-95adfce340a9.html。
③ 《专家谈中日关系：71%国人愿为国参战我深表怀疑》，中华网，2015年4月8日，https://news.china.com/history/all/11025807/20150408/19493507_all.html。

对区域各相关利益方都是有益处的。以协议规范的方式减少各方的损失是最佳的处理方式。唯一缺少的环节就是将其列为单独的一项机制体系来进行运行并对其监督，而东亚安全共同体恰好可以承担这一方面的责任。可以将危机管控机制置于东亚安全共同体机制之内，东亚安全共同体通过有效运行危机管控机制并对其运行情况进行监督，推动相关国家维持一个相对平稳的安全环境，培育积极沟通的合作氛围。

2. 东亚安全共同体的安全保障功能

东亚安全共同体可以推动维护区域整体安全利益，为各国就域内可能存在的安全冲突与威胁提供平等磋商的机制与平台，降低战争爆发的可能。

首先，东亚区域的政治安全威胁比较集中，需要各国构建相关的互信机制来降低冲突爆发的风险。在南海问题上，各国逐渐形成共识。2017年5月18日，中国与东盟国家落实《南海各方行为宣言》第14次高官会议审议通过了"南海行为准则"框架，取得了"准则"磋商的重要阶段性成果。2018年，中国—东盟"南海行为准则框架协议"（简称COC框架）已经正式进入文本磋商阶段。这一框架文件虽然只是整个"南海行为准则"谈判向前迈出的一小步，但却是中国与东盟关系历史进程中的一大步。[①]这是经过多年共同努力，中国与东盟双方在管控南海争端风险、维护南海区域稳定方面的标志性成果。中国在东亚的区域问题解决上投入很多，积极以协商和沟通的方式解决区域冲突问题，希望以东亚安全共同体的建立来解决区域各种争端，兼顾各方诉求与东亚区域整体利益，稳步推进东亚和平、繁荣的大局。

其次，在区域主义繁盛的背景下，区域集体的力量要远远大于单个主权国家，东亚安全共同体的成员在一体化过程中需不断加强合作与互动，提升东亚区域在全球的安全、地位及声誉。地区霸权、均势制衡、合作安全等看起来相互冲突的安全选择都不同程度地存在于东亚，东亚国家利益

[①] 朱锋：《中国和东盟签下的这个协议，将证明"谁才是南海真正的主人"》，《参考消息》2017年8月13日。

的多元化追求使东亚安全秩序被视为各种相关安全模式的叠合。[①] 双边合作、多边合作和特殊外交的混合，使东亚既没有发生军事对抗，也没有形成多边安全合作体系，而是处于均势与共同体秩序之间。[②] 中国力量在区域内的迅速崛起、美国战略东移、日本加速右倾，以及各种力量相互之间的平衡和对抗，正在推动东亚安全格局出现新变化。在以区域集体力量参加国际竞争的背景下，东亚的综合实力需要凝聚和提升，各种重叠的安全机制需要整合，才能更好地维护和保障区域整体利益，而要实现这一目标，关键在于要有从东亚整体安全利益与安全价值的高度来协调和处理问题的有效机制。这样的重任只有东亚安全共同体才能完成，这也是东亚一直都存在建立共同体呼声的原因所在。各国建构共同体的过程实质上就是一种区域认同的塑造过程，过程和结果同样重要。

区域合作的经验使各国确信区域团结和互信具有重要性。东亚安全合作在域内外有广阔的发展空间。经济领域合作的效益大幅提升，但政治分歧在未来可能会成为提升经济收益的重要阻碍。为了对目前和未来的挑战和机遇做出有效的反应，东亚需要一个具备政治凝聚力、经济一体化和负有社会责任感的东亚安全共同体。东亚安全共同体有助于团结各国，实现在一个持久和平、安全稳定、经济持续增长、共享繁荣和社会进步的区域共同生活的愿景，并促进各国的重要利益、理想、抱负和福祉的实现。

[①] David Shambaugh, ed., *Power Shift: China and Asia's New Dynamics*, London: University of California Press, 2005, pp. 12-16, 348.

[②] G. John Ikenberry and Jitsuo Tsuchiyama, "Between Balance of Power and Community: the Future of Multilateral Security Co-operation in the Asia-Pacific," *International Relations of the Asia-Pacific* 2 (2002), pp. 69-94.

第九章
东亚安全共同体中国构想的路径选择

"人类命运共同体"是中国为国际社会贡献的中国方案,"周边命运共同体"的构想是中国对周边安全及东亚安全的未来规划,从东亚经济共同体到东亚安全共同体,最终迈向东亚命运共同体。构建人类命运共同体是中国对自身的需要与东亚政治现实的审慎决断。东亚安全共同体的构想非常契合东亚的客观实际,原因有二:其一,和平非战,这是安全共同体的主要特征,东亚区域内中国的实力远超周边中小国家,这一共同体建构的设想明确表示中国不会主动与周边国家发生战争,周边国家也不希望与中国发生冲突;其二,协商共治,这是安全共同体的构建方式,中国尊重周边国家的主权,注重以平等协商、合作共治的方式与周边国家共同处理区域安全问题。中国并未因为是地区大国就独霸地区主导权,而是以东亚区域国家更愿意接受的协商共治的方式实现区域治理。通过评估东亚区域的政治环境,东亚安全共同体的建构也需要从实际出发,合理布局谋篇,在兼顾各方利益需求的基础上稳步前进。

第一节　中国+东盟安全核心机制的建构

东盟共同体于 2015 年 12 月建成,是全球共同体建设在东亚区域的首个成功案例,为地区安全框架的建构树立了典范。东盟共同体的建立对东南亚国家在区域格局中的实力、地位及国际声誉都产生了重要影响。东亚的安全困境阻碍区域整合多年,东盟共同体的建成为区域一体化带来曙光,为东亚建立一种新的区域秩序提供新视角和新平台。随着东盟在区域秩序架构中的表现越来越活跃，东亚区域的一体化还有赖于东盟作为媒介进行融合和推进，将东盟共同体建设的经验与技巧在东亚范围内推广，实现以合作共赢的东亚安全共同体来化解东亚安全困境的最终目标。

（一）经济合作促动政治安全合作

中国和东盟有着良好的经济合作基础，在共同体理念上不谋而合，并在此基础上增加了彼此的互信，不仅增进了双方的经济关系，还为军事与安全领域的合作提供了良好的开端。

第一，中国与东盟在共同体理念上的契合。中国与东盟在东亚格局处于剧烈变动的历史时期，都选择将建设共同体作为解决现实困境的有效路径，并以此为突破区域联盟政治这一传统形态的有力手段，共同探索实现区域稳定和繁荣的合理机制。东盟共同体建设与中国提倡的"人类命运共同体"理念高度契合，这为东亚区域合作提供了新机制和新平台。

首先，"人类命运共同体"理念体现了时代的新要求。习近平主席在2013年提出"人类命运共同体"理念，并在此后的国内外峰会上不断阐述"人类命运共同体"的理念，将此作为区域和全球治理的理想方案。"人类命运共同体"的理念本身就具有优越性，与二战后以美国为主导的现实主义学派所主张的零和博弈的世界观大相径庭，当今国际的大环境与国际价值观念正在朝更加公正、公平、平等、包容的方向发展。

其次，"人类命运共同体"理念与东亚文化的契合。"人类命运共同体"的构想所体现的共生、包容、和谐、共赢的理念源于中国传统文化中的"和合"思想，即共生是中国大国外交理论的底色[①]，同时也是东亚文化的区域传承。东亚文化倡导多样性、多元化、包容、并存，东亚国家不习惯过于严苛的制度框架与规范，更为舒适与灵活的相处方式才是和美的合作之道。东盟共同体的建立也正是遵循了这样的理念，东盟方式——协商一致、不干涉内政、不使用武力解决争端——更是东盟共同体顺利建成的价值支撑。

---

① 苏长和：《从关系到共生——中国大国外交理论的文化和制度阐释》，《世界经济与政治》2016年第1期，第8页。

在西方的价值观念和固有的行为方式之下，东盟方式不会成功，更难以被西方国家理解和采用，但东亚各国却对东盟方式有着深刻的认同。这证明东亚自身孕育并发展的这种特殊机制才是东亚真正需要的，任何外在强加的机制只能影响而不能最终主导东亚未来的发展方向。

第二，中国与东盟的深入合作。在中国的周边，中国与东盟的制度化合作程度较高，远远超越其他周边地区，中国与东盟的战略伙伴关系已经成为新型国际关系的示范。

首先，中国与东盟良好的经济合作自1991年就开启了，1997年东盟与中国10+1合作机制建立，中国是东亚地区较早与东盟建立10+1合作机制的国家。在经济方面，中国与东盟早在2002年就签订了《中国与东盟全面经济合作框架协议》，并在同年启动中国—东盟自贸区谈判，双方随后又签署了《货物贸易协议》和《服务贸易协议》。2010年，中国—东盟自贸区正式启动。自2010年中国—东盟自贸区建成以来，双方的经贸关系不断发展，走向全面深化，中国—东盟的经贸关系经历了实质性飞跃。2003年，中国与东盟的贸易额为782亿美元；2021年，中国与东盟的货物贸易额达8782亿美元，同比增长28.1%。[①] 中国与东盟过去的十年是"黄金十年"，双方即将迈向"钻石十年"，目前中国与东盟互为第一大贸易伙伴，这样的经贸合作奇迹在世界实属罕见。

其次，中国与东盟的政治安全合作走向深化。在政治安全合作方面，自1991年中国与东盟开启对话进程以来，双方的关系建设经历了"磋商伙伴关系""全面对话伙伴关系""面向21世纪的睦邻互信伙伴关系"，到现在的"面向和平与繁荣的战略伙伴关系"，双方的关系不断加强。中国于2003年作为东盟对话伙伴率先加入《东南亚友好合作条约》；2004年中国与东盟签署了《争端解决机制协议》，为地区稳定做出重要贡献。双方的区域安全合作也不断扩展，中国与东盟签署了《中国与东盟关于非传统安全领域合作联合宣言》，在反恐、禁毒、打击跨国犯罪与湄公河联合执法等领域实现了长期的机制化合作，维护了航道安全与区域人民的生命财

---

① 《突破8000亿！东盟保持我国第一大货物贸易伙伴》，中华人民共和国商务部网站，2022年1月14日，http://asean.mofcom.gov.cn/article/jmxw/202201/20220103237104.shtml。

产安全。

第三，打造中国—东盟命运共同体。2013年"一带一路"倡议提出，中国与东盟的关系走向全面深化的新阶段，中国—东盟命运共同体的建设已经具备了丰厚的基础，打造中国—东盟命运共同体成为双方的愿景目标。

首先，"一带一路"倡议对中国与东盟关系的加强。2013年10月，习近平主席对印度尼西亚和马来西亚进行国事访问，习近平主席在印度尼西亚国会演讲时郑重提出了"携手建设中国—东盟命运共同体"的倡议，这一倡议受到东盟国家的欢迎。"一带一路"倡议实施以来，东南亚国家成为中国区域经济协调发展和全面对外开放的核心地区，中国与东盟的合作进一步提升。2018年是中国"一带一路"倡议实施整五年，中国与东盟的贸易额达5878.7亿美元，同比增长14.1%。2021年，中国与东盟的货物贸易额达8782亿美元，同比增长28.1%，再创历史新高。菲律宾、马来西亚、印度尼西亚、新加坡和泰国的公路、铁路和高速铁路等基础设施亟待改善，这些基础设施项目在截至2019年的五年内将需要近7000万美元，①"一带一路"建设给东南亚国家的基础设施项目提供了资金补充。双方还设立了中国—东盟合作基金、中国—东盟公共卫生合作基金、中国—东盟海上合作基金和中国—东盟投资合作基金，用于支持具体领域的合作项目。

其次，中国与东盟进入命运共同体的建设阶段。在长期友好的合作基础上，2018年11月14日，中国和东盟共同发布了《中国—东盟战略伙伴关系2030年愿景》，决定构建多领域综合合作的新框架，携手共同打造更加紧密的命运共同体。② 命运共同体的建设进入实质性的实施阶段。2018年，双方区域安全合作不断加深，中国与东盟关于"南海行为准则"的谈判进入单一文本磋商阶段。2021年8月3日，中国—东盟（10+1）外长会

---

① En Han Choong et al.,"Move Over Tech. Here Come Southeast Asia's Builders,"*Bloomberg*, December 6, 2017, https://www.bloomberg.com/news/articles/2017-12-06/move-over-tech-southeast-asian-builders-come-in-focus-in-2018.

② 《中国和东盟通过"2030年愿景"》，中国一带一路网，2018年11月16日，https://www.yidaiyilu.gov.cn/xwzx/gnxw/71856.htm。

举行，会议宣布"南海行为准则"二读正积极以线上方式推进，并就"前言"部分达成初步一致，这是区域安全机制方面的重大成就。中国与东盟在防务对话与军事演习方面的交流与合作不断展开，如创建澜沧江—湄公河合作机制、建立领导人会晤机制及举行外长会议等，加强了安全领域的合作，共同维护了区域安全与稳定。中国与东盟国家之间的旅游、教育、文化交流等项目的参与人数也在不断攀升，双方都在大力发展公共外交，推动民间的沟通与交流，使命运共同体的理念深入人心。

（二）以东盟为核心构建东亚安全架构

由于东亚安全架构的建立需要东亚主要力量的积极配合，但东亚大国博弈的困局在短时间内又无法解决，而东盟作为东亚区域中的一支独特力量，对东亚的发展产生了重要影响，东盟在推动东亚安全框架建设上的积极作用有待发挥。

第一，中美日三国博弈的困局。中、美、日三国在东亚的长期博弈使地区格局陷入分裂的状态，地区零和博弈观念与思维方式使区域大国深陷其中，三国之间的疑虑与猜忌无法消除，且三国相互制衡，任何一方都无法获得区域的主导权。

首先，中美之间的博弈。中美两国无论是在经济实力与国际声誉上，还是在区域实际影响力上，都在东亚占据重要地位。更为重要的是，某种程度上，中美两国分别具有崛起大国与守成大国的身份，区域客观的政治环境使中美很难实现政治互信。美国长期以来在东亚都处于主导地位，掌控全局，中国作为区域大国的崛起使美国恐惧霸权地位丧失，实施针对中国的遏制计划。中国推行"人类命运共同体"的理念，对美国的传统霸权思想无法认同，美国则认为中国的"人类命运共同体"的建构是想将美国排挤出东亚。中美在东亚地区关于区域发展利益与秩序建构的争夺已非常明显，任何关于区域主导权及制度化建构的行动都会使彼此非常警惕。无论是从外在的区域环境角度来看，还是从中美两国的区域战略角度来看，两国都没有握手言和的可能。随着两国距离的不断拉近，中美之间的冲突还将面临进一步的升级。

其次，中日之间的博弈。中日之间的矛盾复杂且深厚，历史与现实交织，政府与民间互疑，分分合合、忽冷忽热的中日关系持续多年，如此反复摇摆的中日关系被两国视为常态。对于因钓鱼岛的冲突而陷入僵局的中日关系，两国政府能够冷静对待，对于由中美贸易摩擦导致的中日经贸迅速回暖，两国人民也能淡然处之，中日之间已经能够达到处变不惊的境界。但随着中日力量的对比变化，中国在应对日本方面越来越游刃有余了。日本作为曾经的东亚大国，与中国有历史问题，无论如何也不会让中国掌控东亚的主导权来危及自身的利益，东亚一体化的进程就是因为日本的不配合而进展缓慢。

最后，美日之间的博弈。虽然近两年来，中日经贸关系回暖升温，但在军事安全方面，日本仍未放弃"正常大国"梦想，美日同盟制衡中国的作用不断加强。美日同盟成为日本应对中国的最后一张王牌。美日同盟针对中国的目的非常明显，然而美国并不支持日本主导东亚，日本的战略价值在于制衡中国，充当美国在东亚压制中国的得力助手，美国也防范日本完全脱离美国，独霸东亚。日本却借助制衡中国的机会，不断提升日本的地位，不断要求修改宪法，以实现脱离美国获得独立的军事大国地位。

中、美、日三国在东亚呈鼎立之势，任何一方想独占鳌头也非易事，在区域一体化的进程中，要想增进区域的整体利益，东亚需要一支新的力量来担当中间者的角色，使三国相互信任并实现合作。

第二，东盟在东亚区域合作中的中心作用。东盟凝聚10国之力建成共同体，实现增强经济实力与提升国际影响力的双重目标，一跃成为东亚区域内不可忽视的重要力量，并在大国环绕的东亚寻求独立外交，跃居核心地位，东盟的影响力不容小觑。

首先，东盟经济实力和国际影响力的提升。东盟通过平等合作、协商一致、区域认同、共同愿景[①]等价值观的塑造增强了内部凝聚力，通过引导而非强迫的方式，使成员国更注重东盟整体利益，减少了冲突带来的伤害，实现了东盟建立的初衷——建构安全共同体。阿查亚认为，东盟如能继续加强联合与合作机制，保持在强权之间的中立，关注民意，在未来几

---

① "ASEAN Community Vision 2025," November 2015, p. 13, http：//www.asean.org/wp-content/uploads/images/2015/November/aec-page/ASEAN-Community-Vision-202.

十年我们可以看到东盟成为东亚合作的舵手和驾驶员，使东亚真正成为多元型安全共同体。① 东盟利用 10 国联动的力量提升了自己在亚太地区的经济地位与政治影响力，并利用大国平衡战略来应对由地区经济格局洗牌和政治秩序重构的区域大变动带来的外部冲击，依靠集体的力量参与区域力量与利益的博弈。

其次，东盟在东亚区域合作网络的建构中的作用扩大。东盟以自身的一体化为基础，与域内外国家签署多个 10+1 自贸协定，其中包括中国、日本、韩国、澳大利亚、新西兰和印度，构建起辐射整个东亚区域的合作网络，在奠定区域发展平台基础的同时，增强了东盟在东亚区域范围内的影响力，增加了东盟与区域大国谈判的实力和筹码。10+3 和 10+1 合作机制以经济合作为重点，随着合作的不断深化而逐渐向政治、安全和文化等领域拓展，形成了全方位的良好局面。

东盟没有刻意在亚太区域推行具有明显东盟烙印的安全策略，这样的行事方式让亚太地区大国在很长一段时间内能够较为舒适地接受东盟在区域机制中的议程主导地位。② 美国在推行其亚太战略时，也不得不考虑东盟主导的多边安全机制，也需按照东亚区域内形成的规范来行事。

东盟在东亚所获得的特殊地位是因为东盟处于亚太安全结构的平衡点上，但维持这种特殊地位也是对东盟的一项重大挑战。东盟一直坚持以自己为核心的原则，始终将追求大国之间的平衡与保持东盟的主导地位作为关键抓手，通过积极的外交努力，避免被地区大国边缘化。东盟在东亚推动了一系列具有安全合作性质的多边合作机制，如东盟地区论坛、东亚峰会、中国—东盟（10+1）外长会、东盟与中日韩（10+3）外长会以及东盟防长扩大会议等。东盟在区域一体化进程中发挥了重要的协调作用，凭借其具有的制度性力量与区域影响力，东盟将逐步成长为区域内的核心力量。

---

① Amitav Acharya, *Constructing A Security Community in Southeast Asia: ASEAN and the Problem of Regional Order*, 3rd edition, Abingdon, Oxon: Routledge, 2014, p. 267.
② 封帅：《变动中的平衡：东盟在亚太安全体系中的地位与作用》，《东南亚研究》2017 年第 4 期，第 9 页。

（三）以中国为动力推动"小马拉大车"

区域一体化已经成为全球趋势，因东亚特殊的政治现实，东亚国家的区域一体化还需调动东亚自身的内部动力，抵抗外部复杂因素的干扰，建设符合区域国家利益需求的适宜机制。区域主要经济体之间正充分利用全球化带来的机遇，试图形成相互可以借用的合力，实现增长联动、利益融合的新格局。中国与东盟正在联手打造中国—东盟命运共同体，为东亚安全共同体的建立积蓄力量。

第一，关于东盟中心地位的争议。与东亚主要实力大国相比，东盟的经济实力与军事实力都比较弱小，政治影响力却比较突出，以这样的一种实力想主导东亚的几个大国并不现实；东盟的核心地位体现在其能在地区主要势力之间发挥关键的协调作用。对于东盟的核心地位，存在很多争议，[1] 主要集中于两个方面。

首先，东盟是不是一个成功的共同体。东盟顺利建成共同体，而且是经济共同体、政治安全共同体和社会文化共同体建设齐头并进，东盟区别于欧盟的共同体模式受到不少非议。东盟成立至今，在抑制成员国内部冲突和化解东南亚地区国家间的暴力争端方面取得了积极效果，成员国之间具有高水平合作，凝聚合力这一事实表明东盟共同体成立的初衷已经实现了，许多学者认为东盟是一个新兴的安全共同体。[2] 东盟内部的经济和政治一致性较低，但东盟是一个内部成员相互信任水平相对较高的例子。东盟成立以来对成员之间的分歧的协调还是非常成功的，只有东盟国家愿意将其利益置于区域"协商一致"的意见之下，区域协调与合作才有可能取得这样的成绩。同时，东盟的自我意识日益增强，这是集体认同的潜在来源，这种集

---

[1] 王磊、郑先武：《国家间协调与区域安全治理：理解东盟安全机制》，《南洋问题研究》2012 年第 4 期，第 28~37 页；季玲：《历史、实践与东盟安全合作进程》，《外交评论》2014 年第 5 期，第 85~103 页；周士新：《东盟在区域合作中的中心地位评析》，《国际问题研究》2016 年第 6 期，第 29~42 页；等等。

[2] Jiří Brandýs, "Defining An Individual Security Community: The EU and ASEAN in Contrast," *Central European Journal of International and Security Studies* 3 (2012), pp. 319-322; Amitav Acharya, *Constructing A Security Community in Southeast Asia: ASEAN and the Problem of Regional Order*, 1 edition, Abingdon, Oxon: Routledge, 2000, pp. 120-127; Sheldon Simon, "The Regionalization of Defence in Southeast Asia," *Pacific Review* 5 (1992), p. 12.

体认同也存在于各成员国的公民当中,并推动实现一种超国家的合作形式。① 综合各方面的成绩,东盟方式作为安全共同体的新模式已经取得了成功。

其次,东盟在东亚能否发挥协调大国的重要功能。关于东盟在协调区域大国上的核心地位的争议多集中于东盟的"硬实力"方面,与区域大国相比,其实力相去甚远,但东盟的"软实力"却是东亚区域大国无法拥有的。东亚不乏"硬实力"较强的大国,强强争夺反而造成困局,而如东盟具有的这样灵活和具有弹性的"软实力"就甚是缺乏。东盟的核心地位体现在其"软实力"能在区域协调上发挥重要作用。东盟方式就是其"软实力"的优势体现,东盟的尊重主权、不干涉内政和协商一致等原则,虽然被一些国家认为在规范成员方面表现得虚弱无力,但这些原则和理念却是东盟独特的共同体模式最具吸引力的制度魅力所在。这种对相互主权的尊重,在东亚文化中被视为平等和尊重的体现,没有这样的一个基本前提,东亚的合作无从谈起。因此,只有东亚内生的力量才能孕育东亚国家普遍认同的原则与规范。东盟协商一致的原则为区域合作提供了一个舒适的政治环境,以利益协商为主,而非不公正的外部强加,推动区域合作灵活开展。东盟对外战略寻求建立以东盟为主导的地区多边安全合作框架,地区大国需要融入东盟建立的机制当中,东盟对地区大国的平衡能力也是其能成为东亚核心力量的重要因素。

在东亚,东盟具有"软实力",但缺乏"硬实力"作为后盾;而中国有"硬实力"作为后盾,却缺乏推进区域整合的"软实力"。中国与东盟携手可谓珠联璧合,可以成为推动东亚安全共同体建构的核心驱动力。

第二,中国+东盟的安全核心机制。中国出于对区域战略的全局考量,与东盟开展合作,中国与东盟能够实现优势互补,朝着共同的目标携手并进。在东亚各国中,中国选择与自身理念相通的东盟,以东盟为核心构建东亚安全架构,经历多年的悉心经营,"中国—东盟自贸区升级版"和"中国—东盟命运共同体"正在打造和酝酿之中。2018年11月,中国与东盟

---

① Emanuel Adler and Michael Barnett, eds., *Security Communities*, Cambridge: Cambridge University Press, 1998, p. 20.

达成一项重要协议，即《中国—东盟战略伙伴关系 2030 年愿景》，将之作为中国与东盟建立面向和平与繁荣的战略伙伴关系 15 周年纪念的献礼。双方同意以"3+X 合作框架"为基础，不断扩展并深化合作的领域，实现"一带一路"倡议与《东盟互联互通总体规划 2025》对接，在双方同意的合作领域广泛开展合作，① 全面提升中国—东盟关系，迈向共同体建设的新时代。

首先，中国+东盟的次区域安全共同体的建立。在"中国—东盟命运共同体"的建构过程中，中国应以次区域安全共同体，即 10+1（东盟+中国）安全共同体建构为突破口，为东亚安全共同体的建设搭建框架与平台。东盟共同体创建了一个相互依存、和平、稳定、富有弹性、共同承担全面安全责任的地区，通过合作的方式在所有领域追求可持续安全和合作安全。有些学者将东盟政治安全共同体视为东亚安全共同体的胚胎，因为其孕育着东亚安全共同体的合作原则、组织模式和制度依托，并构想了以东盟为核心、中韩日逐步进入的构建东亚安全共同体的三个阶段。② 中国始终将东盟作为周边外交优先方向，坚定支持东盟共同体建设，支持东盟在区域合作中的中心地位。③ 中国不断强化与东盟的多边安全合作机制，发挥中国—东盟（10+1）、东盟与中日韩（10+3）、亚太经合组织（APEC）、东亚峰会（EAS）、亚洲合作对话（ACD）、亚信会议（CICA）和大湄公河次区域经济合作（GMS）等现有多边合作机制的作用，加强沟通，不断增进区域共同安全。东亚合作系列外长会是年度地区盛会，也是亚太局势的风向标，其中，中国—东盟外长会、东盟与中日韩（10+3）外长会、东亚峰会外长会和东盟地区论坛外长会等受到国际社会广泛关注，会议将对影响东亚地区安全与稳定的问题进行讨论，争取促使各方达成共识。④ 中国与东盟在区域安全机制方面不断拓展与深化，打造区域安全核心动力。

其次，加强中国与东盟在金融领域的安全合作。自亚洲金融危机以

---

① 《中国—东盟战略伙伴关系 2030 年愿景》，人民网，2018 年 11 月 16 日，http://world.people.com.cn/n1/2018/1116/c1002-30403505.html。
② 段霞、羌建新：《东亚安全共同体路径探讨》，《现代国际关系》2007 年第 6 期，第 8~9 页。
③ 《亚太安全合作政策白皮书：中国积极参与亚太地区主要多边机制》，中国政府网，2017 年 1 月 11 日，http://www.gov.cn/xinwen/2017-01/11/content_5158871.htm。
④ 《东亚合作系列外长会综述：加强团结协作 促进和平繁荣》，搜狐网，2018 年 8 月 5 日，http://www.sohu.com/a/245300388_114731。

来，东南亚就开始积极探索和建立金融安全机制，中国与东盟的经济合作全面展开，金融领域的安全合作成为双方共同努力的大方向。东盟大多数成员国拥有外汇储备，对外国资本流动的依赖程度较低。但随着经济全球化的影响凸显，由于东南亚国家金融发展的差异性，金融安全隐患问题较为突出。加强中国与东盟金融一体化可以促进地区各国实现共同利益，帮助平衡风险，促进合作，增加新的资本和增长来源。东亚已建立区域流动性支持安排，这些安排包括清迈倡议多边化以及印度尼西亚和马来西亚等个别国家与中国、日本和韩国等国家建立的双边货币互换协议。清迈倡议多边化包括比之前的计划更多的货币互换额度安排，并且在2014年，其资金规模翻了一番，达到2400亿美元。中国还将为中国—东盟投资合作基金增加资金，提供资金保障，并在东盟秘书处设立专门的基金管理团队，[①]这为双方开展务实合作提供更加有力的支撑。

最后，中国携手东盟为区域发展提供公共产品。东亚安全共同体的建构，在以中国和东盟为核心驱动力的同时，还需要中国和东盟为区域发展提供更多的公共产品。中国作为地区大国，可以作为东盟"小马拉大车"的助推器，通过增加区域公共产品的提供，以更为温和的方式推进东亚安全共同体建设。随着东亚经济地位的提升，东亚国家的合作积极性高涨，"中国动力"已成为东亚合作发展的重要引擎。从"一带一路""数字丝绸之路""丝路基金"等经济方面的公共产品到"人类命运共同体""周边命运共同体""共商、共建、共享"等理念方面的公共产品，中国长期以来都在为区域发展贡献力量；而东盟利用自身的软实力搭建东盟地区论坛、东盟10+3机制、东亚峰会和东盟防长扩大会议等地区安全合作平台。如能实现中国与东盟所提供的区域公共产品的有益结合，将会形成强强叠加的效应。东盟倡议的《区域全面经济伙伴关系协定》的谈判在2018年取得重大进展。东亚经济共同体的建设进程也在加快，为地区形成单一市场和生产基地、保持金融稳定、实现公平和可持续发展做出建设性贡献。中国＋东盟的核心模式，以其对区域经济发展的巨大推动作用和在地区安全事务中比

---

① 《5个"迈上新台阶"！中国—东盟外长会确定2019年为中国—东盟媒体交流年》，中国—东盟博览会网站，2018年8月3日，http://www.caexpo.org/index.php? m＝content&c＝index&a＝show&catid＝420&id＝224811。

较积极的形象，必将成为地区一体化的关键驱动力量。[①]

第二节 中国+东盟+X 安全扩展模式的推进

中国+东盟+X 安全扩展模式主要是指中国+东盟+蒙俄和中国+东盟+朝韩的南北两翼合围的安全扩展模式。东亚安全共同体在完成中国+东盟核心驱动力的建构之后，还需要三个阶段的扩展和融合才能完成东亚安全共同体的整体建构（见图 9-1）。第一阶段，中国+东盟+蒙俄，这是东亚安全共同体建构的中轴。中俄之间的关系较为稳固，这一阶段的关键是将蒙古国融入进程当中，完成南北中轴的建构。第二阶段，中国+东盟+蒙俄+朝韩，这是东亚安全共同体建构的侧翼。韩朝正在迈入和平统一的进程，以中朝合作和中韩自贸区为基础，拉韩国进入东亚安全共同体，肢解美日韩同盟，实现海陆板块的一体化建构。第三阶段，中国+东盟+蒙俄+朝韩+日，这是东亚安全共同体建构的大团圆。通过 10+3（东盟+中俄韩）共同体的构建，获得周边地缘战略优势，施压日本返回亚洲，迫使日本加入东亚安全共同体。东亚安全共同体的成员极有可能超出东亚的范围，域外国家的加入也将适用中国+东盟+X 的安全扩展模式。

（一）东亚安全合作机制的启动：中国+东盟+蒙俄

中国+东盟+蒙俄是东亚安全合作机制的启动阶段，也是东亚安全共同体建构的中轴。以中国+东盟为核心向外扩展，蒙俄成为这一启动阶段的融入对象。中俄之间的关系较为稳固，这一阶段的关键是将蒙古国融入进程当中，完成南北中轴的建构。

1. 中国与蒙古国的安全合作

蒙古国位于中国和俄罗斯之间，若蒙古国与其他国家联合，将对中国造成巨大威胁，因此中国必须加强与蒙古国的安全合作。

第一，蒙古国对中国的外交转向。因蒙古国的地缘战略价值，中国积

[①] 葛红亮：《南海"安全共同体"构建的理论探讨》，《国际安全研究》2017 年第 4 期，第 78 页。

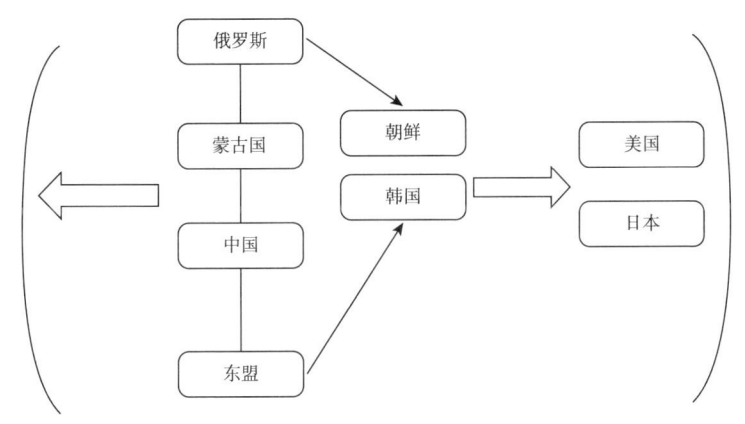

图 9-1　中国+东盟+X 安全扩展模式

资料来源：笔者自制。

极开展与蒙古国的双边合作，但蒙古国经济发展结构过于单一，工业化进程缓慢，到目前为止蒙古国仍然难以改变能源供给上对俄罗斯的依赖和对外贸易中对中国的依赖。2015 年 10 月，蒙古国对外宣布成为"永久中立国"，蒙古国欢迎与世界各国开展积极、平等的合作。蒙古国的经济主要依靠矿业的对外出口，蒙古国对中国出口占到其出口总额的 80% 以上，中俄是其最大的贸易伙伴，其次是日本和韩国。现实证明只有深入发展与中国的经贸关系，蒙古国才能实现经济复苏及快速增长。①

第二，中蒙两国实现发展战略的对接。"一带一路"建设为两国的合作提供机遇，双方同意把中方的"丝绸之路经济带"倡议和蒙方的"草原之路"倡议实现战略对接。在"一带一路"合作的各项数据指标中，在国别合作度、政策沟通度、设施联通度和贸易畅通度等方面蒙古国都是名列前茅。中国的投资也促进了蒙古国经济的快速发展，《中蒙战略伙伴关系中长期发展纲要》提出要在 2020 年使两国贸易额达到 100 亿美元。中蒙之间的经济合作为两国带来了经济收益，增进了彼此的互信。

第三，中蒙俄三国实现发展战略的对接。2016 年 6 月，中蒙俄签署

---

① 《大国都带不动的蒙古经济到底怎么了？》，凤凰网，2018 年 7 月 28 日，http://news.ifeng.com/a/20180728/59471679_0.shtml。

《建设中蒙俄经济走廊规划纲要》，中蒙俄经济走廊是"一带一路"倡议实施以来首个启动的多边经济合作走廊。中蒙俄经济走廊在"一带一路"布局中处于海陆丝绸之路的交汇处，占据重要的地理和战略位置，不仅为"一带一路"建设打通欧亚通道，更为国内和相关国家提供新的运输网络和发展红利，[①] 中蒙俄经济走廊的战略价值凸显。蒙古国十分重视参与地区的基础设施的互联互通建设，这为蒙古国的矿业资源出口东北亚国家提供便利。利用蒙古国地处中俄之间的地理优势，经蒙古国境内建设中俄天然气管道和高速公路、铁路等基础设施，这不仅减少了大部分的里程（不经蒙古国建设通道将导致运输里程增加），还可以减少能源运输里程，降低成本，保障运输安全。中蒙是近邻，经济利益深度捆绑，共同利益不断提升，因此双方应进一步加强安全合作，促使蒙古国积极参与东亚区域一体化进程。

2. 中国与俄罗斯的全面合作

中俄全面战略协作伙伴关系和中俄双边合作机制是中俄建构东亚安全秩序的重要支柱。俄罗斯正处于东亚安全共同体建构中轴线的北方节点，地缘战略价值非常重要。在美国视中国和俄罗斯为修正主义国家和竞争对手并对其实施战略遏制的背景下，俄罗斯是中国在东亚的战略支点国家，[②] 中俄之间的紧密合作成为彼此的重要选择。

第一，中俄全面战略协作伙伴关系稳步提升，政治互信持续深化，更为可贵的是，中俄经历多年的友好相处，互惠共赢，双方的关系越发亲密与稳固。普京在圣彼得堡国际经济论坛上高度评价了中俄关系，"俄中关系发展处于历史最高水平，两国全面战略协作伙伴关系具有特殊意义，双方制定了切实深化合作计划"[③]。对于中俄全面战略协作伙伴关系，普京将其解释为："全面"是指要在所有重要的领域都开展深入合作；"战略"是指中俄全面战略协作伙伴关系对两国而言具有极其重要的意义。中俄之间

---

① 国家信息中心"一带一路"大数据中心：《"一带一路"大数据报告（2017）》，商务印书馆，2017，第163页。
② 徐进：《未来中国东亚安全政策的"四轮"架构设想》，载张蕴岭主编《新安全观与新安全体系构建》，社会科学文献出版社，2015，第191页。
③ 《普京：俄中关系具有特殊意义，双边合作前景美好》，新华网，2018年5月26日，http://www.xinhuanet.com/2018-05/26/c_1122891679.htm。

的关系也确如普京总统所言,政治、经贸、军事、科技、人文等方面的合作与交流都取得了令两国满意的进展,合作前景美好。

第二,中俄经贸合作一路向好,中俄在"一带一路"倡议和远东经济合作两个方面实现了快速发展。一方面,中国"一带一路"倡议得到俄罗斯的大力支持,两国实现了中国"一带一路"倡议与俄罗斯"欧亚经济联盟"战略的对接,促进了两国经济的互助式发展,进一步巩固了中俄合作机制。在"一带一路"倡议与欧亚经济联盟建设对接的实践中,中国与欧亚经济联盟成员国逐渐形成了"5+1"模式和"1+1"模式,合作模式不断深化。① 另一方面,从 2015 年 9 月第一届东方经济论坛在俄罗斯远东城市符拉迪沃斯托克(海参崴)举行至今,该论坛每年举行一届,中俄两国元首积极参会,为加强两国战略协作注入新动力,同时表明两国重视在远东地区合作的新机遇。远东开发是俄罗斯 21 世纪最重要的地缘政治任务,是俄罗斯国家优先发展方向,俄渴望更紧密地融入亚太地区的经济关系体系。

中俄双方的合作也创造了令人欣喜的经济收益,2018 年中俄双边贸易额达到 1070.6 亿美元,首次超过 1000 亿美元,增幅达到 27.1%,增速在中国前十大贸易伙伴中居第一位。② 2021 年中俄货物贸易额达到 1468.7 亿美元,同比增长 35.9%,③ 在中俄两国全方位合作加强的背景下,中俄经贸关系继续升温,中俄经贸合作发展势头大好。

第三,中俄在东亚安全领域的合作受到美国亚太战略的外在挤压,中俄共同利益不断增加,安全合作不断强化。在亚太地区,安全领域仍有很多悬而未决的问题存在,如恐怖主义、核扩散、海上安全问题、领土争端和生态安全问题等,促进中俄联手来应对这些区域威胁。

首先,俄罗斯是中国在东亚安全合作中的重要伙伴。在现有的地区合作框架下解决上述挑战还面临诸多障碍,区域内经济发展的不同质、缺乏

---

① 韦进深:《区域经济合作的新机遇与新动力》,《光明日报》2018 年 9 月 11 日,第 16 版。
② 《2018 年中俄贸易额达到创纪录的 1070.6 亿美元》,中华人民共和国商务部网站,2019 年 1 月 14 日,http://www.mofcom.gov.cn/article/i/jyjl/e/201901/20190102826532.shtml。
③ 《商务部:2021 年中俄货物贸易额首次突破 1400 亿美元大关》,中新网,2022 年 1 月 27 日,https://baijiahao.baidu.com/s?id=1723100944291958690&wfr=spider&for=pc。

政治互信、各种力量之间的对冲或制衡，为地区安全问题的解决增加了复杂性。要解决这些安全问题，建立互信最关键，中俄两国的稳定的政治互信在跨国合作方面显示出其他国家所无法比拟的优势。美日一直在亚太地区努力建立多边安全框架以遏制中国，此时的中俄在亚太地区进行合作意义重大。东亚区域各国的经济相互依赖逐步加深，区域各国一直利用合作机制来实现"制度制衡"，[1] 俄罗斯是中国在东亚的重要战略伙伴，是对美国在东亚的同盟力量的重要制衡力量。

其次，中俄在东北亚次区域中的安全合作。在朝核问题上，中俄在东北亚地区加强了合作，中俄两国在此问题上有很多共同点，双方的立场和观点非常一致，均主张推进朝鲜半岛无核化的进程，两国间的合作也从未间断。2018年，在美国国务卿蓬佩奥访问平壤后不久，中俄朝三方副外长在莫斯科举行会谈。朝鲜一方面与美国进行接触，另一方面与中俄互通有无。这对于半岛和平进程的推进是非常有利的，有助于协调周边大国在朝核问题上的立场，同时对于美国对朝鲜提出的一些无理要求也会起到一定程度的抗压作用。[2] 俄罗斯在中东和欧洲安全问题上遭到美国的遏制，经济上受到美国的制裁，这使俄罗斯将远东地区的发展和亚洲市场的全面整合作为俄政府的优先考虑方向。在美国亚太战略的威胁不断加强的情况下，中国和俄罗斯的合作找到了新的目标与利益的交汇点，这些利益与目标会使中俄在该地区的安全合作进一步深化与提升。中俄两国以远东地区的合作为重点推进区域合作进程，为东北亚地区合作机制建设注入新动力。

最后，中俄两军之间的紧密合作。两国以面临的共同安全威胁为牵引，不断加强军事交流与合作，深化联合演习和实战化训练。在"东方—2018"战略演习中，中俄两军体现出较高的协调性与配合度。中俄两军关系是两国关系高水平和特殊性的重要标志，是两国战略合作的亮点和重要支撑。[3]

---

[1] Kai He, *Institutional Balancing in the Asia Pacific: Economic Interdependence and China's Rise*, London: Routledge, 2009, pp.78-89.
[2] 《俄中在解决朝鲜半岛问题上持有共同立场》，俄罗斯卫星通讯社，2018年10月10日，http://sputniknews.cn/opinion/201810101026545543/。
[3] 《中俄两军关系是两国战略合作的亮点和重要支撑》，新华网，2018年10月25日，http://www.xinhuanet.com/mil/2018-10/25/c_129979345.htm。

中国、蒙古国和俄罗斯既是好近邻，也是重要合作伙伴。新形势下，三方都提出重要发展战略，并同意将三方倡议实现战略对接，打造三方合作升级版。中蒙俄三方以经济合作为主导，汇集三方关切，凝聚共同利益，不断扩大和深化安全领域的合作，努力把三方合作打造成为全方位区域合作典范。[①]

（二）东亚安全合作机制的建设：中国+东盟+蒙俄+朝韩

对于东亚较为敏感的朝核问题，在各方的不断努力下，朝美关系度过了艰难时期，2019年初的"金特会"上，朝美就无核化问题进行的谈判的重点是进一步落实2018年6月两国签署的《联合声明》的内容。特朗普当政时期把朝核问题的和平解决作为其一项重要政绩。朝核危机缓解，朝韩关系缓和，地区内紧张局势逐渐趋缓。

1. 中国与朝鲜的密切合作

中国和朝鲜的关系在传统友谊的基础上不断推进与深化，在朝核危机的特殊时期，中国仍然在国际社会为朝鲜争取降级制裁，中朝关系具有重大战略意义，双方的关系是经得住风雨的。

首先，中朝之间稳固的合作关系。在朝核问题上，朝美首脑举行会晤之后，习近平主席与金正恩在北京举行会谈，习近平主席强调"无论国际和地区形势如何变化，中国党和政府致力于巩固发展中朝关系的坚定立场不会变"[②]，这表明了中国坚定支持半岛北南双方改善关系，实现和平统一。在朝核问题上，中国始终是推动半岛无核化和谋求半岛持久和平与繁荣的重要力量。

其次，朝鲜对中国经济的依赖。朝鲜近两年的经济状况不佳，在接受制裁的艰难时期主要依靠中国对朝鲜的有关民生的出口来渡过难关。中国在朝鲜对外贸易中占绝对优势，朝鲜对华贸易依赖程度日益提高，在2016

[①] 杨庆东：《中蒙俄三方合作前景广阔》，人民网，2015年7月5日，http://paper.people.com.cn/rmrb/html/2015-07/05/nw.D110000renmrb_20150705_2-03.htm。

[②] 《习近平：中国高度重视中朝友好合作关系》，人民网，2018年6月20日，http://world.people.com.cn/n1/2018/0620/c1002-30068196.html。

年上升至90%。①但2018年中国对朝鲜的进出口总额为160.9亿元人民币,同比下降52.4%。在对朝制裁问题上,中国全面、准确、认真、严格地执行了安理会有关决议。

中朝之间虽然也有分歧,也会吵架,但两国关系的本质没有改变,即中朝之间是兄弟关系。

2. 中韩合作的新发展

韩国是一个外交战略比较灵活的国家,实现半岛南北统一是其对外战略的主要目标。2018年半岛局势缓和,朝韩关系有了重大改善,这使韩国更加急迫地想要推进和平统一的进程。在对中经济合作与对美安全合作两个方面的努力中,韩国都在极力推动南北统一进程。中国作为推动这一统一进程的重要国家,在这方面要伺机而动,主动出击。

第一,中韩经济合作的迅速恢复。在"萨德"事件之后,中韩2018年合作成绩迅速提升。中韩自贸区2015年顺利建成,为两国经贸带来积极影响。中国是韩国第一大贸易伙伴和第一大出口市场,韩国是中国第三大贸易伙伴。2017年中韩贸易额达2802.6亿美元,同比增长10.9%。韩国发布的数据显示,2017年韩国经济发展正创下近60年来最高水平。2018年第一季度韩国吸引外商直接投资49.3亿美元,同比增长28.1%,②这得益于与中国关系的恢复,外国人对韩直接投资呈现上升趋势,中国对韩投资同比猛增超5倍。时任韩国总统文在寅在2017年12月访华时表示,韩方愿积极参与"一带一路"建设,与中国及其他国家共同努力构建人类命运共同体。③新冠肺炎疫情发生之后,全球经济陷入低迷,但中韩之间的经贸合作潜力很大,韩国的进出口严重依赖中国,朝鲜也决定实行经济现代化,中朝韩三国的经济可以实现深度捆绑,以经济合作增进互信,加快建构中朝韩三方的安全合作机制。

第二,构建中韩新型合作关系。利用朝韩推进统一进程的意向,中国

---

① 《韩研究报告:朝鲜对华贸易依赖度高达90%》,观察者网,2018年9月5日,https://www.guancha.cn/economy/2018_09_05_470911.shtml。
② 《2017年中韩经贸合作简况》,中华人民共和国商务部网站,2018年4月10日,http://www.mofcom.gov.cn/article/tongjiziliao/fuwzn/ckqita/201804/20180402730424.shtml。
③ 《习近平同文在寅举行会谈:欢迎韩方参与"一带一路"建设》,中国一带一路网,2017年12月14日,https://www.yidaiyilu.gov.cn/xwzx/xgcdt/39708.htm。

应主动发展与韩国的关系,与朝韩开展安全合作,挤压美国在韩国军事存在的空间。特朗普执政时以促进半岛南北统一来施压韩国,使其承担更多驻韩美军军费。韩国最终还是向美国妥协,同意在 2019 年向美国支付约 9.23 亿美元,与 2018 年的 8.3 亿美元相比,大约多出了 1 亿美元。韩国在防务上投入了很多资金,花费了韩国 2.6%以上的 GDP,远高于北约 2%的花费。① 只要美国驻军存在,韩国在今后可能还会面临美国再次提高军费的要求。半岛南北统一如能实现,就会削弱美国军队对韩国的影响力,从而增加朝鲜和中国对韩国的影响力,提升中国在亚洲的地位,促使亚洲人对中国持更为积极的看法。韩国是中国推进东亚秩序建构的关键国家。

美日韩三国同盟中,韩国是中国可以借力的支点,中韩合作机制的强化对解决朝核问题、促进半岛南北统一、牵制美日同盟、稳固中国周边安全都具有重要意义。文在寅执政时主张形成南北共享的"新经济共同体",期待实现南北"共同繁荣",并计划将经济合作范围扩展到整个东北亚周边国家。② 中国、东盟和韩国之间的自贸协定已经达成,以东盟+中国为构建东亚安全架构的核心,并与韩国率先建成 10+2(东盟+中韩)共同体,这使中国获得周边地缘战略优势。

东亚共同体的建构坚持开放主义原则,以中国+东盟为东亚安全共同体的核心,向北与蒙古国和俄罗斯深化经济合作与多边安全机制,向南实现与朝韩的安全合作,建成 10+3(东盟+中俄韩)共同体,实现东南亚与东北亚的地缘战略联结。如能形成中国+东盟+蒙俄+朝韩的安全模式,实质上就确定了东亚安全格局,只要东亚共同体提升区域合作的实力和层次,日本与美国最终可能融入东亚安全共同体。

(三)东亚安全合作机制的形成:中国+东盟+蒙俄+朝韩+日

亚洲模式的突出特点是"经济第一",在全球贸易保护主义抬头与新

---

① Anthony H. Cordesman, "Looking Beyond the Nuclear Dimension: The Other Side of the North Korean Threat," *CSIS*, June 25, 2018, pp. 1–154, https://www.csis.org/analysis/looking-beyond-nuclear-dimension-other-side-north-korean-threat.

② 朴键一:《文在寅政府的对朝政策全面出台》,《世界知识》2018 年第 3 期,第 6 页。

冠肺炎疫情席卷全球的态势之下，东亚各国的经济增长成为头等大事。日本在中美贸易摩擦重压下，在经济方面选择回归亚洲，在安全上更注重美日同盟关系，在东亚安全共同体的建构进程中，日本成为最难融入的东亚国家。

第一，日本对亚洲经济的理性回归。今天的亚洲贸易将在明天形成世界贸易。亚洲经济的增长在东亚表现为：中国、东盟、韩国的经济发展都呈现急速上升的趋势，以中国的"一带一路"倡议为基础的东亚合作不断发展与壮大，为东亚的发展注入新的动力。中国与东盟成为新冠肺炎疫情暴发以来全球经济最活跃的地区；而日本作为东亚的经济大国，却面临国内经济复苏乏力的境遇，新冠肺炎疫情的冲击更使日本经济雪上加霜。

首先，日本在东亚全面展开对外经济合作。据统计，2018年日本实际国内生产总值（GDP）增长0.7%。[1] 美国推行的贸易保护主义使日本对外经贸环境急速恶化，贸易保护主义"助推"东亚三国"抱团取暖"。[2] 日本被迫全面展开对外经济合作，参加俄罗斯的远东经济开发，与俄罗斯和韩国在东北亚地区提升经贸关系。日本也加强了与东盟和东南亚国家的经济合作，力保日本在东南亚的经济影响力。中日经贸关系的重要转折点是2017年6月，日本对加入"一带一路"倡议的态度在此时发生了转变。当时的日本首相安倍晋三明确表示，日本将在一定条件下加入"一带一路"倡议，将根据具体情况，考虑参与中国"一带一路"基础设施建设项目。[3] 2018年中日第三方市场合作论坛上，双方共签署52项合作协议，开启中国与发达国家共建"一带一路"的新模式。日本对参与"一带一路"倡议的态度的转变表明日本不再排斥中国的东亚经济安排，其转而开始与中国争夺在东亚经济格局中的发展空间。日本一直忌惮中国掌控东亚经济，东

---

[1] 《日本经济2018年复苏步伐放缓》，新华网，2019年2月17日，http：//home.xinhuanews.com/rss/newsdetail/6c10a3cede079755a88587df2a24f820/1550389656406。

[2] 《美国被边缘化？中日韩的经济联系正日趋紧密》，搜狐网，2017年11月28日，http：//www.sohu.com/a/207214128_299225。

[3] Naoko Eto, "An Emerging Structure of Japan-China Relations: Constant Maritime Tension and Mutual Cooperation," *CSIS*, March 1, 2018, https://csis-prod.s3.amazonaws.com/s3fs-public/180301_CSIS_Sino-Japanese_relations%28Naoko%20Eto%29.pdf?Ipc932..ulzxk_GCvuGrzr5M4WJsGW_A.

亚经济的快速发展让日本意识到，中国的发展已经势不可挡，日本如果仍然与美国站在一起，它将彻底失去在东亚的经济影响力，东亚的经济空间将被其他东亚国家的力量所占满，因此日本最终将选择主动融入与中国共同建构东亚共同体的进程中来。

其次，日本积极推进区域一体化建设，建立日本影响力。在日本的积极配合下，RCEP 谈判、东亚经济共同体等区域合作进程加快，更具多边性、现实性和包容性的 RCEP 已经达成。在东亚金融安全领域，中日签署货币互换协议，中日经贸不再依赖美元，而用本币直接结算，这不仅使双边贸易便利化，更重要的意义在于，这帮助双方规避因为国际汇率变化而可能受到的损失，维护金融形势的稳定，推动东亚走向一体化。这也是推动人民币未来走向国际化的一个重要步骤，中日货币互换协议的影响非常深远。[①]

日本审时度势，在经济领域实现对亚洲的理性回归，经济合作的足迹遍布东亚。日本在经济合作方面转向亚洲，是有明确而清晰的思路的，即提振日本经济，重塑日本在东亚的经济影响力。

第二，日本在东亚安全合作方面的摇摆。日本与东亚其他国家的安全合作面临两难困境，这种困境既源于日本与东亚其他国家的复杂矛盾，也源于美日同盟在安全上对日本的影响。

首先，日本与东亚其他国家的矛盾。日本与东亚其他国家最主要的矛盾是领土争端。对于领土争端，双方在经济合作良好的状况下，通过协商可以维持现状，搁置争议。且领土争端也非朝夕之间就能解决的问题，只能等待合适的时机。日本与中韩之间因历史问题产生的敌意，使日本对于融入东亚安全合作存在顾虑，恐难与中韩真正进行安全合作。因此，日本与东亚其他国家的安全合作还是需要从基础做起，如在"海空联络机制"和海上搜救的协议等方面展开切实合作，缓和战略猜疑，推动建立军事互信，构筑良性互动的安全关系。

其次，美日同盟对日本的影响。日本是否回归亚洲，主要的决定因

---

① 杨伯江：《从安倍访华看中日合作：正从垂直合作向水平合作转换》，中国社会科学院日本研究所，2018 年 10 月 29 日，http://ijs.cass.cn/xsyj/bkwz/201810/t20181029_4765263.shtml。

素在于美国。美日同盟使日本的军事主权掌握在美国手中,就算日本想要回归东亚,美国也绝对不会放手。但若中美关系能够找到利益共同点,实现新的平衡或"合作共治",日本和美国或将共同融入东亚安全共同体。

第三,日本对构建东亚安全共同体的影响。在逆全球化时代的当下,区域化发展成为大势所趋,只有区域内各国政府具有推动区域合作的共同意愿,在区域合作机制建构方面做出努力,区域合作目标才能实现。[1]

首先,中日在东亚存在主导权之争,以中国+东盟为核心的东亚安全共同体的构建,没有体现日本的主导作用。中国构想的东亚安全共同体建构进程中最难融入的成员就是日本,日本会在东亚安全共同体建构的进程中和地区局势上制造更多障碍。10+3(东盟+中日韩)是东亚安全共同体的核心国家,[2] 没有日本的加入就不能形成完整的东亚安全共同体。

其次,在亚洲成为世界经济中心的背景下,东亚国家的经济潜能没有得到发挥,在全球经济下行压力较大的情况下,东亚经济未来的发展不容乐观,需要集体合作来应对外部的经济压力、金融风险与安全威胁。中国通过亚洲命运共同体理念的推行来推进区域一体化进程,并愿意与亚洲国家共同协商,通过国家间互动看清彼此行动的方向,以协调目标来确保在区域合作中相互获益。

若日本的加入遥遥无期,东亚国家也需采取更为灵活的建构目标,中国+东盟+蒙俄+朝韩的建构也不失为另一种独特的东亚安全共同体的建构模式。中国+东盟+X 的安全扩展模式并没有固定的先后顺序,中国需要审时度势,根据中国在周边安全方面现有的战略优势,利用以中国+东盟+蒙俄为核心的南北安全中轴朝东西两个方向进行安全扩展,将之与"一带一路"倡议形成呼应,开拓解决东亚安全问题的战略空间,为东亚统合提供重要支撑,同时增强中国对周边安全环境的影响力,为真正解决东亚安全问题做准备。

---

[1] Jonathan Holslag, "China's Roads to Influence," *Asian Survey* 50 (2016), pp. 641-662.
[2] Karl W. Deutsch, *Political Community and the North Atlantic Area*, Princeton: Princeton University Press, 1957, pp. 38-40.

第三节　中美在东亚安全共同体建构中的合作

中美两国是东亚区域秩序的主导者，也是全球秩序的建构者，所以中美两国不仅影响东亚，也影响全球。中美关系的建构应该立足于东亚，放眼全球。作为世界前两大经济体及军事大国，中美彼此都肩负着地区责任与全球义务，应该顺应全球政治的发展变化，应时而动，合作共治，为经济的繁荣与地区的稳定贡献力量。

（一）非传统安全上的合作机制

中美之间最大的非传统安全合作表现在经济领域，2018年的中美贸易摩擦搅动东亚，震动全球。2019年初的中美贸易谈判也未见和解的曙光。中美贸易摩擦和对抗是东亚地区力量调整的开端，正如基辛格访华时所说，中美关系再也回不到以前了。由竞争与合作转向"全面竞争"是中美关系发展的必然吗？其实，中美关系已经超越了双边关系的界限，将中美关系放到亚太及全球这样的层面来观察，中美关系的建构就会呈现完全不同的图景。

第一，中美贸易摩擦对全球经济的负面影响。中美贸易摩擦导致的损失不是只由两个国家承担，而是由全球主要的经济体共同承担。因为这不仅是两个国家之间的竞争，还是两大经济体所辐射的相关经济体之间的被动竞争。据世行全球经济增长的基线预测，风险平衡在短期内已转向下行。鉴于若干大型经济体在2018年第一季度的疲弱、高频率经济指标的放缓以及一些脆弱经济体的财政状况趋紧，下行风险变得更加突出，尤其是贸易行动的不断升级和持续以及全球金融条件趋紧的可能性增加。由于当前持续的贸易紧张局势及一些发达经济体对全球经济一体化的推动力有限，再加上新冠肺炎疫情的全球肆虐，这些给全球经济发展的前景蒙上阴影。美国作为发达经济体，对各种进口产品征收关税，导致贸易伙伴国采取反制措施。多边合作对于应对超越国家边界的挑战至关重要，为了保持和扩大这些多边合作成果，各国应共同努力，进一步降低贸易成本，在不提高关税和非关税壁垒的情况下解决分歧。① 世界经济面临的经济困境需要世界主要经济体和大国联手应对，不能实行狭隘的贸易保护主义和单边主义。

第二，"一带一路"倡议对东亚及世界经济的积极推动。在世界经济下行风险增大的情况下，东亚经济的增长却逆风而行，"一带一路"建设引领了区域合作，促进了东亚总体经济局势的健康稳定发展，为东亚区域合作提供了动力支持。② 中国致力于构建立足于周边国家，辐射"一带一路"沿线国家，面向全球合作伙伴的高标准自贸区网络，加快与周边国家、共建"一带一路"国家、主要经济体和主要区域经济集团建立自贸区的步伐，形成面向全球的自贸区网络。③ 截至 2018 年 11 月，中国已经达成 17 个自贸协定，正在进行 13 个自贸协定谈判或升级谈判。中国 40 多年来的改革开放和经济增长造就了一个贫穷的发展中国家变成世界第二大经济体的奇迹。④ 大数据显示，截至 2018 年，"一带一路"倡议实施五年来，国外媒体和网民对此始终保持高度关注，倡议的顶层规划发布及重大里程碑事件均成为全球关注的焦点（见图 9-2）。全球舆论对"一带一路"倡议的积极情绪占比也由 2013 年的 16.5% 提高到 2017 年底的 23.7%。⑤

第三，区域经济整合的时代要求。构建开放型经济的理念正成为亚太地区和国际社会的共识。区域经济整合更符合多数经济体的真实需求。全球化带来的是全球经济的融合发展，中国是经济全球化的受益者，更是贡献者。在致力于加强开放的、基于规则的国际贸易和投资体系，深化区域经济一体化的同时，地区各不同经济体可以通过深化现有优惠贸易协定和

---

① "World Economic Outlook Update, July 2018: Less Even Expansion, Rising Trade Tensions," *IMF*, July 2, 2018, https://www.imf.org/en/Publications/WEO/Issues/2018/07/02/world-economic-outlook-update-july-2018.
② 《国际观察：东亚合作系列外长会六大成果》，环球网，2017 年 8 月 11 日，http://world.huanqiu.com/hot/2017-08/11114366.html。
③ 《商务部：FTA 是中日韩三国利益契合点》，人民网，2018 年 11 月 19 日，http://world.people.com.cn/n1/2018/1119/c1002-30408871.html。
④ 《开创世界经济更加光明的未来》，人民网，2018 年 11 月 22 日，http://world.people.com.cn/n1/2018/1122/c1002-30414448.html。
⑤ 《"一带一路"大数据报告（2018）发布：俄罗斯合作度最高 粤鲁沪参与度最高》，中国一带一路网，2018 年 9 月 19 日，https://www.yidaiyilu.gov.cn/xwzx/gnxw/66751.htm。

图 9-2　2013 年 9 月至 2018 年 3 月国外舆论对"一带一路"的关注趋势

资料来源：《"一带一路"大数据报告（2018）》，中国一带一路网，2018 年 9 月 19 日，https：//www.yidaiyilu.gov.cn/xwzx/gnxw/66751.htm。

降低非关税壁垒获益。① 亚太经合组织选择在亚太地区进行自由开放的贸易和投资，主张建立亚太自由贸易区（FTAAP）。如果可以实现 FTAAP，它将涵盖 RCEP 和 CPTPP，包括发达经济体和新兴经济体的利益，它将代表历史上最大的单一自由化。亚太经合组织 2020 年后的合作愿景是顺应经济全球化发展大势。保护主义和单边主义的逆流不能阻止亚太合作的脚步。中国推进"一带一路"建设，日本推进 CPTPP 并与欧盟签署自贸协定。中国和日本在东南亚的经济建设项目上也展开积极竞争，日本在印度尼西亚、菲律宾、新加坡和越南领先，而中国在柬埔寨、老挝和马来西亚领先。② 经济全球化推进数字技术的发展，5G 技术成为技术竞争的新高地。第四次工业革命代表智能化时代的到来，在 5G 技术领域，中国和韩国领先，中德"工业 4.0"联盟也已经开启中德合作新时代。如果美国仍

---

① 《世界银行称尽管全球不确定性上升东亚太平洋地区增长仍保持韧性》，世界银行网站，2018 年 10 月 4 日，http：//www.shihang.org/zh/news/press-release/2018/10/04/east-asia-and-pacific-growth-remains-resilient-despite-heightened-global-uncertainty-world-bank-says。

② Siegfrid Alegado, "Japan Still Beating China in Southeast Asia Infra-structure Race," *Bloomberg*, February 8, 2018, https：//www.bloomberg.com/news/articles/2018－02－08/japan-still-beating-china-in-southeast-asia-infra-structure-race.

继续实行贸易保护主义,仅仅关注贸易逆差上的数字,那么世界经济给美国剩下的空间就不多了。

亚太地区内的所有国家都有自己的利益,对美国来说也是如此。美国和任何其他国家都不能在世界贸易中拥有单极地位,但所有国家都确实在多边世界贸易中占有重要地位。① 由中美关系的建构推动产生的利益不仅仅惠及东亚,还惠及全球。从中美全球战略利益建构的视角来看,美国与东亚安全共同体的分歧并非不可调和。中美在东亚的紧密合作会给美国在全球层面带来更大的战略收益,如国际航运安全、全球反恐和应对气候变化等层面。

(二) 传统安全上的协调机制

中美在东亚传统安全领域有合作,也有纷争,合作体现在朝核问题上,纷争体现在台湾和南海问题上。中美在东亚地区热点问题上纠缠,极易造成地区安全局势升级,因此传统安全问题上的协调迫在眉睫。

第一,朝核问题上的中美合作。朝核危机使区域面临严重安全威胁,朝美关系一度恶化,给美国带来困扰,促使美国推动朝核问题的积极解决。对于朝核危机,中国积极推进六方会谈,与朝美韩三方积极沟通,从维护区域总体安全的角度出发,为朝核问题的解决进行诸多斡旋。中国一直都在朝核问题上发挥着稳定器和润滑剂的作用。对于朝核问题的解决,中国已多次呼吁美朝之间开展谈话,只有重要当事方美朝之间直接进行沟通与对话,才能减少猜忌,增进信任。② 中国多年来积极进行"劝和促谈",针对客观现实提出"双轨并进"和"双暂停"等一系列解决问题的中肯建议,促成半岛局势缓和。美韩双方也表示,十分感谢并高度重视中方在朝核问题上发挥的重要作用,并认为在当前朝鲜半岛局势出现的积极变化上,中方发挥了重要的引领作用。可以说,在东亚朝核问题的解决

---

① Dan Steinbock, "How APEC Can Boost Free Trade in Asia Pacific," *Foreign Policy Journal*, November 16, 2018, pp. 55 – 67, https://www.foreignpolicyjournal.com/2018/11/16/how-apec-can-boost-free-trade-in-asia-pacific/.
② 凌胜利:《朝核问题的解决离不开中国的重要作用》,《光明日报》2018年3月19日, http://m.gmw.cn/2018-03-19/content_ 28025841.htm。

中，中美双方都发挥了重要作用，密切协调，促成当前半岛局势的缓和。

第二，台湾问题上的中美协调。收复台湾，实现祖国统一是中国的核心利益诉求，美国对台湾的支持使中美之间产生严重分歧。在台湾问题上，中国政府的立场是非常坚定的。中国在东亚地区问题上一直主张平等协商、合作共赢等原则，但这些原则是针对东亚主权国家而言的，不适用于台湾地区。中国政府"不承诺放弃使用武力"的立场一直是对"台独"势力的有力震慑。"惠台31条"扩大经济文化交流，促进经济社会融合，"促进两岸心灵契合"，体现了中国对和平收复台湾的战略定力和战略自信。中国一再向美国表明中国的立场和决心，并增进与美国在台湾问题上的沟通，就是为了避免碰触双方的底线，降低区域安全的风险。特朗普上台之后美国政府对台湾问题的态度使中美关系出现矛盾，台海局势逐渐升温。中国军机"绕岛巡航"，就是针对"台独"势力及其活动所做出的强烈警告，展现了中国维护国家主权和领土完整的决心和能力。[①] 对台湾问题的处理影响到中美军事安全在东亚未来的发展。台湾问题是中美最需要进行区域协调的问题。为避免陷入战争危机，中美之间应就台湾问题进行积极、理性和深入的沟通与协商。

第三，南海问题上的中美竞合。南海问题既有领土纷争，也有大国博弈，牵涉国家颇多，且涉及利益多元，南海问题的解决艰巨而复杂。

首先，中美在南海问题上的分歧。中国和东南亚国家是南海问题的当事国，但长期以来，美国在南海的同盟力量一直处于重要地位。更为重要的是，南海丰富的海洋资源和作为海运航道的重要战略价值使任何一方都不会在南海问题上退让，只能通过协商的方式来寻找各方都能接受的解决方案。随着南海地区形势的变化，经济合作成为主潮流，但安全上的竞争趋势不断升级，中国、东盟和美国三方势力深度卷入争端当中，成为解决南海问题的主要力量。尤其是中美在南海地区展开的经济与军事较量不断增加，双方的舰艇和飞机等频繁出现于南海，使地区安全局势恶化，已经签署的海空相遇规则与文件并不能真正解决南海问题，地区冲突的可能性

---

① 《解放军轰-6战机连续三天绕台 台媒紧张：又来了》，海外网，2018年4月20日，http://news.haiwainet.cn/n/2018/0420/c3541093-31302719.html。

依然存在。

其次,建立解决南海问题的专门机制。南海问题的解决呼唤在南海地区建立以南海问题的解决为核心的新安全合作机制。朝核问题如能和平解决,这将为解决南海问题提供有益借鉴。只有建立解决南海问题的专门合作机制,才能更好地兼顾各方诉求、管控风险和协调争议,为各方及时沟通提供专门平台。南海地区新的安全机制的建立需要中美之间理性认知现存的分歧,客观评估地区形势,注重平等协商,最终建构符合地区各国共同利益诉求的新机制、新秩序。①

(三) 东亚整体安全架构的治理机制

东亚地区是中国的重要周边,对中国具有极其重要的战略意义;同时,东亚地区对于美国也具有无法替代的政治经济利益。中美在东亚博弈的全面展开抑或不断升级,对两国都是有百害而无一利的。为真正解决东亚的安全困境,中国倡导建立命运共同体,尝试以构建东亚安全共同体来破解东亚安全困境。东亚文化极具开放性和包容性,东亚安全共同体从地理范围到成员构成都显示出前所未有的包容性与灵活性,中国欢迎美国加入东亚安全共同体,为解决两国的利益分歧进行协调,寻找双方都能接受的新的利益平衡点。

第一,中美在东亚区域政治合作中的重要性。亚太地区的区域政治格局正在向多极化发展,力量对比、区域政策与地区秩序都有很大变化,在这样一个充满脆弱性和不确定性的历史过渡时期,中美两国主要领导人的政治引导作用的发挥对中美关系在东亚的发展前景具有举足轻重的影响。②中美两国要积极适应区域政治和地区力量的变化,着眼于东亚的客观实际来解决问题。中国的力量正在增长,地区影响力不断增强,与此同时,就东亚整体而言,东亚国家在地区经济与安全事务中的自主性和积极性也在

---

① 吴士存、刘晓博:《关于构建南海地区安全合作机制的思考》,《边界与海洋研究》2018年第1期,第25页。
② 《崔立如:"90天谈判"背后的中美新关系格局,文汇报"新时代大国外交"系列五讲第二讲》,文汇讲堂,2018 年 12 月 5 日,https://baijiahao.baidu.com/s?id=1618982898673768173&wfr=spider&for=pc。

不断增强，对美国的依赖正在逐渐减少。美国的对外战略的调整使其维护地区安全的实力有所下降，使东亚国家对美国的期望值降低，同时也导致一些国家积极调整对外战略，塑造有利的战略空间。

第二，中美在东亚"合作共治"的可能性。东亚的多极化力量正在崛起，中国、东盟、俄罗斯和日本的利益诉求都需要兼顾。斯坦福大学胡佛研究所高级研究员尼尔·弗格森（Niall Ferguson）提出，通过合作也可以解决地缘政治竞争问题，世界可以由美国、俄罗斯和中国共同治理，这不是一个新的问题。[1] 在国际层面提倡合作治理，这在地区层面同样可以尝试。

首先，中美应注重彼此的利益关切。美国始终是东亚地区有重要影响力的国家，而中国也势必要在自己所处的地区发挥重要作用，美国不能也不应该阻止中国成为地区强国。在东亚利益格局调整的过程中，美国也需要改变观念，对中国的崛起有一个客观的认知，而不应该极端地认为，谁强大了就要遏制谁，谁强大了就要威胁谁。区域的繁荣依靠区域成员的共同努力，每一个国家都有成长和繁荣的内在需求，都希望在国家的发展进程中实现行为体自身的发展与完善。

其次，中美应理性看待两国的竞争。竞争的意义本就是正向的、积极的，中美两国甚至应该欢迎两国之间的竞争。大国在多个层面上竞争，如经济、政治以及军事等层面，大多数领域的竞争是必要的，甚至是健康的。在自由主义秩序中，中国也可以与美国在多个层面展开竞争。[2] 正面、积极的竞争对中美两国的发展会起到促进和激励的作用。

最后，中美在东亚区域秩序建构上的协调。中国在亚太地区事务中的影响力不断扩大，这是中国实力的提升使然，但这种力量的变化不代表中国要与美国对抗，只是中美在亚太地区的秩序建构上存在着巨大的认知差异。美国试图维护原有的秩序，而中国要建构地区安全共同体。关于东亚

---

[1] Robert Kagan, "Backing into World War-Ⅲ Russia China Trump Obama," *Foreign Policy*, February 6, 2017, https：//foreignpolicy.com/2017/02/06/backing-into-world-war-iii-russia-china-trump-obama/.

[2] Robert Kagan, "Backing into World War-Ⅲ Russia China Trump Obama," *Foreign Policy*, February 6, 2017, https：//foreignpolicy.com/2017/02/06/backing-into-world-war-iii-russia-china-trump-obama/.

区域秩序的问题，它是可以讨论与协商的，但是要依据东亚具体的区域形势。

"鉴于亚太地区的发展大势，中美亚太互动路径的理性选择就是推进地区合作与一体化，构建共同遵守的规则和共同参与的地区机制，打造地区共同体。"① 中国与东盟都希望美国更积极地参与东亚区域的发展进程，提供更多支持。② 东亚的区域秩序正在经历最深刻的变化，任何适合地区切实需要的秩序建构都需要顺应时代变化的潮流，这样才能满足区域多方的利益诉求，才能实现维护东亚繁荣与稳定的最终目标。

鉴于东亚地区发展水平的多样性、利益上的差异性、历史纠葛和地缘政治的复杂性都大大超过了欧洲，东亚各国要就一体化的具体目标和路径达成一致绝非易事。③ 本书所构想的东亚安全共同体在建构中国+东盟+蒙俄+朝韩+日模式时要根据东亚地区形势发展的实际。10+3（东盟+中日韩）是东亚安全共同体的核心国家，但日本的融入难度较大。本书将中国+东盟作为核心驱动力，以此吸引东亚安全共同体的其他重要成员。中美关系的建构将成为日本融入的关键因素。如以更灵活的原则来看待东亚安全共同体的核心成员构成，10+3（东盟+中俄韩）可以看作先期构建目标，以不断提升东亚安全共同体的实力与影响力，日本和其他域外国家必将在区域一体化的过程中逐步融入。

---

① 吴心伯:《中美亚太互动与地区共同体的构建》,《美国问题研究》2018 年第 2 期,第 3 页。
② 《社评：中国与东盟刷新地区合作图景》,环球网,2018 年 11 月 14 日, http://opinion.huanqiu.com/editorial/2018-11/13539870.html。
③ 陆建人:《从东盟一体化进程看东亚一体化方向》,《当代亚太》2008 年第 1 期,第 23 页。

参考文献

一 中文专著

[1] 胡宗山:《国际关系理论方法论研究》,世界知识出版社,2007。

[2] 何志工、安小平:《东北亚区域合作通向东亚共同体之路》,时事出版社,2008。

[3] 李志斐:《东亚安全机制构建国际公共产品提供与地区合作》,社会科学文献出版社,2012。

[4] 江帆:《东盟安全共同体变迁规律研究:历史制度主义视角下与阿米塔·阿查亚教授商榷》,中国社会科学出版社,2013。

[5] 肖洋:《国家间信任安全困境与和平》,世界知识出版社,2013。

[6] 王帆、曲博:《国际关系理论:思想、范式与命题》,世界知识出版社,2013。

[7] 王逸舟:《创造性介入:中国之全球角色的生成》,北京大学出版社,2013。

[8] 吴心伯:《转型中的亚太地区秩序》,时事出版社,2013。

[9] 喻常森:《亚太国家对中国同崛起的认知与反应》,时事出版社,2013。

[10] 袁鹏:《寻求中美亚太良性互动引自中美亚太共处之道》,时事出版社,2013。

[11] 孙学峰等:《合法化战略与大国崛起》,社会科学文献出版社,2014。

[12] 李天籽、李霞:《东北亚区域能源安全与能源合作》,社会科学

文献出版社，2014。

［13］王勤：《东南亚蓝皮书：东南亚地区发展报告（2014～2015）》，社会科学文献出版社，2015。

［14］张蕴岭：《在理想与现实之间——我对东亚合作的研究、参与和思考》，中国社会科学出版社，2015。

［15］徐进：《未来中国东亚安全政策的"四轮"架构设想，新安全观与新安全体系建构》，社会科学文献出版社，2015。

［16］方连庆、王炳元、刘金质：《国际关系史（近代卷）》（上下），北京大学出版社，2015。

［17］韩昇：《东亚世界形成史论》，中国方正出版社，2015。

［18］胡波：《2049年的中国海上权力：海洋强国崛起之路》，中国发展出版社，2015。

［19］季玲：《国际关系中的情感与身份》，中国社会科学出版社，2015。

［20］朱瀛泉：《国际关系评论（第8卷）》，南京大学出版社，2015。

［21］王竞超：《东亚非传统安全多边合作机制研究》，武汉大学出版社，2016。

［22］秦亚青：《权力·制度·文化：国际关系理论与方法研究文集》（第二版），北京大学出版社，2016。

［23］李巍：《制度之战：战略竞争时代的中美关系》，社会科学文献出版社，2017。

［24］孙学峰、刘若楠等：《东亚安全秩序与中国周边政策转型》，社会科学文献出版社，2017。

［25］《"一带一路"大数据报告（2017）》，商务印书馆，2017。

［26］王帆、凌胜利：《人类命运共同体——全球治理的中国方案》，湖南人民出版社，2017。

［27］王灵桂、赵江林：《"周边命运共同体"建设：挑战与未来》，社会科学文献出版社，2017。

［28］阎学通、何颖：《国际关系分析》（第三版），北京大学出版社，2017。

［29］黄日涵、张华：《国际关系学精要》，社会科学文献出版社，2017。

［30］王逸舟、张小明、庄俊举：《国际关系理论：前沿问题和新的路径》，上海人民出版社，2018。

［31］白云真：《国际关系理论流派导论》，时事出版社，2018。

［32］郑永年：《亚洲新秩序：一部了解亚洲国际关系的重要著作》，广东人民出版社，2018。

二　中文译著

［1］〔加〕阿米塔·阿查亚：《构建安全共同体：东盟与地区秩序》，王正毅等译，上海人民出版社，2004。

［2］〔俄〕А.Ⅱ.茨冈科夫：《国际关系社会学》，刘再起译，武汉大学出版社，2007。

［3］〔美〕汉斯·摩根索：《国家间政治——为了权力与和平的斗争》，李晖、孙芳译，海南出版社，2007。

［4］〔美〕小约瑟夫·奈：《理解国际冲突：理论与历史》，张小明译，上海世纪出版集团，2009。

［5］〔美〕亨利·基辛格：《美国的全球战略》，胡利平、凌建平译，海南出版社，2009。

［6］〔美〕彼得·卡赞斯坦：《世界政治与国际关系原版影印丛书——国家安全的文化：世界政治中的规范与认同》，北京大学出版社，2009。

［7］〔美〕兹比格涅夫·布热津斯基、布兰特·斯考克罗夫特：《大博弈：全球政治觉醒对美国的挑战》，姚芸竹译，新华出版社，2009。

［8］〔美〕安尼-玛丽·斯劳特：《世界新秩序》，任晓译，复旦大学出版社，2010。

［9］〔英〕布朗等：《理解国际关系》（第三版），吴志成等译，中央编译出版社，2010。

［10］〔美〕理查德·罗斯克兰斯、顾国良主编《力量与克制：中美关系的共同愿景》，中美交流基金会组织译，社会科学文献出版社，2010。

［11］〔英〕珍妮·克莱格：《中国的全球战略：走向一个多极世界》，

葛雪蕾等译，新华出版社，2010。

［12］〔美〕海伦·米尔纳：《利益、制度与信息：国内政治与国际关系》，曲博译，上海世纪出版社，2010。

［13］〔美〕兹比格涅夫·布热津斯基：《战略远见：美国与全球权力危机》，洪漫译，新华出版社，2012。

［14］〔美〕多尔蒂等：《争论中的国际关系理论：第五版》，阎学通等译，世界知识出版社，2013。

［15］〔英〕布尔：《格劳秀斯与国际关系》，石斌等译，社会科学文献出版社，2014。

［16］〔以〕伊曼纽尔·阿德勒、〔美〕迈克尔·巴涅特主编《安全共同体》，孙红译，世界知识出版社，2015。

［17］〔澳〕马丁·格里菲斯、〔澳〕特里·奥卡拉格汉、〔美〕史蒂芬·罗奇：《国际关系关键概念》（第二版），朱丹丹译，北京大学出版社，2015。

［18］〔美〕罗伯特·杰维斯：《信号与欺骗：国际关系中的形象逻辑》，徐进译，中央编译出版社，2017。

［19］〔美〕罗丝·麦克德莫特：《国际关系中的政治心理学》，李明月译，清华大学出版社，2018。

［20］〔美〕爱德华·A.库罗德兹：《安全与国际关系》，颜琳译，世界知识出版社，2019。

三　中文论文

［1］范佳睿、翟崑：《规范视角下的"中国-东盟命运共同体"构建》，《当代亚太》2017年第1期。

［2］凌胜利：《拒优战略：中美亚太主导权竞争》，《当代亚太》2017年第1期。

［3］余潇枫、王梦婷：《非传统安全共同体：一种跨国安全治理的新探索》，《国际安全研究》2017年第1期。

［4］陆华东：《第三方因素与中美关系的逆社会化——以中国周边安全态势为例》，《国际安全研究》2017年第1期。

［5］余潇枫、周冉：《安全镶嵌：构建中国周边信任的新视角》，《浙江大学学报》2017年第1期。

［6］梁颖、黄立群：《共生型国际秩序与命运共同体建设》，《南洋问题研究》2017年第1期。

［7］钟飞腾：《理解南海问题中的东盟：以陆制海、东盟崛起与地区稳定》，《南洋问题研究》2017年第1期。

［8］张蕴岭：《美国亚太区域经济战略解析》，《美国研究》2017年第1期。

［9］魏玲：《东亚安全秩序的不确定性：现代性与后现代性的对冲》，《外交评论》2017年第1期。

［10］金灿荣、李燕燕：《中美安全战略博弈中的历史与战略稳定性》，《国际安全研究》2017年第2期。

［11］于洪君：《中国—东盟有望成为一带一路先行区和命运共同体示范区》，《公共外交季刊》2017年第2期。

［12］张蕴岭：《日本的亚太与东亚区域经济战略解析》，《日本学刊》2017年第3期。

［13］钟飞腾：《"一带一路"、新型全球化与大国关系》，《外交评论》2017年第3期。

［14］孟文婷：《中国参与联合国维和行动的研究述评》，《国际政治研究》2017年第4期。

［15］周士新：《东盟与亚太安全共同体建设的路径选择》，《国际安全研究》2017年第4期。

［16］杨鲁慧：《东亚命运共同体是合作共赢发展之盟》，《社会主义研究》2017年第4期。

［17］张云：《东南亚区域安全治理研究：理论探讨与案例分析》，《当代亚太》2017年第4期。

［18］尹继武：《中国南海安全战略思维：内涵、演变与建构》，《国际安全研究》2017年第4期。

［19］李开盛：《中美东亚冲突管控：第三方的角色与选择》，《国际安全研究》2017年第4期。

［20］封帅：《变动中的平衡：东盟在亚太安全体系中的地位与作用》，《东南亚研究》2017年第4期。

［21］葛红亮：《南海"安全共同体"构建的理论探讨》，《国际安全研究》2017年第4期。

［22］张清敏、杨黎泽：《中国外交转型与制度创新》，《外交评论》2017年第6期。

［23］张蕴岭：《亚太经济一体化的进程与前景》，《国际经济合作》2017年第7期。

［24］朱锋：《中国和东盟签下的这个协议，将证明"谁才是南海真正的主人"》，《参考消息》2017年第8期。

［25］葛红亮、彭燕婷：《中国周边安全研究中心》，《周边安全研究》2017年第11期。

［26］李开盛：《东亚安全观：特朗普政府的延续与变化》，《国际关系研究》2018年第1期。

［27］谷合强：《"一带一路"与中国—东盟经贸关系的发展》，《东南亚研究》2018年第1期。

［28］王亚军：《亚洲安全新格局的历史性建构》，《国际安全研究》2018年第1期。

［29］时殷弘：《中国的东北亚难题：中日、中韩和中朝关系的战略安全形势》，《国际安全研究》2018年第1期。

［30］凌胜利：《双重协调：中国的周边安全战略构建》，《国际安全研究》2018年第1期。

［31］杨洁勉：《新时代中国外交的战略思维和谋划》，《外交评论》2018年第1期。

［32］张蕴岭：《中国对外关系40年：回顾与展望》，《世界经济与政治》2018年第1期。

［33］吴士存、刘晓博：《关于构建南海地区安全合作机制的思考》，《边界与海洋研究》2018年第1期。

［34］吴心伯：《中美亚太互动与地区共同体的构建》，《美国问题研究》2018年第2期。

[35] 阮建平、陆广济:《深化中国-东盟合作:从"利益共同体"到"命运共同体"的路径探析》,《南洋问题研究》2018年第2期。

[36] 耿协峰:《重塑亚洲观念:新地区主义研究的中国视角》,《外交评论》2018年第2期。

[37] 刘建飞:《新时代中国外交战略基本框架论析》,《世界经济与政治》2018年第2期。

[38] 黄凤志、罗肖:《关于中国引领南海战略态势的新思考》,《国际观察》2018年第2期。

[39] 王俊生:《"一带一路"缓解东北亚安全困境:可行性及其路径》,《国际安全研究》2018年第2期。

[40] 葛红亮:《"不确定"时代国际安全的"确定性"重塑》,《国际安全研究》2018年第2期。

[41] 凌胜利:《双重困境与动态平衡——中美亚太主导权竞争与美国亚太盟国的战略选择》,《世界经济与政治》2018年第3期。

[42] 张蕴岭:《转变中的亚太区域关系与机制》,《外交评论》2018年第3期。

[43] 郑先武:《东盟安全共同体建设与东南亚多边防务外交转型》,《南洋问题研究》2018年第3期。

[44] 杨洁勉:《中美外交互动模式的演变:经验、教训和前景》,《美国研究》2018年第4期。

[45] 王箫轲:《构建大国命运共同体的历史逻辑与外交使命》,《东北亚论坛》2018年第4期。

[46] 郑继永:《朝鲜半岛局势转圜:动因、评估与展望》,《现代国际关系》2018年第5期。

[47] 孟晓旭:《国际格局与日本大国化谋求》,《日本问题研究》2018年第5期。

[48] 韦红、尹楠楠:《东南亚安全合作机制碎片化问题研究》,《太平洋学报》2018年第8期。

[49] 吴士存:《规则与秩序建设:南海形势演变新格局》,中国南海研究院,2018年第9期。

［50］刘务、刘成凯：《"印太"战略对东盟在亚太区域合作中"中心地位"的影响》，《社会主义研究》2019年第1期。

［51］刘晓伟：《"一带一路"倡议下次区域合作机制化限度研究——以"孟中印缅经济走廊"为例》，《南亚研究》2019年第1期。

［52］郑凡：《从海洋区域合作论"一带一路"建设海上合作》，《太平洋学报》2019年第8期。

［53］卢光盛、聂姣：《中国和印度与东南亚区域合作的比较与竞合》，《南亚研究》2020年第1期。

［54］张弛：《"一带一路"背景下的东北亚区域合作——基于对复合地区主义的再思考》，《东北亚论坛》2020年第2期。

［55］吴琳：《亚洲区域合作的话语消退与重新激活》，《国际问题研究》2021年第5期。

［56］陈宇：《地区秩序转型与东盟中心地位的消解与再塑》，《太平洋学报》2021年第5期。

［57］高梓菁：《日本新区域合作战略探析》，《国际问题研究》2021年第6期。

［58］吴昊、于昕田：《〈区域全面经济伙伴关系协定〉签署后的东亚区域合作未来方向》，《社会科学文摘》2021年第12期。

［59］张蕴岭：《对区域合作的思考（五）》，《世界知识》2021年第24期。

［60］笪志刚：《疫情常态化下的东北亚区域合作新变化与新机遇》，《东北亚学刊》2022年第1期。

四 英文专著、论文

［1］Adam J. Young, *Contemporary maritime piracy in Southeast Asia: history, causes, and remedies*, Singapore: Institute of Southeast Asian Studies, 2007.

［2］Emanuel Adler and Michael Barnett, *A Framework for the study of security communities*, Cambridge: Cambridge University Press, 1998.

［3］Barry Buzan and Waever Ole, *Regions and Powers: the Structure of*

International Security, Cambridge: Cambridge University Press, 2003.

[4] T. J. Pempel, *Remapping East Asia: The Construction of a Region*, New York: Cornell University Press, 2005.

[5] David Shambaugh, ed., *Power Shift: China and Asia's New Dynamics*, London: university of California Press, 2005.

[6] Derek Johnson and Mark Valencia, *Piracy in Southeast Asia: status, issues, and responses*, Singapore: Institute of Southeast Asian Studies, 2005.

[7] Adam J. Young, *Contemporary maritime piracy in Southeast Asia: history, causes, and remedies*, Singapore: Institute of Southeast Asian Studies, 2007.

[8] Guoguang Wu and Helen Lansdowne, *China turns to multilateralism: foreign policy and regional security*, New York: Routledge, 2008.

[9] Rex Li, *A rising China and security in east Asia: identity construction and security discourse*, London and New York: Routledge, 2009.

[10] Hsin-Huang Michael Hsiao and Cheng-yi Lin, *Rise of China: Beijing's strategies and implications for the Asia-Pacific*, London and New York: Routledge 2011.

[11] Geoffrey Till and Patrick C. Bratton, *Sea power and the Asia-Pacific: the triumph of Neptune?* New York: Routledge, 2012.

[12] Denny Roy, *Return of the dragon: rising China and regional security*, New York: Columbia University Press, 2013.

[13] Bill Hayton, *The South China Sea: the struggle for power in Asia*, New Haven: Yale University Press, 2014.

[14] Eric Hyer, *The pragmatic dragon: China's grand strategy and boundary settlements*, Vancouver: UBC Press, 2015.

[15] Greg Kennedy, Harsh V. Pant, *Assessing maritime power in the Asia-Pacific: the impact of American strategic re-balance*, England: Ashgate, 2015.

[16] Hugo Meijer, *Origins and evolution of the US rebalance toward Asia: diplomatic, military, and economic dimensions*, New York: Palgrave Macmillan, 2015.

［17］James C. Hsiung, *An anatomy of Sino-Japanese disputes and U. S. involvement: history & international law*, New York: CN Times Books, 2015.

［18］Joseph Yu-shek Cheng, *China's Japan policy: adjusting to new challenges*, New Jersey: World Scientific Publishing, 2015.

［19］Li Mingjiang and Kalyan M. Kemburi, *New dynamics in US-China relations: contending for the Asia Pacific*, London: Routledge, 2015.

［20］Zhao and Suisheng, "Rethinking the chinese world order: the imperial cycle and the rise of china," *Journal of Contemporary China* 1 (2015).

［21］Shen and Simon, "From zero-sum game to positive-sum game: why beijing tolerates pacific island states recognition of taipei," *Journal of Contemporary China* 1 (2015).

［22］K. Hannan and S. Firth, "Trading with the dragon: chinese trade, investment and development assistance in the pacific islands," *Journal of Contemporary China* 1 (2015).

［23］Thomas and Nicholas, "The economics of power transitions: australia between china and the united states," *Journal of Contemporary China* 1 (2015).

［24］Abb and Pascal, "Chinas foreign policy think tanks: institutional evolution and changing roles," *Journal of Contemporary China* 1 (2015).

［25］Tang and S. Mun, "Rethinking economic security in a globalized world," *Contemporary Politics* 1 (2015).

［26］M. H. Huang and Y. H. Chu, "The sway of geopolitics, economic interdependence and cultural identity: why are some asians more favorable toward china \ 's rise than others?" *Journal of Contemporary China* 1 (2015).

［27］S. Park, "Power and civil war termination bargaining," *International Studies Quarterly* 1 (2015).

［28］H. J. Choi and C. Raleigh, "Dominant forms of conflict in changing political systems," *International Studies Quarterly* 1 (2015).

[29] S. R. Bell and J. C. Johnson, "Shifting power, commitment problems, and preventive war," *International Studies Quarterly* 1 (2015).

[30] V. Asal, H. B. Milward and E. W. Schoon, "When terrorists go bad: analyzing terrorist organizations'involvement in drug smuggling," *International Studies Quarterly* 1 (2015).

[31] J. Brenner and J. R. Lindsay, "Correspondence: debating the chinese cyber threat," *International Security* 1 (2015).

[32] Y. H. Chu and L. Kang, M. H. Huang et al., "How east asians view the rise of china," *Journal of Contemporary China* 2 (2015).

[33] L. Kang and Y. H. Chu, "China's rise through world public opinion: editorial introduction," *Journal of Contemporary China* 2 (2015).

[34] F. S. Cunningham and M. T. Fravel, "Assuring assured retaliation: chinas nuclear posture and u. s. -china strategic stability," *International Security* 2 (2015).

[35] Zhang and Biwu, "Chinese perceptions of us return to southeast asia and the prospect of chinas peaceful rise," *Journal of Contemporary China* 2 (2015).

[36] A. Phillips and J. C. Sharman, "Explaining durable diversity in international systems: state, company, and empire in the indian ocean," *International Studies Quarterly* 3 (2015).

[37] Daniel McDowell, "New order: China's challenge to the global financial system," *World Politics Review* 4 (2015).

[38] G. Gerzhoy, "Alliance coercion and nuclear restraint: how the united states thwarted west germany's nuclear ambitions," *International Security* 4 (2015).

[39] Beckley and Michael, "The myth of entangling alliances: reassessing the security risks of u. s. defense pacts," *International Security* 4 (2015).

[40] IMF, "IMF Survey: Chinese Renminbi to Be Included in IMF's Special Drawing Right Basket," *IMF* 12 (2015).

[41] C. L. Glaserand S. Fetter, "Should the united states reject mad?

damage limitation and u. s. nuclear strategy toward china," *International Security* 1 (2016).

[42] Mitzen and Jennifer, "Security communities and the unthinkabilities of war," *Annual Review of Political Science* 1 (2016).

[43] S. Biddle and I. Oelrich, "Future warfare in the western pacific: chinese antiaccess/area denial, u. s. airsea battle, and command of the commons in east asia," *International Security* 1 (2016).

[44] S. Chaudoin and J. Kucik, K. Pelc et al., "Do wto disputes actually increase trade?" *International Studies Quarterly* 2 (2016).

[45] Gonzalez and Yanilda, "Varieties of participatory security: assessing community participation in policing in latin america," *Public Administration and Development* 2 (2016).

[46] S. Liao and D. Mcdowell, "No reservations: international order and demand for the renminbi as a reserve currency," *International Studies Quarterly* 2 (2016).

[47] C. L Glaser and A. H. Kydd, M. L. Haas et al., "Correspondence: can great powers discern intentions?" *International Security* 3 (2016).

[48] Snyder, Jack, "Trade expectations and great power conflict—a review essay," *International Security* 3 (2016).

[49] R. R. Krebs and R. Licklider, "United they fall: why the international community should not promote military integration after civil war," *International Security* 3 (2016).

[50] Kastner and L. Scott, "Is the taiwan strait still a flash point? rethinking the prospects for armed conflict between china and taiwan," *International Security* 3 (2016).

[51] V. Volovoj and I. A. Batorshina, "Security in the Baltic region as a projection of global confrontation between Russia and the USA," *Baltic region* 9 (2017).

[52] Donald J. Trump, "National Security Strategy," *The United States of America* 12 (2017).

[53] Van Jackson, "American military superiority and the pacific-primacy myth," *Global Politics and Strategy* 3 (2018).

[54] Van Jackson, "American military superiority and the pacific-primacy myth," *Global Politics and Strategy* 5 (2018).

图书在版编目(CIP)数据

新形势下区域合作理论与东亚区域合作实现路径探讨 / 魏永艳著 . --北京：社会科学文献出版社，2023.2
ISBN 978-7-5228-1433-9

Ⅰ.①新… Ⅱ.①魏… Ⅲ.①区域经济合作-研究-东亚 Ⅳ.①F114.46

中国国家版本馆 CIP 数据核字（2023）第 028195 号

新形势下区域合作理论与东亚区域合作实现路径探讨

著　　者 / 魏永艳

出 版 人 / 王利民
组稿编辑 / 恽　薇
责任编辑 / 胡　楠
文稿编辑 / 邹丹妮
责任印制 / 王京美

出　　版 / 社会科学文献出版社·经济与管理分社（010）59367226
　　　　　 地址：北京市北三环中路甲29号院华龙大厦　邮编：100029
　　　　　 网址：www.ssap.com.cn

发　　行 / 社会科学文献出版社（010）59367028
印　　装 / 三河市尚艺印装有限公司

规　　格 / 开　本：787mm×1092mm　1/16
　　　　　 印　张：21　字　数：328千字

版　　次 / 2023年2月第1版　2023年2月第1次印刷
书　　号 / ISBN 978-7-5228-1433-9
定　　价 / 128.00元

读者服务电话 4008918866

版权所有 翻印必究